JN050838

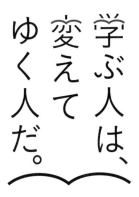

学ぶ人は、
変えて
ゆく人だ。

目の前にある問題はもちろん、

人生の問いや、

社会の課題を自ら見つけ、

挑み続けるために、人は学ぶ。

「学び」で、

少しずつ世界は変えてゆける。

いつでも、どこでも、誰でも、

学ぶことができる世の中へ。

旺文社

旺文社
中学総合的研究

中学
社会
用語・資料集

四訂版

旺文社

はじめに

理科や社会の学習では，教科特有の用語や資料がたくさん出てきます。
勉強をしているとき，
「意味がわからない！」
「用語や資料がすぐにわかる本があったらいいのに…」
と思ったことはありませんか。

本書は，そんなみなさんに役立つ用語・資料集です。
学校で勉強しているとき，自宅でのテスト勉強中，塾での講義などで，わからない用語が出てきたら，この用語・資料集を開いてみてください。わかりやすい言葉でそれぞれの用語の意味をくわしく説明し，さらに資料を示してあります。
教科書や資料集とあわせてこの用語・資料集をいつも手もとに置いてください。きっとみなさんのお役に立つはずです。

本書がみなさんの学習の手助けとなることを願っています。

株式会社　旺文社

目次

※社会情勢の変化により，掲載内容に違いが生じる事柄があります。
弊社ホームページ『知っておきたい時事ニュース』をご確認ください。
https://www.obunsha.co.jp/pdf/support/jiji_news.pdf

中学社会用語・資料集
みんなの使い方

用語・資料集の使い道は無限大！　ここでは，先輩たちが
どのように用語・資料集を活用してきたかを紹介します。

✦ ♛ ✦

第**1**位　わからない用語の意味を調べる！

ダントツの1位はこれ。巻末にあるさくいんから用語を探して，意味を調べます。

壬申の乱★★★　　歴107

「壬申の乱」って
なんだろう？

第**2**位　読む！

寝ながら
読んでみたり…

ふーん，
こんな用語があるんだなー。

パラパラと読んで，知らない用語を覚えている人がいます。知っている用語も改めて確認するのに役立ちます。

4

第3位 ノート作りに利用する！

★の数で用語の入試でる度がわかるので，重要な用語をまとめて書いたり，本編や資料編にある図表をまねして書いたりすることで，オリジナルのノートが簡単に作れます。

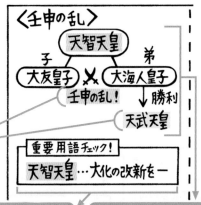

〈壬申の乱〉

天智天皇

子　　　　　弟

大友皇子 ✕ 大海人皇子

　　　　↓壬申の乱！　　↓勝利

　　　　　　　　天武天皇

でる度で色分けしてマーカー

重要用語チェック！

天智天皇…大化の改新を一

重要用語をぬき出して用語集を参考にまとめる

図や表を参考にして自分でかく

第4位 テスト範囲の用語や資料をチェック！

テスト範囲の用語や資料をチェックして，理解できているかを確認します。テスト直前の復習にもぴったりです。

天智天皇…わかる。
天武天皇…わかる。
壬申の乱…なんだっけ？
そういうことかー。

第100位？

バランス感覚をきたえる。

そんな使い方…

おっとっと

本書の特長と使い方

本書は，社会科用語や資料を，いろいろな場面ですぐに調べることができる用語・資料集です。すぐにひくことができるように工夫してあります。

見出し語

中学生にとって必要な用語を掲載しています。

説明文

赤文字
説明内の重要語句です。

青文字
説明内での他の見出し語です。その見出し語が別のページにある場合にはそのページ数を掲載しています。

黒文字
見出し語の意味を理解するうえでの重要ポイントです。

資料

地図やグラフ，統計資料など，用語といっしょにおさえておきたい資料を掲載しています。

フィードロット 発展　肉牛を太らせる（肥育する）ための飼育場。一定基準まで成長した肉牛に栄養価の高い飼料を与え，集中的に太らせる。アメリカ合衆国に多く見られる。

プレーリー★　ミシシッピ川の西からロッキー山脈にかけて広がる大草原。プレーリー土とよばれる肥よくな黒色土が分布していることから，小麦やとうもろこし，大豆などが大規模に栽培され，世界有数の穀倉地帯となっている。プレーリーとロッキー山脈の間には，グレートプレーンズとよばれる台地状の大平原が広がっており，かんがいによるとうもろこし・小麦の栽培や，牛の放牧が行われている。

アパラチア炭田　アパラチア山脈西部にあるアメリカ合衆国最大の炭田。大規模な機械化による露天掘りが行われている。産出された石炭は，大西洋沿岸や五大湖沿岸の工業地域などへ運ばれるほか，日本にも輸出されている。

露天掘り 発展　採掘方法の一つで，地表から地面を掘り下げて鉱産物をとる方法。鉱産物をとるためにトンネルを掘る手間が省け，効率が良く，安全性も高いとされる。地表付近に鉱産物がある場合に用いられる。

五大湖★★　アメリカ合衆国とカナダの国境付近にある5つの湖の総称。沿岸は重工業地域となっており，ピッツバーグで製鉄，デトロイトで自動車，シカゴで農業機械・食品などの工業がさかんである。

サンベルト★★★　アメリカ合衆国の北緯37度以南の温暖な地域。豊富な労働力や安価で広大な土地を生かして，1970年代以降，コンピューターや航空宇宙産業などのハイテク〔先端技術〕産業が発達し，重要な工業地域となった。

シリコンバレー★　アメリカ合衆国のサンフランシスコ近郊のサンノゼ周辺にある，ハイテク〔先端技術〕産業が集中している地域。エレクトロニクス産業，IT産業，ソフトウェア産業などの研究所や関連企業が多く進出している。電子部品であるIC〔集積回路〕や半導体はシリコンを材料とすることから，このようによばれるようになった。

▼アメリカ合衆国の資源と工業都市

メサビ山脈
五大湖
サンフランシスコ
シリコンバレー
デトロイト
北緯37度
アパラチア炭田
ダラス
■石炭　●航空・宇宙
■鉄鉱石　□自動車
■原油
サンベルト

IC〔集積回路〕★★★　コンピューターなどに使用される電子回路。通信機器，テレビ，自動車などほとんどすべての機器やシステムに用いられている。小さく軽量な割に高価で

38

ことから、輸送費の高い航空機や高速道路を使って輸送しても採算がとれるため、工場は空港や高速道路のインターチェンジの近くに多く立地している。

シントン条約 発展 国際取引を制限することで、野生動植物を保護することを目的とした条約。正式には、「絶滅のおそれのある野生動植物の種の国際取引に関する条約」という。生きている動物のほか、はく製や毛皮、牙なども対象とし、商業目的の取引を禁止するとともに、取引する場合には、輸出国・輸入国両方の許可を必要としている。

ナダ ★ 北アメリカ大陸の北部に位置する国。首都はオタワ。国土面積は世界第2位で、ほとんどの地域が冷帯〔亜寒帯〕に属しており、タイガ【▶p.14】とよばれる針葉樹林が広がっている。木材などの森林資源や石油・石炭・鉄鉱石・ウラン・ニッケルなどの鉱産資源に恵まれ、これらの輸出量も多い。東部のケベック州などにフランス系の人々が多いため、公用語は英語とフランス語となっている。（地図：p.35「北アメリカ州の国々」）

メキシコ合衆国 ★ 北アメリカ大陸の南部に位置する高原の国。首都はメキシコシティ。とうもろこし、さとうきび・コーヒー、サイザル麻などの栽培がさかんであるが、銀や銅、石油などの鉱産資源に恵まれ、工業

化が
アメ

キュー
キューバ島と周辺の島々からなる国。首都はハバナ。1959年にキューバ革命が起き、1961年に社会主義を宣言した。砂糖の生産がさかん。（地図：p.35「北アメリカ州の国々」）

南アメリカ州

アンデス山脈 ★★ 南アメリカ大陸を太平洋岸に沿ってほぼ南北に走るけわしい山脈。環太平洋造山帯【▶p.48】に属する。かつてインカ文明が栄え、その遺跡であるマチュピチュは世界遺産に登録されている。高地に適するリャマ【▶p.16】やアルパカが飼育されている。

世界の地形 ▶p.310

アマゾン川 ★★★ 南アメリカ大陸北部を流れる、世界最大の流域面積をもつ河川。長さは約6,516km。流域面積は約705万km²。アンデス山脈に源を発し、ブラジル北部を横断して大西洋に注ぐ。流域には熱帯雨林が広がっているが、近年、伐採や開墾による森林破壊が進んでいる。

世界の地形 ▶p.310

セルバ 南アメリカ大陸の北部に広がる熱帯雨林。ほとんど開発されていなかった森林地帯だったが、近年は木々の伐採と開墾が進んでいる。急速な開発による熱帯雨林の破壊は、世界的な環境問題として取り上

入試でる度

高校入試問題を旺文社独自に分析。高校入試にでやすい用語を3段階で示してあります。
【★★★】非常によくでる
【 ★★ 】よくでる
【 ★ 】でる
★★★の用語は背景が黄色になっているので、入試にでやすい用語がひとめでわかります。

発展マーク
発展

発展的な用語につきます。もっとくわしく知りたい人や、難関校入試対策に有効です。

資料編にジャンプ

見出し語に関連する資料がある場合は、そのページ数を掲載しています。見出し語といっしょに理解しておくと、さらに学習を深めることができます。

資料編

都道府県一覧

北海道地方　北海道（札幌市）
・冷涼な気候で梅雨がない。
・アイヌの人々の伝統的な文化。
【面積】78,421km²　【人口】5,352(千人)

秋田県（秋田市）
・白神山地が世界遺産に登録。
・秋田竿燈まつりやなまはげが有名。
【面積】11,638km²　【人口】1,010(千人)

巻末には，都道府県一覧や歴史文化一覧など，テーマ別に知識をまとめて整理しておくのにぴったりの資料を収録しています。

さくいん

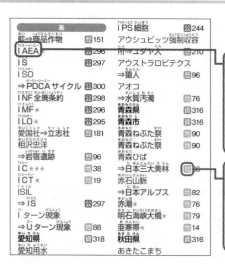

見出し語と重要語句を収録しています。

見出し語・重要語句

本文の見出し語は青字で，入試でる度と共に掲載しています。
重要語句は赤字で示し，⇒のあとにその重要語句が掲載されている見出し語を示しています。

分野別アイコン

地　歴　公

その用語が地理・歴史・公民のどの分野で説明されるかがひとめでわかります。

STAFF　装丁：及川真咲デザイン事務所（内津剛）　本文デザイン：shibata design　本文イラスト：浅野マリア　アサミナオ　川上潤　編集協力：有限会社マイプラン（高木純子　柳井君江　松宮隆代）　校閲：尾崎涼子　吉原あけみ　株式会社オルタナプロ　株式会社カルチャー・プロ　株式会社東京出版サービスセンター　写真協力：アーティファクトリー，アフロ，神奈川県立歴史博物館，環境省自然環境局，京都国立博物館，宮内庁三の丸尚蔵館，建仁寺，国土交通省京浜河川事務所，独立行政法人　国民生活センター，国立国会図書館，最高裁判所，桜井清香©德川美術館イメージアーカイブ/DNPartcom，時事通信フォト，相国寺，正倉院正倉，正倉院宝物，茅野市尖石縄文考古館，津山郷土博物館，電気通信事業協会，東京文化財研究所，©德川美術館イメージアーカイブ/DNPartcom，長崎大学附属図書館，奈良文化財研究所，（公財）日本環境協会エコマーク事務局，日本銀行貨幣博物館，日本写真著作権協会，（公社）日本臓器移植ネットワーク，（公財）日本ユニセフ協会，野尻湖ナウマンゾウ博物館，のの山株式会社，白山文化博物館，広島市，福岡市博物館 / DNPartcom，プラスチック容器包装リサイクル推進協議会，法隆寺，毎日新聞社/アフロ，リデュース・リユース・リサイクル推進協議会事務局，AFP=時事，AP／アフロ，Bridgeman Images/時事通信フォト，ColBase (https://colbase.nich.go.jp/)，dpa/時事通信フォト，EPA=時事，hemis.fr/時事通信フォト，Osaka Metro，PETボトルリサイクル推進協議会，TT News Agency/時事通信フォト

地理編

世界のすがた

地球のすがた

地球 太陽系に属する惑星の1つ。わたしたちが暮らす天体。表面積は約5.1億km^2。ほぼ球体に近い形であると考えられている。1日に1回自転し、1年で太陽のまわりを1周公転する。

海洋★ 地球上にある海。地球の表面積のうち、約70%が海洋である。

三大洋★★★ 地球の海洋の大部分を占める3つの大洋。太平洋、大西洋、インド洋の3つのこと。太平洋が最も広い海洋である。

大陸★ 地球上にある、面積が広い陸地。地球上には6つの大陸が存在している。

六大陸★★★ 地球の陸地の大部分を構成する6つの大陸。ユーラシア大陸、北アメリカ大陸、南アメリカ大陸、アフリカ大陸、オーストラリア大陸、南極大陸の6つで構成され、まとめて六大陸とよぶ。

地図 地球のようすを縮小し、図面として表現したもの。一部の地域を簡単にえがいたものを略地図という。

地球儀★ 地球をそのままの形で縮小した模型。地球を立体的に見せ、地球上の距離、面積、方位、角度など地球表面のようすをほぼ正確に表す。

▼地球儀と緯線・経線

▼大陸と海洋の分布

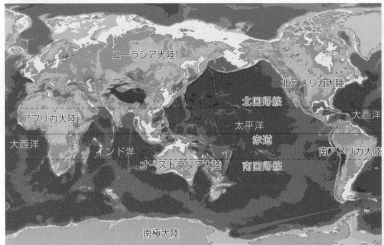

メルカトル図法★　角度が正しく表される地図。2地点間を結ぶ直線は，経線に対して角度が常に一定であるため，航海図に利用される。高緯度ほど，面積や距離，形のゆがみが大きくなる。

▼メルカトル図法

モルワイデ図法★　面積が正しく表される地図。分布図などに利用される。楕円形で，ゆがみがあるが，高緯度地方の大陸の形は比較的ゆがみが小さい。

▼モルワイデ図法

正距方位図法★★　図の中心からの距離と方位が正しく表される地図。図の中心と任意の地点間の最短コースが直線で表されるため，航空図に利用される。外周部分にいくほど陸地の形のゆ

▼正距方位図法（東京中心）

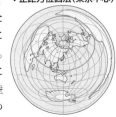

がみが大きくなる。

赤道★★★　0度の緯線。緯度をはかる基準となる。全周約4万km。アフリカ大陸ではケニア，アジアではインドネシア，南アメリカ大陸ではエクアドル，ブラジルなどの国々を通っている。

緯線★★★　同じ緯度を結んだ線。赤道（緯度0度）を基準にして，平行に引かれ，南北を，それぞれ90度に分ける。

緯度★★★　赤道を基準（0度）として，南北にそれぞれ90度に分けたもの。赤道より北側を北緯，南側を南緯と表し，北極が北緯90度，南極が南緯90度となる。

本初子午線★★★　経度0度の経線〔子午線〕。経度をはかる基準となる。イギリスの首都ロンドン郊外にある旧グリニッジ天文台を通る。世界標準時の基準になっている。

経線★★★　北極と南極を結ぶ縦の線。子午線ともいう。イギリスのロンドンを通る経線を経度0度として，東西にそれぞれ180度に分ける。この経線を本初子午線という。

経度★★★　本初子午線を基準（0度）として，東西にそれぞれ180度に分けたもの。本初子午線より東側を東経，西側を西経という。

北回帰線 発展　北緯23度26分の緯線。この線上では，北半球が夏至（南中高度が1年中で最も高くなる）のとき，正午に太陽が真上に来る。

南回帰線 発展　南緯23度26分の緯線。この線上では，北半球が冬至（南中高度が1年中で最も低くなる）のとき，正午に太陽が真上に来る。

北極★★　北緯90度の地点。地球の地軸の北の端に位置する。

南極★★　南緯90度の地点。地球の地軸の南の端に位置する。

北半球★　地球上で，0度の緯線である赤道より北側にある地域のこと。

南半球★　地球上で，0度の緯線である赤道より南側にある地域のこと。

陸半球 発展

▼陸半球

地球を半球に分けたとき，陸地の面積が最大になるように区分した半球。陸地と海洋の割合が約1：1になる。

水半球 発展

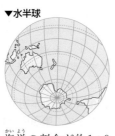
▼水半球

地球を半球に分けたとき，海洋の面積が最大になるように区分した半球。陸地と海洋の割合が約1：9になる。

国〔独立国〕★　一定の領域をもち，そこに住む人々を統治するための組織がある社会のこと。政治・経済・文化などに関して一定の秩序を保っている。領域【▶p.44】・国民・主権を「国家の三要素」という。

人種★　人類を，皮膚の色や髪の色など身体的な特徴によって分類した人々の集団。一般には，コーカソイド，モンゴロイド，ネグロイドの3つに分類される。ただし，正確な分類は難しいと考えられている。

主権★★★　自国内の政治を決定する権利や，他国から支配・干渉されない権利。

州区分　南極大陸以外の世界の国や地域を，6つに分けた区分。大陸のほか，まわりの島々も含む。アジア州，ヨーロッパ州，アフリカ州【▶p.13】，北アメリカ州【▶p.13】，南アメリカ州【▶p.13】，オセアニア州【▶p.13】に区分される。

アジア州★★★　ユーラシア大陸の大部分を占める州。東アジア，東南アジア，南アジア，西アジア，中央アジア，シベリア地方に区分される。ヨーロッパから見て，東アジアは遠く離れた東にあることから極東，イラク，トルコなどは比較的近いことから近東，極東と近東の間の地域は中東とよばれる。

ヨーロッパ州★★　ユーラシア大陸西部にある州。北は北極海，西は大西洋に面し，東はアジア州，南は地中海をへだててアフリカ州に接する。おもに東部にスラブ系民族，北西部にゲルマン系民族，南西部にラテン系民族が居住している。

アフリカ州★　アフリカ大陸とその周辺の島々からなる州。サハラ砂漠を境として，北の地域を北アフリカ，南の地域を中・南アフリカという。

北アメリカ州★★　北アメリカ大陸とその周辺の島々からなる州。アメリカ合衆国とカナダのことをアングロアメリカという。

南アメリカ州★　南アメリカ大陸とその周辺の島々からなる州。メキシコ以南の国々をラテンアメリカという。

オセアニア州★　オーストラリア大陸を中心として，その周辺のニュージーランド，ニューギニア島などの島々からなる州。これらの島々はポリネシア，ミクロネシア，メラネシアに区分される。

国境★★★　国と国の境で，国家の主権のおよぶ範囲を示す線。自然的国境は，河川や山脈，湖などを境界とするもので，人為的国境は，緯線・経線などを利用したものである。

島国〔海洋国〕★★　国土のまわりを海で囲まれた国。日本のほか，イギリスやニュージーランド，フィリピン，キューバなどがあげられる。

内陸国★★　国土が海に面していない国。モンゴルやネパール，オーストリア，スイス，エチオピアなどがあげられる。

世界の人々の暮らしと環境

雨温図★★★　おもに，ある都市の一年間の降水量と気温を表す図。降水量と気温の関係や，季節による変化などが理解しやすいという利点がある。

▼雨温図

（理科年表　平成30年度版）

寒帯★　1年を通して気温が非常に低い気候帯。南極や北極の周辺に広がり，ほとんどの地域が1年中氷や雪におおわれている。ツンドラ気候と氷雪気候に分類される。ツンドラ気候は，寒帯のうち，短い夏がある気候。短い夏の間だけ地表の雪や氷がとけ，ツンドラとよばれる湿原ができ，コケ類などが生える。氷雪気候は，寒帯のうち，1年中雪や氷でおおわれている気候。夏でも平均気温が0℃以下で，植物はまったく育

▼世界の州の区分

たない。

世界の気候 ▶p.312

イヌイット 1年の
ほとんどが雪と氷で
おおわれているカナ
ダ北部の地域に居住
する，アジア系の民
族。冬には雪を固め
たイグルーに住み，
あざらしな
どを狩猟す
る伝統的な
生活様式や
文化をもっ

▼イヌイットの衣服

▼イグルー

ていたが，近年，文明化が進み，そ
の生活は次第に変化している。

冷帯〔亜寒帯〕★ 夏が短く，冬の寒
さが長くきびしい気候帯。タイガと
よばれる針葉樹林が広がる。ロシア
連邦やカナダなど北半球の北部に多
く分布している。

世界の気候 ▶p.312

針葉樹★ 細長い葉をもつ木。マツ，
スギ，モミなどがこれにあたり，材
質がやわらかく，軽くて強い木が多
い。紙・パルプの原料や建築用材と
して用いられる。

タイガ★ シベリアなどに分布する
針葉樹の森林。トウヒ，モミ，カラ
マツなどが中心で，パルプ用材など
として用いられる。ユーラシア大陸
や北アメリカ大陸の北部など冷帯
〔亜寒帯〕地域に広く分布している。

永久凍土 冷帯から寒帯にかけて分
布する，温度が0度以下の凍った地
層。夏には表面が解けて湿地となる。

温帯★★ 四季の変化がある気候帯。
季節風〔モンスーン〕【▶p.19】や偏
西風【▶p.26】の影響を受ける。季節
による降水量の変化と夏の気温の上
がり方の違いから，季節風の影響が
大きく，四季の変化が最もはっきり
した温帯湿潤気候〔温暖湿潤気候〕
と，夏は高温で乾燥し，冬は降水量
がやや多く温暖な気候の地中海性気
候，1年中一定の降水量がある西岸
海洋性気候に分類される。

世界の気候 ▶p.312

乾燥帯★★ 1年を通して降水量の
少ない気候帯。砂漠気候とステップ
気候に分類される。砂漠気候は，1
年を通して降水量がほとんどない気
候で砂漠が発達し，オアシスにのみ
草や樹木が育つ。南北半球の中緯度
地帯に分布している。ステップ気候
は，数か月間降水があり，ステップ
とよばれる，丈の短い草でおおわれ
た草原が広がっている。砂漠気候の
周辺に分布している。

世界の気候 ▶p.312

オアシス 砂漠の中で，植物が育っ
たり人間が生活したりするだけの水
が得られる場所。地下水が湧き出て
自然にできたもののほか，井戸を
掘ってつくった人工的なものがある。

遊牧★　一定の場所に定住せず，草と水を求めて，家畜とともに一定の地域を移動する牧畜。家畜の肉や乳は食料に，毛や毛皮は衣類やテントなどに利用される。モンゴルでは，移動に便利なようにゲルとよばれる組み立て式テントが家屋として使われている。

▼ゲル

放牧★★　牛や羊，馬といった家畜を，牧場など一定の範囲の草地で放し飼いにすること。アンデス地方の高緯度地域ではリャマやアルパカ，オーストラリアの内陸寄りでは牛や羊，アルゼンチンのパンパでは肉牛の放牧が行われている。

民族★　言語，宗教，社会的習慣など，おもに文化的な特色によって分類した人々の集団。複数の民族によって構成される国家も多く，民族対立が起こっている国々もある。

焼畑農業★★　熱帯地方で古くから行われている移動式の農業。森林や原野を焼き払い，できた灰を肥料として，ヤムイモ，タロイモなど自給用の作物を栽培する。土地の養分がなくなると，他の地域へと移動する。

かんがい発展　農作物の栽培に必要な水を，人工的に田畑に引くこと。川の水や湖沼の水，ため池，地下水などが用いられる。アメリカ合衆国の乾燥地域では，スプリンクラーを使った**センターピボットかんがいシステム**【▶p.37】が使用されている。

熱帯★　1年を通して気温が高い気候帯。赤道を中心に南北に広がっている。**熱帯雨林気候**と**サバナ気候**に分類される。熱帯雨林気候は，スコールとよばれるにわか雨が降り，熱帯

▼世界の気候区分図

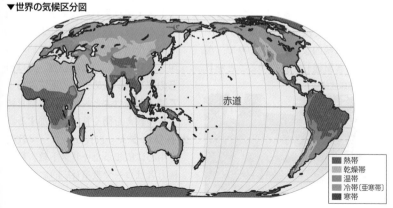

赤道

■ 熱帯
■ 乾燥帯
■ 温帯
■ 冷帯〔亜寒帯〕
■ 寒帯

雨林とよばれる樹木が生いしげった密林が発達している。沿岸部では,多くの魚類が生息するマングローブ林やさんご礁が見られる。アマゾン川流域や東南アジアなど,赤道付近に分布している。サバナ気候は,降水量の多い雨季と降水量の少ない乾季があり,木々がまばらに生える草原が広がっている。熱帯雨林気候の周辺に分布している。

世界の気候 ▶p.312

スコール★★　短時間のうちに急に勢いが増した,一時的な強い風。雷雨や豪雨をともなうことが多い。または,強い風をともなう激しいにわか雨のことをいう。**熱帯【▶ p.15】**の熱帯雨林気候の地域は,毎日のようにスコールによる豪雨に見まわれる。

さんご礁　さんご虫という生物の死がいや分泌物が固まってできた石灰質の岩礁。水温が高くて浅い,澄んだ海にできる。日本では南西諸島周辺の海などで見られる。

高床式住居　床を高くしたつくりの住居。温暖で湿気の多い東南アジア地域の伝統的な住居のつくりで,湿気を防ぎ風通しを良くすることを目

▼高床式住居

的とする。

高山気候　温帯や熱帯の高山に見られる,気温や気圧が低い気候。昼と夜の気温の差が大きいが,1年を通しての気温差はあまり大きくない。アンデス山脈やエチオピア高原などに分布している。

リャマ　アンデス山脈の高地で飼育されるラクダ科の家畜。荷物の運搬用として用いられる。毛や皮は衣類として,乳や肉は食用として利用されている。同じラクダ科の動物で,高地で飼育される家畜としてアルパカがいる。

三大宗教★★★　世界各地に信者をもつ仏教,キリスト教,イスラム教のこと。

仏教★★★　紀元前5世紀ごろ,シャカ〔釈迦〕がインドで開いた宗教。教典は経。人はみな平等であり,正しい道を行えば苦しみからのがれられると説いた。

キリスト教★★★　1世紀ごろに,イエス・キリストの教えをもとに成立した宗教。経典は,神による救いの約束を示した旧約聖書と救いの実現を明らかにした新約聖書。人は自らの罪を悔い改め,神の愛にならって隣人を愛せよと説いた。日曜日に聖書の教えを聞く礼拝に参加する。

カトリック★　古代からローマ教会を中心に広まったキリスト教。最高権力者はローマ教皇(法王)。

プロテスタント★ 16世紀の宗教改革【▶p.137】によって生まれたキリスト教の新しい宗派。

正教会 東ヨーロッパを中心として広まった，キリスト教の宗派。カトリック教会から分かれて発展した。

イスラム教★★★ 7世紀前半に，ムハンマド〔マホメット〕がアラビア半島で開いた宗教。教典はコーラン〔クルアーン〕で，礼拝堂をモスクという。イスラム教徒は，豚肉を食べず，1日5回，聖地であるサウジアラビアのメッカに向かって礼拝を行う。

断食 イスラム教徒が，イスラム暦の9月に約1か月の間行う，日の出から日没まで水を含む一切のものを口にしない行為。

神道 発展 日本独自の伝統的な宗教。海や山，風などの自然をはじめ，家や持ち物など身のまわりのものに宿る神々をまつる信仰と，祖先を神々としてまつる信仰が合わさって生まれたもの。

ヒンドゥー教★★ インドで広く信仰されている宗教。インド人が行動する際の規範となっていた，カースト制度などの伝統的な制度・習慣のもととなっている。牛は聖なる動物と考えられており，食べることはしない。

ユダヤ教★ 唯一神であるヤハウェと契約したユダヤ人のみが救われるとする宗教。聖典は旧約聖書で，聖地はエルサレム。キリスト教のもととなったとされる。

先住民〔先住民族〕★ ある地域にもとから住みついている民族。アメリカ大陸のネイティブ・アメリカン【▶p.36】，オーストラリアのアボリジニ【▶p.41】，ニュージーランドのマオリ，北海道のアイヌ民族などが代表例である。

少数民族★ 複数の民族から構成される国家や地域において大部分を占める民族に対し，**人口が少数で言語や文化が異なる民族のこと。**社会的な立場が弱いことがある。中国では

▼世界の宗教の分布

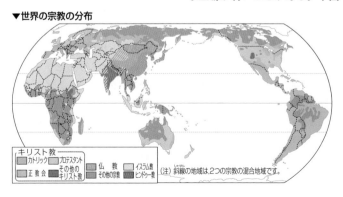

キリスト教
カトリック　プロテスタント
正教会　その他のキリスト教
仏教　その他の宗教
イスラム教　ヒンドゥー教
(注)斜線の地域は，2つの宗教の混合地域です。

人口の約9割を漢族が占めているが，残りの1割は55の少数民族で構成されている。

サリー★　インドをはじめ，ネパール，スリランカなどのヒンドゥー教徒の女性が着る民族衣装。綿・絹織物などの1枚の長い布を腰から肩に巻きつけて着る。

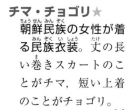
▼サリー

チマ・チョゴリ★　朝鮮民族の女性が着る民族衣装。丈の長い巻きスカートのことがチマ，短い上着のことがチョゴリ。

▼チマ・チョゴリ

チャドル　イスラム教徒のうち，結婚している女性が外出するときに着る服。イスラム教では女性が肌を出すことが罪につながると考えられているため，1枚の黒い布で頭から足の先までをおおい，目の部分だけを出す。イランなどで着用されている。

▼チャドル

ポンチョ　おもに中央アメリカや南アメリカの民族衣装。リャマなどの毛を使った布の中心に穴を開け，布をかぶり穴から首を出して着る，貫頭衣とよばれる服の一つ。

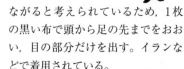
▼ポンチョ

服の上に着て寒さや風を防ぐ。

第2章

世界のさまざまな地域

アジア州

ウラル山脈★　ユーラシア大陸をヨーロッパとアジアに分ける境目となる山脈。比較的古い時期にできたなだらかな山脈で，森林におおわれており，鉄鉱石や石炭など鉱産資源が豊富である。　世界の地形　▶p.310

ヒマラヤ山脈★★　中国南西部とインド・ネパールの間にある，高くけわしい山脈。アルプス・ヒマラヤ造山帯【▶p.49】に属する。世界最高峰のエベレスト山（チョモランマ，標高8,848m）をはじめ，8,000m級の高山が連なっている。　世界の地形　▶p.310

チベット高原　中国南西部に広がる大高原。標高約4,000〜7,000mで寒冷な気候。ヤクやヤギなどの放牧が行われている。　世界の地形　▶p.310

ペルシャ湾★★★　インド洋北西部にある，アラビア半島とイランに囲まれた湾。沿岸一帯は石油の埋蔵量が多く，世界的な産油地帯となっている。サウジアラビアをはじめ，イラン，クウェート，イラク，アラブ首長国連邦などで油田開発がさかんに行われ，世界各国に輸出されている。　世界の地形　▶p.310

季節風〔モンスーン〕★★★　季節によって吹く方向が変化する風。夏は

海から大陸に向かって，冬は大陸から海に向かって吹く。おもに大陸東岸で吹き，東アジア，東南アジア，南アジアにかけての地域でよく発達している。

三大穀物★★　世界でおもに食べられている，米，小麦，とうもろこしのこと。

IT〔ICT，情報通信技術〕★　情報の処理や通信に関わる技術の総称。コンピューターを使いプログラムを用いて情報を処理し，社会や生活の中で情報を活用していくための技術で，この技術を利用した産業を**情報技術産業〔IT産業〕**【▶ p.288】という。この発達で，高速の**情報通信網**がはりめぐらされるようになった。

中華人民共和国〔中国〕★★★　人口が約14億人と，世界で最も多い国。首都は北京。黄河流域を**華北**，それより北側を**東北**，長江流域を**華中**，それより南側を**華南**という。米や小麦，石炭の生産量は世界第1位である（2014年）。**郷鎮企業**【▶ p.20】の成

▼アジア州の区分

長や経済特区【▶ p.20】の設置などにより「世界の工場」へと成長した。

▼中国の農業地域区分

長江★★　中国中央部を流れる，同国で最も長い川。チベット高原の北東部に源を発し，シャンハイ付近で東シナ海に注ぐ。洪水防止や発電に利用するため，中流域に世界最大の**三峡ダム**が建設された。

世界の地形 ▶ p.310

黄河★★　中国北部を流れる，長江に次いで中国で2番目に長い川。流域では，古代に**中国文明**【▶ p.97】が栄えた。流域の華北平原では小麦や綿花などの畑作がさかんである。

世界の地形 ▶ p.310

香港★★　中国南部に位置する九龍と香港島および周辺の島々からなる特別行政区。1842年にイギリスの植民地となり，**中継貿易港**として発展した。1997年にイギリスから中国に返還された。**アジアNIES**【▶ p.294】の1つ

に数えられる。

漢族〔漢民族〕★★★ 中国の人口の90%以上を占める民族。おもに中国の東部に居住している。儒教や仏教などを信仰している。

一人っ子政策★★ 中国で、人口の増加を抑えるために、1979年からとられていた政策。夫婦1組につき子どもが1人の家庭にはさまざまな優遇措置がとられた。この政策の結果、子どもの数が減って高齢化が進んだため、2015年に廃止された。漢族以外の少数民族には、この政策は強制されていなかった。

ハイテク産業〔先端技術産業〕★★ 高度な知識と技術を用いて工業製品などを生産する新しい産業。産業ロボットのようにエレクトロニクス〔電子技術〕と機械を組み合わせたメカトロニクス産業、ファインセラミックスなどの新素材産業、人工衛星などの航空・宇宙産業、バイオテクノロジー関連産業などがあげられる。

多民族国家★ 国民が複数の民族によって構成されている国家。アメリカ合衆国をはじめ、カナダ、ブラジル、ロシア連邦、中国、インドなどが代表的である。

郷鎮企業★ 中国で1980年代中ごろから多くなった、村や町、農家個人などが経営する中小企業のこと。工業、建設業、輸送業、商業などからなる。1990年代半ば以降、急成長し、

工業の分野を中心に中国経済において大きな役割を果たしている。

人民公社 発展 中国で、産業、軍事、教育、文化、行政を一体化するためにつくられた地域組織。1958年に郷を単位に結成された。財産は公社・生産大隊・生産隊の3級に分けて管理され、農作業は生産隊ごとに共同で行われた。生産や労働意欲が低下したため、1980年代に解体された。今の中国では生産責任制が導入されている。

生産責任制★ 中国で、かつての人民公社とよばれる農村組織による農業生産にかわり、1980年ごろからとり入れられた農業生産のしくみ。農家は一定の決められた量の農産物を政府に納めれば、残りを自由に販売し、個人の収入とすることができるようになった。

工業団地 発展 おもに国や地方自治体が、工場を誘致するために造成した地区。いくつかの工場を一か所にまとめて誘致するため、工場の進出を計画的に行うことができる。

経済特区〔経済特別区〕★★ 中国が、外国の資本や技術を導入するために、外国の企業に開放した特別地域。進出した企業は土地を使用する権利が認められる。また、製品の輸出入にかかる関税が免除されたり、企業にかけられる税金が安くなったりするなど優遇される。1979年以降設置され、シェンチェン、チュー

ハイ，スワトウ，アモイ，ハイナン島の5つが指定されている。

西部大開発 中国において，経済が発展した東部沿岸部と工業化の遅れた西部内陸部との経済格差をなくすため行われている，西部内陸部の重点的な開発政策，またその概念。2000年から始まった開発は，2010年までは鉄道・道路など社会基盤の整備を行い，2011年からは産業の育成などに力を入れるなどして開発の加速をはかっている。

アンシャン 中国の東北工業地域を形成する工業都市。遼東半島に位置する。古くから鉄鉱石が産出され，フーシュン炭田などの石炭と結びついて鉄鋼業が発達した。

ターチン油田 東北地方北部に位置する中国の代表的な油田。1960年から開発が始められ，産出された石油はパイプライン（石油や天然ガスなどを長距離にわたって輸送するための管）でペキンやターリエンまで送られている。

フーシュン炭田 東北地方南部に位置する中国の代表的な炭田。第二次世界大戦前に日本の資本によって開発された。地表に近い鉱脈から掘る露天掘りが行われている。アンシャン鉄山の鉄鉱石とともに，東北工業地域の重工業発展の基盤となっている。

中継貿易 他国から商品を輸入し，国内では売らずに，一時的に保管したり加工をしたりした後，別の他国へ輸出する貿易の形。多くの商品が集散する海上交通の要地にあること，関税のかからない自由貿易港となっていることなどが中継貿易港の条件としてあげられる。香港やシンガポールなどがその代表例。

華人★ 海外に移住し，その国の国籍を取得して定住している中国系の人々のこと。中国で生まれた後，東南アジアなどに移住した華僑とは，中国国籍の有無によって区別される。商業や金融業などで活躍し，経済面で影響力をもつ人も多い。

チベット自治区 中国南西部にあるチベット族を中心とする行政区域。チベットはかつて独立国であったが，1950年に中国に侵略されて以来，中国の支配下でのみ民族としての自治が認められていることから，

▼中国の鉱工業地帯

▨ 工業地帯	▲ 鉄鉱石	● 港
■ 石炭	◎ おもな工業都市	― パイプライン
⊠ 石油	□ 経済特区	

自治権の拡大を求める動きがある。

台湾★　東アジアにある，台湾島を中心とする島々。中心となる都市は**タイペイ**。1949年，中国で共産党との内戦に敗れた国民党政府が移り，中華民国を名乗って本土の中華人民共和国政府と対立した。**アジアNIES**【▶p.294】の1つで，ハイテク産業【▶p.20】が盛んである。

大韓民国〔韓国〕★★　朝鮮半島の南半分に位置する国。首都はソウル。1960年代から外国資本や技術をとり入れて工業化に努め，1980年代後半にはアジア**NIES**【▶p.294】の一員として造船業や鉄鋼業を中心に工業生産がのびた。女性の伝統的な衣装を**チマ・チョゴリ**【▶p.18】といい，**ハングル文字**を使用している。日本や欧米諸国の企業が多く進出して工業団地をつくり，90年代にかけて経済が急速に発展した。

朝鮮民主主義人民共和国〔北朝鮮〕★★　朝鮮半島の北半分に位置する国。首都は**平壌**。核開発を行うなど，軍備拡充に力を入れている。2002年と2004年には日朝首脳会談が開かれたが，日本とはまだ国交が結ばれていない。

▼朝鮮半島

朝鮮民主主義人民共和国〔北朝鮮〕
ピョンヤン（首都）
北緯38°
テベク山脈
黄海
ソウル（首都）
大韓民国〔韓国〕
アサン（牙山）
チェジュ（済州）島
対馬
福岡市
九州

タイ王国★　インドシナ半島に位置する国。首都はバンコク。古くからの王国であり，東南アジアで唯一植民地支配を受けなかった国。仏教徒が多い。国土の中央を流れるチャオプラヤ川流域で稲作がさかんで，米の輸出量はインドに次いで世界第2位である（2013年）。**浮稲**とよばれる，穂先を水面から出して生育するたけの長い稲も栽培されている。一方，1980年代以降，日本や欧米諸国の企業が多く進出して工業団地をつくり，90年代にかけて経済が急速に発展した。

▼浮稲

インドネシア共和国★　東南アジア南部に位置する赤道直下の国。世界で3番目に大きいカリマンタン（ボルネオ）島やスマトラ島など多くの島々からなる。首都は**ジャカルタ**。人口は世界第4位（2017年）の2億人以上で，その約9割が**イスラム教**を信仰している。オランダによる植民地時代から**プランテーション**【▶p.23】によるコーヒーや天然ゴムの栽培がさかんに行われている。石油や天然ガスなどの鉱産資源も豊富で，近年は工業化が進んでいる。

マレーシア★ マレー半島とカリマンタン（ボルネオ）島の一部からなる国。首都はクアラルンプール。イスラム教を信仰するマレー系の人々が多数を占めるが，中国系やインド系の人々も住む多民族国家である。中国系の人々が経済的な力をもつようになったため，先住民であるマレー系の人々を優遇するブミプトラ政策が実施されている。近年は工業化が急速に進み，工業原料よりも工業製品の輸出が増えている。

プランテーション★★ 熱帯・亜熱帯地方に見られる大規模な農園。もとは，植民地時代に欧米人によって開かれたものであったが，現地の人々や移民を安い賃金でやとって，1種類の商品作物を大量に栽培し輸出した。近年では，現地の人々や国が経営している場合が多い。東南アジアや南アジア，アフリカなどで行われ，東南アジアでは天然ゴムやコーヒー，油やし，バナナなどが栽培されている。

天然ゴム★ ゴムの木から採取する作物。木の幹に傷をつけて，そこから分泌する樹液を固めて生ゴムにする。高温多湿な熱帯気候に適しているため，東南アジアの熱帯地域を中心にプランテーションによる大規模栽培が行われている。

シンガポール共和国★ マレー半島の南端に位置する島国。首都はシンガポール。華人【▶p.21】とよばれる中国系の人々が約4分の3を占め，そのほかにマレー系，インド系などの人々が住んでいる。植民地時代から中継貿易【▶p.21】で栄えたが，金融や工業生産で高い成長をとげたことから，アジアNIES【▶p.294】の1つに数えられる。

ベトナム社会主義共和国★ インドシナ半島の東側に位置する，南北に細長い国。首都はハノイ。農業を中心としていたが，1980年代後半から社会主義経済を改革する政策がとられ，外国企業も進出するようになったことから，経済が発展している。

ドイモイ〔刷新〕 発展 社会主義国であるベトナムで1986年に打ち出された，市場経済の導入や対外開放をめざす改革方針，またその政策。外国資本の導入，企業に対し経営の自由を拡大するなどして，社会主義の国家体制を保ちつ

▼東南アジアの国々

ラオス
ミャンマー
タイ
ベトナム
フィリピン
カンボジア
マレーシア
ブルネイ
シンガポール
インドネシア
東ティモール

つ市場開放をすすめ，経済成長を続けている。

インド★★ インド半島の大半を占める国。首都はデリー。約13億人と，中国に次ぐ世界第2位(2017年)の人口をもつ。ヒンドゥー教徒が多く，カースト制度とよばれるきびしい身分制度の名残が現在も根強くある。デカン高原は綿花，アッサム地方は茶の産地として世界的に知られる。近年は，ムンバイ(旧ボンベイ)やベンガルール(旧バンガロール)などを中心にIT産業が急速に発展している。

パキスタン・イスラム共和国★ インド半島の北西部に位置する国。首都はイスラマバード。イスラム教徒が多い。インダス川上流のパンジャブ地方を中心として小麦や綿花の栽培がさかんで，下流にあるカラチは工業都市，貿易港として発展している。カシミール地方の領有をめぐってインドとの対立が続いている。

バングラデシュ人民共和国★ インド半島の北東部に位置する国。首都はダッカ。イスラム教徒が多い。米やジュート，サトウキビ，茶の栽培がさかんである。

スリランカ民主社会主義共和国★ インド洋にあるセイロン島を占める国。首都はスリジャヤワルダナプラコッテ。プランテーションによる茶や天然ゴム，ココナッツの栽培がさかんであるが，近年は工業化が進んでいる。

ネパール連邦民主共和国★ ヒマラヤ山脈に沿った国。首都はカトマンズ。ヒンドゥー教徒が多い。おもな産業は低地での農業とヒマラヤ登山による観光である。

アラブ首長国連邦★★ ペルシャ湾岸にある国。首都はアブダビ。国土の大半が砂漠で，アラブ人などが住み，イスラム教を信仰している。国の経済は石油の生産と輸出に依存しており，日本にとってサウジアラビアに次ぐ石油輸入国となっている(2016年)。

サウジアラビア王国★★ アラビア半島の大半を占める国。首都はリヤド。国土の大半は砂漠で，アラブ人が住む。石油の産出量は世界最大級，輸出量(2014年)は世界第1位であり，日本にとって最大の石油輸入国である。イスラム教の聖地メッカがあり，世界中から巡礼者が訪れる。

▼南アジアと西アジアの国々

（地図：p.24「南アジアと西アジアの国々」）

▼石油の輸出量国別割合

その他 51.8

サウジアラビア 17.6%

ロシア 11.1

2014年 20.2億t

7.2 カナダ

6.2 アラブ首長国連邦

6.1 イラク

（世界国勢図会　2017/18年版）

イラン・イスラム共和国 ★

西アジア中部に位置し，北はカスピ海【▶p.26】，南はペルシャ湾に面する国。首都はテヘラン。国土の大部分が乾燥帯【▶p.14】に属し，イスラム教徒が多い。石油の生産がさかんでOPEC加盟国の1つ。（地図：p.24「南アジアと西アジアの国々」）

NIES〔新興工業経済地域〕 ★

1980年代から，急速に工業が発展した国や地域。その中で，大韓民国〔韓国〕，シンガポール，台湾，香港はアジアNIES【▶p.294】とよばれる。

ASEAN〔東南アジア諸国連合〕

★★　東南アジアの10か国が加盟する組織。地域における経済成長や政治の安定，社会・文化的発展をうながすことなどを目的とする。1967年にインドネシア，マレーシア，シンガポール，フィリピン，タイの5か国によって結成され，その後，加盟国が10か国に増えた（2018年1月現在）。

OPEC〔石油輸出国機構〕 ★★★

1960年に，世界の産油国で結成された組織。産油国の利益を守り，原油価格の安定をはかることを目的としている。イラン，イラク，クウェート，サウジアラビア王国【▶p.24】，ベネズエラ，アラブ首長国連邦【▶p.24】など14か国が加盟（2017年12月現在）。世界全体の石油の産出量や価格の決定に大きな影響をあたえている。

BRICS〔ブリックス〕 ★★★

ブラジル（Brazil），ロシア（Russia），インド（India），中国（China），南アフリカ共和国（South Africa）の頭文字をとった5か国の総称。これらの国は，広大な国土と豊富な資源を背景として経済成長がいちじるしく，国際政治・経済にも大きな影響力をもつようになったため，このようによばれる。南アフリカ共和国を除いてBRICsという場合もある。

都市問題

人口の過密化や都市的な生活様式によってもたらされる社会生活上のさまざまな問題のこと。具体的には，交通渋滞や通勤混雑，事故の多発といった交通問題，地価の上昇などによる住宅不足，ごみ処理問題，大気・水の汚れや騒音，悪臭といった都市公害などがあげられる。

外国人労働者

仕事を行うため，国境をこえて移動する外国人のこと。西ヨーロッパなどでは，労働力不足

を補うために積極的に受け入れてきた。日本では，永住者やその配偶者等，日本人の配偶者等，定住者を除いて，就労の活動制限を受けながら働くことが認められている。これに対し，観光や留学の資格で入国しながら許可を得ず，仕事に就いている外国人を不法就労者という。

ヨーロッパ州

アルプス山脈★★　ヨーロッパ南部を東西に走る，高くけわしい山脈。**アルプス・ヒマラヤ造山帯【▶p.49】**に属する。スイスを中心に，フランス，イタリア，オーストリアなどの国にまたがり，**最高峰モンブラン**（標高4,810m）をはじめマッターホルンなど4,000m級の高山が連なっている。　世界の地形 ▶p.310

ライン川★　スイスのアルプス山脈に源を発し，フランス，ドイツ，オランダを流れて北海に注ぐ川。ドナウ川とともに，**外国船が自由に航行できる国際河川**の1つ。運河や支流によって多くの河川と結ばれ，ヨーロッパで最も重要な**内陸水路**となっている。中流域にはルール工業地域がある。　世界の地形 ▶p.310

内陸水路★　河川・湖沼・運河など，内陸部の水上交通路。ヨーロッパでは，ライン川やドナウ川などの大きな船が航行できる河川が運河によって連絡され，重要な交通手段となっている。

カスピ海　ロシア連邦やカザフスタン，イランなどに囲まれた世界最大の湖。湖としては塩分濃度が高く，海水の3分の1ほどあり，沿岸各地や湖底から**石油・天然ガス**が産出される。　世界の地形 ▶p.310

地中海★★　北と東をユーラシア大陸，南をアフリカ大陸に囲まれた海。古くから海上交通路として利用されている。沿岸は地中海性気候となっており，温暖な気候を利用した**地中海式農業【▶p.27】**がさかんである。　世界の地形 ▶p.310

偏西風★★★　1年を通して西から吹く風。中緯度から高緯度に向かって，おもに大陸西岸に吹く。ヨーロッパの西部では，暖流の北大西洋海流の上を吹くため，沿岸部に温暖な気候をもたらしている。

北大西洋海流★　北大西洋の中緯度以上の海洋を，南西から北東へ流れる暖流。北大西洋海流にあたためられた空気が偏西風によって運ばれるため，この風を受ける**西ヨーロッパの国々の気候は高緯度の割に温暖**である。

▼北大西洋海流と偏西風

26

氷河　長年にわたって降り積もった雪が氷のかたまりとなり，その重さによって流動するようになったもの。南極大陸やグリーンランドなどは，陸地全体が氷河によって厚くおおわれている。19世紀以降，氷河がとける氷河融解とよばれる現象が起きている。これは，地球の温暖化による平均気温の上昇が原因と考えられており，海抜高度が低い島の水没などが心配されている。

フィヨルド★★　氷河の侵食作用によってできた谷に，海水が入り込んでできた入り江。氷河によってけずられたところは，氷河がとけたあと深いU字谷となり，そこへ海の水が入ると，奥行きが深く，水深も大きい入り江となる。スカンディナビア半島やチリ南部の海岸などに見られる。

▼フィヨルドが見られる地域

侵食　地球の表面や岩が，風，流水，氷河などの自然の力によってけずられる働き。風によるものを風食，川の流れによるものを河食，海の波によるものを波食，氷河によるものを氷食という。

白夜〈発展〉　高緯度地方で，夏に見られる，太陽が沈まない薄暗い夜のこと。太陽高度が低い北極圏や南極圏で見られる。

▼白夜のときの太陽の動き

混合農業★★　牛や豚などの家畜の飼育と，農作物の栽培を組み合わせた農業形式。おもにフランスをはじめとするヨーロッパ中部で行われている。

地中海式農業★★　地中海性気候の地域で盛んな農業。夏には乾燥に強いオリーブ，オレンジ，ぶどうなどを栽培し，夏に比べて雨が多い冬には小麦などの穀物を栽培する。イタリア，スペイン，フランス南部などの地中海沿岸のほか，アメリカ合衆国の太平洋岸，チリ中部などでも行われている。

オリーブ〈発展〉　モクセイ科の樹木。実からはオリーブオイルがとれるほか，実そのものも食用にされる。もともと地中海沿岸に育っていた植物で，現在も生産がさかんである。

酪農★★　畜産のうち，乳用牛を飼育し，牛乳や乳製品を生産・販売する産業。乳製品は生乳を加工したもので，バター，チーズ，ヨーグルトなどがあげられる。また，乳用牛のえさとなる，牧草や飼料用とうもろこしといった飼料作物の栽培も行う。

移牧★　家畜を季節によって異なる場所へ移動させて行う牧畜。代表的なものとして地中海地域の羊やヤギ，アルプス地方の乳牛があり，夏は高地の牧場で飼育し，冬はふもとに降りて畜舎で飼育する。生産者は定住している。

イギリス★　ヨーロッパ北西部の島国。イングランド，スコットランド，ウェールズ，北アイルランドの4地域からなる。首都は**ロンドン**。世界で最初に**産業革命【▶p.167】**がおこり，ランカシャー地方やヨークシャー地方など各地で工業が発達し世界有数の工業国となったが，第二次世界大戦後は地位が低下した。近年は，IT関連の**ハイテク〔先端技術〕産業**がさかん。**北海油田**の開発により，石油輸出国となった。オセアニア州の国々の国旗には，イギリスの国旗(ユニオンジャック)が入ったものが多く見られる。(地図：p.29「ヨーロッパ州の国々」)

▼ユニオンジャック

北海油田★★　ヨーロッパの北海にある海底油田。1960年に発見され，イギリス，ノルウェー，オランダ，デンマークなどが開発を進めている。この開発により，イギリスは石油の輸出が可能となった。

近代工業　18世紀後半の産業革命【▶p.167】以降に発達した**工場制機械工業**のこと。大きな資本をもとに多くの労働者を工場に集め，機械を使って製品を大量生産する工業形態である。これによって，資本主義が発展し，生活や社会のしくみが大きく変わった。

イタリア共和国★　ヨーロッパ南部に位置する，イタリア半島とシチリア島などの島々からなる国。首都は**ローマ**。小麦やオリーブ，ぶどうなどの栽培がさかんで，特にぶどうは世界有数の輸出国となっている。工業は，北部のミラノ(繊維)・トリノ(自動車)・ジェノバ(造船)を結ぶ「工業の三角地帯」を中心に発達し，農業中心の南部との経済格差が大きい。首都ローマ

▼イタリアとバチカン市国

にはローマ帝国時代の遺跡が多く，世界一面積が小さい国である**バチカン市国**がある。

オランダ王国★　北海に面する国。首都は**アムステルダム**。ライン川下流の低湿地に位置することから，国土の4分の1が海面より低くなっていて，**ポルダー【▶p.29】**とよばれる干拓地が発達している。**酪農と園芸農業**がさかんで，**チューリップ**の球根が重要な輸出品となっている。ライン川の河口にある港湾・工業都市ロッテルダムには，ヨーロッパ連合〔EU〕最大の貿易港**ユーロポート**が

ある。

ポルダー★★ 干拓によってできた土地のことで，一般的にオランダのものをいう。干拓とは，低湿地や浅い海に堤防を築いて排水し，陸地をつくること。

スペイン王国★ イベリア半島の大部分を占める国。首都はマドリード。おもな産業は自動車や食品加工，農牧業で，地中海沿岸地方ではオリーブ，オレンジ，ぶどうなどの栽培が，中央部の高原地帯では牧畜がさかんである。1986年にEC（現在のヨーロッパ連合〔EU〕）に加盟して以降，農産物のEUへの輸出などにより，急速に経済が発展した。近年は，外国資本の導入などにより工業化が進んでいる。

フランス共和国★ ヨーロッパの西部に位置し，大西洋と地中海に面する国。首都はパリ。ヨーロッパ連合

〔EU〕最大の農業国で，農産物を輸出している。北部では小麦やとうもろこし，南部では野菜やぶどう，ワインの生産がさかん。また，重化学工業が発展しているほか，自動車・航空機などが生産され，ヨーロッパではドイツに次ぐ工業国でもある。原子力発電の割合が高い。首都パリは，世界の芸術・ファッションの中心地で，観光地としても有名。

TGV★ フランスの超高速列車。1981年にパリ・リヨン間で営業が開始された。それ以降，各地に路線が拡大され，フランス全域で運行されている。

ドイツ連邦共和国★ ヨーロッパの中央部に位置する国。首都はベルリン。第二次世界大戦後の冷戦【▶p.214】中は東西に分かれていたが，1989年にベルリンの壁が崩壊し，翌年，東西が統一された。ヨーロッパ連合

▼ヨーロッパ州の国々

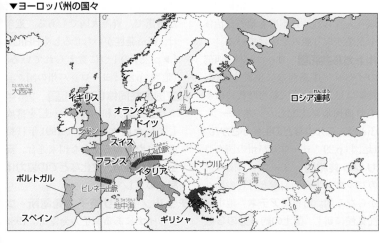

〔EU〕最大の工業国で，国際河川であるライン川沿いに**ルール工業地域**が発達している。混合農業や酪農が行われ，おもに小麦，ライ麦，じゃがいもなどが生産されている。

ルール工業地域 ★　ドイツのルール地方にある**ヨーロッパ最大の工業地域**。ルール炭田の豊富な石炭とロレーヌ地方（フランス）の鉄鉱石，ライン川の水運を背景に，鉄鋼・機械・化学工業がいちじるしく発達した。エッセン，ドルトムント，デュースブルクなどの工業都市がある。近年その地位が低下したが，再開発が進められ，**ハイテク〔先端技術〕産業**に力を入れている。

パークアンドライド 発展　自動車を都市周辺の駐車場にとめ，そこから鉄道やバスに乗り換えて都市部に入る方式。都市内の交通の渋滞，大気汚染を防ぐ効果が期待されている。ヨーロッパのドイツなどで積極的に取り入れられ，日本でも地方自治体や企業が取り組みを広げている。

ポルトガル共和国　ヨーロッパ南西部のイベリア半島西端に位置する国。首都はリスボン。大航海時代には多くの植民地を支配した。オリーブ，ぶどう，コルクなどの生産がさかん。（地図：p.29「ヨーロッパ州の国々」）

ギリシャ共和国　ヨーロッパ南東部のバルカン半島の南端と付近の島々からなる国。首都はアテネ。地中海性気候に属し，国土の約4分の3を

山地が占める。（地図：p.29「ヨーロッパ州の国々」）

スイス連邦　ヨーロッパの中央部に位置する国。首都はベルン。南部に**アルプス山脈**【▶p.26】がある。1815年のウィーン会議以来**永世中立国**である。（地図：p.29「ヨーロッパ州の国々」）

永世中立国 発展　いくつかの国の間で戦争が起きたとき，どの勢力にもつかないことを表明しており，他国からもその立場を認められている国。

ロシア連邦 ★　ユーラシア大陸北部に位置する，世界最大の面積をもつ国。首都は**モスクワ**。1922年にソビエト社会主義共和国連邦〔ソ連〕の1つの共和国として誕生したが，1991年にソ連が解体し，独立国となった。世界有数の農業国であり，小麦や大麦，じゃがいもの生産がさかん。また，石油，天然ガス，石炭，鉄鉱石，ニッケル鉱，木材などが豊富で，資源大国でもある。近年は，経済発展がいちじるしく**BRICS**【▶p.25】の1つに数えられている。（地図：p.29「ヨーロッパ州の国々」）

独立国家共同体〔CIS〕 発展　ソビエト社会主義共和国連邦〔ソ連〕を構成していた国々によって1991年に結成された，ゆるやかな国家連合。安全保障や経済，文化などでの協力体制をめざしている。

チェルノブイリ原子力発電所　ウクライナにある原子力発電所。1986

年に4号炉が爆発する事故が起き，大量の放射性物質が世界中に拡散した。この事故の後も，4号炉以外の原子炉は稼働していたが，2000年に全ての原子炉が運転を停止した。

黒土地帯★　よく肥えた黒色土が分布する地帯。ウクライナから西シベリアにかけて広がる黒土地帯やアメリカ合衆国のプレーリー，アルゼンチンのパンパなど。いずれも小麦やとうもろこしが栽培され，世界的な穀倉地帯となっている。

パイプライン　石油や天然ガスなどの液体燃料を運ぶための輸送管。大量の資源を離れた場所へ安く運ぶことができる。油田から製油所などへの輸送のほか，外国への輸出に用いられることもある。

ヨーロッパ連合〔欧州連合，EU〕
★★★　ヨーロッパ経済共同体〔EEC〕からヨーロッパ共同体〔EC〕を経て，1993年に成立したヨーロッパの地域統合組織。経済統合をはじめ，共通の外交・安全保障政策や司法協力といった幅広い統合をめざしている。2013年にクロアチアが加盟し，現加盟国は27か国となっている。ただし，イギリスは2016年の国民投票でEUからの離脱を決定，2020年に離脱した。2002年に共通通貨ユーロ〔EURO〕の流通が開始された。加盟国間での人やものの流れを活発にして結びつきを強める一方，域外からの輸入品には高い関税をかけるなどしている。

ユーロ〔EURO〕★★★　ヨーロッパ連合〔EU〕の共通通貨。2002年に流通が開始された。スウェーデン，デンマークなどは参加していない。

経済格差　国や地域間での，経済的な貧富の差のこと。国どうしの経済格差を見るときには，国民総生産〔GNP〕や国内総生産〔GDP〕の額から判断することが多い。世界全体では，先進国の多い北側と発展途上国の多い南側との間に経済格差が見られ，南北問題とよばれている。

▼EU加盟国（2021年1月現在）

■EU発足時（12か国）
フランス，ドイツ，イタリア，オランダ，ベルギー，ルクセンブルク，イギリス，アイルランド，デンマーク，ギリシャ，スペイン，ポルトガル

■1995年加盟国（3か国）
オーストリア，スウェーデン，フィンランド

■2004年加盟国（10か国）
エストニア，ポーランド，チェコ，スロベニア，ハンガリー，キプロス，ラトビア，リトアニア，スロバキア，マルタ

■2007年加盟国（2か国）
ブルガリア，ルーマニア

■2013年加盟国（1か国）
クロアチア

■2020年離脱国（1か国）
イギリス

地域格差 地域間における社会的・経済的な差異・格差のこと。1人あたりの所得額や一定人口あたりの進学率，医師・病床数などが指標となる。都市と農村部，中央の大都市と地方といった地域間で格差が見られやすい。

▼EU各国の1人あたりの国民総所得

ユーロスター [発展] ロンドン－パリ間を走る特急列車。ユーロトンネルを通り，2都市間を2時間15分で結ぶ。最高速度は時速300km。車両はイギリス，フランス，ベルギーの3か国が共同で開発し，1994年に運転を開始した。

アフリカ州

サハラ砂漠★ アフリカ大陸北部にある世界最大の砂漠。西は大西洋岸，東はナイル川流域にまで広がり，その面積は日本の国土面積の約24倍にもおよぶ。干ばつや人口増加による過放牧・過耕作などにより，周辺に砂漠が拡大しており，とくにサハラ砂漠の南の端に沿って帯状に広が

る半乾燥地域のサヘルは砂漠化が進んでいる。 世界の地形 ▶p.310

ナイル川★★★ アフリカ大陸を流れる世界最長の川。長さ約6,695km。ビクトリア湖周辺に源を発し，スーダンやエジプトを流れ，カイロ付近で地中海に注いでいる。ナイル川が運搬した肥よくな土壌に恵まれ，中・下流域では綿花や小麦，河口の三角州【▶p.50】では米の栽培が行われている。 世界の地形 ▶p.310

エチオピア高原 アフリカ大陸北東部にある高原。エチオピアの大部分を占める。標高が高いため，大部分が高山気候【▶p.16】に属している。コーヒーの栽培がさかん。

希少金属〔レアメタル〕★★ 地球上に存在する量が少ない，もしくは取り出すことが難しい金属のこと。埋蔵されている地域が地球上の一部に偏っている。代表的なものにコバルト，クロム，ガリウム，マンガンがあり，電子工業や先端技術産業での需要が高く，価値が高まっている。

▼アフリカの鉱産資源

32

公用語 国が公式な場で使用すると定めた言語。日本の公用語は日本語。一国につき公用語は一つの言語である場合が多いが，インドやカナダなどのように複数の言語を公用語に定めている国もある。

スラム 所得の低い人々によって，大都市やその周辺部に形成された住環境の悪い住宅街。衛生面や治安面での問題を多く抱える。

エジプト・アラブ共和国★ アフリカ大陸の北東部に位置する，地中海に面する国。首都は**カイロ**。国土の大部分が砂漠であり，ナイル川下流で**小麦**や**綿花，米**が栽培されている。石油の輸出や観光収入，**スエズ運河**の通航料が国の経済を支えている。紀元前3000年ごろ，ナイル川流域に**エジプト文明**【▶p.100】が栄えた。

ガーナ共和国★ アフリカ大陸西部に位置する，ギニア湾沿岸の国。首都はアクラ。カカオの生産・輸出によるモノカルチャー経済であり，経済が不安定になりやすい。ボルタ川に建設されたダムによる電力を用いて，アメリカ系企業がアルミニウム精錬を行っている。

カカオ チョコレートやココアの原料となる作物。高温で降水量の多い気候でよく育つため，コートジボワールやガーナなどアフリカ州のギニア湾岸地域や，インドネシアで生産がさかん。

商品作物 売るために栽培される農作物。プランテーションによる生産が代表的である。換金作物ともいう。

モノカルチャー経済★ 1国において，特定の農作物や鉱産資源の生産や輸出にたよる経済。石油やすず，

▼アフリカ州の国々

天然ゴム，油やし，コーヒー，茶などがあげられる。モノカルチャー経済で生産される作物は，工業製品に比べて価格の変動がはげしいため，これらのみの生産・輸出にたよっていると，その国の経済は不安定になる。東南アジアやアフリカの国々に多く見られる。

フェアトレード〔公正取引〕発展
生産物が不当に低い値段で取引されている人々や地域に対して，公正な報酬を支払って行う貿易。生産者や地域の自立をうながすことが目的。

ケニア共和国★
アフリカ大陸東部に位置する赤道直下の国。首都はナイロビ。植民地時代からプランテーション農業が行われていたが，1963年の独立後は政府が農園を買い上げ，コーヒーや茶，サイザル麻などが栽培されている。(地図：p.33「アフリカ州の国々」)

南スーダン共和国
アフリカ大陸中部，エチオピアやコンゴ民主共和国と接する国。首都はジュバ。2011年にスーダンから独立したが，政治が混乱し情勢は不安定である。

ナイジェリア連邦共和国★
アフリカ大陸西部のギニア湾沿岸に位置する国。首都はアブジャ。アフリカ大陸最大の人口をもつ国であり，カカオや落花生，油やしなどの商品作物が栽培されている。アフリカ有数の産出量をほこる石油も重要な輸出品となっている。(地図：p.33「アフ

リカ州の国々」)

南アフリカ共和国★
アフリカ南端に位置する国。首都はプレトリア。金の産出量が世界第6位(2014年)で，マンガン，クロム，バナジウムなどの希少金属〔レアメタル〕【▶p.32】の産出量も多い。これらの資源を生かしてアフリカ最大の工業国となっている。長らく続いてきたアパルトヘイト〔人種隔離政策〕は，1991年に廃止され，1994年には黒人のマンデラ大統領が誕生した。(地図：p.33「アフリカ州の国々」)

アパルトヘイト〔人種隔離政策(南アフリカ共和国)〕★★★
南アフリカ共和国でとられていた人種隔離政策。第二次世界大戦後，ヨーロッパ系白人が，アフリカ系黒人やアジア系の人々などに対して，職業を制限したり，労働・政治運動や白人との結婚を禁止したり，人種ごとに住む場所を決めたりすることを法律で定めた。抵抗運動や国際世論の非難の高まりなどから，1991年に各種の法律が撤廃された。

アンゴラ共和国
アフリカ大陸の南西部に位置する国。首都はルアンダ。ポルトガルの植民地であったが，1975年に独立，その後は内戦が続き2002年に終結した。ダイヤモンドの産出が多く，また産油国でありOPECに加盟している。(地図：p.33「アフリカ州の国々」)

アフリカ連合〔AU〕 発展 2002年に設立された，アフリカ諸国の主権と領土を守ることを目的とした組織。アフリカ大陸の国々の55の国・地域が加盟している。

北アメリカ州

ロッキー山脈★★ 北アメリカ大陸西部をほぼ北西から南東に走るけわしい山脈。環太平洋造山帯【▶p.48】に属する。標高4,000m以上の山々が連なっている。多くの国立公園があり，世界遺産にも登録されている。 世界の地形 ▶p.310

ミシシッピ川★★ アメリカ合衆国中央部を流れる，同国で最も長い川。中央平原を南へ流れてメキシコ湾に注ぐ。流域の大平原は世界的な農業地帯となっており，小麦やとうもろこし，大豆，綿花などが大規模に栽培されている。 世界の地形 ▶p.310

フロリダ半島 北アメリカ大陸の南東部にある半島。北大西洋とメキシコ湾を分ける。アメリカ合衆国のフロリダ州の大部分を占めている。

カリブ海 南・北アメリカ大陸の間にある，中央アメリカ・南アメリカと西インド諸島に囲まれた海域。パナマ運河によって太平洋に通じることから，アメリカ合衆国で産出された石油などが海上交通で輸出される。

アメリカ合衆国★★★ 北アメリカ大陸の半分近くを占め，アラスカやハワイも含めて日本の約25倍の面積をもつ国。50州から成り立つ。首都はワシントンD.C.。多くの人種・民族がいるため，「人種のサラダボウル」といわれる。世界有数の農業国・工業国であり，小麦・とうもろこし・大豆などの穀物の輸出量が世界有数で，豊富な鉱産資源をもとに五大湖沿岸やサンベルトに工業地帯が発達している。

ニューヨーク★★ アメリカ合衆国最大の商工業都市。国際連合【▶p.294】

▼北アメリカ州の国々

の本部や世界の金融地区として有名なウォール街などがあり，世界の政治・経済の中心地となっている。

メガロポリス 発展 連続する多くの大都市が，高速交通や通信機関などにより密接に結びつき，深いつながりをもって連なっている巨大な都市地域のこと。フランスの地理学者が，アメリカ合衆国のニューヨークを中心としてボストンからワシントンまで連なっている都市地域に着目して示したことから，使われるようになった。

ネイティブ・アメリカン ★ アメリカ大陸の先住民のこと。祖先はアジア人種とされ，高度な農耕文化をもっていた。アメリカ大陸の開拓が進むにつれて，土地を失い，人口も減少していった。

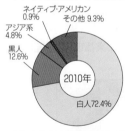

▼アメリカ合衆国の民族構成

ネイティブ・アメリカン 0.9%
その他 9.3%
アジア系 4.8%
黒人 12.6%
2010年
白人72.4%

(データブック オブ・ザ・ワールド 2017)

移民 ★ 生まれた国を出て，他の国に永久に，あるいは半永久的に移り住んだ人々のこと。日本人の海外移住者を日系人【▶ p.41】といい，移民先で農業や商業を営んでいる場合が多い。1868年に日本からハワイへ

わたったのが最初で，現在日系人が最も多い国はブラジルである。

ヒスパニック ★★★ メキシコなど中・南アメリカからアメリカ合衆国にわたってきたスペイン語を話す移民のこと。仕事を求めて移住してきた人々が大多数であるが，低賃金の労働についている人々が多く，貧困が問題となっている。南部に多く住んでいる。

多国籍企業 ★★★ 世界各国にその子会社をおいて，原材料の調達や生産・販売などの活動を世界的規模で行う大企業のこと。世界の企業は，天然資源や労働力を低コストで確保すること，現地生産を行うことによって市場を海外に広げることなどを目的として多国籍化を積極的に行っている。

ファストフード 準備や調理に時間がかからず，すぐに食べることができる食品。チェーン店のハンバーガーや牛丼などがあてはまる。

穀物メジャー 発展 穀物の国際的な流通を支配する，多国籍企業の大商社。世界中から集めた穀物生産や消費に関する情報を用いて流通を管理し，市場に大きな影響をあたえている。

適地適作 ★★ その土地の自然条件や社会的条件に最も適した農作物を栽培すること。アメリカ合衆国ではこの方法で農作物が栽培されるため，農業地域区分がはっきりしている。

企業的な農業★

広大な農場で大型農業機械を使い，特定の農作物を大量に生産する大規模な農業。アメリカ合衆国では，利益を高めることを目的としてこのような農業が行われており，農業従事者１人あたりの耕地面積が大きくなっている。

▼農民１人あたりの耕地面積

アメリカ合衆国	62.1ha
日本	2.5ha

▼農民１人あたりの機械保有台数

アメリカ合衆国	1.71台
日本	1.00台

▼農民１人あたりの穀物収穫量

アメリカ合衆国	121.3t
日本	6.2t

(FAOSTAT)

アグリビジネス 発展

農産物の生産，加工，貯蔵，運送，販売など，農業関連産業の総称。農業を意味するアグリカルチャーと，事業を意味するビジネスを組み合わせてできた言葉。農作物の品種改良，農業用の機械や肥料などの製造・販売，農作物の買い上げなどさまざまな産業が含まれる。アメリカ合衆国では，穀物メジャーによってアグリビジネスが支配されている。

等高線耕作

傾斜地を耕地とする際，等高線に沿って栽培する作物をかえる耕作方法。降雨により土がけずられたり，肥料が流されたりするのを防ぐことを目的としている。

バイオテクノロジー★

生物がもっている高度な機能を研究し，それを医療や食料，環境，エネルギーなどの分野で役立てようとする科学技術。アメリカ合衆国で生まれたハイテク産業〔先端技術産業〕の１つである。近年では，遺伝子組み換え作物の栽培や同じ遺伝子型をもつクローンの作製なども可能になった。

センターピボットかんがいシステム

アメリカ合衆国のグレートプレーンズで利用されている，水や肥料，農薬を散布するシステム。井戸を掘って地下水をくみ上げ，その水をスプリンクラーを使って円形にまく方式で，雨が少ない乾燥地域でも農作物を栽培できるようにしている。

▼アメリカ合衆国の農業地域

とうもろこし
大豆
たばこ
綿花

	酪農
	果樹,野菜
	小麦
	農耕地
	放牧
	非農耕地

▼センターピボット

フィードロット 発展 肉牛を太らせる(肥育する)ための飼育場。一定基準まで成長した肉牛に栄養価の高い飼料を与え，集中的に太らせる。アメリカ合衆国に多く見られる。

プレーリー ★ ミシシッピ川の西からロッキー山脈にかけて広がる大草原。プレーリー土とよばれる肥よくな黒色土が分布していることから，小麦やとうもろこし，大豆などが大規模に栽培され，世界有数の穀倉地帯となっている。プレーリーとロッキー山脈の間には，**グレートプレーンズ**とよばれる台地状の大平原が広がっており，かんがいによるとうもろこし・小麦の栽培や，牛の放牧が行われている。

アパラチア炭田 アパラチア山脈西部にある**アメリカ合衆国最大の炭田**。大規模な機械化による露天掘りが行われている。産出された石炭は，大西洋沿岸や五大湖沿岸の工業地域などへ運ばれるほか，日本にも輸出されている。

露天掘り 発展 採掘方法の一つで，地表から地面を掘り下げて鉱産物をとる方法。鉱産物をとるためにトンネルを掘る手間が省け，効率が良く，安全性も高いとされる。地表付近に鉱産物がある場合に用いられる。

五大湖 ★★ アメリカ合衆国とカナダの国境付近にある5つの湖の総称。沿岸は重工業地域となっており，ピッツバーグで製鉄，デトロイトで自動車，シカゴで農業機械・食品などの工業がさかんである。

サンベルト ★★★ アメリカ合衆国の北緯37度以南の温暖な地域。豊富な労働力や安価で広大な土地を生かして，1970年代以降，コンピューターや航空宇宙産業などのハイテク〔先端技術〕産業が発達し，重要な工業地域となった。

シリコンバレー ★ アメリカ合衆国のサンフランシスコ近郊のサンノゼ周辺にある，ハイテク〔先端技術〕産業が集中している地域。エレクトロニクス産業，IT産業，ソフトウェア産業などの研究所や関連企業が多く進出している。電子部品であるIC〔集積回路〕や半導体はシリコンを材料とすることから，このようによばれるようになった。

▼アメリカ合衆国の資源と工業都市

IC〔集積回路〕 ★★★ コンピューターなどに使用される電子回路。通信機器，テレビ，自動車などほとんどすべての機器やシステムに用いられている。小さく軽量な割に高価な

ことから，輸送費の高い航空機や高速道路を使って輸送しても採算がとれるため，工場は空港や高速道路のインターチェンジの近くに多く立地している。

ワシントン条約 発展 国際取引を制限することで，**野生動植物を保護する**ことを目的とした条約。正式には，「絶滅のおそれのある野生動植物の種の国際取引に関する条約」という。生きている動物のほか，はく製や毛皮，牙なども対象とし，商業目的の取引を禁止するとともに，取引する場合には，輸出国・輸入国両方の許可を必要としている。

カナダ★ 北アメリカ大陸の北部に位置する国。首都は**オタワ**。国土面積は世界第2位で，ほとんどの地域が冷帯〔亜寒帯〕に属しており，**タイガ**【▶p.14】とよばれる針葉樹林が広がっている。木材などの森林資源や**石油・石炭・鉄鉱石・ウラン・ニッケル**などの鉱産資源に恵まれ，これらの輸出量も多い。東部のケベック州などにフランス系の人々が多いため，**公用語は英語とフランス語**となっている。（地図：p.35「北アメリカ州の国々」）

メキシコ合衆国★ 北アメリカ大陸の南部に位置する高原の国。首都は**メキシコシティ**。とうもろこし，さとうきび，コーヒー，サイザル麻などの栽培がさかんであるが，銀や銅，石油などの鉱産資源に恵まれ，工業

化が進んでいる。（地図：p.35「北アメリカ州の国々」）

キューバ共和国★ 西インド諸島のキューバ島と周辺の島々からなる国。首都は**ハバナ**。1959年にキューバ革命が起き，1961年に社会主義を宣言した。砂糖の生産がさかん。（地図：p.35「北アメリカ州の国々」）

南アメリカ州

アンデス山脈★★ 南アメリカ大陸を太平洋岸に沿ってほぼ南北に走るけわしい山脈。**環太平洋造山帯**【▶p.48】に属する。かつて**インカ文明**が栄え，その遺跡である**マチュピチュ**は世界遺産に登録されている。高地に適する**リャマ**【▶p.16】やアルパカが飼育されている。

世界の地形 ▶p.310

アマゾン川★★★ 南アメリカ大陸北部を流れる，**世界最大の流域面積**をもつ河川。長さは約6,516km。流域面積は約705万km^2。アンデス山脈に源を発し，ブラジル北部を横断して大西洋に注ぐ。流域には**熱帯雨林**が広がっているが，近年，伐採や開墾による森林破壊が進んでいる。

世界の地形 ▶p.310

セルバ 南アメリカ大陸の北部に広がる熱帯雨林。ほとんど開発されていなかった森林地帯だったが，近年は木々の伐採と開墾が進んでいる。急速な開発による熱帯雨林の破壊は，世界的な環境問題として取り上

39

げられている。

メスチソ〔メスティーソ〕 中央アメリカや南アメリカの先住民であるインディオと，ヨーロッパからの移民の間に生まれた人々。メキシコやコロンビアなどで人口に占める割合が高くなっている。

キャッサバ〔マニオク〕 もともと中央アメリカや南アメリカに生えていた植物。この植物からとれるタピオカとよばれる粉を使って**パンや菓子**をつくり，食用にする。熱帯地域で栽培されている。

バイオエタノール〔バイオ燃料〕
★★ 植物からつくられる燃料。原料である植物が生長するときに二酸化炭素を使って酸素をつくるため，燃料となってから二酸化炭素を排出しても，全体として見ると二酸化炭素の量を増やしていないという考え方から，地球環境への負荷が少ないとされる。さとうきびやとうもろこしなどが原料に利用されており，アメリカ合衆国やブラジルで生産・利用が進んでいる。

インディオ〔インディヘナ〕 南北アメリカの先住民。15世紀ごろからヨーロッパ人による侵略を受け，住むところを失ったインディオの多くが，条件の悪い居住区に集められた。

エルニーニョ現象 発展 南アメリカのペルーやエクアドルの沿岸から太平洋の赤道付近にかけて，**海水の温度が上昇する現象**。ふだん赤道付近の暖かな海水は風によって西に流れるが，風が弱まると，暖かい海水が，ペルーやエクアドルの沿岸や東太平洋に流れ込んでしまうことで発

▼南アメリカ州の国々

生する。世界的な異常気象の原因の一つとなっている。

アルゼンチン共和国★
南アメリカ大陸南東部に位置する国。首都はブエノスアイレス。北部のラプラタ川流域に広がるパンパとよばれる温帯草原では，小麦やとうもろこしの栽培，牛・羊の牧畜がさかん。

ブラジル連邦共和国★
南アメリカ大陸で最大の面積と人口をもつ国。首都はブラジリア。公用語はポルトガル語。ブラジル高原には丈の長い草が生えるカンポとよばれる草原が広がる。以前はサンパウロ州でのコーヒー豆の栽培が農業の中心であったが，現在は大豆，さとうきび，とうもろこし，綿花なども栽培されている。鉄鉱石やボーキサイトなどの鉱産資源にも恵まれ，これらを利用した鉄鋼業などが急速に発展し，ラテンアメリカ最大の工業国となっている。日系人が多い。

日系人★
日本から海外へ移住し，永住する目的でそこで生活している日本人とその子孫。日系人が最も多く居住しているのはブラジル，次いでアメリカ合衆国となっている。

チリ共和国
南アメリカ大陸の南西部に位置する細長い国。首都はサンティアゴ。銅の生産がさかん。

ペルー共和国
南アメリカ大陸の西部に位置する国。首都はリマ。銅や鉄鉱石，銀などの鉱産資源を多く産出する。

高山都市 発展
アンデス山脈にあるクスコ（ペルーの都市）のように，高地に位置する都市。低緯度では，高山気候【▶ p.16】である高地は同緯度の低地よりも涼しいため，都市が発達した。

MERCOSUR〔南米南部共同市場〕
1995年に発足した，アルゼンチン，ブラジル，パラグアイ，ウルグアイ，ベネズエラ，ボリビアが加盟する地域統合組織（2018年1月現在）。域内での商品や労働力，サービスの流通を自由にすることをめざす。また，域外からの輸入品には共通の関税をかけている。

オセアニア州

オーストラリア★
日本とほぼ同経度の南半球に位置する国。首都はキャンベラ。世界第2位の牧羊国（2014年）であり，そのほか肉類，小麦も重要な輸出品となっている。鉄鉱石や石炭，ボーキサイトなどの鉱産資源も豊富で，大量に輸出している。日本にとって，石炭（2016年）や鉄鉱石（2016年）の最大輸入国である。

アボリジニ★★
オーストラリアの先住民のこと。洞窟などに住んで採集・狩猟生活を営み，文字をもたなかったため，音楽や踊りなどで独自の文化を伝えてきた。しかし，ヨーロッパ人が移民してきてからは，土地をうばわれたり，病気にかかった

りして，人口が大きく減少した。現在は，先住民族としての権利が尊重されている。

グレートバリアリーフ 発展
オーストラリア大陸の北東に見られる，さんご礁。島の周囲を取り巻くようにつくられるさんご礁としては世界最大で，長さは約2,000kmにわたる。

ウルル〔エアーズロック〕★
オーストラリア大陸の中央部にある，周囲約10km，高度差約335mの巨大な一枚岩。アボリジニの聖地。これを含む国立公園が世界遺産に登録されていることもあり，世界中から多くの観光客が訪れている。

▼ウルル〔エアーズロック〕

白豪主義★
オーストラリアでとられていた，ヨーロッパ系白人を優先する政策。白人だけの国家をつくるためのもので，白人以外の移民は入国の際などに制限された。しかし，労働力不足などもあって，1970年代に廃止された。

ニュージーランド★
オーストラリア大陸の東南東に位置する島国。首都はウェリントン。環太平洋造山帯に属する北島と南島からなり，火山や温泉が多い。牧羊や酪農がさかんで，肉類，酪農品が重要な輸出品となっている。先住民はマオリとよばれる。

ワーキングホリデー
二国・地域間の取り決め等にもとづき，相手国・地域の青少年（18歳以上25歳または30歳以下）に対し，休暇目的での入国および旅行・滞在資金を補うための就業を認める制度。青少年に対し，文化や一般的な生活様式を理解する

▼オセアニア州の国々

機会を提供し、国・地域間の相互理解を深めることを趣旨とする。

世界の国の調査

統計資料（統計書） ものやできごとの全体のようすを表す数を、表やグラフ、地図などにした資料。日本では、5年ごとに日本全国と地域別の人口・世帯とその内訳を調べる国勢調査が行われているほか、農業や工業などさまざまな分野で調査がされ、資料がつくられている。

円グラフ★ 帯グラフを円形にしたもので、全体量に対する内訳の割合を示したグラフ。円をいくつかの扇形に区切り、数や量の大小を各部分の面積で比べることができる。

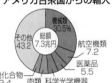

▼円グラフの例：
アメリカ合衆国からの輸入

機械類 30.5%
総額 7.3兆円
その他 43.2
航空機類 7.2
医薬品 5.5
有機化合物 3.4
肉類 4.8
科学光学機器 5.4

（2016年）（日本国勢図会 2017/18年版）

帯グラフ★ 帯のような長方形を全体量として、その内訳の割合を示したグラフ。数や量の大小を表すことができる。

▼帯グラフの例：
中京工業地帯の産業別出荷額割合

| 金属 10.1% | 機械 66.7 | 化学8.0 | 食料品 4.7 | その他 10.5 |

（2014年）（日本国勢図会 2017/18年版）

折れ線グラフ★ 気温や人口の変化など、数値の変化のようすを示したグラフ。時間の経過とともに変化する数量などを結んで線を引き、線の傾きによって変化のようすがわかるようになっている。

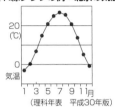

▼折れ線グラフの例：北京の気温

20 (℃)
0
気温
1 3 5 7 9 11月
（理科年表 平成30年版）

棒グラフ★ 数や量を、棒の長さで示したグラフ。棒の長さにより、多い、少ないという関係がわかるようになっている。

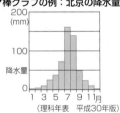

▼棒グラフの例：北京の降水量

200 (mm)
100
降水量
0
1 3 5 7 9 11月
（理科年表 平成30年版）

日本のすがた

日本列島★★★　ユーラシア大陸の
東に弓なりに連なる列島。北海道,
本州, 四国, 九州という4つの大き
な島々と, 周囲にある約7,000の
島々からなる。北半球の中緯度地方
に位置し, 北緯約20〜46度, 東経
約122〜154度の間にある。最東端
は**南鳥島**, 最西端は**与那国島**, 最南
端は**沖ノ鳥島**【▶p.45】, 最北端は択
捉島。

▼日本の領域

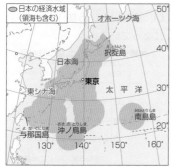

国土面積★　国の陸地の面積のこと。
川や湖は含まれるが, 海は含まれな
い。日本は**約38万km²**で, ヨー
ロッパのドイツとほぼ同じである。
世界一の国土面積をもつロシア連邦
は, 日本の約45倍の面積をもつ。

領域★★★　**国家の主権**【▶p.12】が
およぶ範囲。領土・領海・領空から
なる。領土は陸地の部分, 領海は領
土の沿岸から最大限12海里(約22km)
以内の海洋部分をさす。領空は領土
と領海の上空の空間部分で, 他国の
航空機が飛行する場合, 許可を得る
必要がある。自国の領域内では, 自
由に政治方針を決定し, 他国からの
支配や干渉をまぬがれることができ
る。

▼国土の領域

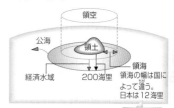

1海里＝
1,852m

経済水域〔排他的経済水域〕★★★
領海の外側で, 沿岸から**200海里**
(約370km)以内の海域。沿岸国が
水産資源や鉱産資源を利用する権利
をもち, 他国の利用は制限される。

公海★★　経済水域〔排他的経済水域〕
の外側で, いずれの国にも属さない
海域。すべての国の船が航行や漁業
などを自由に行うことができるとさ
れ, これを「**公海自由の原則**」という。

日本海★★　日本列島や朝鮮半島,
ロシア連邦の沿海地方, 樺太〔サハ
リン〕に囲まれた海。南から暖流の
対馬海流が北上し, 北からは寒流の
リマン海流が南下する。

東シナ海★　九州や南西諸島, 中国,
朝鮮半島, 台湾に囲まれた海。大部
分が**大陸棚**【▶p.49】である。対馬海

流や黒潮〔日本海流〕が流れ込み，水産資源に恵まれ好漁場となっているほか，海底油田の開発も行われている。

オホーツク海★
北海道や千島列島，ロシア連邦北東岸，カムチャッカ半島，樺太〔サハリン〕に囲まれた海。約50％が大陸棚【▶p.49】でカニなどの水産資源に恵まれ，世界でも有数の好漁場となっている。冬には流氷【▶p.91】が見られる。

北方領土★★★
北海道の北東部にある歯舞群島・色丹島・国後島・択捉島のこと。第二次世界大戦後，ソ連（現在はロシア連邦）が占領している。日本は，日本固有の領土であるとして，ロシアに返還を求めている。

▼北方領土

竹島
島根県に属する，大小の2つの島とそのまわりの岩礁からなる群島。日本固有の領土であるが，韓国が占拠している。

尖閣諸島
石垣島から約150km離れた東シナ海上にあって，5つの島と3つの岩礁からなる島々。日本固有の領土であるが，地下資源が埋蔵されている可能性が明らかになったのをきっかけに，中国が領有権を主張したため，領有をめぐる問題を抱えている。

沖ノ鳥島★★★
日本最南端の島。東京都に属する，さんご礁からなる島である。波で小島が侵食されるのを防ぐため，日本政府は護岸等の保全工事を実施し，200海里の経済水域〔排他的経済水域〕【▶p.44】を確保している。

▼沖ノ鳥島（写真は北小島）

標準時★★
それぞれの国または地域の基準となる時刻。日本では，兵庫県明石市を通る東経135度の経線上の時刻を標準時としている。アメリカやロシアのように国土が東西に長い国では，いくつかの地域ごとに標準時が決められており，東西の両端の地域では時刻が異なる。各国の標準時はロンドンの世界標準時を基準に整数時あるいは半整数時だけ，進むかおくれた時刻を採用している。

兵庫県明石市★★★
兵庫県の南部に位置する都市。日本の標準時子午線である東経135度の経線が通っている。

時差★★★　標準時の異なる２地点間の時刻のずれ。地球は１日24時間で１回転（360度）するから，経度15度ごとに１時間の時差が生じる。日付変更線をまたがずに位置関係を見たとき，東にあるほうが時間が早く，西にあるほうがおそい。

日付変更線★★★　太平洋上の経度180度の経線にほぼ沿って南北に走っている線。この線を東から西へこえるときは日付を１日進め，西から東へこえるときは日付を１日おくらせる。

サマータイム★　中高緯度地域の昼間の明るい時間が長い時期（例えば４月〜10月），時刻を標準時より１時間進める制度。明るい時間が１時間増えるため，その時間を有効に活用でき，消費電力の節約にもつながる。アメリカやヨーロッパなどの国々で実施されている。

地域区分　共通した特色などをもとに地域を分ける区分で，日本は西日本と東日本，47の都道府県や７つの地方などに分けることができる。

７地方区分★　日本を，北海道，東北，関東，中部，近畿，中国・四国，九州の７つの地方に区分する分け方。

▼７地方区分

九州地方★　日本列島の南西の端に位置する地方。九州本島と南西諸島・壱岐・対馬などの島々からなり，福岡県・佐賀県・長崎県・熊本県・

▼時差

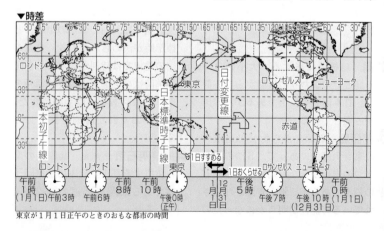

東京が１月１日正午のときのおもな都市の時間

大分県・宮崎県・鹿児島県・沖縄県の8県で構成される。北部では商工業と稲作がさかんで，福岡市は九州地方の中心都市になっている。南部の宮崎平野では野菜の促成栽培【▶p.65】，シラス台地では大規模経営による畜産がさかんである。北部には北九州工業地域【▶p.70】が形成されているが，近年その地位は低下している。内陸の空港の近くや高速道路沿いにIC工場が進出していることから，シリコンアイランド【▶p.77】とよばれるようになった。

中国・四国地方★

日本を7つの地方に区分したときに，中国地方と四国地方で構成される。中国山地より北の地域は山陰地方，中国山地と四国山地にはさまれた地域は瀬戸内地方，四国山地よりも南の地域は南四国地方とよばれ，3つに区分される。

中国地方★

本州の西部に位置する地方。鳥取県・島根県・岡山県・広島県・山口県の5県で構成される。日本海と瀬戸内海にはさまれており，中央の中国山地を境に，北側の山陰地方，南側の山陽地方に分けられる。瀬戸内海沿岸には瀬戸内工業地域【▶p.70】が，岡山県倉敷市には化学工業がさかんな，水島臨海工業地域が発達している。山陽地方と四国地方の北部をあわせて瀬戸内地域ともいう。

四国地方★

四国と瀬戸内海の島々をふくむ地方。香川県・愛媛県・徳

島県・高知県の4県で構成される。瀬戸内海と太平洋にはさまれ，中央を四国山地がほぼ東西に走っている。瀬戸内側の平野では稲作がさかんで，太平洋側の平野では稲作のほか，温暖な気候を生かした野菜の促成栽培が発達している。本州とは本州四国連絡橋【▶p.79】で結ばれている。

近畿地方★

本州の中部地方と中国地方にはさまれた，中西部に位置する地方。大阪府・京都府の2府と，兵庫県・滋賀県・三重県・奈良県・和歌山県の5県で構成される。日本最大の湖である琵琶湖【▶p.80】は，生活用水や工業用水として利用されることから「近畿地方の水がめ」とよばれる。大阪市や神戸市を中心として，阪神工業地帯【▶p.70】が発達している。

中部地方★

本州のほぼ中央部を占める地方。新潟県・富山県・石川県・福井県・山梨県・長野県・岐阜県・静岡県・愛知県の9県で構成される。地形や気候の違いにより，北陸地方，中央高地地方，東海地方の3つの地域に区分される。また，山梨県・長野県・新潟県の3県は甲信越地方とよばれる。北陸地方は世界有数の豪雪地帯であり，東海地方には中京工業地帯【▶p.70】や東海工業地域【▶p.71】が発達している。

関東地方★

日本のほぼ中央に位置する地方。東京都と神奈川県・埼玉

県・千葉県・群馬県・栃木県・茨城県の1都6県で構成される。日本最大の平野である関東平野【▶p.85】が広がり，冬は内陸部に冷たいからっ風【▶p.87】が吹く。近郊農業がさかんであり，京浜工業地帯【▶p.70】や京葉工業地域【▶p.71】が東京湾沿いに発達している。

東北地方★　本州の北東部に位置する地方。青森県・岩手県・秋田県・宮城県・山形県・福島県の6県で構成される。南北に走る奥羽山脈により東西に分けられている。日本海側は稲作がさかんで，北陸地方とともに「日本の穀倉地帯」とよばれる。太平洋側の三陸海岸【▶p.89】の沖合には潮目があり，好漁場となっている。

北海道地方★　日本の北端に位置する地方。北海道本島と周辺の島々からなり，津軽海峡をへだてて本州に面する。石狩平野では稲作，十勝平野【▶p.91】や北見盆地では畑作，根釧台地【▶p.91】では酪農がさかん。古くから先住の人々であるアイヌの人々も居住している。

自然環境

造山帯　山脈をつくる活動が活発であるか，かつて活発であった帯状の地域。山脈は，地球の表面にある地盤の層が移動することでつくられる。現在も活動が活発な環太平洋造山帯やアルプス・ヒマラヤ造山帯は，山脈が高くてけわしく，火山の噴火や地震が多い。

環太平洋造山帯★★★　太平洋を取り巻く，高くけわしい山脈が連なる造山帯。南アメリカ大陸のアンデス山脈から北アメリカ大陸のロッキー山脈，アリューシャン列島，千島列島，日本列島，フィリピン諸島，ニュージーランドまで続く。

▼世界の造山帯

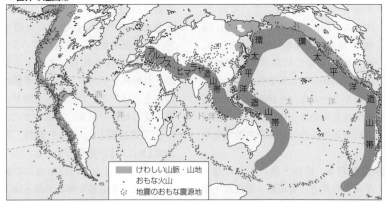

▨	けわしい山脈・山地
⬤	おもな火山
✺	地震のおもな震源地

アルプス・ヒマラヤ造山帯★★

ユーラシア大陸南部の高くけわしい山脈が東西に連なる造山帯。ヨーロッパのアルプス山脈から，アジアのヒマラヤ山脈をへてインドネシアまで続く。

尾根

谷と谷との間につき出した山地の連なりのこと。

安定大陸 発展

約6億年以上前に，地球表面の地盤の層が移動したりマグマが噴出したりするなどの作用によりかたちづくられ，約3億年前にそれらの活動が収束した大陸。長い時間をかけて風や雨などに地面が削られたため，広い範囲で地面が平らになっているところが多い。

大陸棚★★★

水深約200mまでの傾斜のなだらかな海底。大陸(陸地)のまわりにある。**プランクトンが多く，好漁場**となっている。

▼大陸棚

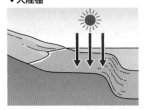

フォッサマグナ★★

本州の中央部を南北に横断する地溝帯。西の縁は新潟県糸魚川市と静岡県静岡市を結んでいる。日本列島を東日本と西日本に区分する場合の地質構造上の境目となる。

海溝★

プレート【▶p.53】が接しており，海底が溝状に深くなっているところ。日本の近海にある代表的な海溝には，東日本の太平洋沖に水深6000mを超える日本海溝，西南日本の太平洋沖に水深4,000m前後の南海トラフがある。海溝付近では，プレートの動きにより津波をともなう大きな地震が発生することがある。

日本海溝★

水深7,000〜8,000mの世界有数の海溝。**太平洋プレートの沈み込みによって生じたもの**である。東日本の太平洋側に並行して北は北海道襟裳岬沖から南は房総半島沖までのびている。

暖流★

水温がまわりの海域よりも高い海流のこと。赤道付近から高緯度地方に流れる。日本列島の太平洋岸を南から北に流れる暖流を黒潮〔日本海流〕といい，ここから分かれて日本海を北上する暖流を対馬海流という。

▼日本近海の海流

49

寒流★　水温がまわりの海域よりも低い海流のこと。高緯度地方から赤道に向かって流れる。日本列島の太平洋岸を北から南に流れる寒流を親潮（千島海流），日本海側を流れる寒流をリマン海流という。プランクトンが豊富であるため，好漁場となる。

砂浜海岸　砂浜が発達した海岸。運ばれてきた砂が波で海岸にうちあげられて形成され，海岸に砂丘ができることもある。九十九里浜や鳥取砂丘が代表的である。

岩石海岸　発展　砂浜が発達せず，おもに岩石が露出した海岸。三陸海岸や伊豆半島などが代表的である。

砂丘　風や流水によって運ばれた砂が積もってできた丘。鳥取砂丘が代表的で，風が吹くたびに変わる風紋（砂丘表面の縞模様）で知られる。

リアス海岸〔リアス式海岸〕★★★
　入り江と岬とが複雑に入り組んだ海岸地形。起伏の大きな山地が水面下に沈んでつくられた。岩手県中部から宮城県北部に続く三陸海岸中南部や福井県の若狭湾岸，三重県の志摩半島が有名である。

流域面積★　川が雨や雪どけ水を集める範囲全体の面積のこと。多くの支流をもつ大きな川は流域面積も大きい。ブラジルにあるアマゾン川が約705万 km²と世界最大で，日本の国土面積のおよそ19倍もある。

平野　広く平らな土地。風や雨に侵食されてできた侵食平野や，河川や

海から運ばれてきたものが積もってできた堆積平野がある。また，堆積平野には，河川の堆積作用によってできる沖積平野などがある。

盆地　まわりを山や高地に囲まれた，低くくぼんだ平地。地球表面の地盤の層がさけたりくぼんだりすることでできた盆地や，雨や風，氷河に侵食されてできた盆地などがある。

台地　発展　平野や盆地のうち，まわりよりも一段高いところに広がる台状の平地。火山活動や侵食などによってつくられる。石灰岩で形成された台地は，特にカルスト台地という。

扇状地★★★　川が，山地から平地に流れ出るところに，土砂を堆積してできた土地。扇を開いたような形をしており，ゆるやかな傾斜地となっている。盆地の周辺に多く見られ，水はけが良いため，果樹園に利用されることが多い。

三角州★★　川の流れによって運ばれてきた土砂が，海や湖へ流れ出る河口に積もってできた土地。低く平らで三角形に似た形をしている。水田や住宅地に利用されることが多

▼川がつくる地形

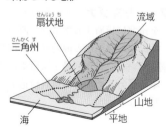

扇状地　　流域
三角州
山地
海　　平地

い。デルタともいう。

防風林　強風から田畑や家屋などを守るためにもうけられた林。台風や季節風による風を分散させて，風の力を弱めるはたらきをもつ。特に，家屋を守るために敷地内につくられるものを**屋敷森〔屋敷林〕**という。

防砂林 発展　海岸の砂が飛び散ったり，砂丘が移動したりすることを防ぐために，海岸近くにもうけられた林。強風や潮風による塩害なども防ぐはたらきをもつ。

埋め立て★　海岸や湖・川などに土砂などを埋めて，陸地を新しくつくること。全国各地で行われ，工場用地，港湾用地，住宅用地などとして用いられている。

北海道の気候★　北海道のほぼ全域に広がる気候。冷帯〔亜寒帯〕に属し，夏は短く，冬は長くて寒さがきびしい。年間の降水量は少なく，梅雨の影響はほとんど見られない。

日本の気候　▶p.313

日本海側の気候★★★　おもに本州の日本海側に分布する気候。冬は北西から吹く季節風が日本海をわたるときに大量の湿気を含み，これが雨

▼日本の気候区分

　北海道の気候
　日本海側の気候
　太平洋側の気候
　中央高地の気候
　瀬戸内の気候
　南西諸島の気候
≈　暖　流
≈　寒　流

リマン海流
親潮（千島海流）
対馬海流
黒潮（日本海流）

や雪となって降るため，冬に降水量が多い。　日本の気候　▶p.313

中央高地の気候〔内陸の気候〕★★　おもに中央高地に分布する気候。海から吹く風に含まれる湿気が山地・山脈にさえぎられるため，年間の降水量が少なく，冬と夏の気温差が大きい。　日本の気候　▶p.313

太平洋側の気候★★★　おもに九州広域～四国の太平洋側～本州の太平洋側に分布する気候。夏は，南東から吹く季節風の影響で降水量が多く，気温も高い。冬は，北西から吹く季節風が日本列島中央にある山地・山脈にさえぎられるため，乾燥した晴天が続く。　日本の気候　▶p.313

瀬戸内の気候★★
中国・四国地方の瀬戸内海沿岸に分布する気候。夏・冬とも、季節風が北の中国山地と南の四国山地にさえぎられるため、1年を通して晴れの日が多く、降水量が少ない。冬も比較的温暖である。

日本の気候 ▶p.313

南西諸島の気候★★
おもに南西諸島に見られる気候。亜熱帯に属し、1年を通して降水量が多く、冬でも温暖である。ソテツ、マングローブなどの亜熱帯性・熱帯性植物がしげる。

日本の気候 ▶p.313

亜熱帯★
熱帯に近い温帯の気候帯。緯度20度〜30度付近に分布し、日本の南西諸島や小笠原諸島はこの気候に属する。

濃霧★★
濃い霧のこと。北海道の太平洋側では、夏の湿った季節風が、親潮〔千島海流〕によって冷やされることで発生する。濃霧により夏でも気温が低く、晴天も少なくなる。

梅雨★
北海道をのぞく日本列島で、おもに6月から7月ごろにかけて雨の日が続く状態。太平洋上の暖かい空気とオホーツク海上の冷たい空気がぶつかり、その境界に梅雨前線ができて長雨をもたらす。

台風★
赤道付近で発生し、東南アジアや東アジアに接近する移動性の熱帯低気圧のこと。強風や豪雨をともない被害が大きい。中南米で発生するものはハリケーン、インド洋で発生するものはサイクロンとよばれる。

自然災害
台風や地震、火山の噴火などといった自然現象によって引き起こされる災害。大きく分けて気象災害と地震・火山災害がある。気象災害は、雨による洪水【▶p.54】や氾濫、土石流【▶p.54】、風による高潮【▶p.54】や強風といった風水害を中心とするものや、落雷、干害など。地震・火山災害は、地震による津波、液状化、噴火による火砕流【▶p.54】、降灰など。備えとして堤防設備をつくるといった防災【▶p.54】や、防災マップ【▶p.54】の作成といった減災【▶p.55】がある。

干害★
長期間にわたり降水量が不足することによって日照りとなり、農作物が枯れたりする被害。空梅雨のときや台風が少ないときに起こり、特に日本の南西部に見られる。

冷害★
春から夏にかけて気温が上がらないことによって起こる農作物の被害。生長期に気温が低く日照不足になることから、農作物が生育不良となる。北日本で発生することが多い。

地震★★★
地下の岩盤が周囲から押されることによって、地表や地中が振動する現象。火山活動による火山性地震と断層活動による構造性地震がある。構造性地震は、地球の表面をおおっているいくつかのプレートどうしがぶつかり合ってゆがみ、元にもどろうとしてはね返ったときなどに起きる。震度が大きい場合、

津波，地割れ，山崩れ，建物の倒壊，液状化現象，地盤沈下などといった被害をもたらす。

プレート　地球の表面をおおっているかたい岩盤。10数枚に分かれており，地球内部の高温の岩石であるマントルの上部と一体化して，それぞれ水平に移動している。日本列島とその周辺海域は4つのプレートがぶつかり合う境界部に位置しているため，地震や火山が多い。

プレートテクトニクス 発展　地球の表面がいくつかのプレートに分かれており，それぞれのプレートは少しずつ水平に移動しているという理論。プレートがぶつかるところでは地震が発生しやすい。

活断層　横にずれたり，縦にずれたりする活動が繰り返されている地盤。横や縦にずれた地盤を断層という。

▼日本周辺のプレート

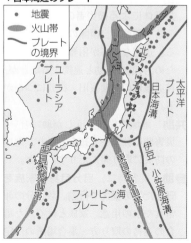

地球内部の運動によって地盤に力がかかり，引っ張られたり押し付けられたりすることでずれが生じる。

阪神・淡路大震災　兵庫県の淡路島北部を震源として，1995年1月17日の早朝に発生したマグニチュード7.3の巨大地震にともなう一連の災害。死者・行方不明者6,437人，負傷者約4万人，全壊した建物は10万棟以上という大きな被害を受けた。

東日本大震災　2011年3月11日に三陸沖を震源として発生したマグニチュード9.0の巨大地震である，東北地方太平洋沖地震と，その余震によって引き起こされた一連の災害。特に被害の大きかった岩手県，宮城県，福島県の3県は地震被害に加え，巨大津波によって深刻な被害を受けた。死者約2万人，行方不明者約3千人，負傷者約6千人，全壊した建物は12万棟以上。また，福島第一原子力発電所で事故が発生した。

新潟県中越地震　2004年10月23日に，新潟県の中越地方を震源として発生したマグニチュード6.8の巨大地震。強い余震が続いた。死者68人，負傷者4,805人，建物全壊3,175棟などの被害を出した。

熊本地震　2016年4月14日から，熊本県を中心に発生した一連の地震。最大マグニチュード7.3。死者約250人，負傷者約2,800人，全壊した建物は約8,600棟以上という被害を受けた。

津波★ 地震や海底火山の爆発などによって、海面が変動して上下する現象。海面が上昇した場合、湾に入るとさらに高まることから、湾口が広く湾の奥がせまいリアス海岸〔リアス式海岸〕【▶ p.50】では大きな被害を受けやすい。

土石流 発展 火山の噴火や集中豪雨、急激な雪どけなどによって、泥や砂、岩などが水と混ざって高速で流れ出してくる現象。

洪水 大雨などにより、川の水位や流量が異常に増大し、堤防の外側にあふれ出る現象。台風や梅雨の集中豪雨によって起こることが多く、家屋を押し流してしまう場合もある。

高潮 台風や発達した低気圧によって、海面が異常に上昇する現象。台風にともなう風が沖から海岸に向かって吹くと、強風によって海水が海岸に吹きよせられ海面が上昇する。

なだれ 山の斜面に積もった雪の急激な落下現象。雪が降り続いているときに、新しく積もった雪が崩れる表層なだれと、気温が上昇する春先に冬の間に積もった雪がとけ、古い雪と新しい雪がいっしょに崩れる全層なだれとがある。

火砕流 発展 噴火などの火山活動により、高温のガスと砂や岩などが高速で流れ出してくる現象。

防災 台風【▶ p.52】や地震【▶ p.52】、火山の噴火などといった自然現象による被害を防ぐこと。また、そのための取り組み。堤防やダム、防潮堤などの整備が代表的な例。防災には技術・資金の面で限界があるため、**減災**【▶ p.55】への取り組みが必要である。

防災マップ〔ハザードマップ〕★ 災害予測や防災情報を盛り込んだ地図。洪水や津波、火山噴火や土砂災害などの自然災害について、災害が起きたときに被害が発生しやすい地域や避難経路・避難場所などが地図に示されている。

▼防災マップ〔ハザードマップ〕（災害別に危険区域が色分けされている。）

公助 災害時における、国や地方公共団体による被災者の救助や支援。消防や警察、自衛隊の派遣などがある。迅速な対応が困難な場合もあるため、**共助**や**自助**と連携することが、被災地域の早期復旧・復興につながる。

共助 地域の住民どうしが助け合い、災害時に救助や支援をしたり、地域の防災に取り組んだりすること。

自助 災害時に、自分自身や家族を守るための備えや行動。数日分の非常食や水の用意、家族とはぐれた場合の連絡の取り方・集合場所の決定

などがある。**公助**による支援・救助は時間がかかることがあるため，まず**自助・共助**による支援・救助が必要であり，また，共助を行うためには自分自身が無事である必要があることから，災害に対する基本的な備えとして重要である。

減災 災害が起きたとき，できるだけ被害を少なくすること。また，そのための取り組み。地震に備えて家具を固定する，非常食を用意することなどがあてはまる。

ライフライン 発展 電気，水道，ガス，食料など，生活に必要なものを運ぶためのルート。災害が起きたときには，ライフラインの復旧，確保が重要になる。

人口

人口密度★ ある地域（国や都道府県など）の人口を面積で割って求めた値。一般には，人/km²の単位をつけて表し，この値の大小で人口の混み具合を判断する。

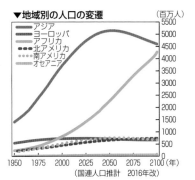

▼地域別の人口の変遷

（百万人）
- アジア
- ヨーロッパ
- アフリカ
- 北アメリカ
- 南アメリカ
- オセアニア

1950 1975 2000 2025 2050 2075 2100（年）
（国連人口推計 2016年改）

人口爆発★ 人口が急激に増加する現象。1950年代以降，アジアやアフリカ，南アメリカなどの発展途上国で起こっている。これらの国では，医療の発達や公衆衛生の改善により，死亡率が低下する一方，高い出生率が続いている。

内戦 国内で起こる戦争。紛争と同様に，大量の難民を発生させ，人権侵害や経済的損失などを引き起こす。具体的には，中東のアフガニスタン，アフリカのルワンダ，ソマリア，スーダンなどがあげられる。

地域紛争★★ 民族や宗教の違い，領土や資源の獲得などをめぐる地域間の争い。それにともなって発生した人権侵害，難民，飢餓，貧困，テロなどが国境をこえて広がり，国際問題化する場合なども見られる。具体的には，イスラエルとアラブ諸国とのパレスチナ紛争，インドとパキスタンとのカシミール紛争などがある。

難民★★ 自然災害や戦争，政治的混乱や経済的混乱などが原因で，生命・身体に危機がおよぶおそれがあるため，住んでいた国をはなれざるをえなくなった住民のこと。

少子化★★★ 出生率の低下によって，総人口に対する子ども（0〜14歳）の割合が低下し続ける状態。日本における子どもの数は，第二次世界大戦後，おもに減少傾向が続き，1997年には高齢者（65歳以上）よりも少なくなった。一人の女性が生涯

に産む子どもの数も，アメリカやヨーロッパ諸国に比べて低い水準にあり，日本は少子化が進んでいる。

高齢化★★★　総人口に対する高齢者（65歳以上）の割合が増加し続ける状態。平均寿命ののびによる高齢者人口の増加と，少子化の進行による若者の人口の減少により，日本では，約4人に1人が高齢者という超高齢社会になっている。

少子高齢社会★★★　日本のように，子どもの数が少なく，高齢者が占める割合が高い社会。少子高齢化が進むと，労働人口が減り，社会保障や雇用の面で問題が生じる。

ベビーブーム　出生数がある期間に大幅に増加すること。日本では，第一次ベビーブームの1947～1949年は年間260万人以上，第二次ベビーブームの1971～1974年は年間200万人以上の出生があった。なお，2016年の出生数は100万人を下回っている。

都市圏★　都市を中心にして，経済活動や文化，日常生活などの面で強く結びついている周辺地域。人口が集中し，中心となる都市への通勤・通学者数や買い物客が多い。日本では，東京とその周辺地域を東京大都市圏，大阪とその周辺地域を大阪大都市圏〔京阪神大都市

圏〕，関西大都市圏，名古屋とその周辺地域を名古屋大都市圏といい，合わせて三大都市圏とよばれる。

政令指定都市★　人口50万人以上の都市で，地方自治法による政令で指定された都市。福祉や都市計画の事務など，道府県の行政・財政の権限の一部がゆだねられている。

▼政令指定都市（2018年1月）

衛星都市　中心都市の周辺に位置していて，その中心都市の機能の一部を分担している都市。住宅衛星都市や工業衛星都市などがあり，日本では，東京などの都市周辺部で，都市への通勤・通学者が住む住宅地が拡大し，住宅衛星都市が発達した。

▼三大都市圏の人口と面積

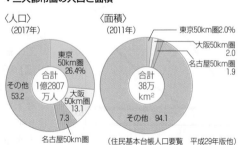

〈人口〉（2017年）

合計 1億2807万人
東京50km圏 26.4%
大阪50km圏 13.1
名古屋50km圏 7.3
その他 53.2

〈面積〉（2011年）

合計 38万km²
東京50km圏 2.0%
大阪50km圏 2.0
名古屋50km圏 1.9
その他 94.1

（住民基本台帳人口要覧　平成29年版他）

地方中枢都市 各地方の中心となる都市で，政治や経済の中心となっている都市。地方を管轄する国の出先機関や大企業の支社・支店などが集まっている。札幌市，仙台市，広島市，福岡市などがあげられる。

環日本（海）経済圏構想 発展 日本，韓国，北朝鮮，モンゴル，中国東北部，ロシア極東部といった日本海を囲む国・地域の間で，結びつきを深め，経済発展を進めようという構想。具体的には，ロシア極東部の資源，日本や韓国の資本・技術，中国東北部や北朝鮮の労働力を相互補完的に結びつけようとするものである。

人口ピラミッド★★★ 性別・年齢別に人口構成を表したグラフ。現在および将来の年齢別人口構成の特徴を見るのに便利で，その形状により，富士山型，つりがね型，つぼ型に分けられる。日本の人口ピラミッドは富士山型→つりがね型→つぼ型へと変化してきた。なお，年齢は大きく分けると，0～14歳の年少人口，15～64歳の生産年齢人口，65歳以上の老年人口の3つに区分される。

昼間人口 ある地域における昼間の人口のこと。大都市の都心部のように昼間，通勤・通学者が流入してくる地域ほど多くなり，逆に，大都市の周辺部のように昼間，通勤・通学者が他地域に移動する地域ほど少なくなる。

夜間人口 ある地域における夜間の人口のこと。大都市の都心部のように夜間，通勤・通学者が周辺部へ移動する地域ほど少なくなり，逆に，大都市の周辺部のように夜間，通勤・通学者が戻ってくる地域ほど多くなる。

過密地域★★★ 人口や産業が集中しすぎている地域。交通渋滞や住宅の不足，ごみ処理問題，大気や水の汚れといった環境の悪化，災害時の対策などが深刻な問題となっている。日本の過密地域は，三大都市圏がある本州の太平洋沿岸に集中している。

再開発〔都市再開発〕★ すでにある都市や施設を，計画的に再整備すること。土地をより有効に利用することが目的で，老朽化した建物を建て替えたり取り壊したりし，新しい目的に応じたまちづくりを行う。建物が密集している地域では，防災上の観点から，道路を拡張するなどの再

▼日本の人口ピラミッド

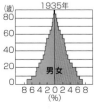

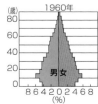

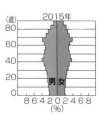

（日本国勢図会 2017/18年版他）

開発が行われることもある。

ドーナツ化現象★
都市部の人口が減少し，郊外の人口が増加する現象。人口分布を図に表すと，中心部が空洞になっているドーナツのような形になることから，このようによばれる。都市部の地価の上昇や生活環境の悪化などが原因となって生じる。近年は，都市における地価の下落や再開発により，中心部の人口が増加する傾向にある。

都心回帰現象
都心やその周辺で，地価が下がり再開発が進んだ結果，ドーナツ化現象により減少していた人口が回復すること。

過疎地域★★★
人口が流出し，社会生活の維持が困難になっている地域。農山村部や離島などにみられる。若い働き手が減ることにより高齢化が進行し，地域の産業が衰える。また，学校や病院，商店が閉鎖されたり，交通機関が廃止されたりして，社会生活が成り立たなくなる。

限界集落★
65歳以上の高齢者が集落人口の50%をこえ，社会的な共同生活を維持することが限界に近づいている集落。高齢者以外の人口の減少がおもな原因である。

ストロー現象
交通網が整備された結果，その交通網で結ばれた都市の中で，大都市に人やモノ，お金が吸い寄せられる現象。大都市が繁栄する反面，周辺の小さな都市が衰退してしまう。

資源・エネルギーと産業

鉱産資源★
地下に埋蔵されており，エネルギー源や工業の原料として利用される鉱物や岩石などの総称。石油や石炭，天然ガスなどのエネルギー資源，鉄や銅，鉛，ボーキサイトなどの金属資源，ダイヤモンドや硫黄，石灰石などの非金属資源に分けられる。

化石燃料★
大昔の動植物の死がいが，地下深くで地中の熱や圧力を受けてエネルギー資源に変化したもの。石油，石炭，天然ガス【▶p.59】などがあり，世界で使われているエネルギーの大部分を占める。これらを大量に燃やすと，二酸化炭素や硫黄酸化物，窒素酸化物などが発生することから，地球温暖化【▶p.60】や酸性雨をまねくとされている。

石油★★★
地球内部に液体で存在するエネルギー資源。おもに火力発電【▶p.61】や自動車，機械などの燃料として用いられ，エネルギー資源の中で最も消費量が多い。中東地域（西アジア）やロシア連邦，アメリカ合衆国などが主産地で，特にペルシャ湾沿岸の埋蔵量が多い。日本はサウジアラビアやアラブ首長国連邦，カタールなどから多く輸入している。

世界の産業 ▶p.306

石炭★★★
地球内部に固体で存在するエネルギー資源。おもに，火力発電【▶p.61】の燃料や鉄鋼の原料

として用いられる。世界各地で産出されるが、世界の産出量のうち約半分を中国が占める（2014年）。日本は、オーストラリアやインドネシア、ロシア、カナダなどから多く輸入している。

世界の産業 ▶p.306

ウラン★ ウラン鉱石とよばれる岩石からとれる金属資源。原子力発電【▶p.61】の燃料となる。核分裂により、少ない燃料で多くのエネルギーを発生させることができ、使い終わったらリサイクルできるのが特徴である。カザフスタン、カナダ、オーストラリアなどで産出される。

すず 銀白色で光沢のある金属資源。合金やすずメッキとして用いられる。世界の生産量のうち、約4割を中国が、約2割をインドネシアが占める（2014年）。

ボーキサイト★ アルミニウムの原料となる金属資源。オーストラリア北部が世界最大の産地で、ほかに中国やブラジル、インドなどで産出される。

鉄鉱石★★★ 鉄の原料となる金属資源。オーストラリア、中国、ブラジルなどが主産地で、日本は、オーストラリアやブラジル、南アフリカ共和国などから多く輸入している。

世界の産業 ▶p.306

天然ガス★★★ 地球内部に気体で存在するエネルギー資源。おもに火力発電の燃料や都市ガスとして用いられる。ロシア連邦、アメリカ合衆国、カナダなどで産出される。日本は、天然ガスを冷やして液体にした液化天然ガス（LNG）を、カタール、マレーシア、オーストラリアなどから多く輸入している。

シェールガス シェール層にとじこめられた天然ガスの一種。シェールは泥が固まってできたはがれやすい性質をもつ岩石のことで、頁岩ともいう。2000年代に採取技術が向上したことや、天然ガスの価格が上昇したことで、生産量が増加した。

メタンハイドレート★ エネルギー資源であるメタンガスが、水分子と

▼おもな鉱産資源の分布

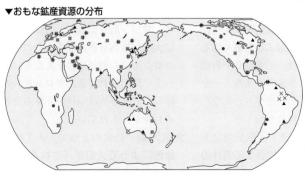

＃	原油
■	石炭
●	銅鉱
▲	鉄鉱石
×	ボーキサイト

結びついてできた氷状の物質。「燃える氷」とも呼ばれる。日本の周辺海域にも多く存在しており、採取・利用のための技術研究が進められている。

環境問題 ★★★　人間の活動により、自然の生態系のバランスが崩れ環境が変化することで発生した問題。地球温暖化、砂漠化、酸性雨、オゾン層の破壊は特に広い範囲で問題となっており、一国のみで解決することはむずかしく、国際的な協力が必要である。

地球温暖化 ★★★　地球全体の気温が上昇している現象。石油・石炭などの化石燃料の大量消費により、大気中の二酸化炭素などの温室効果ガスの濃度が増加することがおもな原因である。北極海や南極大陸の氷がとけることによって海水面が上昇することなどから、海抜高度の低い小さな島では水没の危機がせまっている。また、異常気象が発生したり、作物の生育や人の健康に悪影響をおよぼしたりするとも考えられている。

ヒートアイランド現象 発展　都市部の気温が郊外の気温よりも高くなる現象。都市部では、工業活動や自動車・バスなどで多量のエネルギーを消費し、人工熱の放出がさかんなため、このような現象が起こる。

温室効果ガス ★★★　大気圏内にあり、地球の温暖化に関係する気体の総称。地球は、太陽光から受けた熱を赤外線の形で大気中に放出しているが、温室効果ガスは、この熱を吸収し、再び地表に戻して気温を上昇させるはたらきをしている。二酸化炭素やメタン、フロンガスなどが代表例。近年、化石燃料の大量消費や森林破壊により、この濃度が急増し、これにともない地球の平均気温も上昇している。

オゾン層 ★★　成層圏の高度25km付近に存在する、オゾンという気体が集まった大気の層。太陽光に含まれる有害な紫外線の大部分を吸収し、地球上の生物を保護する役割を果たしている。近年、フロンガスなどによるオゾン層の破壊が進んだため、現在、各国はその回復につとめている。破壊されると、紫外線が吸収されないまま地上にとどくことになり、皮膚がんや白内障などの健康被害が起こったり、動植物の生育に悪影響をおよぼしたりすることが問題視されている。

フロンガス ★★★　冷蔵庫やエアコンの冷却剤として使用されているガス。オゾン層を破壊し、人体や環境に大きな被害をおよぼす。そのためフロンガスの製造を禁止したり、これまで使用されてきたフロンガスの回収や破壊を義務づけたりするなどの対策がとられている。

大気汚染　公害の1つで、人工的な原因によって大気が汚されること。そのおもな原因としては、工場から

排出される硫黄酸化物やばいじん，自動車の排気ガス中に含まれる一酸化炭素や窒素酸化物，浮遊粒子状物質（SPM）などがあげられる。ぜんそくなどの呼吸器の病気を引き起こす原因となる。

水力発電★★　水の落下エネルギーを利用する発電方法。水が高いところから低いところへ落ちるときの力を使って水車を回し，水車につながった発電機を動かして発電する。水をエネルギーとするため燃料費はかからないが，発電施設の建設費が高い。ダムの水を利用することから，発電所は山間部に建てられることが多い。（図：p.62「水力発電のしくみ」）

火力発電★★★　石油，石炭などの**化石燃料【▶p.58】**を利用する発電方法。化石燃料の燃焼により生じた高温・高圧の蒸気の力で，タービンを回転させて発電する。日本では，燃料のほとんどを輸入にたよっているため，輸入に適した**臨海部**や，電

力需要が大きい工業地域や大都市に立地している。発電するときに，二酸化炭素や硫黄酸化物，窒素酸化物などを発生する。（図：p.62「火力・原子力発電のしくみ」）

原子力発電★★　**ウラン【▶p.59】**を燃料とする発電方法。原子炉の中でウランが核分裂するときに発生する熱を利用して蒸気をつくり，その蒸気の力でタービンを回転させて発電する。大量の冷却水を確保する必要があるため，発電所は臨海部に多く立地している。発電するときに二酸化炭素などの温室効果ガスを発生させないことや使用済燃料を再利用できることから，火力・水力にかわるエネルギーとして重視されているが，**放射性廃棄物**の処分問題など安全性に課題がある。

放射性廃棄物　原子力発電所などから出される放射性物質を含んだごみ。それぞれ放射能の強さに応じた深さの地中に埋めて処分されること

▼各国の発電エネルギー源別割合

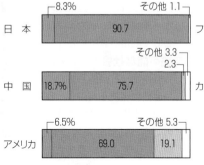

	水力	火力	原子力	その他
日本	8.3%	90.7		1.1
中国	18.7%	75.7	2.3	3.3
アメリカ	6.5%	69.0	19.1	5.3
フランス	12.2%	5.9	77.6	4.3
カナダ	58.3%	21.2	16.4	4.0

※100％になるように調整していない。

（2014年）（世界国勢図会　2017/18年版）

になっている。放射線を大量にあびると人体に深刻な影響をおよぼすため，放射性廃棄物の処理には安全性が求められている。

再生可能エネルギー
永続的に得られるエネルギー。太陽光や風力，地熱，水力，波力，バイオマスなどがあげられる。環境問題の原因となる二酸化炭素や有害廃棄物を排出せず，なくなる心配がないことから，その普及が推進されている。自然エネルギーともいう。

▼水力発電のしくみ

▼火力・原子力発電のしくみ

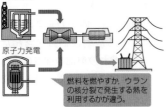

火力発電

原子力発電

燃料を燃やすか，ウランの核分裂で発生する熱を利用するかが違う。

太陽光発電 ★
太陽の光があたると電気が起きる太陽電池を使った発電方法。ソーラーパネルを住宅やビルの屋根に取りつけて発電させ，暖房や給湯などに利用される。光の強さに影響されるため，季節や天候によって発電量が変動する。

風力発電 ★
風のエネルギーを使って大きなプロペラを回して発電する方法。風力や風向きにより発電量が変わり，風が吹かないときや風が強すぎるときには発電できないことが問題となっている。

地熱発電
地球内部にある熱エネルギーを利用する発電方法。火山の地下深い部分には液体状のマグマが蓄えられており，このエネルギーを蒸気や熱水の形で取り出して，タービンを回して発電する。

バイオマス発電 ★
有機物で構成された植物などの生物資源（バイオマス）を燃料として利用する発電方法。農作物を生産するときに出たもみ殻や廃木材，家畜のふんなどを燃やしたときに出る熱を利用して発電する。バイオマスを燃やすと二酸化炭素が発生するが，その二酸化炭素は植物が光合成により吸収したものなので，全体で見ると二酸化炭素が増えないという利点がある。

水資源
天然資源の1つで，地球上で人間が資源として利用できる水。川の水，湖や沼の水，地下水などの淡水。水資源は，生活用水や工業用水，農業用水，水力エネルギーなどとして利用されている。

持続可能な社会 ★
将来の世代が得る経済的・社会的利益をそこなわない範囲で環境を利用し，現在の世代の要求も満たしていこうとする社会のこと。1987年に国連の「環境と開発に関する世界委員会」で提唱され，1992年の国連環境開発会議〔地

球サミット〕【▶p.290】では，その理念とされた。

日本の産業

第一次産業★　農業，牧畜業，林業，水産業，狩猟業の各産業をまとめてこうよぶ。人間が自然界に働きかけて営む産業。

第二次産業★　鉱業，製造業，建設業の各産業をまとめてこうよぶ。おもに，第一次産業の生産物を加工して，生活に役立つものにつくりかえる産業。

第三次産業★　卸売・小売業などの商業，銀行などの金融業，運輸・通信業，レストラン・ホテル・美容院などのサービス業，国会議員・市役所職員などの公務員，自由業の各産業のこと。

稲作　稲を栽培する農業。日本では各地でさかんに行われ，農業の主力となっている。特に東北地方，北陸地方は「日本の穀倉地帯」とよばれている。稲は，気温が高く雨の多い気候に適していることから，世界的には季節風【▶p.19】の影響を受ける東アジアや東南アジアで多く生産されている。

▼米の収穫量

全国計804万t
- ■ 40万t以上
- ▨ 20〜40万t未満
- □ 10〜20万t未満
- □ 10万t未満

（2016年）

（日本国勢図会　2017/18年版）

品種改良　作物や家畜について，ある品種の遺伝質を改善して，さらにすぐれた品種をつくり出すこと。

二毛作★★★　同じ耕地で，1年間に2種類の作物を栽培すること。中心となる作物を表作，表作の収穫後に栽培する作物を裏作といい，日本では古くから，表作に稲，裏作に麦や大豆の栽培が行われてきた。

二期作★★★　同じ耕地で，1年間に2回，同じ作物をつくること。おもに米が栽培されるが，じゃがいもやとうもろこしなどでも行われる。日本では，沖縄県や鹿児島県など温暖な太平洋側の地域で行われている。

▼日本の産業別就業者の割合

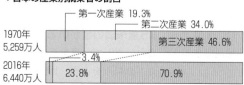

1970年
5,259万人　第一次産業 19.3%　第二次産業 34.0%　第三次産業 46.6%

2016年
6,440万人　3.4%　23.8%　70.9%

※100%になるように調整していない。(日本国勢図会　2017/18年版他)

米の生産調整 米の生産量をおさえるために政府が行った政策の1つ。第二次世界大戦後，農業技術の向上などによって米の生産量が増加する一方，食生活の変化から消費量が減少し，米があまるようになった。そこで，1971年以降，政府は農家に対して，減反政策(水田を休ませて休耕田をつくること)，転作(稲以外の麦や大豆などの作物を栽培すること)をすすめて生産量を調整してきた。1994年，新食糧法が制定され，生産調整は，各農家が自由に決定できることとなった。

裏作 発展 同じ耕地で，1年間に2種類の作物を栽培する二毛作において，中心となる作物を収穫した後に他の作物を栽培すること。日本では古くから，表作としての稲を収穫した後，裏作として麦や大豆の栽培が行われてきた。

輪作 発展 同じ土地に異なった農作物を，年や時期ごとに一定の順序でつくること。土地の栄養分が低下して収穫量が減ることを防止することを目的としている。

畑作 畑でさまざまな作物を栽培する農業。小麦やじゃがいも，さつまいもなどのいも類，大豆，あずきなどの豆類のほか，野菜，果実，草花などを栽培する。日本では，北海道や東関東，南九州などの地域でさかんである。

畜産★ 乳用牛・肉用牛やニワトリ，豚などの家畜を育て，人間の生活に必要な牛乳，肉，卵といった食料品，羽毛，皮革といった物資などを得る産業。広い土地を必要とするため，北海道や，鹿児島県・宮崎県などの九州南部でさかんである。ただし，牛乳・卵については，大都市近郊でも行われている。

BSE〔牛海綿状脳症〕 発展 牛がかかる病気の1つで，脳の組織がスポンジ状になり，異常行動や運動失調などを起こし，最終的には死亡する病気。イギリスなどを中心に感染が広がり，日本でも2001年以降，感染した牛が発見されたが，現在では世界中で感染牛の発生は激減している。

養蚕 発展 蚕を飼育して繭を生産すること。養蚕農家から出荷された繭は，製糸工場で生糸になる。日本では第二次世界大戦前まで，農家の現金収入源として北関東・東北地方でさかんであったが，現在は海外からの安価な生糸・絹製品の輸入により，養蚕農家数・繭生産量とも減少している。

主業農家 販売農家のうち，農業で得た収入が半分以上を占め，1年間に60日以上農業に従事している65歳未満の者がいる農家のこと。これに対して，農業以外で得た収入が半分以上を占め，1年間に60日以上農業に従事している65歳未満の

者がいる農家を**準主業農家**，1年間に60日以上農業に従事している65歳未満の農業従事者がいない農家を**副業的農家**という。

専業農家 発展 農業を本業としており，農業収入以外に収入をもたず，世帯員の中に農業以外に就業している者が1人もいない農家。第二次世界大戦後，その割合は大きく低下した。兼業農家に対するもので，専業農家と兼業農家の農家区分は，明治時代以降，1994年まで用いられた。

兼業農家 発展 世帯員の中に農業以外に就業している者がおり，**農業収入と農業外収入とによって家計を維持している農家。**第二次世界大戦後，その割合は大幅に増加した。専業農家に対するもので，専業農家と兼業農家の農家区分は，明治時代以降，1994年まで用いられた。

耕作放棄地 過去1年以上作物がつくられておらず，今後数年も耕作を再開する見込みのない土地のこと。

農業協同組合〔JA〕 日本で，農家の経済的・社会的地位の向上のためにつくられた協同組合。具体的には，農業経営・技術についての指導を行ったり，農業生産に必要な肥料・農薬や日用品などを共同で購入したり，農産物を共同で運搬・販売したりしている。また，農産物の売上金や貯金を預かったりもしている。

工芸作物 ★ 工業の原料にするために栽培される作物。収穫後，加工して使用する。油の原料となるオリーブやなたね，繊維の原料となる綿花，染料の原料となる藍，製糖の原料であるさとうきびやてんさい，そのほかに茶，コーヒー，たばこなどがある。

有機栽培 農薬や化学肥料などを使わずに農産物を栽培すること。生ごみ，落ち葉，家畜の排せつ物であるふん尿などを用いたたい肥で土作りを行ったり，雑草や害虫を食べるアイガモを水田に放ったり（**アイガモ農法**）して栽培される。農薬や化学肥料は農産物や土壌に害をあたえたり，人体にも影響があることがわかってきたために，農薬や化学肥料を使わないこのような農法が求められるようになった。

近郊農業 ★★★ 都市の周辺地域で，都市の消費者向けに野菜や草花，果実などを生産する農業。せまい土地を有効に利用するため，多毛作（同じ耕地で1年に3作以上の作付けをすること）を行うなどのくふうがなされている。

促成栽培 ★★★ 冬でも温暖な気候を利用しビニールハウスや温室などを使って，野菜や果実などの**出荷時期を早めるくふうをした栽培方法。**出荷時期をずらすことで，高い価格で売ることができる。四国の高知平野や九州の宮崎平野などでさかんで，夏野菜を冬から春にかけて収穫している。

抑制栽培★★　野菜や果実などの出荷時期をおくらせて生産する栽培方法。出荷時期をずらすことで，高い価格で売ることができる。高冷地での夏の冷涼な気候を利用して，長野県や群馬県でキャベツやレタスなどの栽培が行われている。

園芸農業★　大都市に出荷する目的で，野菜や草花，果実などを栽培する農業。高速道路，保冷車，航空機などの輸送交通機関の発達によりさかんになった。ビニールハウスや温室などの施設を利用するものを施設園芸農業，大消費地から離れた場所で行われるものを輸送園芸農業という。

露地栽培　発展　温室やビニールハウスなどの施設を使わず，屋外の畑で作物を栽培すること。生産コストは安くすむが，収穫量や品質が降雨，日照，風，霜といった天候の影響を受けやすい。

循環型農業　農業や畜産といった生産活動の中で出る廃棄物を有機資源として有効活用する，環境に配慮した持続性の高い農業。例えば，牛の飼育の中で出た牛ふんを堆肥とし，野菜の栽培に役立てるといった例がある。

干拓★★★　水深の浅い海や湖の一部を堤防でしめ切り，内側の水をくみ出して新しい土地をつくること。草花・庭木・果実などを栽培する園芸用の農地や牧草地に利用されている。世界的にはオランダのポルダー【▶p.29】が有名である。日本では，九州の有明海での干潟（潮の満ちひきによって海水面から出たり沈んだりする砂や泥でできた土地）の干拓が有名。

森林資源　天然資源の1つで，人間が資源として利用する森林のこと。建築用材やパルプ原料など木材資源として，また，洪水の防止など国土保全などにも活用されている。

国有林　発展　国が所有し，管理・運営する森林。日本の国土面積の約2割，森林面積の約3割を占めており，北海道や東北地方に多い。国有林に対し，個人や会社などが所有している森林を私有林という。

広葉樹　幅が広い葉をもつ木。広葉樹には1年中葉をつける常緑広葉樹と冬に葉が枯れて落ちる落葉広葉樹がある。

日本三大美林　発展　日本の天然林の中で，特にすぐれている3つの針葉樹林のこと。青森県津軽半島の青森ひば，中部地方・木曽川沿いの木曽ひのき，秋田県の秋田すぎをさす。これらの木材は，光沢や香りも良く，和風建築に欠かすことができない高級用材として古くから利用されてきた。伝統文化財の修復や伝統的工芸品などにも利用されている。

水産資源　天然資源の1つで，魚類，貝類，海そう類などのこと。日本はまわりを海で囲まれた島国で，水産資源の豊富な国である。水産資源確

保のため，とる量や期間を制限したり，**養殖漁業**や**栽培漁業**などが行われたりしている。

遠洋漁業 ★★
遠くの漁場で，大型の漁船で数か月以上にわたって行われる漁業。北太平洋やベーリング海でサケやマスをとる**北洋漁業**，南太平洋のマグロ漁業などが知られる。かつては漁業の中心であったが，200海里の経済水域〔排他的経済水域〕【▶p.44】が設定されたことなどにより，衰退してきた。

▼日本の漁業種類別生産量の推移

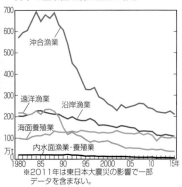

※2011年は東日本大震災の影響で一部データを含まない。

（日本国勢図会　2017/18年版）

沖合漁業 ★★
およそ200海里以内の水域で2週間以内で行われる漁業。カツオやサンマなどをとる。1990年以降，漁獲高が急激に減少したが，現在の日本では最も漁獲高が多い漁業である。

沿岸漁業 ★★
およそ国の領海内の近海で小規模に行われる漁業。一人乗りの小型の船で行われることが多く，イワシやサバ，イカなどをとる。

漁獲高は減少傾向にある。

栽培漁業 ★★★
人工的にふ化させた稚魚や稚貝をある程度まで育てたあとで海や川に放し，これらが成長したあとに再びとる漁業。ヒラメ，クルマエビ，メバルなど多くの魚種で行われている。養殖漁業とともに「育てる漁業」として推進されている。

養殖漁業〔養殖業〕 ★★★
魚や貝類，海そうなどを，網を張った海や人工の池で管理し，大きくなるまで育てたあと，とる漁業。広島湾のカキ，三重県英虞湾の真珠などが有名である。栽培漁業とともに「育てる漁業」として推進されている。

銚子港
千葉県北東端に位置する漁港。沖合に寒流と暖流がぶつかり合う潮目があるため，古くから**遠洋・沖合漁業**の基地として発達した。カタクチイワシ，サンマ，マイワシ，サバ，キンメダイなどの漁獲量が多い。水産加工もさかんである。（地図：p.68「おもな漁港の水揚げ量」）

焼津港
静岡県中央部に位置する漁港。第二次世界大戦後，**遠洋漁業**の基地として発展し，マグロ・カツオ漁業の拠点となった。かまぼこ・はんぺんなどの練り製品や，かつお節，かんづめなどの水産加工もさかんである。（地図：p.68「おもな漁港の水揚げ量」）

八戸港
太平洋に面する青森県南東部の漁港。三陸沖の好漁場をひかえ，

遠洋漁業の基地として発展している。漁港のほか工業港・貿易港としての機能も合わせもっており、東北地方の北部の国際物流拠点としての役割も果たしている。

▼おもな漁港の水揚げ量

25万t	
10万t	
5万t	
(2014年)	

紋別⑥
網走⑤
根室⑧
八戸⑫
釧路⑬
石巻⑩
気仙沼⑧
女川⑤
境⑨
松浦⑧
長崎⑧
枕崎⑨
焼津⑰
銚子㉗

（日本国勢図会　2017/18年版）

潮目★　寒流と暖流など、性質の異なる海水が接する境目のこと。潮境ともいう。流れに乗って寒暖両方の魚が密集しやすく、また養分が豊富でプランクトンが繁殖し、しばしば好漁場となる。日本では、房総半島から三陸海岸にいたる太平洋海域は、北上する暖流の黒潮と南下する寒流の親潮がぶつかるため、種類も量も豊富な好漁場となっている。

地産地消　地域で生産された農林水産物を、その生産された地域において消費しようとする取り組みのこと。消費者の食や環境に対する安心・安全志向の高まりを受けて生まれたもので、食料自給率の

向上や地域の活性化、輸送に必要なエネルギーが削減され、環境問題に貢献できるなどといった効果が期待されている。

フードマイレージ★　農産物の量(t)に、その生産地から食卓までの輸送距離(km)をかけた値のこと。輸入農産物が地球環境に与える負荷を数値化するために考えられた指標で、この値が大きいほど、輸送距離が長く、地球環境への負荷が大きいことになる。

重化学工業★　重工業と化学工業を合わせた工業。重工業は鉄鋼業や機械工業など、重量の重い製品を生産する工業、化学工業は化学薬品工業やパルプ工業など、化学の原理を応用して原料からさまざまな物質をつくり出す工業をいう。全工業出荷額に占める重化学工業の割合は70％をこえている(2014年)。

▼日本の工業の産業別構成（出荷額）

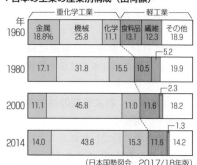

年	重化学工業			軽工業		
	金属	機械	化学	食料品	繊維	その他
1960	18.8%	25.8	11.1	13.1	12.3	18.9
1980	17.1	31.8	15.5	10.5	5.2	19.9
2000	11.1	45.8	11.0	11.6	2.3	18.2
2014	14.0	43.6	15.3	11.6	1.3	14.2

（日本国勢図会　2017/18年版）

発売している。

軽工業★　日常生活に用いる消費財など，比較的重量の軽い製品を生産する工業。繊維工業や食料品工業，印刷・同関連業などがこれにあてはまる。日本の工業は，明治時代以降，繊維工業を中心として始まったが，近年では全工業出荷額に占める軽工業の割合は減少傾向にある。

精密機械工業★　時計，カメラ，医療機器など，精度の高い機械をつくる工業。高品質の材料と高度な加工技術が要求される。日本では，第二次世界大戦後，長野県などで発展していった。

石油化学工業★　石油や天然ガスを原料として，さまざまな化学製品を生産する工業。合成繊維やプラスチック，合成ゴム，合成洗剤，薬品などがつくられる。石油精製工場を中心として関連工場が集まり，石油化学コンビナートを形成している。日本は原料の石油・天然ガスのほとんどを輸入しており，また広大な用地と用水を必要とするため，その多くが臨海工業地域に立地している。

商業　商品を生産者などから仕入れて消費者などに販売し，利益を得ることを目的とする産業。第三次産業の１つに位置づけられ，卸売業と，百貨店やスーパー，コンビニエンスストア，ドラッグストアなどの小売業からなる。

サービス業　さまざまなサービスを提供することによって，利益を得ることを目的とする産業。第三次産業の１つに位置づけられる。近年は，コンピューターの普及や通信手段の高度化などを背景として，インターネット付随サービス業や情報処理・提供サービス業，ソフトウェア業といった情報サービス業が急速に発展している。また，高齢社会の進展にともない，介護サービスなどを提供する医療・福祉分野のサービス業が注目されている。

産業の空洞化★★　生産拠点が海外に移転することにより，国内の製造業が衰退していく現象。日本では1980年代後半から，自動車や電子機器などの主要産業が海外の工場での現地生産化を進めたことから，空洞化が生じている。

太平洋ベルト★★★　関東から東海，近畿，中国・四国，北九州の各地方の臨海部に，帯状に連なる工業地域のこと。三大工業地帯をはじめ，日本のおもな工業地帯・地域が集まっている。この地域に工業が発達した原因としては，海に面しているため原料や製品の輸送に便利なこと，人口が多く労働者を集めやすいことなどがあげられる。（地図：p.70「日本のおもな工業地帯・地域」）

三大工業地帯★★★　京浜工業地帯【▶p.70】，中京工業地帯【▶p.70】，阪神工業地帯【▶p.70】の３つの工業地帯のこと。いずれも太平洋ベルトに早くから発達し，現在も，日本の

重化学工業において中心的な役割を果たしている。

中京工業地帯★★★　愛知県，岐阜県，三重県にかけて広がる工業地帯。**工業製品出荷額は全国一（2014年）**をほこり，豊田市をはじめ**自動車**を中心とする**機械工業**の出荷額が圧倒的に多い。名古屋港や四日市港周辺の埋め立て地には大規模な**石油化学コンビナート**が建設され，**石油化学工業**が発達している。

阪神工業地帯★★★　大阪府と兵庫県を中心に広がる工業地帯。**金属工業**や**化学工業**がさかんなのが特徴である。臨海埋め立て地では，堺・泉北地区の**石油化学工業**のほか，鉄鋼業や機械工業が発達している。泉南地区では綿織物などの**繊維**，淀川沿いには**電気機械，食料品**などの工業が発達している。

京浜工業地帯★★★　東京都と神奈川県に広がる工業地帯。工業生産額の約半分を占める**機械工業**のほか化学・金属など**重化学工業**の比率が高いこと，また，情報の中心地がひかえており，印刷・同関連業が発達していることが特色としてあげられる。

北九州工業地域★★★　北九州市に広がる工業地域。明治時代に官営の**八幡製鉄所【▶ p.191】**が建設されたことから，鉄鋼業を中心に発達した。かつては四大工業地帯の1つに数えられたが，**エネルギー革命【▶ p.76】**の影響などから新しい工業地域よりも出荷額が少なくなり，その地位は大きく低下した。現在は自動車工業や鉄鋼業，食料品工業が中心となっている。

瀬戸内工業地域★★★　中国・四国地方の瀬戸内海沿岸に広がる工業地域。海上輸送に便利なことから，第二次世界大戦後，塩田のあと地や埋め立て地などにつくられた。岡山県倉敷市の水島地区，山口県の周南，愛媛県の新居浜など，**石油化学コン**

▼日本のおもな工業地帯・地域

工業地帯
工業地域

北九州工業地域
瀬戸内工業地域
阪神工業地帯
北陸工業地域
太平洋ベルト
中京工業地帯
東海工業地域
北関東工業地域
京葉工業地域
京浜工業地帯

ビナートが多く，化学工業の占める割合が比較的大きいのが特徴で，造船や自動車工業もさかんである。

東海工業地域★★
静岡県南部を中心に広がる工業地域。京浜工業地帯と中京工業地帯の中間に位置し，水資源が豊かなことなどから，第二次世界大戦後，急速に発展した。浜松で楽器やオートバイの生産，富士でパルプ・製紙工業，焼津で水産加工業がさかんである。

北陸工業地域★
北陸地方の沿岸に広がる工業地域。水量の豊かな川が多いため，水力発電による豊富な電力と工業用水に恵まれたことなどから発達した。富山県では金属工業や化学工業，新潟県では石油精製工業や機械工業がさかんである。福井県・石川県では繊維工業や機械工業が発達している。また，漆器，絹織物，製薬，和紙などの伝統工業もさかんである。

北関東工業地域〔関東内陸工業地域〕★★
関東地方の北部に位置し，茨城・栃木・群馬にまたがる（埼玉を含むこともある）工業地域。現在は，中小工場が集まった工業団地が各地につくられ，自動車や電気機器などの機械類の組み立て工業がさかんである。内陸部に発達した原因としては，道路整備により，原材料・製品の輸送が可能になったこと，広大な工業用地が安く確保できたことなどがあげられる。

京葉工業地域★★
東京湾東岸に位置する工業地域。第二次世界大戦後，東京湾の千葉県側を埋め立ててつくられた。臨海部には製鉄所，火力発電所，石油化学コンビナートが立ちならび，京浜工業地帯とひと続きになって大工業地帯を形成している。内陸部には，ハイテク〔先端技術〕産業を含む電気機械，金属製品の工業団地がある。

鹿島臨海工業地域★
茨城県南東部の鹿島灘に面した工業地域。砂浜海岸を掘り込んでつくられた掘込式の鹿島港を中心に，製鉄所や石油化学コンビナートが多く集まり，石油化学工業が発達している。

▼日本のおもな工業地帯・工業地域の製造品出荷額の内訳

	金属	機械	化学	食料品	せんい	その他
京浜 26.2兆円	3.8%	46.5	20.3	10.3	0.4	13.7
中京 54.6兆円	10.1%	66.7	8.0	4.7	0.9	9.6
阪神 31.7兆円	21.4%	35.6	17.7	10.9	1.4	13.0
北九州 8.5兆円	17.9%	41.1	7.3	16.5	0.6	16.6
北関東 28.2兆円	14.8%	43.9	9.8	15.7	0.6	15.2
京葉 13.9兆円	19.0%	11.2	48.4	12.3	0.2	8.9
東海 16.1兆円	8.3%	51.5	9.6	14.8	0.6	15.2
瀬戸内 31.0兆円	19.0%	33.2	24.8	7.4	2.1	13.5

茨城・栃木・群馬の合計。

（2014年）（日本国勢図会 2017/18年版）

世界との結びつき

航空輸送★　航空機を利用した貨物の輸送方法。長距離の輸送や時間が限られている場合に適しており，スピードが速いかわりに輸送費は高い。IC〔集積回路〕など軽くて高価な電子部品や，新鮮なまま運びたい魚介類や野菜，生花などを運ぶときに用いられる。

ハブ空港　発展　一定地域の航空路線の中心となる空港のこと。長距離便を集中させ，周辺の空港へは中継拠点として乗り換え便を運航させることにより，内外の航空路線が放射状に展開される。空港どうしをばらばらに結ぶ場合に比べ，航空機の効率的な運用が可能となる。

海上輸送　船を利用した貨物の輸送方法。石油や石炭などの資源や，自動車などの重い機械類を運ぶときに用いられる。

時間距離　ある2点間のへだたりを，人や物が移動するのに要した時間（所要時間）で表した距離のこと。日常生活においても，「駅から徒歩5分」などというように表現される。

新幹線★★　おもな区間を時速200km以上の速度で走る高速鉄道。高速で主要都市間を結んでいる。1964年に初めて開業した東海道新幹線をはじめ，山陽新幹線，東北新幹線，上越新幹線，北陸新幹線，九州新幹線，北海道新幹線【▶p.91】が開業した。また，在来線を活用したミニ新幹線の山形新幹線，秋田新幹線が運行している。　　日本のおもな交通　▶p.314

高速道路★★　自動車が高速度で走るための専用道路。輸送の効率化をはかるためにもうけられたもので，国土全体をカバーする自動車道路網の整備が進められている。これにともない，インターチェンジの周辺地

▼新幹線の鉄道網

域への観光客の増加や工場の進出が見られ，また，農作物の出荷先が拡大するようになった。

日本のおもな交通　▶p.314

通信衛星　長距離の通信（国際電話やテレビ中継など）の中継を目的として宇宙空間に打ち上げられた人工衛星。地上回線の利用が困難な山間地や離島との通信，船や航空機などに対する移動通信サービスや非常災害時の通信手段の確保などにも活用されている。

光ファイバー 発展 　光を通す通信ケーブル。ガラス繊維やアクリルなどの細い繊維でできており，光をスムーズに通せる構造になっている。データ伝送速度が速く，一度に伝送できるデータ量が大きい。

海底ケーブル 発展 　海底に設置された電気通信用のケーブル。おもに国際通信回線として利用されており，太平洋や大西洋などを横断して設置されている。近年は，光ファイバーによるケーブルの実用化がすすめられ，大容量の情報が高速に伝送できるようになった。

加工貿易★★　燃料や工業原料を輸入し，それを加工して工業製品として輸出する貿易形態。高い工業技術力や豊富な労働力はあるが，資源にとぼしい国で行われ，日本の工業は長くこの貿易形態で発展してきた。近年は，中国や東南アジアの国々からの工業製品の輸入が増えてきたこ

とから，加工貿易の形はくずれてきているといえる。

貿易摩擦★★★　貿易に関する輸入国と輸出国との間の問題のこと。一方の国の輸入額が輸出額を大幅に上回ると，その国は貿易赤字を負うことになる。このように，貿易収支がいちじるしく不均衡な場合に起こることが多い。日本とアメリカ合衆国の間では，1970〜80年代にかけて自動車の輸出をめぐって起こった。

貿易自由化　輸入品への高い関税や輸入品の制限をなくし，自由な貿易を行うようにすること。日本は1955年にGATT〔関税及び貿易に関する一般協定〕に加盟して以来，積極的に進めてきており，農業分野に関しては，1990年代以降，牛肉やオレンジをはじめ多くの農産物がアメリカ合衆国や中国などから輸入されるようになった。

第4章

日本のさまざまな地域

九州地方

▲九州地方

九州山地　九州地方の中央部を走るけわしい山地。温暖で降水量が多いことから，森林地帯となっており，**林業がさかん**である。また，急流で知られる球磨川などが流れ出ており，**多くのダムがつくられ水力発電**が行われている。

筑紫山地　九州地方の北部を走る，なだらかな山地。佐賀・福岡・大分の3県にまたがり，かつて，日本一の石炭産出量をほこった筑豊炭田や唐津炭田などがあった。

筑紫平野　九州地方北部の筑後川流域に広がる平野。福岡県と佐賀県の南部にかけて広がっている。土地がよく肥え，**九州一の稲作地帯**となっている。有明海沿岸の三角州【▶p.50】では，かつては水田の排水やかんがいのためにクリークとよばれる人工水路が網の目のようにはりめぐらされていたが，最近では減少している。

宮崎平野★★　宮崎県中部の日向灘に面した平野。冬でも温暖な気候をいかして，きゅうり，ピーマン，かぼちゃなどの野菜の**促成栽培**がさかんである。また，日本一出荷が早い**超早場米**が生産されている。

有明海★★　長崎・佐賀・福岡・熊本の4県に囲まれた海。遠浅で干満の差が大きいため広い干潟があり，**ムツゴロウ**などが生息している。のりや貝類の**養殖**もさかんである。諫早湾の干拓事業により，有明海全体の環境への影響が問題になっている。

筑後川　九州地方で最も長い川。九州北部の筑紫平野を流れ，有明海に注ぐ。水量が多いことから，かつては洪水の被害が多かったが，ダム・用水が建設され水量調節が行われるようになった。また，水力発電や農業用水・工業用水などにも利用されている。

阿蘇山★　熊本県北東部に位置する，世界最大級の**カルデラ**【▶p.75】をもつ火山。火山活動が始まったのは約30万年前で，その後，数回の大噴火を繰り返し，そのたびに大量のマグマを放出して，現在のようなカルデラが形成されたとされている。

稲作を中心として，トマトやいちごなどの施設園芸農業，キャベツやほうれん草などの高冷地野菜の栽培のほか，牛の放牧などが行われている。

雲仙岳 長崎県島原半島に位置する火山群。現在最高峰は平成新山である。普賢岳は，1990年に約200年ぶりに噴火し，周辺住民に大きな被害をもたらした。

霧島山 九州地方南部の，鹿児島県と宮崎県の境に位置する火山。活発な火山活動が続いている。霧島錦江湾国立公園にあり，霧島ジオパークとして日本ジオパークに認定されている。

桜島 鹿児島湾北部にある火山。約26,000年前に誕生し，もともとは島であったが，1914年に起こった大正噴火による溶岩流出で，対岸の大隅半島と陸続きになった。現在も活発に噴火活動を続け，火山灰の噴出が繰り返されており，降ってくる灰が市民生活に影響をおよぼしている。

屋久島★★ 鹿児島県大隅半島の南方約60kmの海上にある島。1993年に日本初の世界自然遺産として登録された。亜熱帯から冷帯〔亜寒帯〕までのさまざまな植物が分布し，標高1,000～1,500m付近は樹齢数千年におよぶ屋久杉の原生林となっている。（地図：p.77「日本の世界遺産」）

種子島★★★ 鹿児島県大隅半島の南方約40kmの海上にある島。1543年，ポルトガル人が日本に初めて鉄砲を伝えた地として知られ，南端の海岸線には日本最大の大型ロケット発射場「種子島宇宙センター」がある。

シラス台地★★ 鹿児島県から宮崎県南部にかけて広がる火山灰台地。火山の噴火によって生じた火山灰土や軽石で厚くおおわれており，養分が少なく，水もちが悪い。そのため，日照りの害を受けやすく，大雨が降るとくずれやすい。土地改良が進められ，畑作とともに，肉牛や豚，にわとりの飼育がさかんである。（地図：p.74「九州地方」）

カルデラ★★ 火山の爆発や火口周辺の陥没などによってできた大きな円形のくぼ地。スペイン語で「大きな鍋」という意味。

▼阿蘇山のカルデラ

沖縄諸島★ 南西諸島の琉球諸島に属する沖縄県の中心諸島。沖縄島を中心に，伊江島，久米島，慶良間列島など周辺の島々からなる。第二次世界大戦後，アメリカ合衆国の統治下におかれ，1972年に日本に復帰したが，その後もアメリカ軍基地が各地に多く残されている。経済の中心は，美しい自然や文化を生かした

観光業である。

棚田 発展 山の斜面や谷間の傾斜地に階段状につくられた水田のこと。田面が水平で棚状に見えることから、このようによばれる。日本では九州地方のほか、中国山地や中央高地などでよく見られる。

い草 発展 畳表などの材料となる、湿地や浅い水中に生える植物。日本をはじめ東アジアで栽培され、日本では熊本県の生産量がほとんどを占める。

筑豊炭田★ 福岡県北部にある炭田。明治時代に、この石炭を利用して八幡製鉄所が操業しており、かつては日本最大の産出量をほこった。エネルギー革命の進行に伴い、エネルギー源の中心が石油に転換するにつれて衰退し、1970年代に閉山した。

エネルギー革命★★ 燃料や動力のおもなエネルギー源の中心が急激に変化し、経済や社会生活に大きな影響をあたえること。日本では、かつては石炭がエネルギー源の中心であったが、1960年ごろから、輸送などの取りあつかいに便利で効率のよい石油へと転換した。

公害★★★ 人間の生活や生産活動によって自然環境や生活環境が悪化し、人々の健康に悪影響をおよぼすこと。環境基本法【▶ p.286】は、大気汚染、水質汚濁、土壌汚染、地盤沈下、騒音、振動、悪臭の7つを公害と定義づけている。また、高度経済

成長期を中心に四大公害病【▶ p.285】が発生して問題となった。

水質汚濁 川や海、湖沼に汚染物質が流れ込み、水が汚れること。汚染物質としては、工場排水や家庭での炊事・洗濯・入浴による生活排水、ごみなどがあげられる。特に、洗剤や農薬などに含まれている窒素やりんは、植物やプランクトンの栄養になるため、これらを含んだ水が川や湖などに大量に流れ込むと、赤潮やアオコが発生しやすくなり、そこに住む生物に大きな被害をあたえる。

赤潮★ プランクトンが異常発生して、海や川、湖などの色が赤褐色に変化する現象。プランクトンの増殖により、水中の酸素の濃度が低下して窒息したり、プランクトンがえらにつまったりして、養殖中の魚介類が全滅するなどの被害をもたらすことがある。

世界遺産★★★ 国連教育科学文化機関〔UNESCO〕【▶ p.296】によって1972年に決められた世界遺産条約にもとづき登録された遺産。世界の大切な自然環境や文化財などのうち、世界のすべての人々にとってかけがえのない財産として保護していくべきものをいう。自然環境や景観などの自然遺産、歴史的な建物や遺跡などの文化遺産、これら両方の特徴をもつ複合遺産の3種類がある。また、儀式や祭礼など、形のないものを無形文化遺産として保護している。

シリコンアイランド★ IC〔集積回路〕【▶p.38】関連の工場が多い九州をさすことば。シリコンとはICの材料になる物質のことで，九州の空港や高速道路近辺にはIC関連の工場が多く立地している。このため，アメリカ合衆国でハイテク〔先端技術〕産業が集中しているシリコンバレー【▶p.38】にならって，このようによばれる。

環境モデル都市 環境保護に関する高い目標をかかげ，その実現に向けて積極的に取り組む，政府によって選定された自治体。帯広市や横浜市，豊田市，京都市，北九州市など全国で23都市が指定されている（2018年1月現在）。

エコタウン事業 地域の独自性をふまえ，資源のリサイクルや廃棄物の発生抑制を行うことにより環境調和型のまちづくりを推進する事業。ある産業から出る廃棄物を別の産業において有効利用することにより，あらゆる廃棄物をゼロにすることをめざすゼロエミッション【▶p.287】を基本構想としている。

エコツーリズム 発展 旅行者が自然環境を観光資源として体験したり学んだりするとともに，その地域の自然環境・歴史・文化を大切にする観光のあり方。

▼日本の世界遺産（2021年10月）

白川郷・五箇山の合掌造り集落
古都京都の文化財
石見銀山遺跡とその文化的景観
原爆ドーム
姫路城
厳島神社
「神宿る島」宗像・沖ノ島と関連遺産群
屋久島
富岡製糸場と絹産業遺産群
知床
白神山地
平泉－仏国土（浄土）を表す建築・庭園及び考古学的遺跡群－
日光の社寺
富士山－信仰の対象と芸術の源泉－
ル・コルビュジエの建築作品－近代建築運動への顕著な貢献－
古都奈良の文化財
法隆寺地域の仏教建造物
紀伊山地の霊場と参詣道
明治日本の産業革命遺産 製鉄・製鋼，造船，石炭産業
長崎と天草地方の潜伏キリシタン関連遺産
百舌鳥・古市古墳群－古代日本の墳墓群－
琉球王国のグスク及び関連遺産群
小笠原諸島

※2021年7月に北海道・北東北の縄文遺跡群（北海道・青森県・岩手県・秋田県）が世界文化遺産に，奄美大島，徳之島，沖縄島北部及び西表島（鹿児島県，沖縄県）が世界自然遺産に，それぞれ登録された。

中国・四国地方

隠岐
宍道湖
鳥取県
中国山地
島根県
岡山県
岡山平野
広島県
讃岐平野
広島平野
香川県
徳島県
山口県
愛媛県
高知県
瀬戸内海
吉野川
四国山地
高知平野
宇和海
四万十川
黒潮（日本海流）

▲中国・四国地方

中国山地★★★　中国地方の中央部を東西に走る山地。なだらかな山が多い。山陰と山陽の境となる。

四国山地★　四国地方を東西に走る山地。最高峰の石鎚山（標高1,982ｍ）や剣山をはじめ，けわしい山が多い。古代より山岳修行がさかんである。

高知平野★★★　高知県の土佐湾岸に広がる平野。冬でも温暖な気候をいかして，ピーマン，なすなどの野菜の促成栽培がさかんである。

吉野川★　徳島県を西から東に流れる川。下流には徳島平野を形成する。利根川，筑後川とともに日本三大暴れ川の１つに数えられる。

讃岐平野　香川県の瀬戸内海に面している平野。降水量が少なく大きな川もないため，干害【▶ p.52】にみまわれやすく，古くから満濃池など，多くのため池がつくられてきた。近年は，吉野川の水を引く香川用水も利用されている。

瀬戸内海★★★　本州の中国地方と四国地方にはさまれた，大小の多くの島がある海。日本最大の内海である。古くから重要な水上交通路として用いられ，臨海部では港町が形成された。波が穏やかであることをいかし，広島県のかき，愛媛県のまだいなどの養殖漁業がさかんである。沿岸部には瀬戸内工業地域【▶ p.70】が広がる。

宍道湖　島根県北東部にある湖。地盤の陥没によってできた湖で，真水と海水の混ざり合った汽水湖である。しじみの生産で知られる。また，日本有数の渡り鳥の飛来地であり，多くの鳥類が生息している。

四万十川　高知県南西部を流れて太平洋に注ぐ川。日本有数の清流であり，人工的な河川整備がほとんど行われていない川として知られる。約200種類もの水生生物が生息し，伝統的なアユ漁や青のり漁が今も行われている。

ため池　水を貯えるために人工的につくられた池のこと。降水量が少なく，大きな川に恵まれない地域などでみられ，四国地方の讃岐平野や近畿地方の播磨平野などに多くつくられた。近年は，用水が完成するなどして，その役割が低下しているものもある。

塩田〔発展〕　大量の海水から水分を蒸発させて塩をとるため，海岸の砂地につくられた施設。日本では，室町時代中ごろからつくられるようになり，広大な遠浅の海岸があって，雨が少ない瀬戸内海沿岸でおもに発達した。現在，その跡地は工業用地に利用されている。

香川用水　讃岐平野の水不足を解消するためにつくられた，香川県中央部を東西に流れる用水。用水が不足しがちな讃岐平野では，古くからため池をつくってきたが，十分ではなかった。そこで，四国中央を流れる吉野川から水を引いてつくられた。

コンビナート★★　原料や燃料，生産施設などの面で関連する工場が一か所に集まり，互いに結びついて総合的・合理的に生産を行う工場の集団のこと。石油化学コンビナートや鉄鋼コンビナートなどがある。

本州四国連絡橋★★★　本州と四国を結ぶ橋。瀬戸大橋の開通によって1988年に完成した岡山県と香川県を結ぶ児島・坂出ルート，1998年に完成した明石海峡大橋と大鳴門橋を通って兵庫県と徳島県を結ぶ神戸・鳴門ルート，1999年に全通した10本の橋で広島県と愛媛県を結ぶ尾道・今治ルート〔瀬戸内しまなみ海道〕の3つのルートがある。

平和記念都市　広島県広島市のこと。1945年8月6日に世界で初めて原子爆弾が投下され，大きな被害を受けた。1949年に「広島平和記念都市建設法」が制定され，「恒久の平和を誠実に実現しようとする理想の象徴」となる願いをこめた都市建設が進められた。

明石海峡大橋★　本州四国連絡橋の1つ。神戸・鳴門ルートのうち，明石海峡にかかる橋で，兵庫県神戸市と淡路島とを結んでいる。橋長3,911mの世界最大のつり橋で，1998年に完成した。

▼本州四国連絡橋

79

近畿地方

▲近畿地方

紀伊山地 紀伊半島の大部分を占める山地。最高峰の八剣山（標高1,915ｍ）をはじめ、けわしい山が多い。温暖で降水量が多いことから、吉野すぎの植林など林業がさかんである。「紀伊山地の霊場と参詣道」が世界遺産に登録されている。（地図：p.77「日本の世界遺産」）

紀伊半島 近畿地方南部、太平洋につき出している半島。大部分をけわしい紀伊山地の山々が占めている。温暖で降水量が多いことから、有田川流域や海岸沿いではみかんの栽培、山地では林業がさかんである。太平洋岸東部は出入りの複雑なリアス海岸〔リアス式海岸〕【▶p.50】となっており、真珠やタイの養殖がさかんである。

淀川★ 琵琶湖から流れる川。滋賀県、京都府、大阪府を流れ、大阪湾に注ぐ。

琵琶湖★★★ 滋賀県中央部にある日本最大の湖。湖の水は、滋賀だけでなく京都や大阪などの飲料水、工業・農業用水、水力発電の用水として利用されていることから、「近畿地方の水がめ」とよばれる。近年は、工業排水などが流れ込んで汚染が進み、赤潮が発生するようになったため、県では排水を規制するなどして水質の浄化に努めている。

淡路島★ 瀬戸内海の東部に位置する、瀬戸内海最大の島。兵庫県に所属。農業が中心で、稲作のほか、たまねぎ、キャベツ、レタスなど商品作物の栽培がさかんである。明石海峡大橋で本州と、大鳴門橋で四国と結ばれている。

関西国際空港★★ 大阪府の泉州沖につくられた人工島にある国際空港。兵庫県伊丹市の大阪国際空港が住宅街にあり、騒音問題が深刻化していたことから、海上につくられ、1994年に開港した。24時間利用が可能となっている。

ラムサール条約★★★ 1971年にイランのラムサールで開かれた「湿地及び水鳥の保全のための国際会議」において採択された条約。湿地に生息、生育する水鳥などの動植物を保護するため、国際的に重要な湖や沼などの湿地を保全することを目的とする。日本では、2018年1月現在、北海道の釧路湿原、滋賀県の琵琶湖など、計50か所の湿地が登録されている。

伝統的工芸品★ その地域で生産される材料と，昔から伝わる伝統的な技術をもとにつくられ，現代まで受けつがれて発展してきた工芸品のこと。経済産業大臣により指定されるものもある。漆器や陶磁器，織物，染織物，和紙，木工細工などに多く見られ，その地域の特産品になっている場合が多い。

友禅染 着物を染める方法の1つで，たくさんの色を使って絵画調の模様をあらわす技術。江戸時代から各地に広まり，京都では明るい華やかな色彩で，絢爛豪華な作風の**京友禅**，金沢では落ち着きのある色調で，繊細で趣のある**加賀友禅**がつくられている。

西陣織★ 京都の西陣で生産される伝統的工芸品の高級絹織物。室町時代に起こった応仁の乱のとき西軍が本陣とした場所に，乱後，職人が集まり再び織物を始めたことからこの名がついた。

▼西陣織

清水焼〔京焼〕 京都で生産される伝統的工芸品の陶磁器。本格的につくられるようになったのは安土桃山時代であるとされ，江戸時代に活気づいた。茶道や華道の用品，和食器を中心に生産されている。

祇園祭★ 京都市の八坂神社で行われる伝統的な祭り。毎年7月1日から31日まで行われる。平安時代に始まり，千年以上の歴史がある。

重要文化財 歴史上・芸術上・学術上価値の高い文化財のうち，特に重要なものとして，国によって指定されたもの。文化財保護法にもとづき，建造物や絵画，工芸品，彫刻，古文書，歴史資料などが指定されている。国はさらに，世界文化の見地から特に価値の高いものを国宝に指定して保護している。

古都保存法 世界にほこる古都のすぐれた歴史的風土を，都市化による破壊から守り，その景観や町並みを保存することを目的とする法律。古都とは，政治的・文化的に歴史上重要な地位を有する市町村をいい，2018年1月現在，京都市，奈良市，鎌倉市を含む，10市町村が指定されている。

文化財保護法 文化財を保護するために制定された法律。日本における文化財を保存し活用することを通して，文化の向上をはかることを目的とする。文化財のうち重要なものを，国宝，重要文化財，史跡，名勝，天然記念物などに指定し，国の重点的な保護の対象としている。

中小工場　働いている人の数が300人未満の工場のこと。日本の工場のほとんどを占めているが，東大阪市は，日本で最も中小工場が集まった地域となっている。大工場と比べて生産性が低いため，経営がきびしい場合も多いが，中には高度な技術を生かして精密な部品をつくり，世界中に出荷している工場もある。

パネルベイ 発展　薄型テレビの工場が相次いでつくられ，日本最大の生産拠点となっていた大阪湾岸のよび名。薄型テレビの主要部品であるプラズマディスプレイパネルや液晶パネルの名前からつけられた。国内の生産量は大きく減少している。

ニュータウン　郊外に計画的に建設された新都市。都市の過密を解消するため，1960年代以降，全国でつくられるようになった。ベッドタウンとしての機能も合わせもっており，東京の多摩，大阪の千里，横浜の港北などが代表的である。

ベッドタウン　大都市に通勤する人々の住宅地を中心に発展した都市。昼間人口よりも夜間人口が多い。東京都の武蔵野市や八王子市，大阪府の豊中市，吹田市などが代表的である。

ポートアイランド　埋め立てによって神戸港につくられた巨大な人工の島。六甲山の一部を切り開いてニュータウンが建設され，そのけずった土砂を使って沿岸を埋め立てられた。コンテナ船専用の埠頭をもつ港湾施設のほか，マンションや商業施設，大型ホテルなどが整備され，近年では多くの医療関連企業が進出したり，沖合に神戸空港がつくられたりしている。

中部地方

▲中部地方

日本アルプス ★★★　本州中央部に位置している飛驒山脈〔北アルプス〕，木曽山脈〔中央アルプス〕，赤石山脈〔南アルプス〕の総称。3,000m級の山々が連なっており，そのけわしい峰々や美しい景観から，ヨーロッパのアルプス山脈にならってこのようによばれる。「日本の屋根」とよばれることもある。

越後山脈　新潟・福島・群馬の3県の県境一帯を，北東から南西に走る山脈。その多くは国有林におおわれている。南部には，越後三山とよばれる駒ヶ岳，中ノ岳，八海山がある。（地図：p.82「中部地方」）

濃尾平野★★　愛知県北西部から岐阜県南部に広がる平野。木曽川，長良川，揖斐川の木曽三川が流れ，下流域は低湿地帯となっていることから，洪水を防ぐため輪中【▶ p.84】が見られる。江戸時代から稲作がさかんであり，現在は近郊農業【▶ p.65】も行われている。

越後平野　新潟県の中部から北部にかけて広がる北陸地方最大の平野。かつては砂丘に囲まれた入り江で低湿地であったため，早くから干拓や分水路の建設などが行われた。現在は，水田単作地帯が広がり，代表的な穀倉地帯となっている。

諏訪盆地　長野県中央部にある，諏訪湖に面した盆地。清涼な空気と水に恵まれていることから，戦後，「東洋のスイス」といわれるほど精密機械工業が発展した。近年は，情報機器製造などハイテク産業〔先端技術産業〕【▶ p.20】分野への進出が目立っている。

甲府盆地★★　山梨県の中央部にある盆地。扇状地【▶ p.50】が発達しており，かつては養蚕業がさかんで，桑畑として利用されていた。現在は，ぶどう，もも，さくらんぼなどの果樹が栽培されている。

能登半島　石川県北部，日本海につき出た半島。低い山地となだらかな丘陵が大部分を占めている。沿岸部では漁業がさかんでブリや，イカの水揚げが多い。輪島の朝市，輪島塗，和倉温泉など観光資源に恵まれ，観光地としても知られている。

知多半島★　愛知県南西部，伊勢湾と三河湾の間につき出た半島。しばしば干害にみまわれてきたことから，1960年代に木曽川から水を引く愛知用水がつくられた。現在は，みかんのほか，野菜や花きなどを栽培する近郊農業【▶ p.65】がさかん。

渥美半島★　愛知県南東部，太平洋と三河湾の間につき出た半島。丘陵と台地からなり，大きな川がないため，しばしば干害にみまわれてきたことから，1960年代に豊川用水がつくられ，かんがいができるようになった。現在は温暖な気候を利用して，ビニールハウスで電照菊，メロン，観葉植物などを栽培する施設園芸農業がさかんである。

信濃川　越後平野を流れる日本最長の川。長さ約367km。上流は千曲川とよばれ，犀川と合流し，新潟県に入って信濃川となり，日本海に注いでいる。豪雪地帯を流れるため水量が豊かで，下流では越後平野の水田地帯をうるおすほか，飲料水や工業用水としても利用されている。

富士山★　静岡県と山梨県にまたがる火山で，日本の最高峰（標高3,776m）。世界でも珍しい独立峰として有名である。2013年に世界遺産【▶ p.76】に登録された。（地図：p.77「日本の世界遺産」）

中部国際空港★★　愛知県の知多半島沖につくられた人工島にある国際空港。愛称はセントレア。市街地にあった名古屋空港にかわり，成田国際空港・関西国際空港に次ぐ国内3番目の国際空港として2005年に開港した。24時間利用が可能となっている。

水田単作★　冬の寒さがきびしく積雪が多い地域で，裏作が行えず，1年のうち夏だけに稲作を行うこと。日本では北陸地方や東北地方，北海道地方などで見られる。

早場米 発展　収穫時期が早く，他の地域よりも市場に早く出荷される米のこと。一般的な米が10月前後に収穫されるのに対し，8～9月頃に収穫し，他の地域の新米が出回る前に出荷する。夏の気温が高くなる北陸地方のほか，宮崎県や高知県で生産されている。

地場産業　それぞれの土地で，地元の原料や技術と結びついて，古くから発達してきた産業。農家の副業として発達したものも多く，みそやしょう油，清酒，織物などの繊維製品，木工品など，人々の日常生活に直結した品物を生産している。

客土 発展　泥炭地などで行われる土地改良の方法。他の地域から性質の異なる土を運んできて加え，その土地の性質を改良する。扇状地が多い北陸地方や北海道の石狩平野などでは，大規模な客土や排水工事が行われ，水田地帯が広がるようになった。

高原野菜　高冷地のすずしい夏の気候を利用して栽培される野菜。キャベツやレタス，白菜などが抑制栽培で栽培され，他の生産地域と時期をずらして出荷される。長野県の野辺山原や群馬県の浅間山の北斜面にある嬬恋村，山梨県の八ヶ岳で栽培される高原野菜が有名である。

牧ノ原　静岡県中部に広がる台地。温暖で水はけが良いため，日本有数の茶の産地となっている。明治時代初期に，開墾のため士族らが移り住んで茶の栽培を始めて以来さかんとなり，台地の大部分が茶畑として利用されている。

輪中★★　低湿地に見られる，周囲に堤防をめぐらせた集落。洪水から集落や耕地を守るためのもので，家屋は自然堤防や土盛りをした上に建てられる。濃尾平野を流れる木曽川・長良川・揖斐川下流域に発達したものが有名である。

輪島塗　石川県輪島市で生産される伝統的工芸品の漆器。漆など豊富な

▼輪中

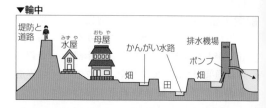

84

素材に恵まれていたことや，湿気の多い気候が漆器づくりに適していたことからさかんになった。盆，椀，皿，箸，重箱のほか，花器，香炉，アクセサリーなどさまざまな製品がつくられている。

合掌造り★　白川郷と五箇山地方に存在する，傾きの急な茅葺きの屋根を特徴とする家屋。独特の屋根は，屋根裏を最大限利用するための工夫で，かつては小屋内を2～4層に分け，蚕の飼育場として使っていた。岐阜県北部の白川郷と富山県南部の五箇山の合掌造り集落は，1995年に世界遺産【▶p.76】に登録された。（地図：p.77「日本の世界遺産」）

▼合掌造り集落

ファインセラミックス 発展　陶磁器やガラスなどのセラミックスとは異なり，精製された天然原料や人工原料などを配合してつくられる高性能セラミックスのこと。半導体や自動車，情報通信，産業用機械など幅広い分野で使われている。

スローフード　その土地の伝統的な食文化を見直す運動や，その食品自体のこと。1986年にイタリアで始まった運動を起源としている。活動の1つである「味の箱舟」は，小規模生産者によって生産される絶滅の可能性がある希少な食材や食品の生産や消費を守る活動であり，地域における食の多様性を守ろうという取り組みである。

関東地方

▲関東地方

関東山地　関東地方と中部地方とを分ける山地。関東平野に向けて，荒川，多摩川，相模川などが流れ出ている。

関東平野　関東地方にある日本最大の平野。台地と低地からなり，台地の表面は関東ローム【▶p.87】とよばれる火山灰土に厚くおおわれ，畑作がさかんである。近年は，宅地化が進行しているところもある。

小笠原諸島★　東京の南方約1,000～1,250kmの太平洋上にある諸島。火

山列島を中心に，西之島，南鳥島，沖ノ鳥島など30あまりの島々からなり，東京都に属する。沿岸にはさんご礁が発達している。2011年に世界遺産【▶p.76】に登録された。（地図：p.77「日本の世界遺産」）

東京湾★ 関東地方南部にある湾。房総半島と三浦半島に囲まれている。埋め立てられた沿岸部には，京浜工業地帯・京葉工業地域が発達し，大工場や倉庫などが立ちならんでいる。近年，ウォーターフロントの開発が進められている。湾内を橋とトンネルでつきぬけ，神奈川県川崎市と千葉県木更津市を結ぶ高速道路を東京湾横断道路〔東京湾アクアライン〕という。

ウォーターフロント 海や川などに面した地区。これまで工場や倉庫，港湾などに利用されてきた都市の臨海部に，オフィスビルや国際会議場のほか，高層住宅，ショッピング施設，ホテルといったレジャー施設などを建設し，都市の再開発をめざしている。東京湾岸では，横浜市のみなとみらい21，大阪湾岸では，天

▼みなとみらい21

保山ハーバービレッジ，他にも福岡市百道にあるシーサイドももち，神戸市の六甲アイランドなどがあげられる。

霞ケ浦★ 茨城県南東部にある淡水湖。琵琶湖に次ぐ日本第2位の湖面積をもつ。シラウオ，ワカサギ，ハゼ，エビなど淡水魚から海水魚まで豊かな水産資源に恵まれ，古くから漁業がさかんである。飲料水，工業・農業用水としても利用されている。

利根川★ 関東平野の中央部を東西に流れる，流域面積が日本最大の川。流域は東京都，群馬県，千葉県，茨城県，栃木県，埼玉県，長野県の1都6県にまたがる。上流には多くの多目的ダムがつくられ，関東地方の飲料水や工業・農業用水をまかなう重要な水源となっている。

九十九里浜★ 千葉県が位置する房総半島の東岸に連なる砂浜海岸【▶p.50】。沖合に黒潮が流れる。江戸時代には地引網によるいわし漁が栄えた。現在は海水浴場が整備され，はまぐりの潮干狩りが有名である。

成田国際空港★★ 千葉県成田市にある空港。1978年に新東京国際空港として開港され，2004年に現在の名称に変更された。おもに国際線航空機の発着に使用されている。日本最大の貿易港（2016年）であり，輸出品目では金（非貨幣用）が最も多

く次いで科学光学機器，輸入品目では通信機が最も多く次いで医薬品となっている。

東京国際空港★★　東京都大田区にある空港。通称は羽田空港。近年では国際線と国内線の両方の発着に使用されている。旅客機の発着回数と航空旅客数は世界でも有数の規模をもつ。

関東ローム　関東平野の台地をおおっている，赤黒い火山灰土。かつて富士山，浅間山などの噴火により放出された火山灰が堆積してできた。赤黒い色をしているのは，含まれている鉄分が長い時間をかけて酸化したためである。

からっ風　冬の間，関東地方に強く吹く，乾燥した季節風【▶p.19】。日本海側に雪を降らせた北西の季節風が山をこえると，乾燥した風となって平地へ吹き降りてくる。

首都★　中央政府がおかれ，一国の中心となる都市。日本の首都である東京は，日本で最も人口が集中する日本一の大都市である。首都を中心とする周辺地域を首都圏といい，日本では，東京都，埼玉県，千葉県，神奈川県，茨城県，栃木県，群馬県および山梨県の区域を一体とした広域をさす。

都心★　大都市において，政治や経済の重要な施設が集中する地区。国の官庁が集中する行政地区や，大企業の本社や銀行などが集中する経済

地区からなり，交通・通信が集中し高層建築が発達している。東京では東京駅周辺がこれにあたる。これに対し，巨大都市の中で都心の機能の一部を分担している地区を副都心といい，東京では新宿・渋谷・池袋，大阪では京橋・天王寺などをさす。また，都市の周辺に位置する人口の多い地域を郊外という。

臨海副都心　東京湾岸の埋立地を開発して生まれた，港区台場，江東区青海，品川区東八潮，江東区有明からなる地域。東京都の7番目の副都心と位置付けられた。1990年代後半からは再開発【▶p.57】が進められている。

一極集中★　一国のうち，人口や政治・経済・文化が特定の地域に過度に集中している状態。首都である東京に一極集中が見られ，交通渋滞や通勤混雑のほか，住宅問題，ごみ処理問題，公害などさまざまな都市問題が起こっている。そのため，埼玉県にさいたま新都心や千葉県に幕張新都心を造成するなど，中枢機能を分散させる多極分散型の国土づくりが検討されている。

ターミナル駅 発展　複数の路線が乗り入れ，都心と郊外や近県各地を結ぶ鉄道の起点・終点となる駅のこと。東京では新宿駅や池袋駅，渋谷駅などが，大阪では梅田駅や難波駅などが代表例。周辺にはオフィス街やショッピング街などが形成され，駅

を中心とする街づくりが進められてきた。

Ｕターン現象★　出身地から大都市に移動して生活したあと，再び出身地へ戻ること。これに対し，大都市に移動して生活したあと，出身地まで戻らずに途中の地方に移り住むことを**Ｊターン現象**，出身地とは別の地方に移り住むことを**Ｉターン現象**という。

筑波研究学園都市 発展　茨城県筑波山ろくにつくられた研究学園都市。東京に集中している大学や研究機関を移転して人口を分散させるとともに，研究・教育の充実をはかることを目的として，計画的につくられた。筑波大学をはじめ国の研究機関が集中している。

東京スカイツリー★　東京都墨田区に2012年に完成した，世界一高い自立式電波塔。都心部に増えた超高層ビルによる電波障害を減らし，地上デジタル放送やラジオ放送をスムーズに送信するために建設された。高さは634メートルで，これは，かつて東京も含まれていた「武蔵国」にちなんでいる。

▼東京スカイツリー®

在留外国人 発展　日本に永住もしくは3か月以上の長期にわたり滞在する，在留資格を有した外国人。日本の在留外国人数は約238万人で，そのうちの約3割を中国人が占める（2016年）。

東北地方

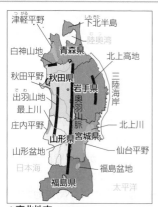

▲東北地方

津軽平野★　青森県の西部にある平野。岩木川が流れ，稲作が行われるとともに，りんごの一大産地である。

奥羽山脈★　東北地方の中央部をほぼ南北に走る，高くけわしい山脈。青森県から栃木県まで連なる日本最長の山脈で，東北地方を太平洋側と日本海側に二分している。八甲田山，蔵王山など，火山が多い。

出羽山地　東北地方の日本海側をほぼ南北に走る山地。青森，秋田，山形の3県にまたがっている。北部にある白神山地は，日本最大のぶなの原生林があり，世界遺産【▶p.76】に登録されている。（地図：p.77「日本の世界遺産」）

阿武隈高地　宮城・福島・茨城の3県の太平洋岸に南北にのびる高原状の山地。奥羽山脈との間に阿武隈川が流れている。

庄内平野　山形県北西部，最上川下流に広がる平野。古くから水田単作地帯として発展し，日本有数の穀倉地帯となっている。機械化が進んでおり，農家1戸あたりの耕地面積が広い。

福島盆地　福島県北部，阿武隈川中流域にある盆地。扇状地【▶p.50】が発達しており，稲作のほか，もも，なし，りんご，さくらんぼなど果樹の栽培がさかんである。

山形盆地　山形県東部，最上川中流域にある盆地。扇状地【▶p.50】が発達している。江戸時代には，染料や口べにの原料として用いられていた紅花の日本一の産地であった。現在は，さくらんぼの大生産地となっており，そのほか，りんご，もも，ぶどうなどの栽培がさかんである。

三陸海岸 ★★★　東北地方の太平洋岸に位置し，青森県南部から岩手県，宮城県北部にいたる海岸。中南部には出入りの多いリアス海岸〔リアス式海岸〕【▶p.50】が発達し，沖合は寒流の親潮〔千島海流〕と暖流の黒潮〔日本海流〕が出合う潮目【▶p.68】で好漁場となっていることから，八戸や気仙沼など日本有数の漁港が発達している。

最上川　山形県を流れる川。三大急流の1つ。流域面積は県面積の約4分の3を占める。米沢盆地，山形盆地，新庄盆地を通り，下流で庄内平野に出て，日本海に注ぐ。

八郎潟 [発展]　秋田県のほぼ中部にある湖。かつては日本第2位の面積をほこっていたが，水深が浅く湖底も平坦であったことから干拓【▶p.66】が行われ，大規模な農業経営を行うための新しい農地がつくられた。

やませ ★★★　梅雨期から夏にかけて，おもに東北地方の太平洋側に吹く冷たい北東の風。寒流の親潮〔千島海流〕の上をこの風が吹くと，気温がじゅうぶんに上がらず，日照時間も少なくなるため，冷害を引き起こすことがある。

フェーン現象 [発展]　湿った空気が山をこえるとき，空気中の水蒸気が雨や雪となって山に降り，乾燥した空気となって山の斜面を吹き降りる現象。日本海側で起こることが多く，異常高温をもたらす。

青函トンネル　本州と北海道を結ぶ海底トンネル。青森県の津軽半島と北海道の松前半島を結び，津軽海峡を横断している。1988年に完成した全長53.85kmの海底鉄道トンネルである。

穀倉地帯　米や麦などの穀物の大産地のこと。世界では，北アメリカのプレーリー，南アメリカのパンパ，西シベリアからウクライナにかけて

の黒土地帯【▶p.31】などが代表的である。日本では，北陸地方や東北地方が米の穀倉地帯である。

銘柄米 発展 品種改良の積み重ねによりできた，味のよい品種。ブランド米ともいい，新潟県を主産地とするコシヒカリ，秋田県を主産地とするあきたこまち，宮城県を主産地とするササニシキ，ひとめぼれ，北海道を主産地とするほしのゆめなどが有名である。

出かせぎ★ 住んでいる地域を離れ，都市部などで一定期間労働して収入を得る働き方。東北地方ではかつて，農作業がひまな時期である冬の間，都市部へ出かせぎに行く農家が多かった。近年は交通の発達により東北地方へ工場などが進出したことなどから，減少している。

伝統産業（伝統工芸） その地域で生産される材料と，昔から伝わる伝統的な技術を受け継いで**伝統的工芸品を生産する産業**。例えば，東北地方では，山形県の**天童将棋駒**，青森県の**津軽塗**，福島県の**会津塗**，岩手県の**南部鉄器**などの生産がさかんであり，これらは国から伝統的工芸品に指定されている。

伝統行事 古くから，毎年特定の時期に行われてきた行事。東北三大祭りとよばれる青森ねぶた祭，秋田竿燈まつり，仙台七夕まつりは，地域の自然や生活，文化が反映されている行事であるとともに，観光資源と

しても活用されている。

青森ねぶた祭〔青森ねぷた祭〕 発展 青森県を中心として，東日本各地で行われる伝統的な夏祭り。災難をはらい，無事を祈る行事で，歴史や伝説，歌舞伎を題材にしてつくられた巨大な山車が，笛・太鼓の囃子とともにまちの中をねり歩く。重要無形民俗文化財に指定されている。

山形花笠まつり 発展 青森ねぶた祭〔青森ねぷた祭〕，秋田竿燈まつり，仙台七夕まつり（宮城県）とならんで，「東北四大まつり」の1つ。毎年8月5～7日の3日間行われ，パレードでは赤い花飾りをつけた花笠をもって「花笠音頭」に合わせて街をねり歩く。

北海道地方

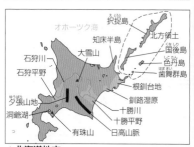

▲北海道地方

日高山脈 北海道中央部の南半分を南北に走る山脈。頂上近くには，氷河の侵食作用によってできた，椀形の谷が多く見られる。

大雪山 北海道中央部にある火山群。最高峰の旭岳（標高2,291m）をはじ

90

め，20連峰におよぶ山々がそびえる。

十勝平野★　北海道南東部の平野。北海道の代表的な畑作・酪農地帯で，てんさいやじゃがいも，豆類などが大規模に栽培されている。

根釧台地★　北海道東部にある火山灰の台地。1954年に，パイロットファームとよばれる実験農場が建設され，酪農を中心とする農業開発が進められた。さらに，1973年からは新酪農村が国家的大事業として建設され，近代的な機械を使った大規模な酪農経営が行われるようになった。

知床半島★★　北海道の東北端にある，オホーツク海にのびる半島。自然林が広がり，断崖が続く海岸線には冬に流氷が押し寄せ，ヒグマやエゾシカ，キタキツネ，アザラシ，イルカなどさまざまな動物が生息している。2005年には，世界遺産【▶ p.76】に登録された。
（地図：p.77「日本の世界遺産」）

有珠山★　北海道の南西部に位置する火山。北にある洞爺湖は，有珠山の噴火によってできたくぼ地のカルデラ【▶ p.75】に水がたまってできた湖である。2000年に噴火し，被害を出した。支笏洞爺国立公園内にあり，洞爺湖有珠山ジオパークとして日本ジオパーク，世界ジオパークにも認定されている。

洞爺湖 [発展]　北海道南西部に位置する湖。火山の噴火によってできたくぼ地に，水がたまってできたカルデラ湖である。

泥炭地 [発展]　低温のため，枯れた植物が十分に分解されないまま泥炭となって積もっている湿地。寒冷な地域に分布し，土地がやせているため，荒れ地になっているところも多い。北海道の石狩平野もかつては泥炭地であったが，大規模な土地改良が行われ，豊かな稲作地帯となった。

てんさい [発展]　サトウキビと同様に，砂糖の原料となる根菜類の作物。根のしぼり汁から砂糖を精製し，そのしぼりかすや葉は家畜の飼料として利用される。

新千歳空港　北海道千歳市と苫小牧市にまたがる空港。北海道内にある空港では最大の広さをもち，新千歳－東京（羽田）間は利用客が多い。

北海道新幹線　青森市から札幌市を結ぶ高速鉄道。2016年，新青森駅から新函館北斗駅間で開通した。

ロードヒーティング　道路にうめ込まれた，凍結防止のための設備。北海道札幌市など，雪が多く降る地域の都市部に見られる。道路の中に電熱線や温水パイプを入れ，その熱で雪をとかすしくみになっている。

流氷　海の上を流れ，漂っている氷のこと。日本では，1月下旬から2月上旬にかけて，北海道のオホーツク海沿岸で見られることが多い。

身近な地域の調査

地形図★★ **国土地理院**【▶p.94】が発行する，土地のようすや状態を調べてつくった地図。

▼地形図

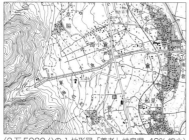

(2万5000分の1地形図「養老」岐阜県 ,40%縮小)

方位★★★ ある地点から見た方角のこと。東西南北の4方位を基準とし，北東・南西など，それらの中間の方向を加えた8方位などがある。地図の上が北になっていることが多いが，違う場合には，矢印のような**方位記号**を使って北を示す。

▼方位　　　　　　▼方位記号

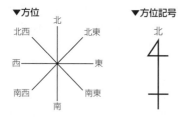

等高線★★★ 海面からの高さが同じ地点を結んだ線。土地の高低や傾斜のようすを表すことができる。細線で示される**主曲線**や太線で示される**計曲線**などの種類があり，縮尺に

よって引かれる高さの間隔が異なる。**間隔が広いところは傾斜がゆるやか，せまいところは傾斜が急である。**

▼等高線の読み取り

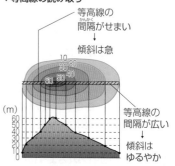

▼等高線

等高線の種類	2万5千分の1の地形図	5万分の1の地形図
主曲線 ———	10mごと	20mごと
計曲線 ———	50mごと	100mごと

縮尺★★★ 実際の距離と，地形図上に縮小して表した距離との比。「5万分の1」の場合，1：50000と表される。縮尺の分母の数が小さいほど，実際の距離に近く，くわしく表された地図といえる。実際の距離は，(地形図上の長さ)×(縮尺の分母)で計算される。　地図の読み方 ▶p.315

地図記号★★★ 地形図で地形や建物，土地の利用状況などを表示するための記号。田・畑などの土地利用や，警察署・寺院などの建物・施設のほか，鉄道や道路などを表すものもある。　地図の読み方 ▶p.315

▼地図記号

‖" ‖	田〔水田〕	∨ ∨	畑・牧草地
♢ ♢	果樹園	∴∴	茶畑
♧ ♧	広葉樹林	⋀ ⋀	針葉樹林
◎	市役所〔東京都の区役所〕	文	小・中学校
⊖	郵便局	☼	工場
⊗	警察署	Y	消防署
△	三角点	📖	図書館
		⊡	水準点

三角点★ その場所の位置（緯度・経度，標高）をはかるための基準となる地点。見通しのよい山頂などに設けられている。地形図上では，△の地図記号で表される。

水準点★ その場所の標高をはかるための基準となる地点。主要道路に沿って，ほぼ2kmごとに設置されている。地形図上では，⊡の地図記号で表される。

調査計画書 調査の目的や調査項目，調査方法をまとめた計画書。調査テーマに対して，仮説を立てて，調べる内容を明確にする。そして，どのような調査を行えばよいのか（調査項目），その調査を行うためにどのような方法（調査方法）をとればよいのかを考え，計画書を作成することが大切である。

野外調査★ ある地域について研究するため，現地に出かけて調査する方法。地形や土地利用のようすなどを地図と照らし合わせながら観察したり，役所などで聞き取り調査をしたりする。

聞き取り調査★ 役所や農協，商店，農家などを訪ね，話を聞いて調査する方法。事前に連絡して許可を得てから訪問するようにし，あらかじめ質問することがらを整理しておくことが大切である。

文献調査★ 図書館や役所，博物館などから，本や資料，統計などを入手して調査する方法。インターネット【▶ p.224】を利用する方法も含まれる。

主題図★ 特定のテーマ（主題）に重点をおき，テーマについてくわしく表現した地図。道路や土地利用，人口，地質といったテーマのデータを視覚的にわかりやすくかき表す。

ルートマップ 観察して歩く道順を記入した地図のこと。野外観察をする際，調査する地点や対象を書き入れておくと，効率よく観察することができる。

ドットマップ 統計数値を点（ドット）で表した地図。その点の密集の度合いから，分布状態が表現される。人口分布図や家畜頭数，農産物の生産量などを示すのに適している。

▼ドットマップ

階級区分図 統計数値をいくつかの階級に区分した地図。階級ごとに色の濃淡や異なった模様で区別することにより、地域差が表現される。比率や割合を示すのに適している。

▼階級区分図

図形表現図 統計数値を、図形の形や大きさで表した地図。数量を視覚的に比較できるようにしたもので、分布状態や地域差が表現される。図形には、棒や円など面積を用いた2次元、球や角柱など体積を用いた3次元のもののほか、人や文字を図案化したものなどがある。

▼図形表現図

流線図 ものや人が移動する方向と量を、線で表現した地図。2つの地域・地点を結ぶ矢印の向きと太さによって、その関係や結びつきの強さを示すことができる。

▼流線図

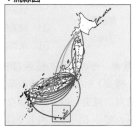

産業廃棄物 工場などの事業活動によって生じたごみのこと。工場や下水処理場などから出る汚泥や、廃液、建築廃材などがある。有害な化学物質を含んだものも多いことから、適切に処分することが法律で定められているが、捨てる場所が不足していることが問題となっている。

国土地理院 国土交通省に属する政府機関。「2万5000分の1地形図」や「5万分の1地形図」をはじめとする各種の地図を発行している。

歴史編

文明のおこりと日本の成り立ち

西暦 年代の表し方。イエス・キリストが生まれたと考えられる年を紀元1（元）年として，その前を紀元前何年，その後を紀元何年（紀元後何年）と数える。日本では紀元前をB.C.（英語の Before Christ キリストの前という意味の略），紀元後をA.D.（ラテン語の Anno Domini キリストの年という意味）と表すこともある。

世紀 西暦年の100年を単位にして年代を区切る表し方。紀元1（元）年から紀元後100年までを1世紀，101年から200年までを2世紀というように表す。

年号〔元号〕★ 「明治」「昭和」など，ある一定の期間に付けられた名前のこと。最初の年を元年として年数を表す。日本最初の年号は「大化」。明治以降，天皇一代ごとに年号は一つとなった。

旧石器時代★★★ 1万年ほど前まで続いた，打製石器を使い，狩りや採集を行って生活していた時代。

歴史年表 ▶p.324

打製石器★★★ 旧石器時代から狩り用の道具や防具として用いられていた道具。石を打ち欠いてつくられたためするどい刃をもつ。

岩宿遺跡★★ 群馬県みどり市にある旧石器時代の遺跡。1946年，相沢忠洋によって1万年以上前の古い関東ローム層から打製石器が発見された。この発見により，日本にも旧石器時代があったことが明らかになった。

猿人★ 最も古い人類の祖先。約700万年から600万年前にアフリカに出現した。直立二足歩行を行い，道具を使ったと考えられている。1924年，南アフリカで化石が発見された猿人はアウストラロピテクスとよばれる。

原人★ 猿人につぐ，約200万年前に出現した人類。インドネシアで発見されたジャワ原人や中国で発見された北京原人などに代表される。火を使用したり，言葉を話していたと考えられている。

旧人★ 約50万年前にあらわれた人類。ドイツで発見されたネアンデルタール人などに代表される。毛皮を身につけたり，死者を埋葬したりしていたと考えられている。

▼西暦と世紀

		←紀元前	紀元後→	1世紀			20世紀		21世紀
3	2	1年	1年	2	3	1998	1999	2000	2001

新人★　約20万年前に出現した，現在の人類の直接の祖先。現生人類，**ホモ・サピエンス**ともいう。フランスで発見された**クロマニョン人**などに代表される。打製石器，骨角器を使い，狩りや木の実を採集する生活を送っていた。アルタミラ（スペイン）やラスコー（フランス）には洞穴絵画の遺跡が残されている。

野尻湖★★　長野県上水内郡信濃町にある湖。数万年前の地層から，**ナウマンゾウ**のきばや**オオツノジカ**の角の化石，**打製石器【▶p.96】**などが出土した。

▼野尻湖から見つかった動物の化石

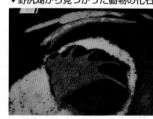

氷河時代★　約250万年前から，地球の気候が長期にわたって寒冷化した時代。陸地の多くが氷におおわれ，海面が今より100m以上も低く，日本列島は大陸と陸続きであった。

文明の発生と東アジア世界

新石器時代★★★　約1万年前に始まった，土器や磨製石器を使うようになった時代。農耕や牧畜が行われ，人々は定住をするようになった。

磨製石器★★★　新石器時代につくられるようになった道具。石の表面を磨いてつくられており，木を切ったり，加工したりする道具として用いられた。

中国文明★★★　中国の黄河【▶p.19】や長江の流域で栄えた古代文明。農耕や牧畜が行われ，強い権力をもつ王が支配していた。紀元前1600年ごろには，殷という国が栄え，青銅器や甲骨文字がつくられた。

甲骨文字★★　紀元前1600年ごろ，中国の殷でつくられた文字。現在の漢字のもとになったとされる。亀の甲や獣の骨にきざまれていたのでこのようによばれる。

▼甲骨文字

（魚）

（雨）

周★　紀元前11世紀ごろ，殷をほろぼして建てられた王朝。都は鎬京（現在の西安付近）に置かれた（のちに洛邑に移された）。紀元前8世紀ごろ，西から異民族が侵入し，以後勢力はおとろえた。　**歴史年表　▶p.324**

春秋・戦国時代★　周がおとろえたあとから秦【▶p.98】の統一までの時代。各地の支配者が互いに争っていた。紀元前8世紀ごろから紀元前5世紀末ごろまでを春秋時代，それ以後紀元前3世紀ごろまでを戦国時代という。　**歴史年表　▶p.324**

儒学〔儒教〕★★ 紀元前6世紀ごろ，孔子が説いた教え。自分の行いを正せば，国がよくなるとして，**親子や兄弟の秩序を重んじる仁による政治**を説いた。孔子の教えは，孔子の死後，弟子たちによって『論語』に記録された。

秦★★ 紀元前221年，始皇帝により**はじめて中国を統一した王朝**。中央集権国家であった。始皇帝の死後まもなく各地で反乱がおこり，秦は統一してわずか15年でほろんだ。

始皇帝★★★ 前259～前210 紀元前221年に，**中国をはじめて統一した秦の皇帝**。貨幣・ものさし・はかり・文字を統一した。万里の長城の整備や宮殿の建設なども行った。

歴史人物（世界）▶p.338

万里の長城★★★ 中国で，北方の**遊牧民族の侵入を防ぐためにつくられた城壁**。秦の始皇帝が，それまでにつくられていたものをつなげて長大な城壁とした。現在の長城は明の時代に改修されたものである。

漢★★★ 劉邦が秦を倒して紀元前**202年に建国した王朝**。紀元後8年に新によって倒されるまでを前漢，光武帝が新を倒して漢を復興させた25年から220年までを後漢とよぶ。

歴史年表 ▶p.324

シルクロード〔絹の道〕
★★★ 前漢の紀元前2世紀ごろに開けた，**中国と地中海**東岸を結ぶ貿易路。西方からぶどうや馬，インドでおこった仏教などが中国に伝えられ，中国からは絹（シルク）や陶磁器，茶などがローマ帝国に運ばれた。

楽浪郡★ 朝鮮の4つの郡の1つ。現在のピョンヤン（平壌）付近とされる。紀元前108年，前漢の武帝が朝鮮半島を支配して設置した。のち高句麗にほろぼされた。

インダス文明★★ 紀元前2500年ごろ，**インダス川流域に発達した文明**。遺跡モヘンジョ・ダロは計画的な都市で，れんが造りの建物，大浴場や下水道などがつくられていた。象形文字であるインダス文字が使われていたが，まだ解読されていない。

メソポタミア文明★★ 紀元前**3000年ごろ，チグリス川とユーフラテス川の流域に発達した文明**。太陰暦，7曜制，60進法，くさび形文字がつくられた。また，世界で最も古い法典であるハンムラビ法典【▶p.99】がつくられた。

太陰暦★ 月の満ち欠けを基本としてつくられた暦。新月と新月の間を1月とし，1年を12か月と定めた。

▼シルクロード（2世紀ごろ）

最も古くから太陰暦を用いていたのはメソポタミア文明であるといわれている。日本では明治時代に暦が太陽暦【▶ p.179】にかわるまで採用されていた。

ハンムラビ法典 ★★★
紀元前18世紀ごろ，ハンムラビ王が定めた世界最古の法典。「目には目を，歯には歯を」という復讐法が規定され，被害者の身分によって刑罰に差があった。

象形文字 ★★★
ものの形をかたどってつくられた文字で，絵文字から発展した。古代エジプト文字やメソポタミア文明のくさび形文字が有名である。

▼くさび形文字

オリエント ★
「太陽ののぼる土地」という意味。イタリア半島から見て東にあるエジプトやメソポタミア地域のこと。

ギリシャ文明 ★
紀元前8世紀中ごろから紀元前5〜4世紀に栄えた文明。ポリスと呼ばれる都市国家が地中海各地に建設され，そこで演劇や彫刻などの芸術，文学，哲学や数学，医学など多彩な文化が栄えた。

ミロのビーナス
1820年にギリシャのミロ島で発見された大理石の立像。古代ギリシャの気品あふれる女性美の典型として有名。フランスのルーブル美術館が所蔵。

都市国家〔ポリス〕 ★
紀元前8世紀ごろ，ギリシャで都市を中心につくられた小さな国家。アテネやスパルタなどが有名。多くの人が政治に参加し，話し合いによる政治(民主政)が行われていた。ポリスの小高い丘には，守護神を祭る神殿がつくられた。中でもアテネのパルテノン神殿が有名。

アレクサンドロス
前356〜前323
マケドニアの国王。フィリッポス2世の子として生まれ，遠征軍を率いてアケメネス朝ペルシャをほろぼし，エジプトおよび西アジアからインド西部にまたがる大帝国を築いた。東西文化の融合をはかり，ヘレニズムの基礎をつくった。アレキサンダー大王とも呼ばれる。

ヘレニズム 発展
ギリシャ人(ヘレネス)風の文明という意味。紀元前4世紀，ギリシャを支配していたアレ

▼古代の文明がおこった地域

チグリス川　インダス川
中国文明
メソポタミア文明
バビロン
黄河
殷墟
長安
メンフィス
モヘンジョ・ダロ
長江
エジプト文明　インダス文明
ナイル川

クサンドロス大王の遠征によって，ギリシャの文化とオリエントの文化が融合して生まれた文明のこと。

ローマ帝国★★★　紀元前1世紀に，地中海沿岸地域を中心にできた国家。皇帝が支配する帝政が行われた。首都のローマには，水道橋や円形競技場である**コロッセオ**〔闘技場〕などの大規模な施設がつくられた。またローマ字がつくられ，法律の整理も行われた。**シルクロード**〔絹の道〕【▶p.98】を通じて中国とも交流があった。

▼コロッセオ

エジプト文明★★★　紀元前3000年ごろ，**ナイル川**【▶p.32】流域に発達した文明。王が神として絶対的な権力をもち，死後はミイラとしてピラミッドに葬られた。ナイル川の洪水の時期を知る必要から天文学が発達し，**太陽暦**【▶p.179】がつくられ，さらに，洪水後の土地を整備する必要から，測量術や建築の技術が発達し，象形文字が使われた。（地図：p.99「古代の文明がおこった地域」）

ピラミッド★★★　古代エジプトの国王や王族の墓。石やれんがを積み上げてつくった巨大な建造物である。紀元前2600〜2100年ごろ，多く

の人を動員してつくられた。カイロ近郊のギザにあるクフ王のピラミッドが最大で，高さは146m，およそ230万個の石でつくられている。

縄文文化と弥生文化

縄文時代★★★　約1万3000年前から紀元前4世紀ごろまで，縄文土器を使っていた時代。人々はたて穴住居【▶p.101】に住み，狩りや採集をして暮らしていた。身分の差や貧富の差はまだなかった。成人の儀式として歯を抜く**抜歯**，死者の手足を折り曲げて葬る**屈葬**などの風習があった。

歴史年表 ▶p.324

縄文土器★★★　縄文時代に使われていた土器。縄を転がしてつくった縄目の文様が表面につけられているもの，厚手で黒褐色のものが多い。炎のもえるような形をした**火炎土器**とよばれるものもある。

文化一覧 ▶p.346

▼縄文土器（火炎土器）

土偶★★★　縄文時代につくられた土製の人形。女性をかたどったものが多く，安産や魔よけ，豊作を祈るために用いられたと考えられてい

る。

貝塚★★★　縄文時代の人々が，貝がらなど食べものの残りかすを捨てたあと。貝がらのほか，石器や土器，人骨なども発見されている。

▼土偶
（縄文のビーナス）

大森貝塚★★★　縄文時代の遺跡。1877年，アメリカ人の動物学者モースによって発見され，日本で最初に発掘調査が行われた貝塚。東京都品川区・大田区にある。

三内丸山遺跡★★★　青森県青森市で発見さ

▼三内丸山遺跡

れた，縄文時代の大規模な集落遺跡。約5500〜4000年前にあった日本最大級のむらで，たくさんの住居のあとや，多数の土器，くりを栽培したあとなどが発見されている。

弥生時代★★★　紀元前4世紀ごろから紀元3世紀ごろまでの時代。大陸から，金属器（鉄器や青銅器）が伝わった。また，大陸から伝わった稲作が広まった。人々は水田の近くにむらをつくって住み，収穫した稲を高床倉庫にたくわえるようになり，次第に貧富の差や身分の差がうまれた。

歴史年表 ▶p.324

弥生土器★★★　弥生時代に使われていた土器。縄文土器より，うすくてかたく，かざりが少ない。最初に発見された場所（東京都文京区弥生）の名をとってこうよばれる。

▼弥生土器

文化一覧 ▶p.346

たて穴住居★★★　縄文時代から奈良時代ごろまでの一般の人々の住居。地表を約50cm掘りこみ，柱を立て，その上に草などで屋根がつくられた。

高床倉庫★★★　収穫した稲を保管するための倉庫。稲を食べるねずみなどが入って来られないようなくふうがほどこされていた。

▼高床倉庫

石包丁★★ 弥生時代に，稲の穂を刈るために使われた石器。

▼石包丁

青銅器★★★ おもに弥生時代につくられた，銅とすずを混ぜた青銅でできた道具。弥生時代には，青銅器や鉄器が大陸から伝わり，青銅器は，銅鐸や銅剣，銅矛，銅鏡などに加工され，おもに祭りや儀式に用いられた。
文化一覧 ▶p.346

鉄器★ 鉄でつくられた武器・工具や農具。日本には弥生時代に青銅器とともに大陸から伝わった。

登呂遺跡★ 静岡県静岡市にある弥生時代の遺跡。水田跡が発掘され，住居跡，高床倉庫跡のほか，多数の木製の農具が発見された。

吉野ヶ里遺跡★★★ 佐賀県神埼市と神埼郡吉野ヶ里町にまたがる，弥生時代の大規模な集落跡。集落のまわりを二重の濠で囲んだ環濠集落で，物見やぐらなどがあり，戦いのための施設が備えられていたことがわかる。

国々の誕生と古墳文化

倭★★★ 古代，中国人が日本をさしたよび名。日本人のことは倭人とよんでいた。82年ごろに成立した中国の歴史書『漢書』地理志の中で使われたのが最初の記録である。

奴国★★★ 1～3世紀ごろ，現在の福岡県福岡市近辺にあった小国。57年に奴国の国王が漢に使いを送り，皇帝から金印を与えられたことが，中国の歴史書『後漢書』東夷伝に記されている。
歴史年表 ▶p.324

金印★★★ 江戸時代に福岡県の博多湾の志賀島で発見された。「漢委奴国王」と刻まれ，後漢の光武帝が奴国の王に与えた印と考えられている。

▼金印

▼金印の印面

魏・呉・蜀★ 3世紀，後漢の滅亡後に中国を支配していた3つの国。三国に分立していた時代を三国時代とよび，晋が中国を統一するまで続いた。

▼3世紀の東アジア

高句麗
魏
蜀
呉
倭（日本）

『魏志倭人伝』★★ 魏の歴史書である『魏志』の中で，日本について述べられた部分のことを指す。邪馬台国【▶p.103】についての記述があり，3世紀ごろの日本のようすが伝えられている。

▼『魏志倭人伝』

> その国の王はもとは男であった
> が，戦乱が続いたので，国々が共
> 同して女の卑弥呼を王に立てた。
> …（略）…卑弥呼の宮殿には，物見
> やぐらや柵が厳重にめぐらされ，
> 武器を持った兵士がいつも守って
> いた。卑弥呼が死ぬと，大きな墓
> がつくられ，100人余りの奴隷が
> いっしょにうめられた。（部分要約）

邪馬台国★★★　3世紀に日本列島の30余りの小国を統一していたといわれる国。『魏志倭人伝』には，女王卑弥呼が中国の魏に使いを送ったという記述がある。邪馬台国の場所については，九州北部にあったとする説と，大和（奈良県）にあったとする説とが対立している。

卑弥呼★★★　邪馬台国の女王。239年，中国の魏に使いを送り，魏の皇帝から「親魏倭王」の称号と銅鏡100枚と金印を授かったことが，『魏志倭人伝』【▶p.102】に記されている。
歴史人物（日本）　▶p.332

大和政権〔ヤマト王権〕★★★　3世紀後半ごろにうまれた，現在の奈良盆地を中心にした豪族による連合政権。九州から東北地方南部までの地域を支配する勢力をもっており，その王を大王【▶p.104】とよんだ。中央政府は有力な豪族によって構成され，氏姓制度【▶p.104】による社会や政治のしくみがつくられていた。
歴史年表　▶p.324

朝廷★★　大和政権において，大王を中心に有力な豪族たちが政治を行うための組織。のちに天皇が政治を行う場所を指すようになる。

古墳時代★★★　3世紀後半から7世紀にかけて，天皇や有力な豪族の墓である古墳がさかんにつくられていた時代。
文化一覧　▶p.346

前方後円墳★★★　3世紀後半〜7世紀ごろつくられた，古墳の形の一種。円形と方形を合わせた形をしており，規模が大きいのが特徴である。大阪府堺市にある大仙古墳〔仁徳陵古墳〕は，仁徳天皇の墓と伝えられる日本最大の面積をもつ前方後円墳である。

▼大仙古墳

埴輪★　古墳の頂上や周囲におかれた素焼きの土器。円筒埴輪と，人物・家屋・馬などをかたどった形象埴輪の2種類がある。

▼埴輪

大王の時代

南北朝時代(中国)★　5世紀前半から6世紀の終わりにかけて，中国で南と北に分かれて，国々の対立が続いた時代。**大和政権の大王**は，倭の王としての地位と，朝鮮半島南部を軍事的に指揮する権利を認めてもらおうとして，**南朝**にたびたび使いを送った。

歴史年表 ▶p.324

高句麗★★★　紀元前1世紀に，朝鮮半島の北部に建てられた国。391年，日本は百済を助けて，高句麗と

▼4世紀の朝鮮半島

高句麗

好太王碑

新羅

百済

加羅(任那)

戦ったが，追い払われたという記録が，高句麗の**好太王(広開土王)**の事業を記した石碑に記されている。7世紀，唐と新羅の連合軍にほろぼされた。

百済★★★　4世紀中ごろに，朝鮮半島(現在のソウル付近)に建てられた国。660年，唐・新羅に攻め込まれ，ほろぼされた。百済は，倭(日本)と親交が深く，**儒教や仏教**など大陸文化を日本に伝えた。

新羅★★★　4世紀中ごろに，朝鮮半島南東部に建てられた国。7世紀に朝鮮半島を統一し，10世紀前半に**高麗**にほろぼされた。

加羅〔任那，伽耶〕★★★　4世紀後半〜6世紀中ごろ，朝鮮半島南部にあった地域。6世紀中ごろ，新羅にほろぼされた。

大王★★★　**大和政権【▶p.103】**のリーダー。5世紀になると大和政権の支配地域は九州から東北地方南部にまでおよんだ。のちに天皇とよばれるようになった。

豪族★★★　ある地方で大きな勢力をもった一族。飛鳥時代の有力な豪族には大伴氏や物部氏，蘇我氏などがいた。

氏姓制度★★★　大和政権が国内を統一していくためにとった豪族支配のしくみ。豪族たちは血縁をもとに構成された氏とよばれる集団をつくり，氏単位で，大和政権での職務を担った。大王はかれらに家柄や地位を示す称号として姓を与えた。

武★★★　5世紀前半から6世紀初頭までの間の5人の倭の五王(讃・珍・済・興・武)の1人。『宋書』倭国伝に，倭の五王が宋に使いを送ったことが記されている。武は雄略天皇だと考えられている。埼玉県の稲荷山古

▼鉄剣

獲加多支鹵大王

墳から出土した鉄剣や熊本県の江田船山古墳から出土した鉄刀に刻まれた「獲加多支鹵大王」は雄略天皇だと考えられている。

渡来人★★★　4〜6世紀ごろ，中国や朝鮮半島から日本列島にわたってきて移り住んだ人々。鉄製の農具やかたい質の土器（須恵器）の製造技術，ため池をつくる技術，養蚕・機織りの技術などを日本に伝えた。また，漢字・仏教【▶p.16】・儒学【▶p.98】などを日本に伝えた。すぐれた技術や文章を書く力で大和朝廷に仕える者も多かった。

律令国家への道のり

隋★★★　6世紀後半に中国を統一した王朝。都を長安におき，中央集権国家をめざした。また，長江と黄河を結ぶ大運河を築いた。

　　　　　　　　　　歴史年表　▶p.324

唐★★★　618〜907年，隋をほろぼし成立した中国の王朝。律令制度や均田制，科挙の制度，税制などを整え，徴兵制をしいた。都の長安〔西安〕は，人口約100万人の大都市で，外

▼唐の統一

国からの商人や留学生などが多く集まっていた。

　　　　　　　　　　歴史年表　▶p.324

律令★★★　律令政治を行ううえでの法律。律は刑罰のきまり，令は政治を行ううえでのきまりを指す。隋・唐の時代に確立された。日本では唐の律令にならって，701年に大宝律令【▶p.107】がつくられた。

均田制　発展　隋や唐の時代にとられた中国の土地制度。一定の年齢に達した男子に土地をあたえ，税を徴収した。日本はこの均田制にならって，班田収授法【▶p.109】をしいた。

科挙　発展　隋の時代に始まり，唐の時代に引き継がれた，役人を登用するための試験制度。

飛鳥時代★★★　592年の推古天皇即位から710年に都を平城京に移すまでの時代。政治の中心が奈良盆地南部の飛鳥地方にあったのでこうよばれ，日本で最初の仏教文化が栄えた。

　　　　　　　　　　歴史年表　▶p.324

聖徳太子★★★　574〜622　推古天皇の摂政【▶p.106】として政治を行った人物。厩戸皇子ともよばれた。蘇我馬子と協力して，天皇を中心とする国づくりをめざし，冠位十二階の制度【▶p.106】，十七条の憲法【▶p.106】を制定した。中国との対等な関係をめざして，小野妹子らを遣隋使【▶p.106】として隋に派遣し，隋の進んだ制度や文化を取り入れた。法隆寺や四天王寺を建立した。

　　　　　　　　歴史人物（日本）　▶p.332

摂政★★★　天皇に代わり政治を行う役職。天皇が幼少，女性，病気等の場合に置かれた。聖徳太子が推古天皇の摂政となったのが始まりといわれている。その後平安時代の中期には，藤原氏が摂政，関白を独占して摂関政治【▶p.114】を行った。

蘇我氏★★　飛鳥時代の有力な豪族。蘇我馬子は，仏教を取り入れることを推進し，聖徳太子とも協力し勢力を伸ばした。稲目，馬子，蝦夷，入鹿と代々大臣となった。蝦夷・入鹿は大化の改新でほろぼされた。

物部氏★　飛鳥時代の有力な豪族。おもに軍事力をもって政権に仕えた。仏教の受け入れに反対し，蘇我氏と対立し，587年に敗れ，衰えた。

冠位十二階の制度★★★　603年に聖徳太子が制定した制度。家柄にとらわれず，才能や功績のある人物を役人にとりたてるために制定された。12の位を，それぞれ冠の色などで区別した。

▼十七条の憲法（はじめの3条の一部）

> 一に曰く，和をもって貴しとなし，さからう（争う）ことなきを宗と（第一に）せよ。
> 二に曰く，あつく三宝を敬え。三宝とは仏・法（仏教の教え）・僧なり。
> 三に曰く，詔（天皇の命令）をけたまわりては必ずつつしめ（守りなさい）。

十七条の憲法★★★　604年に聖徳太子が制定した法令。朝廷の役人の心得が示されている。天皇に従うこと，仏教を尊ぶことなどが説かれた。

遣隋使★★★　聖徳太子によって隋に派遣された外交使節。607年には，遣隋使として小野妹子が，614年には犬上御田鍬が派遣された。隋と対等な関係を求めたが，隋の皇帝から無礼とされた。　歴史年表　▶p.324

▼遣隋使の航路

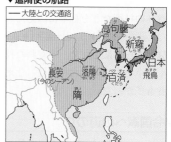

── 大陸との交通路
高句麗／新羅／日本／長安／洛陽／百済／飛鳥／隋
（今のシーアン）

大化の改新★★★　645年に中大兄皇子（のちの天智天皇）や中臣鎌足【▶p.107】らが，朝廷で権力をふるっていた蘇我氏を倒してはじめた政治改革。天皇を中心とする中央集権国家づくりをめざした。唐の制度にならい，公地・公民制，班田収授法，税制などを取り入れることが示された。このとき，日本ではじめて，元号「大化」が使われるようになったので，このようによばれる。

中大兄皇子〔天智天皇〕★★★　626〜671　飛鳥時代の天皇。中大兄皇子とよばれていた時代に，大化の改新をおし進めた。百済復興を支援するために大軍を送ったが，663年，新羅と唐の連合軍に大敗した

（白村江の戦い）。667年，都を近江に移し，翌年即位して天智天皇となった。670年，最初の戸籍である庚午年籍をつくり，律令国家への道をおし進めた。 歴史人物（日本） ▶p.332

中臣鎌足〔藤原鎌足〕★★★

614〜669　中大兄皇子らとともに大化の改新をおし進めた中心人物。のちに天智天皇から藤原姓をたまわった。平安時代に栄えた藤原氏の祖である。 歴史人物（日本） ▶p.332

蘇我蝦夷★

？〜645　飛鳥時代の有力な豪族。蘇我馬子の子。馬子のあとを継いで，大臣となり，権力をふるった。息子の蘇我入鹿とともに，大化の改新で，中大兄皇子らにほろぼされた。

公地・公民制★★★

土地と人民をすべて国家のものとする制度。有力な豪族らは私有地や私有民をもっていたが，大化の改新以後，すべて国家が直接支配するようになった。

白村江の戦い★

663年におこった日本と新羅・唐連合軍との戦い。朝鮮半島で，新羅が唐と結んで，百済や高句麗をほろぼした。日本は百済を援助するために朝鮮半島に大軍を送ったが，新羅・唐の連合軍

▼白村江の戦い

→ 唐・新羅の進路
→ 日本の進路

に敗れた。この戦いのあと，防衛のために，九州の博多湾の近くに大野城や水城などが築かれた。

壬申の乱★★★

天智天皇の死後，皇位をめぐって672年に天智天皇の弟の大海人皇子と息子の大友皇子が争った内乱。大海人皇子が勝利し，即位して天武天皇となった。

▼壬申の乱の関係図

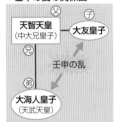

天武天皇★★

631？〜686　天智天皇の弟。壬申の乱で天智天皇の跡継ぎをめぐって大友皇子（天智天皇の子）と争い，勝利し，673年に即位した。律令を整え，天皇中心の政治を強化した。

持統天皇★

645〜702　天智天皇の娘で，天武天皇の后。天武天皇の死後即位した。藤原京をつくり，律令政治の基礎を固めた。

藤原京★

694年，中国の都にならい，日本ではじめてつくられた都。持統天皇によって奈良盆地の南部につくられた。

大宝律令★★★

701年に唐の律令にならって制定された法律。これにより，全国を支配するしくみが細かく定められた。刑部親王，藤原不比等

などが編纂した。律令の,律は現在の刑法,令は政治のしくみや租税などの規定を意味する。

律令国家★★
律令にもとづいて運営される国家。日本では**大宝律令【▶p.107】**の完成によって政治のしくみがほぼ整えられた。中央に二官八省が,地方は国・郡・里に分けられ,全国を支配する体制がつくられていった。

天皇★★★
大王【▶p.104】に代わって7世紀ごろから用いられた称号。成立にはさまざまな説があるが,天武天皇・持統天皇のころに使われるようになったとする説が有力である。

貴族
律令制のもとで,高い地位をあたえられた人々とその家族のこと。支配階級で,政治的・経済的特権があたえられ,その身分は代々引き継がれた。

二官八省★
律令制のもとで中央におかれた役所。中央には,祭祀をつかさどる**神祇官**,政治をつかさどる**太政官**の2つの最高機関がおかれた。太政官の下には,8つの省がおかれ,政治を分担した。

平城京と人々の暮らし

奈良時代★★★
奈良に都があった710〜784年までの70年余りの時代。律令国家として発展し,聖武天皇の時代には唐にならった天平文化が栄えた。

▼大宝律令によって決められたしくみ

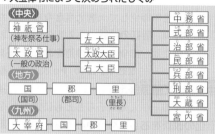

平城京★★★
710〜784年の間の都。唐の都長安にならって奈良につくられた。広い道路によって碁盤の目のように区画された。また,東西に2つの市がおかれ,各地からの産物が売買された。　歴史年表 ▶p.324

▼平城京

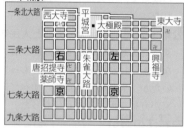

条里制【発展】
古代の土地の区画制。田地1辺を約654m四方の正方形に区画し,南北に1辺を1条,2条…,東西に1辺を1里,2里…,とよんだ。

国府【発展】
律令制のもとで,地方が多くの国に区分され,その国々におかれた役所のこと。九州北部には**大宰府**,東北地方には陸奥国府として**多賀城【▶p.109】**がおかれた。

大宰府★★
西国を統括し,大陸からの防衛にあたった役所。現在の福

岡県太宰府市におかれた。「遠の朝廷」ともよばれた。

国司★★★ 律令制のもとで国ごとにおかれた地方の役人。地方には、統治のために国・郡・里がおかれ、それぞれ国司、郡司、里長が任命された。

五畿七道★ 律令制で定められた行政区分。五畿は畿内の五つの国(大和、山城、河内、摂津、和泉)、七道は都から地方にのびた七つの道(東海道、東山道、北陸道、山陰道、山陽道、南海道、西海道)のこと。

▼五畿七道

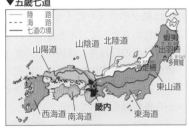

富本銭 7世紀後半、天武天皇のころにつくられた貨幣。唐の貨幣にならってつくられ、奈良県飛鳥地方のほか各地で発見されている。708年につくられた和同開珎より以前につくられたと考えられている。実際に流通していたかどうかは不明である。

▼富本銭　　　▼和同開珎

る。

多賀城★ 律令制のもとでの、東北地方の政治や軍事の拠点。現在の宮城県多賀城市に築かれた。東北地方を支配し、蝦夷を制圧するためにおかれた。

良民〔公民〕 律令制のもとでの身分。賤民以外の人々のこと。貴族、役人、税を負担する農民、職人などが属していた。

賤民〔奴婢〕 律令制のもとでの身分。良民以外の人々のこと。賤民には国が管理する陵戸、官戸、公奴婢と、私有の家人、私奴婢の5種類があった。

戸籍 律令制のもとで、氏姓を確認し、班田収授を行うためにつくられた基本台帳。6年ごとにつくられ、各戸の名前・性別・年齢・続柄などが記載されていた。初めての戸籍は670年に天智天皇によってつくられた庚午年籍である。

班田収授法★★★ 律令制のもとで、中国の均田制にならってつくられた土地制度。戸籍に登録された6歳以上のすべての男女に一定の口分田をあたえ、その人が死ぬと、国に返させるしくみ。良民の男子には2段(約2300m^2)、女子にはその3分の2、私有の奴婢には良民の男女のそれぞれ3分の1があたえられた。

祖★★★ 律令制のもとでの税のひとつ。田(口分田)の面積に対して課せられた税。1段につき稲2束2把

と決められ，収穫高の約3%にあたった。

調 ★★　律令制のもとでの税の1つ。17歳以上の男子に課せられた税。絹や糸，鉄，海産物など地方の特産物を納めさせた。都へ運ぶのも義務とされた。

庸 ★★　律令制のもとでの税の1つ。本来は21歳以上の男子に課せられた10日間の労役であったが，労役にかえ布を納めることが一般的となり，1人約8mの布を納めた。

雑徭 ★★　律令制のもとで，17歳以上の男子に課せられた労役。国司のもとで年間60日以内の労働が課せられた。

兵役 ★★　律令制のもとで，兵士になって，軍に所属してはたらく義務。21歳以上の男子3〜4人に1人の割合で諸国の軍団に所属し，訓練を受けたり，倉庫の警備や犯人の逮捕・護送などにあたった。兵士のなかには，防人や衛士になるものもあった。

防人 ★★★　律令制のもとで，九州北部の沿岸の防衛にあたった兵士。全国（おもに東国）の兵士から選ばれ，大宰府【▶p.108】に所属し，3年交代で任務にあたった。

衛士 ★　律令制のもとで，都の警備にあたった兵士。任期は1年であった。

労役 ★　律令制のもとで，労働によって納める税。成年男子には1年に10日間の労働力を提供する義務があった。実際には，庸として布を代わりに納めることが多かった。

出挙 発展　春に稲を農民に貸し付け，秋に利息を取って回収する税の一種。農民は借りたくなくても貸し付けられ，高い利息を払うしくみになっていた。

木簡 ★　文字が書かれた木の札。当時は紙が手に入りにくかったため，紙の代わりとして，木をうすくけずり，役所の記録簿，諸国からの庸・調の荷札，漢字の練習用などに使われていた。平城宮跡や藤原宮跡などから多数発見されている。

▼農民の負担

名称	課税対象	税の内容
租（そ）	水田	収穫高の約3%の稲（1段につき2束2把）
調（ちょう）	17歳以上の男子	絹，糸，真綿，特産物 都に運ぶのも農民（運脚）
庸（よう）	21歳以上の男子	本来は労役，かわりに布で納めるのが一般的となった
雑徭（ぞうよう）	17歳以上の男子	年間60日以内の労働
兵役（へいえき）	21歳以上の男子（3〜4人に1人）	防人は3年，衛士は1年 食料や武器などは自分で負担
出挙（すいこ）		稲などを貸し付けられ，高い利息を払う

『**貧窮問答歌**』 ★　奈良時代の歌人である山上憶良がよんだ歌。農民の貧しさや，税のとりたての厳しさをよんでいる。『**万葉集**』に収められている。

三世一身法 発展　723年に出された，新しく用水をつくって開墾した土地は，3世代にわたり私有を認めるとした法令。人口の増加により口分田が不足してきたため，耕地の拡大を目的として出された。この法令により公地・公民制がくずれ始めた。

墾田永年私財法 ★★★　三世一身法にかわって743年に出された，新しく開墾した土地(墾田)は，永久に自分の土地にしてよいとした法令。貴族や寺院，地方豪族は，農民らを使って大規模な開墾を行い，私有地を広げていった。この開墾地が荘園【▶p.115】のはじまりとなった。この法令により公地・公民制【▶p.107】がくずれた。

国際的な文化の開花

飛鳥文化 ★★　7世紀前半，飛鳥地方を中心に栄えた仏教文化。渡来人の活躍で大陸の文化の影響を強く受けた。法隆寺，四天王寺などの寺院が建てられ，彫刻では法隆寺の釈迦三尊像や百済観音像，中宮寺の半跏思惟像などがつくられた。また，法隆寺の玉虫厨子，中宮寺の天寿国繍帳などの工芸品もつくられた。

文化一覧 ▶p.346

▼飛鳥文化

建築	法隆寺
彫刻	釈迦三尊像(法隆寺)
	百済観音像(法隆寺)
	半跏思惟像(中宮寺)
工芸品	玉虫厨子(法隆寺)
	天寿国繍帳(中宮寺)

法隆寺 ★★★　7世紀初めに，聖徳太子が大和の斑鳩(現在の奈良県生駒郡斑鳩町)に建てた寺。現存する世界最古の木造建築物で，世界遺産に登録されている。

▼法隆寺

法隆寺釈迦三尊像 ★　法隆寺金堂に安置されている三つの像。聖徳太子の死後，太子の后や皇子が鞍作止利(鞍作鳥)につくらせたとされる。

玉虫厨子 ★　法隆寺にある仏像をおさめる箱がたの入れ物。玉虫の羽が装飾に使われていたことから玉虫厨子とよばれる。飛鳥時代を代表する工芸品である。

広隆寺 発展　京都市右京区太秦に秦氏が建立した寺。安置されている弥勒菩薩像は飛鳥時代を代表する彫刻

として知られている。

遣唐使★★★　唐に派遣された外交使節。630年の第1回派遣から894年に停止されるまで15回にわたって派遣され、留学生や学問僧なども同行した。遣唐使は、唐から進んだ制度や文化を取り入れた。894年に菅原道真の進言によって停止された。

阿倍仲麻呂★　698？〜770？　奈良時代に唐にわたった留学生。唐では高官として玄宗皇帝に仕えた。船の難破により帰国することができず、唐で一生を終えた。

▼遣唐使の航路

上京
渤海
新羅
唐
日本
長安
（今のシーアン）
洛陽
杭州
博多
大宰府（大阪）
難波
平城京
（北路）
（南路）
長安（京都）
京都

聖武天皇★★★　701〜756　奈良時代の天皇。后の光明皇后とともに、仏教を深く信仰した。仏教によって国家の安定をはかろうと考え、国ごとに国分寺【▶p.113】、国分尼寺を建立し、都には東大寺と大仏を建立した。遺品は正倉院に納められている。

歴史人物（日本）　▶p.332

天平文化★★　聖武天皇のころに最も栄えた奈良時代の文化。遣唐使がもたらした唐の進んだ文化の影響を受けた国際色豊かな、貴族中心の仏

教文化である。東大寺、唐招提寺などの建造物、『古事記』『日本書紀』『風土記』『万葉集』などの書物が代表的である。

文化一覧　▶p.347

▼天平文化

建築	東大寺
	東大寺正倉院
	唐招提寺
彫刻	東大寺大仏
	唐招提寺鑑真像
文学	『古事記』
	『日本書紀』
	『風土記』
	『万葉集』

東大寺★★★　聖武天皇が国分寺の本山として建てた寺。752年に本尊の大仏（高さ約15m）の盛大な開眼供養が行われた。東大寺は、その後2度にわたって焼失したが、再建され、現在の大仏殿は江戸時代のものである。

▼東大寺の大仏

（盧舎那大仏像）
©00944AA

正倉院★★★　東大寺の宝物庫。聖武天皇の遺品や大仏開眼供養の仏具などが納められた。また、シルクロー

112

ドを通って西アジア・南アジア・ギリシャ・ローマから運ばれてきた工芸品もふくまれている。柱を使わず，三角材を井の字形に積み上げて壁とする校倉造でつくられている。

▼正倉院の宝物

瑠璃坏

螺鈿紫檀五絃琵琶

国分寺 ★★★　741年に出された聖武天皇の詔により国ごとに建てられた寺。当時，ききんや伝染病で社会不安がひろがっていたため，仏教によって国家の安定を図ることを目的としてつくられた。僧寺（男性の僧がいる寺）として国分寺，尼寺（女性の僧がいる寺）として国分尼寺が建てられた。

『古事記』 ★★★　712年にできた歴史書。全3巻。天武天皇の命でつくられた。宮廷に伝わる『帝紀』『旧辞』をもとに，天武天皇が稗田阿礼に暗誦させたものを太安万侶が書き記した。神話や伝承，推古天皇までの歴代の天皇の物語が記されている。

『日本書紀』 ★★　720年にできた歴史書。全30巻。舎人親王らによって編纂された，わが国最古の公式の歴史書。漢文で，神代から持統天皇

にいたる歴史が天皇中心に記されている。

『風土記』 ★　713年，元明天皇の命でつくられた地理書。地方の国ごとに，自然，産物，山や川の名の由来，伝説などが記されており，現在，『出雲国風土記』がほぼ完全に残されている。そのほか，常陸・播磨・豊後・肥前国の風土記の一部分が残されている。

『万葉集』 ★★★　770年ごろ成立した，わが国最古の和歌集。全20巻。天皇，貴族から農民，防人にわたる幅広い人々の和歌約4500首が収められている。万葉がなが用いられている。おもな歌人には，大伴家持，柿本人麻呂，山上憶良らがいる。

鑑真 ★★★　688～763　唐から来日した僧侶。たびたびの渡航の失敗で盲目になりながらも6度目の渡航で来日をとげた。戒律を伝え，日本の仏教を発展させた。唐招提寺を建立した。　　歴史人物（日本）　▶p.332

行基 ★　668～749　奈良時代の僧侶。諸国をまわり，布教に努め，各地に池，用水，道路や橋などをつくり社会事業に貢献した。朝廷からの求めに応じて東大寺大仏の造営に協力した。　　歴史人物（日本）　▶p.332

平安京と摂関政治

平安時代★★★ 794年，桓武天皇によって京都に都が移されてから，鎌倉幕府が成立するまでの約400年の間。 歴史年表 ▶p.324

平安京★★★ 794年，桓武天皇によって京都につくられた都。桓武天皇は，政治を立て直すために784年平城京から長岡京（現在の京都府向日市・長岡京市付近）に都を移した。しかし長岡京造営がうまくいかず，794年平安京に都を移した。1869年に明治天皇が東京に遷都するまで，都は京都におかれ続けた。 歴史地図 ▶p.330

桓武天皇★★ 737～806 奈良・平安時代の天皇。都を平城京から長岡京へ，さらに平安京に移し，政治の立て直しをはかった。東北地方に坂上田村麻呂を派遣し，蝦夷の平定を行った。 歴史人物（日本） ▶p.332

蝦夷★★ 古代から東北地方に住んでいた人々。朝廷は蝦夷を従わせようと，しばしば軍を送ったが，人々の激しい抵抗にあった。9世紀初めに坂上田村麻呂らによって朝廷の支配下におかれるようになっていった。

坂上田村麻呂★★★ 758～811 征夷大将軍に任命され，蝦夷を平定するため東北地方に派遣された人物。802年，首長アテルイが率いる蝦夷と戦い，これを破り降伏させた。胆沢城や志波城を築き，蝦夷支配の拠点とした。

胆沢城 802年につくられた，蝦夷平定の拠点。坂上田村麻呂が現在の岩手県奥州市に築いた。翌年，拠点をさらに北の志波城に築いた。

藤原氏★★★ 中臣鎌足が藤原姓を賜ったことから始まる一族。奈良時代・平安時代を通して栄えた。平安時代には天皇家との関係を深め，摂関政治を行った。

藤原良房 発展 804～872 平安時代の貴族。857年に皇族以外で初めて太政大臣，翌年には実質的に摂政に任命された。娘の明子が清和天皇を生んだことで，権力をにぎり，藤原氏の勢力の礎を築いた。

藤原基経 発展 836～891 平安時代の貴族。藤原良房の養子。884年，初めての関白に就任した。藤原氏の摂関政治の基礎を築いた。

摂関政治★★★ 10世紀後半～11世紀に，藤原氏が摂政【▶p.106】・関白の地位を独占して行った政治。娘を天皇の后として，生まれた子を天皇にたて，天皇が幼少のときには摂政として，成人してからは関白として政治の実権をにぎった。11世紀前半の藤原道長・頼通【▶p.115】父子のときに摂関政治は全盛期をむかえた。 歴史年表 ▶p.324

藤原道長★★★ 966～1027 平安時代の貴族。1016年に摂政，翌年には太政大臣に任命された。4人の娘を天皇の后として，約30年にわたっ

て政治の実権をにぎり，藤原氏【▶p.114】の全盛期を築いた。娘が天皇の后に決まったときに「この世をば　わが世とぞ思ふ　もち月のかけたることもなしと思へば」とみずからの栄華を歌によんだ。

歴史人物（日本）　▶p.333

藤原頼通★★　992～1074　平安時代の貴族。藤原道長【▶p.114】の長男で，道長のあとをついで3代の天皇の摂政・関白をつとめ，約50年間政治の実権をにぎった。1053年宇治（京都）に平等院鳳凰堂【▶p.118】を建てた。

荘園★★★　貴族や寺社の私有地。743年に墾田永年私財法【▶p.111】が制定されてから各地に広がった。土地を中央の権力者に寄進して，権力者を荘園領主として，自らは荘官となって実権をにぎる豪族や有力農民が各地に増えていった。

寄進　神社・寺院などに，金銭・物品を寄付すること。

不輸・不入の権★　荘園に認められた特権。不輸の権は本来納める税を免除される権利，不入の権は国司などが税の徴収のために荘園に立ち入ることを拒否する権利。

天台宗★★★　9世紀はじめ，遣唐使とともに唐に渡った最澄（伝教大師）によって伝えられた仏教の宗派。最澄は比叡山に延暦寺を建てて，この宗派を広めた。

真言宗★★★　9世紀はじめ，遣唐使

とともに唐に渡った空海（弘法大師）によって伝えられた仏教の宗派。空海は唐の長安で密教を学び，帰国後，高野山に金剛峯寺を建てて，この宗派を広めた。

歴史人物（日本）　▶p.333

神仏習合　日本固有の神の信仰と外来の仏教信仰との融合・調和。神と仏は本来同一であるとした考えに基づく。明治政府の神仏分離政策まで人々の間に広く浸透していた。

宋★★★　960～1279　唐【▶p.105】の滅亡後，五代を経た後に建てられた王朝。開封を都とし，商業や文化が栄えた。すぐれた陶磁器がつくられ，火薬や羅針盤が使われるようになった。日本と貿易を行い，多くの宋銭を輸出した。

歴史年表　▶p.324

▼11世紀のころの東アジア

遼（契丹）
西夏
高麗
開封　開城　開京
宋（北宋）
日本

高麗★★★　918～1392　朝鮮半島で新羅【▶p.104】をほろぼし，国内を統一した王朝。1392年李成桂にほろぼされた。

歴史年表　▶p.324

菅原道真★★　845～903　平安時代前半の学者，右大臣。894年，遣唐使に任じられたが，遣唐使の停止を進言し認められた。901年，藤原氏

におとしいれられ，大宰府に左遷され，そのまま大宰府で亡くなった。死後，天神様としてまつられ，学問の神様としてあがめられている。

国風文化★★★
10世紀〜11世紀にかけて，平安時代半ばに栄えた文化。貴族社会を中心に，それまでの唐風の文化をふまえて，日本の風土や生活，日本人の感情にあった文化が生まれた。かな文字により国文学が発達し，大和絵や寝殿造なども生まれた。

文化一覧 ▶p.347

▼国風文化

建築	平等院鳳凰堂
	寝殿造（貴族の邸宅）
美術	大和絵・絵巻物
文学	『古今和歌集』（紀貫之ら）
	『源氏物語』（紫式部）
	『枕草子』（清少納言）
	『土佐日記』（紀貫之）

寝殿造★★
平安時代の貴族の住宅に見られる建築様式。へいで囲まれた敷地の中央に主人が住む寝殿（正殿）を配置し，さまざまな建物が廊

▼寝殿造

下でむすばれた。南の庭には島を築いた池がつくられた。

束帯★
平安時代中期以降の貴族の男性の正式な服装。奈良時代に用いられた唐風の服装に比べて，袖口が広い。平常時には束帯を略式にした衣冠も用いられた。

十二単★
平安時代以降の貴族の女性の正式な服装。着物を数枚重ねて着た。十二枚着ていたとは限らない。

▼束帯　　　　▼十二単

かな文字★★★
平安時代に発達した文字。漢字をもとにつくられた。かな文字の発達により，日本人特有の感情を表現しやすくなり，日記や物語文学が発展した。

▼かな文字の発達

安	以	宇	衣	於
↓	↓	↓	↓	↓
あ	～ろ	う	え	お
あ	い	う	え	お
阿	伊	宇	江	於
↓	↓	↓	↓	↓
ア	イ	ウ	エ	オ

大和絵★
9世紀後半にはじまった日本風の絵画。日本の風物を題材としたものが，なだらかな線と上品な色で描かれた。貴族の邸宅の屏風や障子，絵巻物【▶p.117】などに描かれた。

絵巻物 平安時代から鎌倉時代にかけて，大和絵【▶p.116】と文章をおりまぜてつくられた巻物。『源氏物語』に大和絵をつけた『源氏物語絵巻』などが代表的である。

『鳥獣戯画』 平安時代末期から鎌倉時代初期につくられた絵巻物。鳥羽僧正覚猷らによる作品といわれている。

『古今和歌集』 ★★★ 天皇の命令でつくられた最初の和歌集。醍醐天皇が10世紀はじめに，紀貫之や紀友則らに命じてつくらせた。『万葉集』以後の約1100首の和歌が収められている。

『源氏物語』 ★★★ 11世紀の初めに紫式部が書いた長編小説。藤原氏全盛期の貴族社会の宮廷のようすや生活のようすなどがいきいきと描かれている。紫式部は，藤原道長の娘(中宮彰子)に仕えていた。

歴史人物(日本) ▶p.333

『枕草子』 ★ 平安時代に清少納言が書いた随筆集。四季の風景や宮廷生活での体験などを，するどい感性で描いている。清少納言は，藤原道隆の娘(皇后定子)に仕えていた。

歴史人物(日本) ▶p.333

『土佐日記』 ★ 平安時代に紀貫之が書いた日記。土佐守であった紀貫之が，任期を終え，都に帰るまでのできごとを，女性になりすましてかな文字で書いた日記。

空也 ★ 903〜972 平安時代の中ごろに念仏を広めた僧侶。「南無阿弥陀仏」の念仏をくり返し唱えると，死後には極楽浄土に生まれ変わることができると説いた。市聖ともよばれた。

浄土信仰 ★★ 10世紀以降に広まった，極楽浄土に生まれ変わることを願う信仰。阿弥陀仏にすがり，念仏を唱えることで極楽浄土に往生できると，空也や源信らが説いた。末法思想(釈迦の死後，2000年を経て仏法が衰える末法の世がくるという説で，1052年から末法の世に入るといわれていた)の広がりにより，浄

▼源氏物語絵巻

土信仰は貴族や庶民の間に広がっていった。

平等院鳳凰堂★★★ 藤原頼通が宇治(京都)に建てた阿弥陀堂。平安時代を代表する建物で，想像上の鳥・鳳凰がつばさを広げたような形をしていることから，この名前がある。平等院鳳凰堂は10円硬貨にも描かれている。

中尊寺金色堂★ 岩手県平泉の中尊寺に，藤原清衡が建立した阿弥陀堂。金箔が用いられているため，光堂ともよばれ，奥州藤原氏の栄華を象徴している。堂内には清衡・基衡・秀衡の3代のミイラが納められている。2011年に中尊寺金色堂を含む平泉が世界文化遺産に登録された。

武士の成長

武士★★★ もともとは朝廷に武芸をもって仕えた武官のこと。武士は有力な者を中心に，家子，郎党などの主従関係をもつ従者たちがあつまり，武士団を形成した。大きな武士団に，平氏と源氏があった。

平将門の乱★ 935年，下総(千葉県・茨城県・東京都東部)の豪族平将門が一族内で争いをおこし，その後939年に関東地方でおこした乱。東国の武士らによって討たれた。この乱の後，武士の力が認められるようになった。

藤原純友の乱★ 939年，伊予(愛媛県)の国司であった藤原純友が，瀬戸内海で海賊を率いておこした乱。源経基らによって討たれた。この乱の後，朝廷や貴族の警護にあたる武士が増え，武士の地位が高まっていった。

承平・天慶の乱 発展 10世紀前半におきた平将門の乱と藤原純友の乱を合わせたよび方。この反乱を鎮圧したのも武士であり，次第に武士の力が認められるようになっていった。

源義家★ 1039〜1106 平安時代後期の武士。父源頼義とともに前九年の役を，また後三年の役を平定した。後三年の役は私戦とみなされ朝廷か

らの恩賞がでなかった。そのため義家は私財をなげうって部下への恩賞とした。これにより源氏の東国における基礎が築かれた。

前九年の役 ★　1051～62　東北地方

でおこった戦い。陸奥で力をもっていた豪族安倍氏が国司と対立したが，関東から東北に勢力をのばしていた源氏の源頼義・義家らによって平定された。

後三年の役 ★　1083～87　東北地方

でおこった反乱。前九年の役ののち，東北地方で勢力をのばした清原氏一族の争いを源義家が奥州藤原氏を助けてしずめた。この反乱の後，源氏は東国武士団とのつながりを強め，武士としての地位をさらに高めていった。

奥州藤原氏 ★　平安時代末期から平

泉（岩手県）を拠点として奥羽地方（現在の東北地方）で勢力をもった一族。後三年の役の後，清衡・基衡・秀衡の3代100年にわたって栄えた。1189年，秀衡の子の泰衡のとき，奥州に勢力をひろげようとした源頼朝によってほろぼされた。

棟梁　武士の一族を率いる人物。源

氏や平氏の大将など，武士団を率いた人物のことを指す。家来として一族の家子，郎党などを従えていた。

後三条天皇 ★　1034～73　平安時代

中期の天皇。藤原氏と血縁関係がうすかったため，藤原氏を抑えて自ら政治を行った。荘園整理令を出し，

藤原氏ら貴族の財産を減らし，勢力を抑えていった。

白河天皇 ★★　1053～1129　院政を

始めた天皇。1086年に天皇の位を幼い堀河天皇にゆずったあとも，自らは上皇として40年あまりにわたって政治の実権をにぎった。

院政 ★★★　天皇が位をゆずって上

皇となったのちも実権をにぎり続ける政治形態。11世紀後半に白河上皇が行ったのがはじまりである。白河上皇・鳥羽上皇・後白河上皇ら約100年にわたって行われた。これにより摂関政治【▶ p.114】は衰えていったが，やがて武士政権と対立するようになった。　歴史年表 ▶p.324

後白河天皇 ★　1127～92　平安末期

の天皇。兄の崇徳上皇と皇位をめぐる対立から保元の乱【▶ p.120】をおこし，平清盛や源義朝らを味方につけて勝利した。その後，天皇の位をゆずり，長期間にわたり院政を行った。歌謡集『梁塵秘抄』を編纂したことでも知られる。

平清盛 ★★★　1118～81　平安時代

末期の武士。平治の乱【▶ p.120】で源氏をやぶってから勢力を拡大した。1167年には武士としてはじめて太政大臣となった。また，日宋貿易【▶ p.120】をおし進めた。

歴史人物（日本）▶p.333

厳島神社 ★★　広島県廿日市市の厳

島（宮島）にある神社。1996年に世界遺産【▶ p.76】登録された。593年

に創建。1168年に**平清盛**【▶ p.119】が修造した。国宝，重要文化財に指定されている。

日宋貿易★★★
日本と宋との民間貿易。11世紀後半以降に活発に行われるようになった。平清盛は，兵庫の港（**大輪田泊**・現在の神戸港の一部）を修理して，日宋貿易を積極的に進めた。宋からは，**宋銭・絹織物・香料**などが輸入された。一方，日本からは金・水銀・硫黄・漆器などが輸出された。

僧兵★
武装した僧侶。平安時代後期，大寺院は上皇に保護され多くの荘園をもった。これらを自衛するため多くの僧侶が武装した。東大寺，興福寺，延暦寺などは僧兵を使って朝廷や摂関家に対してさまざまな要求をつきつけた。

保元の乱★★
1156年，朝廷での権力をめぐっておこった内乱。崇徳上皇と後白河天皇兄弟の皇位をめぐる対立に，藤原忠通と藤原頼長の兄弟の摂関家の継承をめぐる対立がから

んでおきた。後白河天皇は忠通と組み，平清盛や源義朝らを味方にして戦い勝利した。院政の混乱と武士の中央への進出が示された。

平治の乱★★
1159年，保元の乱の後，平氏と源氏の対立，貴族間の対立でおこった内乱。後白河上皇についていた藤原通憲と藤原信頼が対立し，それぞれ武士の棟梁である平清盛と源義朝と組んで争った。清盛側が勝利し，平氏が勢力を伸ばした。保元の乱・平治の乱を通して，平清盛の地位と権力が高まった。

源義朝★
1123～60　平安時代末期の武士。源頼朝，義経らの父。保元の乱で後白河天皇方につき勝利する。平治の乱では平清盛に敗れ東国に逃走し，その途中で暗殺された。

武家政権の成立と民衆の動き

源頼朝★★★
1147～99　平安時代末期～鎌倉時代初期の武士。1180年に兵をおこし，1185年に平氏をほろぼした。全国に**守護**【▶ p.121】・

▼源平の争乱

壇ノ浦の戦い　一ノ谷の戦い　倶利伽羅峠の戦い
京都　平泉
富士川の戦い
鎌倉
屋島の戦い
宇治川の戦い　石橋山の戦い

地頭をおき，全国支配の基盤をつくり，鎌倉に幕府を開いた。1192年に征夷大将軍に任命された。

歴史人物(日本) ▶p.333

源義仲★　1154〜84　平安時代末期の武士。1180年に平氏打倒の兵を挙げたが，後白河法皇と対立し，源義経らに追われ敗死した。木曽義仲ともよばれた。

源義経★　1159〜89　源頼朝の弟。兄の頼朝が平氏打倒の兵を挙げたときに参戦し，1185年，壇ノ浦の戦いで平氏をほろぼした。その後，頼朝と対立し，奥州に逃げたが，奥州藤原氏によって攻められたことにより自害した。

壇ノ浦の戦い★★　1185年，壇ノ浦(山口県下関市)で，源氏が平氏をほろぼした戦い。平氏は幼い安徳天皇を奉じて戦ったが，源頼朝の命令を受けた弟源義経らによってほろぼされた。

守護★★★　鎌倉幕府において，軍事や警察の仕事を行った地方官。1185年，源頼朝が義経をとらえることを口実に朝廷にせまり，国ごとにおくことを認めさせた。

地頭★★★　鎌倉幕府において，年貢の取り立てや土地の管理などを行った地方官。1185年，源頼朝が義経をとらえることを口実に朝廷にせまり，荘園や公領ごとにおくことを認めさせた。

鎌倉幕府★★★　源頼朝が鎌倉(神奈川県)にひらいた幕府。鎌倉に幕府があった時代を鎌倉時代という。日本で初めて本格的な武士による政治が行われた。1180年に侍所，1184年に政所・問注所が，1185年には守護・地頭がおかれ，支配権は西国にもおよび，幕府が確立した。源氏の将軍が3代でほろんだ後，北条氏が代々執権【▶p.122】として権力をにぎり，1225年には評定衆が置かれ，合議制で政治を行った。1333年にほろんだ。

歴史年表 ▶p.325　歴史地図 ▶p.331

▼鎌倉幕府のしくみ

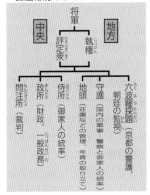

征夷大将軍★★★　もとは，蝦夷を討つために東北地方に派遣された臨時の指揮官。平安時代初期の坂上田村麻呂が有名。1192年に源頼朝が任命されて以降，武士の棟梁である地位のよび名となった。室町幕府を開いた足利尊氏，江戸幕府を開いた徳川家康らも征夷大将軍に任じられた。

執権★★★　鎌倉幕府で，将軍の補佐をする役職。北条氏が世襲し，頼朝の死後，執権が政治の実権をにぎった。これを執権政治という。

北条時政★　1138〜1215　鎌倉時代初期の武士。北条政子の父。源頼朝の挙兵，鎌倉幕府樹立を助けた。源頼朝の死後，2代将軍源頼家を殺害し，3代将軍源実朝の執権として政治の実権をにぎった。

北条政子★★　1157〜1225　源頼朝の妻。北条時政の娘。承久の乱のとき，御家人に対して，頼朝の御恩を説き，奉公を訴えた。頼朝の死後，尼となって政治を仕切ったため尼将軍ともよばれた。 歴史人物（日本）▶p.333

北条義時　1163〜1224　鎌倉幕府第2代執権。時政の子。1205年に執権となり，第3代将軍の源実朝の死後は，姉の北条政子とともに幕政の実権を握った。

御恩★★★　鎌倉時代，将軍が御家人に対してあたえた恩恵。先祖代々の領地を保障することや御家人の功績に対し新しい領地・役職をあたえることなどがある。これに対して，御家人が将軍に忠誠を誓い，幕府や朝廷の警護を行い，戦時には戦いに参加することなどを奉公といった。

封建制度★　土地を仲立ちとして，主人と従者が御恩と奉公の関係で結ばれる制度。鎌倉幕府は封建制度にもとづいて成立した最初の政権である。

▼御恩と奉公の関係

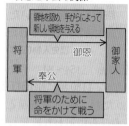

御家人★★★　鎌倉時代に，将軍と主従関係をむすんだ武士。将軍から領地や役職をあたえられるなどの御恩に対して，将軍に忠誠をちかい，警護やいくさで戦うなどの奉公をした。

後鳥羽上皇★★★　1180〜1239　鎌倉時代初期の上皇。幕府を倒そうとして承久の乱をおこしたが，失敗し，隠岐（島根県）に流された。優れた歌人でもあり『新古今和歌集』【▶p.125】を編集させた。

承久の乱★★★　1221年に後鳥羽上皇が鎌倉幕府を倒そうとしておこした反乱。後鳥羽上皇は，西国の武士や大寺院の僧兵，北条氏に不満をもつ東国の武士の一部を味方につけて兵をあげたが，幕府側が勝利した。乱の後，後鳥羽上皇は隠岐（島根県）に流され，京都には朝廷の監視を行う六波羅探題【▶p.123】がおかれた。 歴史年表 ▶p.325 歴史地図 ▶p.330

源実朝★　1192〜1219　鎌倉幕府の3代将軍。源頼朝の子。兄の頼家のあと将軍職に就いた。北条氏に政治の実権をにぎられ，鶴岡八幡宮で頼家の子公暁に暗殺された。

六波羅探題★★★ 鎌倉幕府が京都においた役職。承久の乱【▶ p.122】の後、朝廷の監視や西国の御家人の統括などを行うためにおかれた。

惣領 武士の一族のかしら。一族とその所領をまとめて支配した。

御成敗式目（貞永式目）★★★ 1232年、執権北条泰時が定めた鎌倉幕府の51か条の基本法。御家人に対して、頼朝以来の武士の先例や、武士の慣習・道徳にもとづいて、御家人同士や御家人と荘園領主の間の争いを公平に裁くための裁判の基準を示したもので、長く武家法の手本となった。

　　　　　　　　　　　　　歴史年表 ▶ p.325

分割相続 相続人が2人以上いる共同相続の場合に、所領（遺産）を相続人分に応じて分割し相続すること。1人の相続者が全所領を相続することを単独相続という。

阿氏河荘 和歌山県にあった荘園。ここの百姓が地頭湯浅宗親の横暴を13か条にわたって領主に訴えた訴状が残されている。「ミ、ヲキリ、ハナヲソキ…」と地頭の非道ぶりが書かれている。

下地中分 鎌倉時代に荘園領主と地頭【▶ p.121】の争いを解決するために用いられた方法。土地自体を折半し、領主と地頭がそれぞれ土地と住民をわけて完全な支配権を認めあう取り決めであった。

もののふの道★ 鎌倉時代の武士の道徳。武士は簡素な暮らしをし、つねに流鏑馬（馬の上から3つの的を射る技）・笠懸（馬の上から笠を射る技）・犬追物（放たれた犬を馬上から射る技）などの武芸の訓練を行うことが重視された。名誉を尊び、恥を知る態度、主君に対する忠誠心などを重んじ、後の武士道のもとになった。

▼笠懸

年貢★★★ 農民に課せられた税。律令制の租にあたる税で、1年に1度、米や銭で荘園領主に納められた。

二毛作★★★ 同じ耕地で、1年の間に2種類の異なる作物を作ること。鎌倉時代に、西日本一帯で、米の裏作に麦をつくる二毛作が行われるようになった。

牛馬耕★ 牛や馬を利用して田おこしや代かきなどの農作業を行うこと。鎌倉時代に西日本を中心に普及。

定期市★★ 月に数回、定期的に開かれる市。鎌倉時代から、寺社の門前や交通の要所で開かれるようになった。地元の特産品や米などが売買された。

浄土宗★★ 法然が開いた鎌倉時代の仏教の宗派。「南無阿弥陀仏」と念仏を唱えれば、だれでも平等に極楽浄土に生まれ変われると説いた。公家や

武士，庶民にまで広がっていった。

歴史人物（日本） ▶p.333

▼鎌倉時代の新しい仏教

宗派	開祖	おもな著書
浄土宗	法然	『選択本願念仏集』
浄土真宗	親鸞	『教行信証』
時宗	一遍	（『一遍上人語録』）※
日蓮宗	日蓮	『立正安国論』
臨済宗	栄西	『興禅護国論』
曹洞宗	道元	『正法眼蔵』

※一遍上人の弟子が，江戸時代に刊行。

浄土真宗〔一向宗〕★★★
親鸞が開いた鎌倉時代の仏教の宗派。一向宗ともよばれ，地方武士や農民に広く受け入れられ，室町時代に発展した。親鸞は法然の弟子で，法然の教えを進め，多くの悩みに気付き，自分が悪人であると自覚している人ほど阿弥陀仏によって救われるという悪人正機説を説いた。

時宗
一遍が開いた鎌倉時代の仏教の宗派。善人・悪人や信心の有無に関係なく，すべての人が救われるという念仏の教えを説き，「踊念仏」によって布教に努めた。地方の武士や農民に受け入れられた。

日蓮宗〔法華宗〕★★
日蓮が開いた鎌倉時代の仏教の宗派。法華経をもとに，「南無妙法蓮華経」という題目を唱えれば，人も国家も救われると説いた。関東の武士層や商工業者を中心に広まった。

禅宗★★
6世紀ごろ，中国で始まった仏教の宗派。座禅によってさとりを開こうとするもので，日本には鎌倉時代に栄西や道元によって伝えられ，関東の武士の間で大きな勢力をもった。

臨済宗★
9世紀に中国で始まった仏教の宗派。日本には12世紀末ごろに栄西によって伝えられた。座禅をし，師との問答によって真理をさとろうとした。

曹洞宗★
9世紀に中国で始まった仏教の宗派。日本には13世紀前半に道元によって伝えられた。ひたすら座禅を行い，自ら真理をさとろうとした。

鎌倉文化★★★
12世紀末〜14世紀はじめにかけて栄えた文化。京都の公家文化をもとに武士の文化と大陸からの禅宗の文化の影響をうけた文化。文学では軍記物『平家物語』，【▶p.125】随筆『徒然草』【▶p.125】，美術では東大寺南大門の金剛力士像【▶p.125】や似絵【▶p.125】などがつくられた。また，新しい仏教もおこった。

文化一覧 ▶p.347

▼鎌倉文化

建築	東大寺南大門
	円覚寺舎利殿
美術	東大寺南大門金剛力士像（運慶・快慶ら）
	『蒙古襲来絵詞』
	似絵『源頼朝像（伝）』
文学	軍記物『平家物語』

『新古今和歌集』★★　鎌倉時代に，後鳥羽上皇の命令で藤原定家らが編集した和歌集。代表的な歌人には，定家のほかに藤原家隆，西行らがいた。

『徒然草』★★　鎌倉時代に兼好法師〔吉田兼好〕が書いた随筆集。日常のなかで見聞きしたものの感想や考え方が書かれ，兼好の観察眼の鋭さがあらわれた作品である。

『方丈記』★★　鎌倉時代に鴨長明が書いた随筆集。戦乱やききんを通して，この世の無常さ，はかなさをあらわした作品である。

『平家物語』★★★　鎌倉時代につくられた軍記物。平氏と源氏の戦いの躍動感や壇ノ浦で滅亡していく平家一門の哀しみをあらわした物語。漢語や口語を交えた文章で，描写されている。盲目の琵琶法師によって語られたことで，文字が読めない人々の間にも広がっていった。

軍記物★　鎌倉時代，室町時代に発達した，戦いを主題にした物語。戦いのようすや英雄の活躍が，和文と漢文がまざった文体で描かれている。鎌倉時代の『平家物語』，室町時代の『太平記』などが有名である。

東大寺南大門★　鎌倉時代を代表する建造物。大仏様とよばれる建築様式で，大陸的な雄大さと豪快さをもつ。門の両わきには，金剛力士像が安置されている。

円覚寺舎利殿★　鎌倉の円覚寺にある鎌倉時代を代表する建造物。禅宗とともに宋から取り入れられた禅宗様でつくられている。

金剛力士像★★★　鎌倉時代につくられた仁王像で，寄木造の傑作とされる。運慶・快慶らによってつくられ，東大寺南大門わきに置かれている。高さは約8.4m。

▼金剛力士像（阿形）

©00945AA

似絵 発展　鎌倉時代に描かれるようになった大和絵【▶p.116】の肖像画。実際の人物に忠実に似せて描かれた。「源頼朝像（伝）」「平重盛像（伝）」などが代表的である。

モンゴルの襲来と日本

モンゴル帝国★★　13世紀初め，チンギス・ハンがモンゴル民族を統一してつくった帝国。ユーラシア大陸の東西にまたがる大帝国。（地図：p.126「13世紀のモンゴル帝国」）

フビライ・ハン★　1215〜94　チンギス・ハンの孫で，モンゴル帝国5

代皇帝。国号を元と改めた。1279年に南宋をほろぼし，中国を統一した。

| 歴史人物(世界) | ▶p.338 |

元★★★　モンゴル帝国5代皇帝フビライ・ハンが建国した国。都は大都（現在の北京）におかれた。1279年，南宋をほろぼして中国全土を支配した。

| 歴史年表 | ▶p.325 |

マルコ・ポーロ★　1254〜1324　イタリアの商人。父との旅行中，元に滞在し，フビライ・ハンに仕えた。帰国後，戦争で捕虜となり，獄中で中央アジアや中国のようすを口述したことが『世界の記述（東方見聞録）』にまとめられた。この中で日本のこ

とが「黄金の国ジパング」として紹介され，ヨーロッパで多くの人々の関心を集めた。

元寇★★★　13世紀後半の2度にわたる元軍による襲来。1274年（文永の役）と1281年（弘安の役）の2度にわたり元軍が九州北部を襲った。日本は執権北条時宗【▶p.127】のもとに，御家人が集結して戦った。元軍の集団戦法や火器に対し，一騎打ちを戦法とする日本軍は苦戦をしいられたが，2度とも暴風雨により元軍は敗退した。

| 歴史年表 | ▶p.325 | 歴史地図 | ▶p.330 |

恩賞★　出陣した御家人などにあた

▼蒙古襲来絵詞

▼13世紀のモンゴル帝国

神聖ローマ帝国
ヴェネチア
コンスタンティノープル
ビザンツ帝国
イスラム王朝
カラコルム
大都（北京）
高麗
京都
博多
鎌倉
日本
元

（13世紀ごろ）
　モンゴルの本拠地
　モンゴル帝国の最大領域
　（服属地域をふくむ）
　元の領域
⇄　マルコ・ポーロの行路

えるほうび。封建制度のもとでは，御家人の奉公に対して，将軍が恩賞をあたえるのが通例であるが，元寇では領地の獲得がなかったため，幕府は御家人に充分な恩賞をあたえることができず，御家人らの信頼を失うこととなった。

防塁〔石塁〕★　文永の役の後，博多湾沿いに築かれた石垣。幕府は元軍の上陸をふせぐために20kmにわたって石を積み上げさせた。

▼防塁

北条時宗★★★　1251〜84　鎌倉幕府の8代執権。元からの服属の要求をことわり，文永の役・弘安の役の2度にわたる攻撃を退けた。

徳政令★★★　借金を帳消しにすることを命じる法令のこと。鎌倉幕府が1297年に出した永仁の徳政令がはじまり。御家人の苦しい生活を救うことが目的であったが，あまり効果はあがらず，社会の混乱を招いた。

悪党★　13世紀後半〜14世紀中ごろ，畿内を中心に現れた，幕府の政策に抵抗し，武装した人々。土着の武士や農民を率いて，荘園の年貢をうばったり，荘園領主に反抗したりした。

後醍醐天皇★★★　1288〜1339　鎌倉幕府を倒し，建武の新政を行った天皇。1324年と1331年の2度，政治の実権を朝廷に取りもどそうと企てたが，失敗し，隠岐(島根県)に流された。新興武士の楠木正成や新田義貞，御家人の足利尊氏らの協力で，1333年，鎌倉幕府をほろぼし，天皇中心の政治を行った。新しい政治は，公家中心の政治で，武士らの不満をかい，わずか2年あまりで失敗に終わった。その後，尊氏と対立し，吉野(現在の奈良県)に逃れ，南北朝が対立するなかで亡くなった。

歴史人物(日本) ▶p.334

南北朝の動乱と東アジアの変動

建武の新政★★★　鎌倉幕府滅亡後，後醍醐天皇が行った天皇中心の政治。年号を建武と改め，新しい政治を行った。しかし，公家重視の政策が続いたため，武士の失望が広がり，2年あまりでくずれた。

歴史年表 ▶p.325

足利尊氏★★★　1305〜58　室町幕府を開いた初代将軍。鎌倉幕府の御家人であったが，後醍醐天皇が倒幕に立ち上がると，これに応じて六波羅探題を攻め落とし，新田義貞らと鎌倉幕府滅亡のきっかけをつくった。後醍醐天皇の政治が公家中心であることに反発し，武家政治の復活をめざした。後醍醐天皇をしりぞけ，光明天皇を立て，室町幕府を開いた。

1338年，征夷大将軍に任命された。

歴史人物（日本） ▶p.334

室町幕府と経済の発展

室町幕府★★★　足利尊氏が開いた幕府。3代将軍足利義満のとき京都の室町に建てた邸宅（花の御所）に幕府を移したことから室町幕府とよばれる。将軍を補佐する管領，そのほか侍所，政所などがおかれた。その後，1573年，15代将軍足利義昭が織田信長によって追放され滅亡した。室町時代はおよそ240年間続いた。

▼室町幕府のしくみ

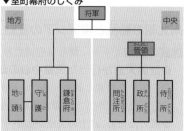

南北朝時代★★　1336〜92　朝廷が南朝と北朝に分かれて対立した動乱の時代。足利尊氏が後醍醐天皇にかえて光明天皇を立てた北朝と，吉野に逃れた後醍醐天皇の南朝とが対立した。この対立は，室町幕府3代将軍足利義満が南北朝を合一するまでの約60年間にわたった。

▼南朝と北朝

守護大名★★★　室町幕府によって強い権限をあたえられ，一国を支配するようになった守護。守護は自分の領地を拡大し，領地内の地頭や武士を家来として従えていった。

足利義満★★★　1358〜1408　室町幕府3代将軍。有力な守護大名をおさえ，幕府の権力を確立した。南北朝の合一を行い，室町幕府の全盛期を築いた。明と国交を結び，1404年から勘合を用いた貿易を行った。出家してのち，京都の北山に金閣を建てた。

歴史人物（日本） ▶p.334

鎌倉府　室町幕府の地方機関の1つ。関東地方を支配するために鎌倉におかれた機関。長官である鎌倉公方には足利一族が就いた。初代鎌倉公方は足利尊氏の子の足利基氏。

明★★★　元の後に建国された漢民族の王朝。1368年，朱元璋が元を倒し，明を建てた。

歴史年表 ▶p.325

倭寇★★★　13〜16世紀に，おもに朝鮮半島や中国の沿岸で海賊行為をはたらいた人々。南北朝のころの前期は，九州北部の漁民が多く，人々を捕まえたり，米などの食料を奪ったりして恐れられていた。

▼室町時代の海上交通と倭寇

僧侶や学者，芸術家らを，城下町山口に迎え，文化が栄えた。

朝鮮国★★ 1392年，李成桂が高麗をほろぼして建国した国。ハングル文字がつくられた。対馬の宗氏を通じて日本と貿易が行われた。

琉球王国★★ 15世紀前半に，尚氏が沖縄島を統一して建国した王国。城（グスク）を根拠地として按司とよばれる有力者らが勢力を争っていたが，尚氏が統一して建国した。都は首里。王宮は首里城。日本や中国，朝鮮，東南アジアと結び中継貿易【▶p.21】で栄えた。弦楽器の三線や染色技術の紅型など独特な文化を発達させた。

アイヌ民族★★★ 古くから北海道地方に暮らす民族。狩りや漁をして暮らしていたが，本州の人々と交易も行った。本州の人々がアイヌ民族を侵略したり，貿易で不平等な行いをしたため，しばしば戦いがおこった。大規模な戦いに，首長コシャマインを中心にアイヌ民族が立ち上がった1457年のコシャマインの戦いや首長シャクシャイン【▶p.150】を中心にした1669年のシャクシャインの戦いがある。

勘合貿易〔日明貿易〕★★★ 室町幕府が始めた明との貿易。正式な貿易船には倭寇と区別するための，勘合という合い札が用いられたため，勘合貿易とよばれる。日本からは刀・銅などが輸出され，銅銭・絹織物などが輸入された。明との貿易は，対等な関係ではなく，日本が家来として貢ぎ物を差し出し，明がその返礼に物をあたえるという形の貿易形態（朝貢貿易）がとられた。

▼勘合（勘合符）

大内氏 平安時代に周防国（山口県）の官人として始まり，鎌倉幕府の御家人として重んじられ，南北朝時代に守護大名として発展した一族。日明貿易や日朝貿易で莫大な利益を得た。応仁の乱で京都を逃れた多くの

明銭★ 明から輸入された貨幣。永楽通宝，洪武通宝などがあった。室町時代に宋銭とともに広く使われるようになった。このころ，商品経済の広がりとともに貨幣の流通が増加した。

129

馬借★★　鎌倉時代中期から戦国時代に，馬の背に荷物をのせて運んだ**運送業者**。同業者に，米や木材などを車にのせて，牛や馬にひかせて運んだ**車借**がいた。

▼馬借

問〔問丸〕★★　鎌倉時代に，港町に居住し，おもに船を用いて品物の保管・運送を行った業者。室町時代になると生産者から商品を仕入れて小売業者に売る，問屋として発展した。

土倉★★　鎌倉・室町時代に，高利で金を貸した業者。質に入れたものを保管する蔵をもっていたことからこうよばれた。酒造りをする**酒屋**が土倉をかねることが多かった。

座★★★　鎌倉・室町時代の**商人や手工業者の同業組合**。有力な貴族や寺社に税を納めることで，保護を受け，製造や販売を独占する権利を認められた。

民衆の成長と戦国大名

惣★★★　南北朝の動乱期に成長した農民の自治組織。戦乱から村を守ることなどを目的としていた。有力な農民のもとで，寄合を開いて，村の掟を定めたり，共同で農作業を行ったり，かんがい用水路の管理をしたりした。年貢の軽減などを領主に要求し，受け入れられないときは一致団結して土一揆をおこしたりした。

寄合★★　惣の村民の会議。村民の代表が寺などに集まり，村民が守る掟を定めたり，農作業などについて話し合いを行った。

一揆★★★　支配者の圧政や社会の混乱などに対して，農民，信徒らが一致団結して起こした集団行動のこと。神に誓って，人々が一致団結して行動する。集団の階層により，土一揆・国一揆【▶ p.131】・一向一揆【▶ p.131】などがある。江戸時代は主に百姓一揆と呼ばれる。

土一揆★★　年貢の軽減，徳政令【▶ p.127】の要求，不正をはたらく役人の免職，労役の軽減などを求めて，農民が一致団結して，守護大名や荘園領主に武力で対抗すること。15世紀前半からおこるようになった。近世の一揆は**百姓一揆**【▶ p.156】とよぶ。

正長の土一揆★　1428年，近江（滋賀県）の馬借の蜂起をきっかけにおこった土一揆。日本で最初の土一揆といわれている。幕府に借金帳消しの徳政令【▶ p.127】を要求し，酒屋や土倉におしかけて，借金証文をうばった。

足利義教 ★　1394〜1441　室町幕府6代将軍。足利義満の子。5代将軍義量が病死し，くじ引きによって将軍職に就いた。対立する鎌倉公方の足利持氏をほろぼし，**幕府権力の強化に努めたが，**守護赤松満祐に殺害された。

足利義政 ★★　1436〜90　室町幕府8代将軍。義政の跡継ぎをめぐって応仁の乱がおきた。応仁の乱の最中，将軍の位を子の義尚にゆずり，政治の場から退いた。その後京都東山に銀閣を建てた。　歴史人物(日本)　▶p.334

応仁の乱 ★★★　1467〜77　京都を中心に，11年間にわたって続いた戦乱。室町幕府8代将軍足利義政の跡継ぎをめぐり，義政の弟の足利義視と，義政の子の足利義尚が争い，そこに幕府の実権争いをしていた細川勝元と山名持豊〔山名宗全〕が介入し，対立が激化。守護大名はそれぞれ細川方(東軍)と山名方(西軍)に分かれて戦った。その結果，室町幕府の権威はおとろえ，戦国の世となった。　歴史年表　▶p.325　歴史地図　▶p.330

国一揆 ★★★　土着の有力な武士である国人と農民らが，守護大名らの支配に対抗して結んだ一揆。代表的なものとして，山城国一揆がある。

山城国一揆 ★★★　1485年，山城国(京都府)の南部でおきた一揆。土着の有力武士である国人と農民が一致団結して，守護大名の畠山氏の軍を国外に追いはらい，8年間にわたって自治を行った。

一向一揆 ★★★　浄土真宗〔一向宗〕の信仰で結びついた武士や農民たちがおこした一揆。1488年，加賀国(石川県)では加賀の一向一揆がおこり，守護大名の富樫氏を倒し，100年近く自治を行った。

戦国時代 ★★　応仁の乱後の約100年間，全国の大名が激しく争った時代。下剋上【▶p.132】の風潮が広まり，守護大名【▶p.128】にかわって戦国大名が台頭した。　歴史年表　▶p.325

戦国大名 ★★★　戦国時代に台頭してきた大名。守護大名の家来や有力な武士が，下剋上【▶p.132】の風潮

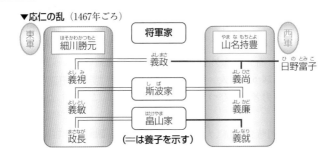

▼応仁の乱（1467年ごろ）

東軍　細川勝元

将軍家

西軍　山名持豊

義政──日野富子

義視　　斯波家　　義尚

義敏　　　　　　　義廉

　　　　畠山家

政長　（＝は養子を示す）　義就

のなか，守護大名を倒し，領国全体を支配した。また，守護大名から戦国大名に成長したものもいた。越後の上杉謙信，中国地方の毛利元就，甲斐の武田信玄などが代表的である。

下剋上 ★★★　実力のある下の身分の者が上の身分の者にうちかつ社会の風潮。南北朝時代から戦国時代にかけてさかんになり，この風潮のなかで戦国大名【▶p.131】が生まれた。

城下町 ★★　戦国大名が，城を中心に家臣，商工業者を集めて住まわせ形成された計画的につくられた都市。代表的な城下町に北条氏の小田原，大内氏の山口，島津氏の鹿児島などがある。

自治都市 ★　幕府や大名に支配されず，富裕な商工業者たちが自治組織をつくり，市政を運営した都市。堺や博多などが代表的で，堺は36人，博多は12人の代表者による合議で政治が行われていた。

町衆 ★★　京都で形成された自治団体である町を組織した富裕な商工業者。町ではそれぞれ独自の町法をさだめ，住民の生活を守った。町衆の手によって，応仁の乱で中断されていた祇園祭【▶p.81】が再興された。

豪商　戦国時代，商売や海外貿易によって，富裕になった商人。物資の調達を通して権力者と結びつき特権を得ていた。

会合衆 発展　戦国時代，堺（大阪府）で自治的な町政を運営していた36人の豪商。その多くが貿易商人で，織田信長に交渉して町の繁栄を守った。

分国法〔家法〕 ★★★　戦国大名が領国を支配するために独自に定めた法令。領国内の武士や人民を取りしまるために用いられた。武田信玄が定めた「甲州法度之次第」，伊達氏の「塵芥集」，今川氏の「今川仮名目録」などがある。

室町文化とその広がり

公家 ★★　朝廷につかえる貴族【▶p.108】らを指すことば。鎌倉幕府成立以後，幕府につかえる人を武家とよぶことに対して，このようによぶようになった。

北山文化 ★　15世紀初めのころの文化。足利義満が京都の北山に建てた金閣に代表されるためこのようによばれる。素朴で力強い武家文化と公家の優雅な文化がとけあって発展した文化で，能や狂言【▶p.133】，水墨画【▶p.134】などが発達した。

文化一覧 ▶p.348

金閣 ★★　足利義満【▶p.128】がつくった京都の北山の山荘（北山殿）に建てた3層の建物。義満の死後，北山殿は鹿苑寺となった。

能 ★★★　猿楽や田楽などの芸能が，舞台芸術に発展したもの。面をかぶって歌と舞を演じるもので，室町時代に，観阿弥・世阿弥親子によって大成された。

観阿弥★★　1333〜84　能の観世座の祖。足利義満の保護を得て，能の興隆の基礎を築いた。観阿弥の子の世阿弥は能を芸術として大成し，能に関する理論書『風姿花伝』をあらわした。

狂言★★　能と能の合間に上演される演劇。笑いを基本として，大名や山伏，僧侶らを，庶民の立場から皮肉ったりあざ笑ったりしたものが多い。

東山文化★★　15世紀後半の文化。足利義政が京都の東山に建てた銀閣に代表されるためこのようによばれる。禅宗の影響を受けた，簡素で落ち着いた文化で，水墨画【▶p.134】や茶の湯，連歌【▶p.134】が発達した。

文化一覧 ▶p.348

銀閣★★★　足利義政【▶p.131】がつくった京都の東山の山荘に建てた2層の建物。義政の死後，山荘は慈照寺となった。東求堂同仁斎は義政の書斎で，書院造の代表的な建物である。

▼書院造

書院造★★★　室町時代に成立した住宅建築様式。床の間やちがい棚などが設けられ，ふすまや障子で部屋を分け，たたみをしき，天井をはるなど，現在の和風建築のもととなった。

枯山水★　石と白い砂利で山と水を表現する庭園づくりの技法。京都市右京区にある龍安寺は，臨済宗の寺で，庭は大小15個の石を配置しただけの枯山水の石庭で，禅の思想を表した庭として名高い。ほかに大徳寺大仙院などが代表的である。

河原者★　鎌倉・室町時代に，身分的に差別されていた階層の人々。税を納めなくてもよい河原に住む人々が多かったのでこうよばれる。庭造りや芸能などで活躍し，文化に貢献した。

茶の湯★★　客をまねき茶をたてたり，茶を飲む作法。村田珠光が禅の精神を取り入れたわび茶をはじめ，さらに千利休【▶p.142】が簡素な茶室で行う茶の湯として大成した。江戸時代半ばからは茶道とよばれることが多くなった。

生花　室町時代に，草木の花や葉，枝などを，形を整えて器に入れ，かざるようになったもの。

水墨画★★★　墨の濃淡で，自然や人物を描く絵画。唐の時代に始まった絵画で，日本には鎌倉時代に，禅僧によって伝えられた。室町時代に，禅僧の雪舟が大成した。雪舟の代表作には『四季山水図巻』『秋冬山水図』などがある。

歴史人物（日本）▶p.334

▼『秋冬山水図』（部分）

連歌★★　和歌の上の句と下の句を，別々の人がつくってつないでいく文芸。室町時代，宗祇によって確立された。宗祇は地方をめぐって連歌の指導をし，連歌集『新撰菟玖波集』を編集した。

御伽草子★★　室町時代につくられた，絵入りの短編小説集。仏教や儒教の教訓や民間に伝わる話などがまとめられた。『一寸法師』や，『物くさ太郎』など，庶民の夢や希望がこめられたものが多い。

▼室町文化

建築	鹿苑寺金閣
	慈照寺銀閣（書院造）
美術	水墨画『秋冬山水図』（雪舟）
文学	御伽草子
	連歌
芸能	能・狂言

足利学校　鎌倉時代に，現在の栃木県足利市につくられた学校。15世紀中ごろ，関東管領（室町幕府で関東を統治した鎌倉公方を補佐する役人）の上杉憲実が再興した。全国から多くの禅僧や武士が集まり儒学を中心に学んだ。

第3章 近世の日本

キリスト教世界とイスラム教世界

西ローマ帝国 395年に東西に分裂したローマ帝国のうち，ローマに都をおいた西方の帝国。ゲルマン人の侵入で国力は衰退し，476年に滅亡した。

東ローマ帝国 395年に東西に分裂したローマ帝国の東方のうち，ギリシャ・小アジア・シリア・エジプトを支配した帝国。首都はコンスタンティノープル（現在のイスタンブール）。ヘレニズム文化，キリスト教が融合した独特のビザンチン文化を生み出した。1453年にオスマン帝国にほろぼされた。ビザンツ帝国とも呼ばれる。

ゲルマン人 発展　インド・ヨーロッパ語系の民族。北ヨーロッパにいたが4世紀に民族で南西ヨーロッパに大移動した。ローマ帝国をおびやかす民族としてとらえられていた。

神聖ローマ帝国 発展　962年～1806年に西ヨーロッパに存在した国家。東フランク王国のオットー1世がローマ教皇ヨハネス12世によって，**ローマ帝国**【▶ p.100】の継承者としてローマ皇帝の冠を授けられたことで成立した。1806年，ナポレオンの侵攻によって皇帝が退位し，解体した。

ローマ教皇★★　ローマ・カトリック教会の最高位にある聖職者。ローマ法王ともよばれる。

イスラム帝国 発展　8世紀から13世紀まで続いた，イスラム教徒が西アジアを中心に建設した国。

十字軍★★　キリスト教の聖地エルサレムなどをイスラム教徒から奪いかえすためにローマ教皇のよびかけによって派遣された軍隊。1096年から1270年まで複数回にわたって派遣された。

オスマン帝国 13世紀末から20世紀初期まで約600年間栄えたイスラム教徒の国。アジアから移住したトルコ系部族によって建国され，16世紀には，ヨーロッパ・アジアからアフ

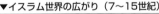

▼イスラム世界の広がり（7～15世紀）

リカまで支配する大帝国になった。

ヨーロッパ人の世界進出

ルネサンス〔文芸復興〕 ★★ ヨーロッパで14〜16世紀ごろにかけて広がったギリシャやローマの古典文化を学びなおそうという動き。『モナ・リザ』を描いたイタリアの美術家レオナルド・ダ・ビンチや『ダビデ像』をつくったイタリアの彫刻家ミケランジェロらが，また16世紀には，イギリスの劇作家シェークスピアらが活躍した。天文学や地理学が発展し，火薬や羅針盤・活版印刷術などが実用化された。

羅針盤 ★ 磁石を使って方位を知るための計器。宋の時代につくられ，イスラムを経由してヨーロッパへと伝わった。羅針盤の改良，実用化がヨーロッパ人の海外進出を促した。

コロンブス ★★★ 1451〜1506
イタリア出身の航海者。西まわりでアジアへ行くことをめざし，スペイン女王の援助を受け，大西洋を横断した。1492年西インド諸島サンサルバドルに到達した。コロンブスは亡くなるまで，自分が到達した場所をインドだと信じていた。ヨーロッパ人が世界に進出した時代を大航海時代という。

歴史人物(世界) ▶p.338

バスコ・ダ・ガマ ★★ 1469？〜1524
ポルトガル出身の航海者。アフリカ南端(喜望峰)をまわり，1498年，インド西岸のカリカットに到達し，インド航路を発見した。

マゼラン ★★ 1480？〜1521 ポルトガル人の航海者。スペイン王の援助を受け，西回りで東南アジアをめざした。南アメリカ南端(マゼラン海峡)を通り，太平洋に入り，1521

▼新航路の開拓とポルトガル・スペインの勢力範囲

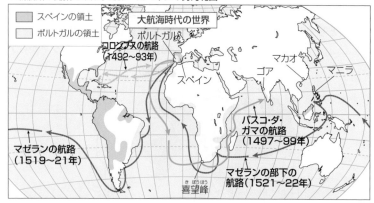

年にフィリピン諸島に到達した。マゼランはフィリピンで殺されたが, 部下が世界一周をはたした。

植民地 ★★★ 外国に支配された地域・国。支配国は植民地を原料や労働力の供給源, 製品を売る市場とし, 大きな利益を得た。16世紀ごろから, 欧米諸国がアジアやアフリカを植民地とした。

香辛料 ★ 植物の果実・花・葉・根などを乾燥して得られる調味料。スパイスとも呼ぶ。15世紀後半, ヨーロッパの商人たちがこしょうなどの香辛料を求めてアジアに乗り出す大航海時代が始まった。

アステカ帝国 14世紀～16世紀初めまで, 現在のメキシコにあった国。神殿やピラミッド, 象形文字をもっていた。1521年, コルテスの率いるスペイン軍にほろぼされた。

インカ帝国 13世紀～16世紀初め, ペルーを中心に, アンデス高原一帯で栄えた国。かんがい設備や道路などが整えられていた。1533年, ピサロの率いるスペイン軍にほろぼされた。

宗教改革 ★★★ 16世紀初めにヨーロッパでおこった, キリスト教会の腐敗をただそうとする運動。ドイツのルターによって始められ, スイスではフランス人の神学者のカルバンらが中心となって改革をおし進めた。改革派の人々は従来のカトリック教会と対立してプロテスタントと

よばれた。カトリック教会内部でも立て直しをめざして**イエズス会**がおこり, アジアやアメリカ大陸に布教を行った。

歴史年表 ▶p.325

ルター ★★ 1483～1546 ドイツで宗教改革を始めた人物。1517年, ローマ教皇が免罪符を販売したことに抗議し, キリスト教の精神に帰ろうという運動を行った。

歴史人物(世界) ▶p.338

免罪符 ★ カトリック教会が, これを買えば罪が許されるとして売り出した証明書。カトリック教会が資金を集める手段として大量の免罪符を売り出したことがきっかけとなって宗教改革がおこった。

イエズス会 ★★ 1534年につくられたカトリックの修道会。宗教改革に対して, カトリック教会のなかでも, カトリック教会の立て直しのための改革運動がおこり, イエズス会は改革運動の中心として, 海外布教に力を入れた。日本にキリスト教を伝えた**フランシスコ・ザビエル**【▶p.138】もイエズス会の宣教師であった。

宣教師 ★ キリスト教の教会がキリスト教を海外へ布教するために派遣した伝道者。

種子島 ★★★ 1543年にポルトガル人を乗せた中国船が漂着し, 鉄砲が日本に初めて伝えられた島。鉄砲は, 戦国大名に注目されて各地に広まり, 堺(大阪府)や近江の国友(滋賀県)などでさかんに生産された。特

に織田信長は，早くからその威力に注目し，武田軍と戦った長篠の戦いで鉄砲を有効に活用した。

歴史地図 ▶p.330

フランシスコ・ザビエル★★★

1506～52　スペイン出身のイエズス会【▶p.137】宣教師。1549年，鹿児島に来日し，日本に初めてキリスト教を伝えた。山口，豊後府内（大分県）などで布教活動を進め，2年ほどで日本を去った。

歴史地図 ▶p.330

歴史人物（世界） ▶p.338

南蛮貿易★★★

16世紀後半に，日本がポルトガルやスペインとの間で行った貿易。貿易はおもに島津氏の鹿児島，大友氏の豊後府内（大分県），松浦氏の平戸（長崎県）などで行われた。当時，ポルトガル人やスペイン人は南蛮人とよばれたことから，このようによばれる。

キリシタン大名

キリスト教の信者（キリシタン）となった大名。九州・近畿地方に多く，大友宗麟〔大友義鎮〕，有馬晴信，大村純忠などが有名。領内のキリシタンを保護し，南蛮貿易をさかんに行った。

天正遣欧少年使節★★★

1582年，大友宗麟らキリシタン大名が宣教師のすすめにより，ローマ教皇のもとにおくった少年使節。伊東マンショ，千々石ミゲル，原マルチノ，中浦ジュリアンの4人が派遣された。1590年に帰国した。

安土桃山時代★★★

織田信長が室町幕府を倒してから，江戸幕府が始まるまでの時代。信長の後を継いだ豊臣秀吉によって，各地の戦国大名が平定され全国が統一された。このころ栄えた当時の時代を反映した豪華絢爛な文化を，桃山文化という。

歴史年表 ▶p.325

▼南蛮貿易で取り引きされたもの

銀　漆器　海産物，硫黄など　絹織物　時計　鉄砲　生糸など

日本からポルトガル，スペインへ 輸出

ポルトガル，スペインから日本へ 輸入

織田信長・豊臣秀吉による統一事業

織田信長★★★　1534〜82　尾張（愛知県）出身の戦国大名。1573年，室町幕府15代将軍足利義昭を京都から追放して室町幕府をほろぼしました。鉄砲を用いた長篠の戦いで武田氏をやぶるなど，各地の戦国大名をやぶって勢力を強めた。近江（滋賀県）に安土城を築いて本拠地とし，楽市・楽座などを行って天下統一事業を進めたが，家臣の明智光秀にそむかれて，本能寺の変【▶p.140】で自害した。　歴史人物（日本）▶p.334

桶狭間の戦い★★　1560年，織田信長が尾張（愛知県）の桶狭間で駿河（静岡県）の今川義元をやぶった戦い。

今川義元★　1519〜60　駿河国・遠江国・三河国を支配した戦国大名。1560年，桶狭間の戦いで織田信長に敗れた。

長篠の戦い★★★　1575年，織田信長と徳川家康の連合軍が三河（愛知県）の長篠で，甲斐の戦国大名である武田勝頼の軍をやぶった戦い。織田・徳川連合軍は鉄砲を有効に使った戦法で，騎馬隊を中心とする武田軍に圧勝した。　歴史地図 ▶p.331

足軽　馬に乗らず，徒歩で参戦する兵。戦い方が，騎馬戦から歩兵の集団戦に移行した戦国時代には，軽装で機動力に富んだ足軽は重要な役割を果たした。江戸時代になると弓・槍・鉄砲などを扱う足軽部隊が編成された。

安土城★★　織田信長が近江（滋賀県）の琵琶湖のほとりに築いた城。5層7重の天守閣をもつ雄大な城で，信長の天下統一の本拠地となった。城下では，楽市・楽座の政策により自由に商工業が行われていた。

石山本願寺★　大阪の淀川の河口にあった浄土真宗〔一向宗〕の寺。各地の一向一揆【▶p.131】の中心となっていたことなどから，織田信長は立ち退きを求め，1580年にこの地から退去させた。

楽市・楽座★★★　市場の税を免除して，座【▶p.130】による仕入れや

▼信長の統一

延暦寺　本能寺　朝倉　浅井　武田　北条　今川　毛利　徳川　上杉　長篠　安土　桶狭間　石山本願寺

信長の領国　1560年ごろ
信長の領国　1582年
おもな戦国大名

販売の独占を廃止した施策。だれもが自由に商品取引をすることができるようにした。織田信長が安土城下で行ったものが有名。

本能寺の変★
1582年，織田信長が京都の本能寺で，家臣の明智光秀に襲われて自害した事件。

明智光秀
1528？〜82 織田信長の家臣で，近江（滋賀県）坂本城主。1582年，京都の本能寺で信長を襲い自害させたが，のちに豊臣秀吉によって倒された。

豊臣秀吉★★★
1537〜98 尾張（愛知県）の足軽出身の武将。織田信長の死後，その後継者となり，大阪城を本拠地として天下統一を果たし，関白となった。年貢を確保するために，太閤検地や刀狩を全国的に行い，兵農分離を進めるなどしたが，2度にわたる朝鮮侵略に失敗した。

歴史人物（日本） ▶p.334

大阪城★★
豊臣秀吉が本拠地として築いた城。石山本願寺のあった場所に建てられたが，1615年の大阪夏の陣で攻め落とされた。

▼大阪城

太閤検地★★★
豊臣秀吉が行った政策。全国規模で田畑の面積や土地のよしあしを調べ，予想される米の収穫量を石高であらわした。また，耕作者を定め，調査の結果とともに検地帳に記入した。土地と農民を直接支配し，年貢を確実に取り立てることを目的に行われた。

▼太閤検地

石高★★
太閤検地において，田畑での予想される収穫量を米の体積であらわしたもの。米1石は重さでは約150kgとされ，これを基準に各農民の年貢が決められた。

刀狩★★★
1588年，豊臣秀吉が行った政策。農民や寺から，武器となる刀や弓，やり，鉄砲などを取り上げた。農民の一揆を防ぎ，農業に専念させるために行われたが，これは太閤検地などにより兵農分離が進み，身分制度の基礎が整えられた。

兵農分離★★★
武士と農民の身分が区別されること。豊臣秀吉の行った太閤検地や刀狩などによって，職業にもとづく身分が固定され，封建支配のしくみの基礎がつくられた。

バテレン追放令★
1587年，豊臣秀

吉が発した**キリスト教宣教師の国外追放の命令**。しかし，貿易を奨励し，貿易船の来航を規制しなかったため，追放は徹底しなかった。

朝鮮侵略★　豊臣秀吉が朝鮮に兵を出しておこした**戦争**。秀吉は明を従えようとして，その通り道である朝鮮に服従をせまったが，朝鮮はこれを拒否したため，1592年（**文禄の役**）と1597年（**慶長の役**）の２度にわたって大軍を送った。朝鮮の民衆の抵抗や明軍の援助により日本軍は苦戦が続き，秀吉が病死したのを機会に引きあげた。豊臣政権衰退の原因の１つとなった。

耳塚〔発展〕　**朝鮮侵略**の際に戦死した敵の鼻や耳を埋めたとされる塚。京都の方広寺近くにある。秀吉は，敵を倒した証拠として敵の鼻や耳を塩漬けにして日本に送ることを命じた。

李舜臣★　1545〜98　豊臣秀吉が朝鮮を侵略した時の朝鮮の武将。鉄板でおおわれた**亀甲船**を発明し，それを中心とする**水軍**を率いて活躍した。日本の水軍を次々とやぶり，日本軍を苦しめた。朝鮮では，国を救った国民的英雄とされている。

有田焼★　肥前（佐賀県）の有田でつくられる**陶磁器**。朝鮮侵略の際に，朝鮮から連れてこられた**李参平**をはじめとする朝鮮人の陶工が有田で磁器を焼くようになったのがはじまりである。伊万里港から各地に積み出されたため，**伊万里焼**ともよばれた。

桃山文化

桃山文化★★★　織田信長や豊臣秀吉の時代に栄えた文化。大名や大商人たちの権力や富を背景に生み出された，豪華で壮大な文化である。**狩野永徳**【▶p.142】や**長谷川等伯**【▶p.142】らによって華やかな**障壁画**【▶p.142】が描かれた一方，**千利休**【▶p.142】によって，静かな心を重んじる茶の湯が大成されるなどした。

文化一覧　▶p.348

▼桃山文化

建築	安土城
	姫路城 ※完成は江戸時代。
美術	『唐獅子図屏風』（狩野永徳）
	障壁画
	陶磁器（有田焼など）
芸能	茶の湯（千利休）
	かぶき踊り（出雲の阿国）

姫路城★★　兵庫県姫路市にある城。桃山文化を代表する城郭建築で，壮

▼姫路城

大な天守閣をもつ。外観の美しさから白鷺城ともよばれ, 世界遺産【▶p.76】に登録されている。

障壁画 ★★ 安土桃山時代から江戸時代初期にかけて発展した, ふすまや障子, 壁などに描かれた絵画。狩野派の狩野永徳や狩野山楽らが活躍した。

狩野永徳 ★ 1543〜90 安土桃山時代の画家で, 狩野派の1人。織田信長や豊臣秀吉に仕えて, 安土城, 大阪城の障壁画を描いた。『唐獅子図屛風』が代表作。金銀やはなやかな色彩で豪華な絵を描いた。

長谷川等伯 発展 1539〜1610 安土桃山時代の画家。雪舟の絵に水墨画を学び, 『松林図屛風』などを描いた。また, 障壁画では狩野派に学びながらも独自の技法で『智積院襖絵楓図』などを描いた。

千利休 ★★★ 1522〜91 安土桃山時代の茶人。堺の豪商の出身で, 織田信長や豊臣秀吉に仕えて茶の湯を広めた。茶室で茶をたてて飲む質素なわび茶の作法を完成させた。のちに, 秀吉によって自害を命じられた。

浄瑠璃 ★ 室町時代に成立し, 江戸時代に栄えた, 節をつけて物語を語って聞かせる芸能。安土桃山時代には, 三味線の伴奏が取り入れられた。江戸時代には, 人形を使った劇と結びついて発展した。

出雲の阿国 ★★ (生没年不詳) 安土桃山時代にかぶき踊りを始めた女性。かぶき踊りをもとに女性が男装して簡単な寸劇を演じる**女歌舞伎**がさかんになり, のちの歌舞伎のもととなった。

南蛮文化 ★ 戦国時代から安土桃山時代にかけて行われた南蛮貿易によりもたらされたヨーロッパ文化。天文学や医学などの実用的な学問や活版印刷術, 西洋画の技法などが伝えられた。このころ伝えられたパンやカステラ, コンペイトウ, カルタなどのポルトガル語は, 現在もそのまま日本語として使われている。

活版印刷術 ★ 安土桃山時代に, イエズス会の宣教師ヴァリニャーニによって日本に伝えられた印刷術。活字印刷機で印刷した。キリスト教の布教を目的にイエズス会の宣教師ら

▼唐獅子図屛風

が発刊した活字印刷の書物を**キリシタン版**（または**天草版**）という。『平家物語』のような日本の古典も出版された。

江戸幕府の成立

関ヶ原の戦い★★　1600年、関ヶ原（岐阜県）で、石田三成らの西軍が徳川家康らの東軍に敗北した戦い。勝利した家康が全国支配の実権をにぎったことから、「天下分け目の戦い」といわれる。

| 歴史年表 ▶p.325 | 歴史地図 ▶p.330 |

徳川家康★★★　1542〜1616　三河（愛知県）出身の戦国時代・安土桃山時代の大名で、江戸幕府初代将軍。豊臣秀吉の死後、関ヶ原の戦いで勝利し、1603年に征夷大将軍に任命され、江戸幕府を開いた。将軍を引退後も大御所として政治の実権をにぎり、大阪の陣で豊臣氏をほろぼし、徳川氏による政権を確立した。

| 歴史人物（日本） ▶p.334 |

石田三成★　1560〜1600　安土桃山時代の武将。豊臣秀吉に仕え、五奉行の1人として重用された。秀吉の死後、徳川家康と対立し、関ヶ原の戦いで戦ったが、敗れて処刑された。

大阪の陣　江戸時代初め、徳川家康が豊臣氏をほろぼした戦い。戦いは2度にわたり、1614年の戦いは冬の陣、1615年の戦いは夏の陣とよばれる。夏の陣で大阪城は攻め落とされ、豊臣氏は滅亡した。これにより、徳川氏の政権が確立した。

江戸幕府★★★　1603年に徳川家康が征夷大将軍に任じられ、江戸城を本拠地として開いた幕府。**幕藩体制**が確立した。身分は武士・百姓・町人に大きく分かれ、対外関係については初期より**鎖国**【▶p.148】政策がとられた。15代将軍慶喜が1867年に**大政奉還**【▶p.174】するまで260年あまり徳川氏による支配が続いた。この時代を江戸時代という。

| 歴史年表 ▶p.326 |

▼江戸幕府のしくみ

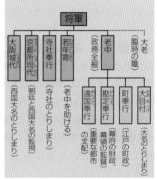

大名★★★　江戸時代、1万石以上の領地をあたえられた将軍直属の武家のこと。親藩、**譜代大名**【▶p.144】、**外様大名**【▶p.144】に区分され、武家諸法度や参勤交代などにより、幕府から統制を受けた。

親藩★★★　江戸時代の大名で、徳川家の一門。重要な地域に配置され、幕府の要職についた。親藩には、尾張・紀伊・水戸の御三家や、越前・会津の松平家などがふくまれる。

御三家★ 徳川家一門の親藩のうち最高位にあった一族。紀伊（和歌山県），尾張（愛知県），水戸（茨城県）の徳川家を指す。将軍にあと継ぎがない場合，後継者は御三家から選ばれることになっていた。

譜代大名★★★ 江戸時代の大名で，古くから徳川氏の家臣であった大名。石高は少ないが要職に取り立てられ，重要地に領地を与えられた。

外様大名★★★ 江戸時代の大名で，関ヶ原の戦い前後に，徳川氏に従った大名。要職につけず，東北や九州など，江戸から遠い地域に配置された。

幕藩体制★★ 幕府と藩の力で全国の土地と人民を支配する江戸時代の支配体制。幕府は武家諸法度【▶p.145】などによって大名を厳しく統制した。

藩★★★ 江戸時代の大名の領地とその政治組織。幕府は大名に領地をあたえ藩とした。大名は藩主，家臣は藩士とよばれた。

老中★★ 江戸幕府において，将軍のもとで幕政を総括する最高職。譜代大名の中から4〜5人が選ばれ，町奉行，勘定奉行，大目付などを支配した。老中を補佐する役職として若年寄がおかれた。

大老★★ 江戸幕府において，将軍のもとに臨時におかれる最高職。将軍の代がわりなど，重要事項の決定のみ合議に加わった。幕末の井伊直弼【▶p.171】が有名である。

三奉行★ 江戸幕府の寺社奉行・町奉行（江戸）・勘定奉行の総称。それぞれ，寺社の取りしまり，江戸の行政・裁判・警察，幕府財政や幕領の監督などを行った。

京都所司代★ 江戸幕府の地方組織における要職。京都におかれ，朝廷や西国大名の監視，京都町奉行の統轄などにあたった。

幕領★ 江戸幕府の直接の支配地。天領ともよばれる。京都・大阪・奈良・長崎などの重要な都市やおもな

▼おもな大名の配置

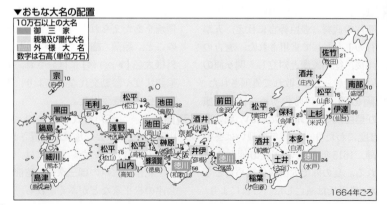

10万石以上の大名
■ 御三家
■ 親藩及び譜代大名
▨ 外様大名
数字は石高（単位万石）

1664年ごろ

鉱山もふくめて，17世紀末には400万石にもおよんだ。

旗本 ★★
江戸幕府において，領地が1万石未満の将軍直属の家臣のうち，将軍に直接会うことができる者。

五街道 ★★
江戸時代に整備された，5つの主要道路。東海道，中山道，甲州道中，奥州道中，日光道中の5道を指す。日本橋を起点に続く道で，要所には関所が置かれ宿場が設けられた。五街道が整備されたことにより，交通が発達し，商業が発展した。

関所 ★
江戸幕府が治安維持のため五街道などの要所に置いた施設。通行するには通行許可証となる関所手形が必要とされた。東海道の箱根や新居，中山道の木曽福島などに設けられた。

宿駅〔宿場〕 ★
江戸時代，主要街道に置かれた，旅人や荷物を運ぶための人馬の宿泊施設を備えたところ。主要街道では2～3里ごとに置かれた。宿泊施設には参勤交代の大名や幕府の役人が宿泊する本陣・脇本陣

や，庶民が宿泊する旅籠屋などがあった。宿駅を中心に発達した町を宿場町という。

武家諸法度 ★★★
江戸幕府が大名を統制するために定めた法律。1615年に江戸幕府の2代将軍徳川秀忠の名で出されたものが最初で，以後，将軍の代がわりごとに出された。無許可で城を修理したり，大名家どうしが無断で結婚したりすることを禁止するなど，大名が守るべききまりが定められている。これに違反した場合，改易（領地没収）や減封（領地の削減）などきびしい処分を受けた。

歴史年表 ▶p.326

徳川家光 ★★
1604～51　江戸幕府の3代将軍。2代将軍秀忠の子で，家康の孫にあたる。参勤交代を制度化し，キリスト教の禁止や鎖国などによって，幕藩体制をほぼ固めた。

歴史人物（日本）▶p.335

参勤交代 ★★★
江戸時代，大名に義務づけられた，1年おきに領地と江戸を往復する制度。妻子は人質と

▼江戸時代のおもな交通

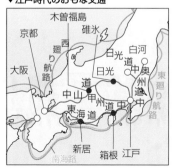

して江戸に住まわせられた。徳川家光が1635年の武家諸法度で定めたもので，往復の費用や江戸での生活費などで大名の経済的負担を大きくし，大名が反抗する力をもたないようにすることを目的とした。その一方で，江戸や宿場町などが繁栄した。

歴史年表 ▶p.326

禁中並公家諸法度★　江戸幕府が天皇と公家を統制するために定めた法律。1615年に出され，天皇や公家の行動を細かく規制した。

士農工商★★　江戸幕府の身分制度。士は武士，農は農民，工は職人，商は商人を表す。士農工商の下に，さらにえた・ひにんとよばれる低い身分がおかれた。身分と身分の間には大きなへだたりがあり，武士は，支配者として名字・帯刀といった特権をもち，農民・職人・商人を支配した。

百姓★　農業や漁業，林業などを行って生活をする人々。江戸時代には全人口の80％以上を占めていた。百姓には，自分の土地を持つ本百姓と

自分の土地を持たずに人から土地を借りて小作を行う水呑百姓の区別があった。

庄屋〔名主〕★　江戸時代，村の運営にあたった村役人の長。村役人には，ほかに，庄屋の補佐役をつとめる組頭，庄屋・組頭の監視役をつとめる百姓代があり，いずれも土地をもつ本百姓の中から選ばれた。これらの村役人は，代官などの指示を受けて，年貢の徴収や用水の管理などを行った。

町人★　江戸時代，商工業に従事していた人々。町に住み，全人口の約5％を占めていた。

▼身分別の人口の割合

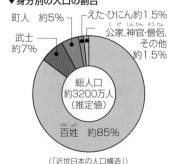

町人　約5％
えた・ひにん約1.5％
武士 約7％
公家,神官・僧侶,その他 約1.5％
総人口 約3200万人（推定値）
百姓　約85％

（「近世日本の人口構造」）

▼参勤交代

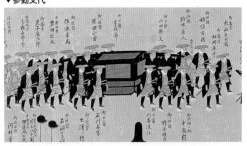

地主・家持　江戸時代，町内に屋敷地を所有した人を地主，家屋敷を持ち居住した人を家持という。町ごとに町役人を選んで町の運営に参加できる一方，税金や運営にかかる費用などを負担した。

村八分　江戸時代，村掟や村のしきたりにそむいた者に加えられた制裁の1つで，村民とのつきあいを断たれること。火事と葬式（二分）以外のこと（八分）は，村民たちから交際を断られたことから，このようにいわれるようになったとされる。

五公五民　江戸時代，田畑に課せられた年貢の割合をいいあらわしたことば。石高の10分の5を公のものとして年貢を納め，残りの10分の5を農民のものとした。この割合は農民にとって大きな負担であった。**四公六民**など，時期や地域によってこの割合は変動した。

五人組★　江戸幕府が農民を取りしまるためにつくった制度。村ごとに5〜6戸を一組として，年貢の納入や犯罪の防止について共同責任を負わせた。

田畑永代売買の禁令 発展　1643年に江戸幕府が出した，農民が田畑を売買することを禁止した法令。貧しい農民が田畑を売って，没落・流民化するのを防ぎ，農民からの年貢を確保することを目的に出された。

慶安の御触書★　江戸幕府が農民の生活を統制するために定めたきまり。1649年に出されたとされ，耕作に専念することのほか，衣食住の制限など，農民が日常生活で守るべきことが細かく定められている。この御触書については存在を疑問視する意見もある。

朱印船貿易★★　幕府から渡航許可状（朱印状）があたえられた船（朱印船）による貿易。おもに西国の大名や京都・堺・長崎などの大商人が東南アジアで行い，1635年に停止されるまで続いた。日本のおもな輸入品は生糸や絹織物など，おもな輸出品は銀，銅などである。

▼朱印状

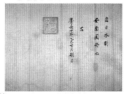

日本町★　朱印船貿易の発展にともない，東南アジア各地に栄えた日本

▼朱印船の航路と日本町

○ 日本町所在地
● 日本人在住地
― 朱印船の主な航路

明
台湾（高山国）
安南
マカオ
トンキン
ビルマ
シャム
フェーラン
ディラオ・サンミゲル
ルソン
フィリピン諸島
アユタヤ
バンコク
カンボジア
プノンペン
フェフォ
リゴール
セレベス
モルッカ諸島
マラッカ
ボルネオ
マカッサル
アンボイナ
バタビア
ジャワ

人が住む町。特にルソン（現在のフィリピン）のサンミゲル，シャム（現在のタイ）のアユタヤなどに，貿易商人をはじめ多くの日本人が移り住んだ。シャムの日本町には，アユタヤ朝の王室の信任を得て日本町の長となった山田長政などもいた。のちに，鎖国政策により日本人の海外渡航が禁じられ，日本町は衰退した。

平戸 ★★★　長崎にあった港町。古くは遣唐使船も寄港するなど，海外との重要な交通拠点となっていた。安土桃山時代には**南蛮貿易**【▶p.138】で栄え，江戸時代初期には**オランダ商館やイギリス商館**が置かれた。

オランダ商館 ★　江戸時代に建設された，オランダの**東インド会社の日本支店**。1609年に**平戸**に建設され，その後1641年に**出島**【▶p.149】に移された。鎖国中も，幕府はオランダ商館を通して貿易を行った。

オランダ風説書 ★　江戸時代，オランダ商館長が提出した**海外事情の報告書**。幕府は鎖国中も海外の情報を得るために，オランダ船が入港するたびにオランダ商館長に海外の情報をまとめた報告書を提出させた。

禁教令 ★★　江戸幕府が出した，キリスト教の信仰を禁止する命令。キリスト教徒が団結して幕府に反抗することや，スペイン・ポルトガルの宣教師の活動が領土侵略と結びつくことをおそれたために出された。1612年に幕領にキリスト教の信仰を禁止し，その翌年には全国に適用した。

島原・天草一揆 ★★★　1637年，九州の島原（長崎県）・天草（熊本県）地方でおこった，**キリスト教徒を中心とする農民の一揆**。キリスト教徒への迫害や，領主によるきびしい年貢の取り立てに反抗し，**天草四郎**を大将にしておこした。幕府は大軍を送り，約半年かけてこの一揆をしずめた。

| 歴史年表 | ▶p.326 | 歴史地図 | ▶p.330 |

鎖国 ★★★　江戸幕府が行った，日本人の海外渡航と外国船の来航を禁止する政策。**キリスト教の禁止と貿易統制**を目的とする。1639年にポルトガル船の来航を禁止し，1641年に**オランダ商館を長崎の出島**【▶p.149】に移して完成させた。中国船とオランダ船のみが長崎で貿易することが

▼出島

許された。この状態は幕末の開国まで続いた。 　歴史年表 ▶p.326

出島★★★ 　鎖国中，オランダ人が江戸幕府によって貿易することが認められた唯一の貿易地。1641年に平戸のオランダ商館がここに移され，貿易が認められた。長崎港の一部を埋め立ててつくられた人工島で，扇のような形をしていた。

絵踏★ 　江戸幕府がキリスト教の信者を発見するために用いた方法。役人がキリストや聖母マリアの像，十字架などを踏ませ，踏むことができない者を信者として処罰した。

▼絵踏

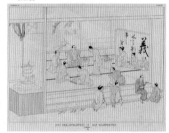

宗門改め★ 　江戸幕府がキリスト教の信者を発見し，キリスト教から仏教へ宗教をかえることを強制するために実施した信仰調査。幕領と諸藩に宗門改役という役職を設置し，家族ごとに宗派と檀那寺を記入した宗門改帳を毎年作成させた。

寺請制度 発展 　江戸幕府がキリスト教の禁止を徹底させるため，仏教の信者であることを寺に証明させた制度。人々は必ずどこかの寺に檀家として所属させられ，結婚や旅行のときには，それぞれの寺は自分の寺の信者であるという証明書を発行した。

朝鮮通信使★★ 　江戸時代，朝鮮から日本に訪れた使節。徳川家康が朝鮮との国交を回復してから，将軍の代がわりごとに通信使が来るならわしになった。対馬藩が朝鮮との外交を担当し，朝鮮と貿易をすることも許されていた。

対馬藩★★ 　江戸時代，鎖国下において朝鮮との貿易が認められていた

▼鎖国下の四つの窓口

対馬…対馬藩を通じて朝鮮と

松前…松前藩を通じて蝦夷地のアイヌと

長崎…幕府の直轄地でオランダ・中国と

薩摩…薩摩藩を通じて琉球と

藩。藩主は宗氏で，領地は九州の北方の島である対馬。朝鮮の釜山に倭館を設けて家臣を常駐させ，外交や貿易を行った。

琉球使節★　薩摩藩の支配下におかれた琉球王国が，将軍や琉球国王の代がわりごとに江戸に派遣した使節。

松前藩★★　江戸時代，アイヌの人々が住む蝦夷地（北海道）との独占的な取り引きが認められていた藩。藩主は松前氏で，蝦夷地の南部に領地をもっていた。アイヌの人々との取り引きを独占し，アイヌの人々にとって不利な取り引きを行い，大きな利益を得ていた。

シャクシャイン★★　？〜1669　江戸時代，蝦夷地に住むアイヌの人々が反乱をおこしたときの指導者。松前藩との不平等な取り引きに不満をいだいていたアイヌの人々を率いて，1669年に立ちあがった。松前藩は幕府の応援を得てこれをしずめた。

蝦夷錦　蝦夷地に住むアイヌの人々が中国（清）との交易を通じて入手した高級な絹織物。松前藩を通じて江戸や京都に運ばれ，珍重された。

高田屋嘉兵衛　1769〜1827　江戸時代の廻船業者。幕府の命令などにより，北方の択捉島への航路を開拓した。1812年，国後島沖でロシア人にとらえられたが，翌年解放され，当時，日本にとらえられていたロシア軍艦の艦長ゴローウニンの解放に力を尽くした。

農業や諸産業の発達

新田開発★★　新しく土地を開墾して田畑を広げること。江戸時代，幕府や藩は，年貢を確保するために荒れ地を開墾し，新田開発に力を注いだ。これにより，18世紀はじめには16世紀末にくらべて，全国の耕地面積は2倍近くに増えた。

千歯こき★★　江戸時代に発明された，稲や麦の脱穀に使う農具。この農具の普及によって，脱穀の能率が大幅に向上した。

▼千歯こき

備中ぐわ★★　江戸時代に普及した，刃の先が3〜4本に分かれたくわ。このくわによって，田畑を深く耕すことや荒れ地を開墾することが容易になった。

▼備中ぐわ

唐箕★　江戸時代中期に普及した，米粒やもみがら，

▼唐箕

ちりなどを分ける農具。4枚の板をまわして風をおこし、米粒以外のものを箱外に飛ばすしくみになっている。

竜骨車 発展 江戸時代に使われた、水を田に引くための水車。18世紀半ばには、水車の羽を人が踏んで水をひきあげる踏車が多く使われるようになった。

商品作物 ★★ 江戸時代の農村で、年貢としてではなく、商品として販売することを目的として生産された作物。工芸品との関係も深く、染料用の紅花や藍、衣料用の麻や綿、灯火用の菜種などが各地で栽培された。

佐渡金山 ★ 佐渡島（新潟県）にあった大規模な金・銀山。兵庫の生野銀山や島根の石見銀山などとともに、江戸幕府が直轄地として開発し、金山・銀山から納められる税や、金・銀を輸出することによって多くの利益を得た。

足尾銅山 ★★★ 栃木県日光市にある銅山の1つ。江戸時代に発見され、幕府直轄の銅山となった。明治時代には銅山から流れ出した鉱毒が住民に被害をもたらし、衆議院議員・田中正造が救済に力を尽くした。1973年に閉山。

大判 江戸時代に使われた金貨。一般に流通することは少なく、将軍や大名の賞与・贈答用に用いられた。一般に流通していたのは、小判・一分金などの金貨、丁銀、豆板銀などの銀貨であり、これらは江戸や京都に設けられた金座や銀座でつくられた。

寛永通宝 江戸時代に使われた銅貨。全国各地に設けられた銭座で大量につくられ、全国的に流通した。

藩札 ★ 江戸時代に、諸藩が発行し、藩内だけで流通した紙幣。藩の貨幣の不足を補い、藩の財政再建のために発行された。

干鰯 ★ いわしを日干しにしてつくられたもの。江戸時代には、肥料として用いられた。商品作物の栽培に用いられ、農業生産が向上した。

港町 港を中心として発展した町。商品経済の発達にともない、年貢米や特産物、日用品を江戸・大阪に運ぶための水運の基地として栄えた。

▼商品作物

紅花
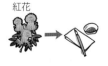

綿

麻

飛脚 江戸時代にさかんに利用された，手紙や金銀，小さな荷物などを送り届ける人。幕府公用の継飛脚や，江戸と大名の国元を結ぶ大名飛脚，民間の町飛脚があった。

門前町★ 大規模な寺社・神社の周辺に発達した町。伊勢神宮の宇治・山田（三重県），東照宮の日光（栃木県），善光寺の長野などが有名。

問屋★★ 間〔問丸〕が発達したもの。倉庫業を兼ねており，おもに地方の生産者や荷主から委託された物品を，仲買や小売商人に売っていた。

株仲間★★★ 江戸時代，商人や手工業者がつくった同業者組織。幕府の許可を得て営業税を納めるかわりに営業を独占し，大きな利益を得るようになった。田沼意次【▶p.157】の時代には積極的に奨励されたが，天保の改革【▶p.163】では物価引き下げのため解散を命じられた。

両替商★ 江戸時代，貨幣の交換をはじめ，預金・貸付，手形の発行などを扱った商人。江戸の三井や大阪の鴻池など。

蔵屋敷★★★ 江戸時代，諸藩が年貢米や特産物を売るために設けた倉庫兼取引所。蔵屋敷に集められた年貢米や特産物は商人を通して販売され，諸藩の財源となった。大阪や江戸，長崎，大津などにおかれ，とくに大阪は「天下の台所」とよばれた。

将軍のおひざもと★ 江戸時代の江戸を指すことば。江戸には幕府がおかれ，全国の大名の屋敷をはじめ，多数の武家が住んだためこのようによばれていた。また，商人や職人が集まり，江戸は最大の城下町として栄えた。

天下の台所★★★ 江戸時代の大阪をさすことば。大阪は諸藩の蔵屋敷が数多くおかれ，全国の米や特産物などが取り引きされ，商業や金融の中心地となったためこうよばれた。

三都★★ 江戸時代に栄えた江戸，大阪，京都の3つの都市を指すことば。江戸は「将軍のおひざもと」として，大阪は「天下の台所」として発展し，京都は朝廷があり，文化の中心地として栄えた。

菱垣廻船★★ 江戸時代に運航された，大阪・江戸間を結ぶ定期船。木綿・しょう油や油，酒などを運んだ。のちに運航された樽廻船は，おもに酒を大阪から江戸へ運んだ。

西廻り航路★ 江戸時代に運航された，東北地方から日本海沿岸を通り

——	東廻り航路
——	西廻り航路
——	南海路

西廻り航路
（東北日本海沿岸～下関～瀬戸内海～大阪）

東廻り航路
（東北日本海沿岸～津軽海峡～江戸）

大阪

江戸

南海路
（大阪～江戸）

▲江戸時代の交通

下関（山口県）経由で大阪にいたる航路。これに対し東廻り航路は，東北地方から太平洋沿岸を通って江戸に至る航路であった。

徳川綱吉 ★★★　1646〜1709　江戸幕府の5代将軍。朱子学を中心とする儒学を重んじ，孔子をまつをるため湯島聖堂を建てた。その一方で，生類憐みの令という極端な動物愛護令を出し，民衆の反発を招いた。また，寺社建設などに多額の費用をかけ幕府の財政が悪化したため，質の悪い貨幣を大量に発行したことから，物価が上昇し，民衆の生活を苦しめた。

朱子学 ★★★　中国で，宋の時代に大成された儒学【▶ p.98】の一派。日本には鎌倉時代に伝来し，身分の上下の秩序を尊んだことから，江戸幕府に重んじられた。特に，寛政の改革【▶ p.157】では，幕府の学問所である湯島聖堂の学問所で朱子学以外の講義が禁止された。

陽明学　儒学の一派。明の時代に王陽明が説いた，行動実践を重視する教え。日本の陽明学者には中江藤樹や大塩平八郎らがいる。

生類憐みの令 ★★　江戸時代に，徳川綱吉が出した極端な動物愛護令。鳥をはじめ小さな虫まで殺したりすることを禁止し，そむいた者はきびしく罰せられた。綱吉は戌年生まれだったため，特に犬を大切にし，大規模な犬小屋をつくって野犬を養うなどした。この法令は人々の不満を

買い，社会の混乱を招いた。

日光東照宮 発展　江戸幕府初代将軍・徳川家康をまつる神社。栃木県日光市にある。日光東照宮を含んだ日光市内の寺院等は「日光の社寺」として世界遺産【▶ p.76】に登録されている。

新井白石 ★　1657〜1725　江戸時代中期に政治改革を行った儒学者。5代将軍徳川綱吉が乱した政治を立て直すため，6代将軍徳川家宣と7代将軍家継に仕え，儒学にもとづき，正徳の治とよばれる改革を行った。また，学者として西洋事情をまとめた『西洋紀聞』などのすぐれた書物をあらわした。

正徳の治　江戸時代，6代・7代将軍のもとで，新井白石が行った儒学にもとづく政治改革。財政を立て直すために，5代将軍綱吉の時代に落としていた貨幣の質をもとにもどしたり，長崎貿易を制限して金・銀の海外流出を防いだり，朝鮮通信使の接待の簡素化などを行った。

文治政治　儀礼，法制，人心の教化などの整備充実を通じて，社会秩序の安定を維持しようとする政治。武力をもって行う武断政治に対応する政治手法。

上方 ★　京都や大阪を含む畿内のこと。江戸時代，皇居のあった京都を上と見て，江戸から見た京都・大阪を上方とよんだ。

元禄文化 ★★★
17世紀末から18世紀初めの元禄年間（1688〜1704年）に，京都や大阪の上方【▶p.153】を中心に栄えた文化。都市の繁栄を背景にして，豊かな町人や武士が担い手となった明るく活気に満ちたはなやかな文化であった。文学や芸能では浮世草子，俳諧，人形浄瑠璃，歌舞伎が栄え，絵画では浮世絵がさかんになった。

文化一覧 ▶p.348

▼元禄文化

美術	浮世絵『見返り美人図』（菱川師宣） 装飾画『燕子花図屏風』（尾形光琳）	
文学	俳諧『奥の細道』（松尾芭蕉） 人形浄瑠璃『曽根崎心中』（近松門左衛門） 浮世草子『日本永代蔵』（井原西鶴）	

井原西鶴 ★★
1642〜93　江戸時代前期の浮世草子の作者。大阪の町人出身で，町人の生活や欲望を浮世草子とよばれる小説でいきいきと描いた。『日本永代蔵』や『世間胸算用』，『好色一代男』などが代表作。

近松門左衛門 ★★
1653〜1724　江戸時代前期の歌舞伎・人形浄瑠璃の脚本家。義理と人情に生きる男女の悲劇などを感動的に描き，庶民の人気を集めた。『曽根崎心中』，『国性（姓）爺合戦』などが代表作。

歌舞伎 ★
江戸時代に発達した民衆の演劇。安土桃山時代に出雲の阿国が始めたかぶき踊りから発展した。上方の坂田藤十郎や江戸の市川団十郎などの名優が出た。

坂田藤十郎
1647〜1709　江戸時代前期の上方の歌舞伎俳優。上方で活躍した名優で，和事とよばれる恋愛劇の色男役を得意とした。

市川団十郎
1660〜1704　江戸時代前期の江戸の歌舞伎俳優。江戸で活躍した名優で，勇猛な立ちまわりを主とする荒事とよばれる演技を得意とした。

松尾芭蕉 ★★★
1644〜94　江戸時代前期の俳人。連歌からおこった俳諧〔俳句〕で新しい作風を生み出し，芸術として高めた。各地を旅してまとめた俳諧紀行文である『奥の細道』が代表作。

俵屋宗達 ★
（生没年不詳）　江戸時代初期の画家。大胆で斬新な構図と華麗な色彩で，大和絵風の華やかな装飾画を描いた。『風神雷神図屏風』が代表作。

▼風神雷神図屏風

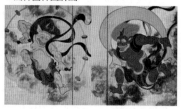

尾形光琳★　1658〜1716　江戸時代前期の画家・工芸家。華麗で気品のある大和絵風の装飾画を大成した。『紅白梅図屛風』『燕子花図屛風』が代表作。

浮世絵★★★　江戸時代に流行した，町人の風俗を描いた絵画。元禄文化の17世紀後半に，菱川師宣が確立し，墨一色で刷った版画としても売り出され，人気をよんだ。

菱川師宣★★★　1618？〜94　江戸時代前期，浮世絵の絵画様式を大成した人物。美人画・役者絵など，都市の風俗を描き，これを版画にしたことから，庶民の人気を得た。肉筆の『見返り美人図』が代表作。

▼見返り美人図

幕府政治の改革

徳川吉宗★★★　1684〜1751　江戸幕府の8代将軍。7代将軍にあと継ぎがいなかったため，御三家の紀伊徳川家から将軍として迎えられた。幕府の財政を立て直すために，享保の改革を行い，特に米の値段の安定に努めたため，「米将軍」とよばれた。また，ききんに備えて，甘藷（さつまいも）の栽培を奨励した。

歴史人物（日本）　▶p.335

享保の改革★★★　1716〜45年に，8代将軍徳川吉宗が行った政治改革。幕府の財政を立て直すため，武士に質素・倹約をすすめ，参勤交代【▶p.145】をゆるめるかわりに上げ米の制を定めて米を献上させた。また，新田開発【▶p.150】をすすめ，公事方御定書を定めたり，目安箱【▶p.156】を設置したりするなどの政策を行った。年貢収入が増加して幕府の財政はいったん立ち直った。

歴史年表　▶p.326

上げ米の制★★　享保の改革のときに，幕府の収入を増やすために行われた政策。参勤交代の負担を一時ゆるめて，大名が江戸に滞在する期間を半分にするかわりに，大名から石高1万石につき100石の割合で米を献上させた。これにより幕府の収入は増加した。

公事方御定書★★★　享保の改革でつくられた，裁判や刑の基準を示す法令集。これにより裁判の公平がはかられるようになった。

155

▼公事方御定書

> 第28条 領主に対して一揆を起こし、徒党を組んで他の村に逃げた者があれば、その場ではりつけにする。
>
> 第71条 身分の低い武士であっても、もし百姓や町人から無茶な悪口を言われ、やむを得ず切り殺した場合、事情を詳しく調べ、事実なら無罪とする。
>
> （一部要約）

目安箱★★★

享保の改革のときに、徳川吉宗が庶民の意見を直接集めるために江戸に設けた投書箱。ここに出された意見にもとづいて、貧しい病人を治療するための小石川養生所が設けられるなどした。

小作人★★★

江戸時代に増加した、土地を地主から借りて農業を営む農民。農村にも貨幣経済が広がり、貧富の差が大きくなった。

享保のききん★

1732年に西日本一帯から発生した大ききん。長雨などで天候が不順な中、西日本一帯でいなごやうんかが大量に発生して大凶作となり、ききんが全国に広がった。米の価格が高騰し、翌年、江戸で有力な米問屋が打ちこわしにあった。

百姓一揆★★

江戸時代におこった、農民の集団的な反抗のこと。年貢の軽減や不正をはたらく役人の交代などを領主に求めた。特にききんや凶作のときに多くおこった。

打ちこわし★★

江戸時代、生活に苦しむ都市の町人や農民が集団でおこした暴動のこと。貧しい人々が集団となり、米の買い占めをしたり、米の価格をつり上げたりする商人をおそった。おもに江戸や大阪などでおこった。

▼百姓一揆と打ちこわしの発生件数

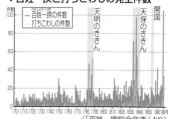

（「百姓一揆総合年表」より）

傘連判状★

江戸時代の百姓一揆の際、参加する農民の名前を円形に書き連ねたもの。一揆の指導者には厳しい処罰が下されたので、円形になるよう放射状に署名することで、だれが指導者かわからないようにした。

▼傘連判状

貨幣経済★★　自分が欲しい商品はお金と交換にゆずってもらい，自分の商品はお金と交換でゆずりわたす，貨幣を通じて行われる経済。江戸時代には，農村にも広がった。それまで自給自足に近かった農村の経済は変化した。

問屋制家内工業★★　大商人などが原料や道具などを農民に貸し付けて生産させ，できた製品を買い取るというしくみ。貨幣経済の発達にともない生まれ，19世紀に入ると，問屋制家内工業がさらに発達し，工場制手工業〔マニュファクチュア〕へと発展していった。

工場制手工業〔マニュファクチュア〕★★　問屋制家内工業が発達して，大商人などが農民らを労働者として作業所（工場）に集め，簡単な道具を使って分業や協業によって製品を生産するしくみ。尾張（愛知県）の綿織物業や桐生（群馬県）・足利（栃木県）の絹織物業などでみられた。

田沼意次★★★　1719～88　18世紀後半の江戸幕府の老中。商工業者が**株仲間【▶p.152】**を結成することを奨励し，営業の独占を許すかわりに税を納めさせて，幕府の収入を増やそうとした。しかし，地位や利益を求めてわいろが横行し政治が乱れた。
`歴史人物（日本）` ▶p.335

長崎貿易★　江戸時代の鎖国中に，長崎を通じて行われた貿易。相手国はオランダと清（中国）に限られてい

た。当初のおもな輸入品は，生糸や絹織物，毛織物，薬品，砂糖，書籍など，輸出品は，銀や銅，金，海産物などであった。田沼意次は，海産物や銅の輸出を奨励し，金と銀の輸入を増やそうとした。

印旛沼★　下総国（千葉県）利根川下流にある沼。18世紀後半，田沼意次が新田を開発し，年貢を確保するために干拓をこころみたが，利根川の大洪水により失敗に終わった。

天明のききん★　1780年代に全国をおそった大ききん。冷害から始まった凶作は浅間山の大噴火や水害も重なり，多くの餓死者を出す深刻な被害となった。各地で百姓一揆や打ちこわしがおこった。

松平定信★★★　1758～1829　江戸幕府8代将軍徳川吉宗の孫で，白河藩（福島県）藩主。田沼意次の失脚後，老中となり，吉宗の政治を理想として寛政の改革を行った。しかし，その内容が厳しすぎたこともあり，改革は6年あまりで失敗に終わった。
`歴史人物（日本）` ▶p.335

寛政の改革★★★　老中の松平定信が1787～93年に行った政治改革。江戸に出かせぎに来ていた農民を故郷に帰したり，ききんに備えて農村に倉をつくらせ米を貯蔵させたり，商品作物の栽培を制限したりして農村の立て直しをはかった。また，借金に苦しむ旗本や御家人を救うため，札差からの借金を帳消しにし，

質素倹約を命じて武芸を奨励した。さらに，寛政異学の禁によって湯島聖堂の学問所で朱子学以外の学問の講義を禁止した。 歴史年表 ▶p.326

札差★　江戸時代，幕府から給与として支給される年貢米を，旗本や御家人に代わって幕府の米蔵から受け取り，貨幣にかえていた業者。米の受け取り・売却にかかる手数料を得たほか，金融業も営み大きな富を得ていた。

藩政改革★　江戸時代中期以降，各藩で行われた政治・経済の改革。財政再建のため，倹約令を出したり，新田開発や特産品の専売制などの政策がとられた。薩摩藩や長州藩などは改革により財政収入が増加し，軍事力の強化につとめた。

専売制　特定商品の販売を独占する制度。江戸時代には，財政の収入を増やすことなどを目的として，江戸幕府や諸藩が行っていた。長州藩（山口県）では紙や蝋，薩摩藩（鹿児島県）では黒砂糖，肥前藩（佐賀県）では陶磁器を専売とした。

倹約令★　江戸時代に幕府や諸藩が出した倹約を命じる法令。幕府や藩主が財政の危機を打開するために支出を抑制し，庶民に贅沢の禁止や節約などを命じた。享保・寛政・天保の改革ではとくに厳しい倹約が命じられた。

新しい学問と化政文化

志筑忠雄 発展　1760～1806　江戸時代の長崎でのオランダ貿易にあたった通訳で，蘭学者。ドイツ人医師のケンペルが17世紀の日本について書いた本の一部を翻訳し，『鎖国論』と名付けた。これにより，鎖国【▶p.148】ということばが使われるようになった。

国学★★★　日本の古典を研究し，日本古来の精神を明らかにしようとする学問。儒学や仏教の影響を受ける前の日本人らしさを研究するもので，本居宣長によって大成された。国学の思想は天皇を尊重する思想や外国の勢力を排除する考えと結びつき，幕末の尊王攘夷運動【▶p.171】に大きな影響を与えた。

本居宣長★★★　1730～1801　江戸時代の国学者。伊勢国（今の三重県）の松坂の医者。医学や儒学【▶p.98】を学んだ後，国学研究につとめる。『古事記』を研究して『古事記伝』をあらわし，国学を学問として大成した。 歴史人物（日本） ▶p.335

蘭学★★★　オランダ語を介して西洋の近代的な技術や文化を学ぶ学問。杉田玄白らが『解体新書』【▶p.159】を翻訳・出版して基礎を築き，医学，兵学，天文学などの分野でさかんになった。

『解体新書』★★★

▼解体新書

江戸時代中期に, 医師の杉田玄白や前野良沢らが出版した人体解剖書。日本最初の西洋医学書の翻訳本で, オランダ語版のヨーロッパの医学書(『ターヘル・アナトミア』)を翻訳したものであった。

歴史人物(日本) ▶p.335

シーボルト 1796〜1866 ドイツ人医師。オランダ商館の医師として来日。長崎で医学を教える鳴滝塾を開き, 高野長英らがここで学んだ。1828年に帰国する際, 国外への持ち出し禁止の日本地図を持っていたため, 国外追放された(シーボルト事件)。

平賀源内★ 1728〜79 江戸時代中期の科学者・本草学者・戯作者・画家。寒暖計やエレキテル(摩擦起電器)などを発明した。また, 浄瑠璃の台本や油絵なども描く多才な人物であった。

洋学 江戸時代における西洋学術の総称。自然科学を主とし, 江戸初期には南蛮学, 中期には蘭学としてさかんになり, 幕末には英学・仏学・独学をふくむ洋学が中心となった。

昌平坂学問所 江戸の湯島に設けられた江戸幕府直轄の学問所。孔子をまつった湯島聖堂を前身とする。寛政の改革後は, 幕府の体制を支える

理論となる朱子学を正学として, それ以外の講義は禁止されていた。

寺子屋★★ 江戸時代, 農民や町民の子弟に浪人や僧侶, 神官などが読み・書き・そろばんなどを教えた教育施設。産業や商業の発達にともない, 実用的な知識が必要となったことから, 各地につくられた。

藩校★ 藩士の子弟を教育するための学校。諸藩が優秀な人材を育て, 藩の政治に生かすために設立し, 儒学などを教えた。秋田藩(秋田県)の明徳館, 水戸藩(茨城県)の弘道館, 長州藩(山口県)の明倫館, 熊本藩の時習館など各地にあった。

伊能忠敬★★★ 1745〜1818 江戸時代の地理学者。50歳のとき江戸に出て, 測量や暦学を学んだ。幕府の命令を受け, 1800年から16年にわたって全国の沿岸を測量し, 『大日本沿海輿地全図』という正確な日本地図を初めてつくった。

▼大日本沿海輿地全図(一部)

安藤昌益 1707?〜62 江戸時代の医者・思想家。身分の差別のない平等な社会が理想だと説いた。生産活動を行わない武士が農民の生産をうばう封建社会を批判し, 『自然真営道』を著した。

緒方洪庵 1810〜63 江戸時代の蘭学者・医者。江戸や長崎で蘭学を学び，大阪で蘭学を教える適塾を開いた。適塾では福沢諭吉や大村益次郎らが学んだ。

化政文化★★★ 19世紀初めの文化・文政期を中心に天保の改革のころまで，江戸を中心に栄えた文化。町人が担い手となり，しゃれや通などを好む，庶民性の強い円熟した文化が発達した。川柳や狂歌が流行し，浮世絵では錦絵【▶p.161】がうみだされた。

文化一覧 ▶p.349

▼化政文化と新しい学問

美術	浮世絵『ポッピンを吹く女』	（喜多川歌麿）
	浮世絵『富嶽三十六景』	（葛飾北斎）
	浮世絵『東海道五十三次』	（歌川（安藤）広重）
	浮世絵『三世大谷鬼次の奴江戸兵衛』	（東洲斎写楽）
文学	『東海道中膝栗毛』	（十返舎一九）
	『南総里見八犬伝』	（滝沢馬琴）
	俳諧（与謝蕪村・小林一茶）	
学問	国学『古事記伝』	（本居宣長）
	蘭学『解体新書』	（杉田玄白・前野良沢）
	地理学『大日本沿海輿地全図』	（伊能忠敬）

川柳 18世紀の中ごろに流行した短い詩。俳諧の形式をかりて5・7・5の17字からなる。これに対して狂歌は，5・7・5・7・7の和歌の形式をかりた短歌のことをいう。いずれも世相や政治などを皮肉ったものが多かった。

▼川柳

> 泣き泣きも
> よいほうをとる　かたみわけ

> 孝行の　したい時分に　親はなし

▼狂歌

> 白河の　清きに魚の　住みかねて
> もとのにごりの　田沼恋しき

> 目に青葉　耳に鉄砲　ほととぎす
> かつおはいまだ　口へはいらず

十返舎一九★★ 1765〜1831 江戸時代後期のこっけい本の作者。2人の町人の旅のようすがおもしろおかしく描かれた『東海道中膝栗毛』が代表作である。

滝沢馬琴★ 1767〜1848 江戸時代後期の読本の作者。山東京伝に弟子入りをして，多くの作品を書いた。代表作は八勇士が里見家を再興するという『南総里見八犬伝』である。

与謝蕪村★ 1716〜83 江戸時代の俳人，画家。自然の風景を絵画のように表現する写実的・絵画的な作品を多く残した。

小林一茶★★ 1763〜1827 江戸時代後期の俳人。弱い立場のものを思いやり，その感情を人間味豊かにうたった。句文集に『おらが春』がある。

錦絵★ 18世紀後半に，浮世絵【▶p.155】が発展して生まれた多色刷りの版画。鈴木春信が創始者とされる。大量に刷られたことから，江戸を中心として庶民のあいだに広まり，人気をよんだ。

鈴木春信 1725？〜70 江戸時代中期の浮世絵師。多色刷りの版画を創作し，錦絵の創始者とされる。情緒あふれる優雅な美人画を描き，人気を集めた。

喜多川歌麿 1753？〜1806 江戸時代後期の浮世絵師。上半身や顔のみを大写しに描く大首絵という手法を用い，鮮やかな色彩で美人画を描いた。『婦女人相十品』が代表作で，そのうちの『ポッピンを吹く女』が特に有名である。

葛飾北斎★★★ 1760〜1849 江戸時代後期の浮世絵師。浮世絵に狩野派や西洋画などの技法を取り入れ，

▼富嶽三十六景

独自の画法を確立した。ゴッホなどヨーロッパ後期印象派の画家にも影響を与えた。『富嶽三十六景』が代表作である。

歌川広重〔安藤広重〕★★★ 1797〜1858 江戸時代後期の浮世絵師。変化に富んだ日本の四季の風景を叙情的な風景版画に表し，浮世絵の新分野をひらいた。江戸から京都までの街道におかれた53の宿場などの風景を描いた『東海道五十三次』，江戸の名所をおさめた『名所江戸百景』が代表作である。

▼東海道五十三次

東洲斎写楽★ （生没年不詳）江戸時代の浮世絵師。役者絵や力士絵を多く描いた。代表作は『三世大谷鬼次の奴江戸兵衛』。

落語 日本の大衆芸能の1つ。筋のある滑稽なはなしを，身振りを加えて行い，落ちをつけて聴衆の笑いをさそう話芸。江戸時代にうまれ，昭和時代にラジオ放送の開始にともない大衆に普及した。

伊勢参り 発展 三重県伊勢市にある，天照大神をまつる伊勢神宮に参詣すること。江戸時代後期には，60年

ごとに「おかげ参り」とよばれる爆発的な流行がおこり，大集団での熱狂的な伊勢参りが行われた。

外国船の出現と天保の改革

ラクスマン★ 1766～?

江戸時代後期，根室（北海道）に来航したロシアの使節。1792年，エカチェリーナ2世の命令で，航海中に遭難した大黒屋光太夫らをともなって来日した。幕府の役人と会見し貿易を行うことを求めたが，鎖国を理由に拒否され帰国した。

▼日本への外国船の接近

大黒屋光太夫 1751～1828

江戸時代の伊勢国（三重県）の船頭。1782年，伊勢から江戸へ向かう途中に遭難し，ロシア人に救助された。ロシアの女帝エカチェリーナ2世に謁見し，ラクスマンの船で根室（北海道）に帰着した。

間宮林蔵 1775?～1844

江戸時代後期の北方探検家。ロシアの接近を警戒した幕府の命令により，1808年から樺太を探検し，樺太が島であることを知った。のちに，樺太とシベリアとの間の海峡は間宮海峡と名付けられた。

▼北方探検

フェートン号事件★ 1808年

イギリスの軍艦フェートン号が，オランダ船を追って長崎港に不法侵入し，食料などを強奪した事件。当時，幕府はオランダ船の来航を禁止していなかったため，このような事件がおこった。

外国船打払令〔異国船打払令〕★★★

1825年に江戸幕府が出した，日本に接近する外国船を撃退することを命じた法令。イギリス船やアメリカ船の日本への接近に対して，鎖国を守るために出された。

歴史年表 ▶p.326

▼外国船打払令

> どこの港でも，外国船が入港するのを見たならば，有無を言わさず，いちずに打ち払え，逃亡したら追う必要はない。もし強引に上陸するようなことがあれば，つかまえるか，またはうち殺しても構わない。
>
> （一部要約）

モリソン号事件　1837年，浦賀（神奈川県）沖に来航したアメリカ商船モリソン号を，幕府が撃退した事件。モリソン号は日本人の漂流民を帰して，通商を交渉するために来航したが，外国船打払令にもとづき浦賀奉行所が砲撃した。

蛮社の獄★　1839年，江戸幕府が蘭学者に対して行った弾圧事件。高野長英や渡辺崋山らは，モリソン号事件での幕府の対応を批判したために捕らえられ，きびしく処罰された。

渡辺崋山　1793〜1841　江戸時代の蘭学者。江戸で高野長英らとともに，蘭学や西洋事情などを研究した。『慎機論』で，モリソン号事件の無謀さを当時の西洋事情にもとづいて説き，鎖国を続ける幕府の対外政策を批判した。そのため，長英とともに蛮社の獄で捕らえられ，処罰された。

高野長英★　1804〜50　江戸時代の蘭学者。シーボルトの鳴滝塾で医学・蘭学を学び，江戸で町医者となる。渡辺崋山らと蘭学を学んだが，『戊戌夢物語』で幕府の鎖国政策を批判したため，渡辺崋山とともに蛮社の獄で捕らえられ，処罰された。

天保のききん　1830年代に発生した大ききん。洪水や冷害などにより凶作が続いたため，全国的なききんとなり，多くの餓死者が出た。農村は荒廃し，米価も高騰したことから，各地で百姓一揆や打ちこわしが激増した。

大塩の乱★★　1837年，元大阪町奉行所の役人であった大塩平八郎が，天保のききんで苦しむ人々を救おうとしておこした反乱。反乱は1日でしずめられたが，幕府の元役人が武力で幕府に反抗したことは，幕府に大きな衝撃をあたえた。

歴史人物（日本）　▶p.335

水野忠邦★★★　1794〜1851　浜松藩（静岡県）藩主。老中となり，12代将軍徳川家慶の時代に天保の改革を行った。しかし，きびしすぎる改革であったため，2年あまりで失敗に終わり，忠邦も失脚した。

歴史人物（日本）　▶p.335

天保の改革★★★　老中の水野忠邦が1841〜43年に行った政治改革。将軍や大奥もふくめ，倹約令を出し，武士や庶民に倹約をすすめ，ぜいたく品を禁止し，出版や風俗を取りしまった。また，江戸に出かせぎに来ている農民を故郷に帰したり，物価を引き下げるため，株仲間を解散させるなどした。上知令が反対にあい，改革は2年あまりで失敗に終わった。

歴史年表　▶p.326

上知令★★　1843年に天保の改革で出された，江戸・大阪周辺の大名・旗本領を幕府の直轄領にしようとする法令。大名や旗本が反対したことから中止された。

近代革命とアジア侵略

立憲君主制★
憲法にもとづいて行われる国王などの君主による政治体制。17世紀に世界ではじめてイギリスで確立された。大日本帝国憲法【▶p.184】下における日本も，天皇を君主とした立憲君主制であった。

絶対王政★
国王が絶対的な権力をにぎり，国王の思いのままにものごとを決定できる政治。16世紀〜18世紀のヨーロッパの多くの国で行われ，イギリスではエリザベス1世，フランスでは「太陽王」とよばれたルイ14世のときに全盛期をむかえた。絶対王政では国王が税を高くしたり，一部の人間だけを特権階級にしたりしたため，国民の間から批判が高まり，市民革命がおこることになった。

王権神授説　発展
国王の支配権は，神から授けられたものであるという説。絶対王政を理論的に支えるものであり，17世紀に唱えられた。イギリスやフランスの国王は，国民は国王の権力に絶対的に服従しなければならないと主張した。

エリザベス1世★
1533〜1603　イギリスの絶対王政を確立させた女王。国内ではイギリス国教会を確立して安定をはかり，国外ではスペインの無敵艦隊を破って貿易会社の東インド会社を設立するなど，海外発展の基礎を築いた。

▼エリザベス1世

市民革命★★
商工業者などの市民階級が中心となり，自由を求めておこした革命。力を強めた商工業者らが，国王による絶対王政に不満をもつようになったことからおこった。17世紀にイギリスでおこった清教徒革命や名誉革命【▶p.165】，18世紀のアメリカ独立戦争【▶p.165】やフランス革命【▶p.165】などが代表的である。

清教徒革命〔ピューリタン革命〕
★★　イギリスで17世紀半ばにおこった清教徒〔ピューリタン〕を中心とした市民革命。国王が議会を無視して重税をかけたり，清教徒を迫害したりするなど，絶対王政による政治を続けたことから，議会派を率いるクロムウェルが内乱をおこし，清教徒を中心とした軍隊で国王軍をやぶった。1649年に国王を処刑して，議会による共和政【▶p.166】をしいた。清教徒とは，宗教改革【▶p.137】により生まれた新教徒（プロテスタ

ント)のグループの1つである。

名誉革命★★　イギリスで1688年に
おこった市民革命。清教徒革命を成
功させたクロムウェルの死後，国王
の絶対王政にもとづく政治が復活し
たことから，議会はオランダから新
国王をむかえると，先の国王はフラ
ンスに亡命した。武力によらず革命
が成功したため，このことを誇って
名誉革命とよばれる。革命の翌年，
イギリス議会は国王に，議会の承認
なしに，国王が法律を変えたり課税
したりすることはできないことなど
を定めた権利の章典【▶p.231】を認
めさせた。世界ではじめて立憲君主
制を確立し，議会政治を始めた。

▼権利の章典

> 1，王は議会の同意なしに，法ま
> たは法の施行を停止する権力が
> あるという主張は違法である。
> 4，王の権限を口実に，議会の承
> 認なしに，課税を行うことは違
> 法である。
> 6，議会の同意なしに，王国内に
> 常備軍を徴集・維持することは
> 法に反する。
> 8，国会議員の選挙は自由でなけ
> ればならない。
> （部分要約）

フランス革命★★　フランスで1789
年におこった革命。平民（市民や農
民）による国民議会を国王ルイ16世
が武力でおさえようとしたのをきっ
かけに，市民らがバスティーユ牢獄

を襲撃して始まった。革命の波は各
地に広がり，国民議会は自由・平等，
人民主権，言論の自由，私有財産の
不可侵などをうたった人権宣言を発
表した。その後，1792年に王政を
廃止して共和政【▶p.166】を開始し，
翌年，ルイ16世も妻のマリー・ア
ントワネットも処刑された。

歴史年表　▶p.326

▼人権宣言

> 1，人間は生まれながらにして自
> 由かつ平等な権利を持っている。
> 3，あらゆる主権の原理は，本来，
> 国民のうちにある。
> 11，思想・言論・出版の自由は人
> 権のもっとも貴重な一つであ
> り，すべての市民に保障されな
> くてはならない。
> 13，課税はすべての市民のあいだ
> で，平等に分担されなくてはな
> らない。
> （部分要約）

アメリカ独立戦争★★　1775年，イ
ギリスの植民地だったアメリカの東
部13州の人々が，独立を求めてお
こした戦い。イギリス本国の重税や
弾圧に抗議して，ワシントンを総司
令官として戦い，1776年には独立
宣言を発表し，1783年に独立を果
たした。1787年にアメリカ合衆国
憲法【▶p.231】を制定。1789年にワ
シントンが初代大統領に就任した。

165

イギリス領カナダ

ルイジアナ

ニューヨーク
フィラデルフィア
ワシントン
バージニア州
ヨークタウン
ミシシッピ川
カロライナ州
大西洋
ジョージア州
フロリダ
メキシコ湾

	1776年 独立を宣言した13州
	1783年 イギリスが譲った地域

▼独立宣言

> われわれは次のことを自明の真理として信じる。すべての人々は平等につくられ，創造主によって，一定の譲ることのできない権利を与えられていること。そのなかに，生命・自由及び幸福の追求が含まれていること。
>
> （部分要約）

啓蒙思想★　18世紀，ヨーロッパに広まった合理主義の考え方。教会などの伝統的権威を批判・否定し，人間の理性によって，社会の進歩を図ろうとした。これらは市民社会形成の推進力となった。ロック【▶p.231】，モンテスキュー【▶p.232】，ルソー【▶p.232】などが代表的な啓蒙思想家。

共和政発展　国王ではなく，国民が国の政治のあり方を最終的に決める政治。古代ローマの共和政にはじまり，イギリスやアメリカ合衆国，フランスで市民革命後に成立した。

ナポレオン★★　1769〜1821　フランス革命の後に皇帝となった軍人。革命後，フランスに敵対する周辺諸国を次々と打ち破ったことから，民衆の支持を集め，1804年に国民投票で皇帝となった。その後も各地に遠征し，一時はヨーロッパの大部分を支配したが，ロシア遠征の失敗をきっかけにして退位した。

歴史人物（世界）　▶p.339

▼ナポレオン

▼ナポレオンのヨーロッパ支配

大西洋
デンマーク
および
ノルウェー王国
スウェーデン王国
イギリス王国
プロイセン王国
ロシア帝国
ポルトガル王国
フランス帝国
ライン同盟
オーストリア帝国
スペイン王国
スイス
イタリア王国
オスマン帝国
黒海
地中海
エジプト

	ナポレオンの支配した諸国
	ナポレオンの同盟諸国
	独立諸国
	フランスの領土

産業革命と欧米諸国

産業革命(世界)★　18世紀後半にイギリスで始まった，技術革新にともなう産業・社会のしくみの大きな変革。イギリスの綿工業の技術革新から始まった。産業革命の結果，工場制機械工業のしくみを基本とする資本主義社会が形づくられていった。

蒸気機関★　高温・高圧の水蒸気がもつ熱エネルギーを，動力にかえる機関。18世紀にイギリスのワットが改良に成功し，産業革命に大きく貢献した。

世界の工場★　19世紀ごろのイギリスに対するよび名。イギリスでは，世界最初の産業革命がおこり，国内の工場で製品を生産し輸出するなどして，世界経済の中心的存在となった。

万国博覧会★　世界の国々が，自国の最先端の産業や技術，すぐれた文化などを展示する国際的な博覧会。第1回は1851年にイギリスのロンドンで開催された。

ジャポニズム　19世紀後半から20世紀初頭にかけて，日本の美術工芸品が，西洋の美術，工芸，装飾などの幅広い分野に影響を与えた現象。日本の開国を機に，日本から陶磁器や漆器，浮世絵【▶ p.155】などの美術工芸品が，大量に西洋に伝わっていったことが発端となった。

資本主義★★★　利益の追求を目的として，多くの資本をもつ資本家が労働者をやとって商品を生産する経済・社会のしくみ。産業革命によって確立したもので，資本家と労働者という階級が生まれ，両階級の間に対立や貧富の差が生じた。

社会主義★　機械や土地などを社会の共有にし，階級差のない平等な社会をめざす思想。資本主義の確立により，貧富の差が拡大し，長時間労働や労働災害などの労働問題が発生するようになったことから，唱えられるようになった。

マルクス　1818～83　ドイツの哲学者・経済学者。資本主義を分析・批判し，社会主義を提唱した。代表作の『資本論』では，社会はやがて，資本主義から，生産手段を共有する社会主義へ必然的に移行すると説いた。

プロイセン★　1701年にドイツ東部に成立した王国。18世紀後半にフリードリヒ2世が絶対主義体制を確立して強国になった。1871年ドイツを統一し，ドイツ帝国を成立させた。

鉄血政策　19世紀のドイツ(プロイセン)でビスマルク首相が行った政策。議会を無視して，武器や兵器などの軍事力を強化し，富国強兵をおし進めた政策をいう。ビスマルクは鉄血宰相とよばれた。

クリミア戦争　1853年〜56年，クリミア半島を主戦場としておこったオスマン帝国・イギリス・フランス・サルデーニャの4か国連合軍とロシアとの戦争。ロシアが敗北し，56年にパリ条約が結ばれた。従軍看護師ナイチンゲールの活躍が有名。

南下政策　ロシア帝国が，ロマノフ王朝時代に，黒海方面，バルカン半島および中央アジア，東アジアで勢力を南へ拡大した動き。**クリミア戦争**や**三国干渉**，**日露戦争**の要因になった。

南北戦争★　1861年にアメリカ合衆国でおこった内戦。当時，奴隷制の廃止と保護貿易を主張する商工業地帯の北部と，奴隷制の存続と自由貿易を主張する大農場地帯の南部とが対立していた。北部代表の**リンカン**が大統領に就任したのをきっかけに南部が独立しようとしたため，戦争に発展した。戦争中の1863年，リンカン大統領が奴隷解放宣言を発表し，黒人の支持を集めた北部が

▼アメリカ合衆国の領土の拡大

1865年，勝利した。

歴史年表　▶p.326

リンカン★★　1809〜65　アメリカ合衆国16代大統領。奴隷制に反対し，**南北戦争**では北部を指揮し，**奴隷解放宣言**を発表して勝利に導いた。ゲティスバーグ演説での「人民の，人民による，人民のための政治」ということばが有名である。

歴史人物(世界)　▶p.339

清★★★　17世紀前半から，明にかわり中国全土を支配した国。**アヘン戦争**や**日清戦争**で敗れ，**辛亥革命**【▶p.190】をきっかけに1912年に滅亡した。

歴史年表　▶p.326

三角貿易★　18世紀末からイギリス，インド，清の三国間で行われた貿易。イギリスは，清から多くの茶を輸入し，その支払いのための銀が不足するようになったことから，行われるようになった。インドで麻薬であるアヘンを栽培して清へ密輸し，イギリスは清から茶を，インドはイギリスから綿織物を輸入するというかたちの貿易であった。この結果，清の銀が国外へ流出するようになった。

アヘン戦争★★★　1840年，イギリスと清との間でおこった戦争。清はイギリスに茶や絹織物などを輸出して多くの銀を得ていたが，イギリスがイギリス領のインドを経由して清にアヘンを密輸するようになってから，逆に銀が大量に

流出するようになり財政が悪化した。清がアヘンの密輸を禁止し、きびしく取りしまったことから、イギリスは清に軍艦を送って各地を攻撃し、戦争が始まった。イギリスは近代的な軍隊で清をやぶり、1842年に南京条約を結んだ。

歴史年表 ▶p.326

▼イギリスの三角貿易

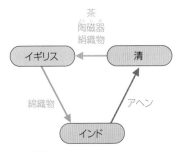

茶
陶磁器
絹織物

イギリス ← 清

綿織物 | アヘン

インド

▼アヘン戦争

南京条約★　アヘン戦争【▶p.168】の結果、1842年にイギリスと清との間で結ばれた条約。敗れた清は、上海など5港を開くとともに、イギリスに香港をゆずり、多額の賠償金を支払うことなどが取り決められた。

太平天国の乱★★　清で、1851年におこった大規模な反乱。指導者の洪秀全は、清をたおし平等な社会をつくろうとして、農民を率いて反乱をおこした。1851年に太平天国を建国し、1853年、南京を天京と改称し首都としたが、1864年、外国人の支援を受けた清にほろぼされた。

洪秀全★　1814〜64　清でおこった太平天国の乱の指導者。キリスト教の影響を受けて、1851年に反乱をおこし、太平天国を建国して天王と称した。太平天国は、平等主義にもとづき、土地を均等に分け、貧富の差のない社会の実現をめざした。

東インド会社★　17世紀ごろにヨーロッパ諸国が、アジアの植民地支配のためにつくった貿易会社。アジア進出の中心として重要な役割を果たした。その後、しだいに独占権を失い、イギリスの東インド会社はインドの大反乱のさなかに解散させられた。

インドの大反乱★　イギリスの支配に対し、1857年にインドでおこった反乱。インドでは、イギリスが産業革命に成功すると、イギリスの工業製品が大量に流入し、国内産業は大きな打撃を受けた。このため、東インド会社にやとわれていたインド兵（セポイまたはシパーヒーという）を中心に反乱がおこった。2年がかりでこれを鎮圧したイギリスは、インド全土を領土として支配した。これにより、16世紀から続いたムガル帝国はほろびた。

▼イギリスのインド支配

- イギリス領域
- ○ インドの大反乱地域

開国と幕府の滅亡

黒船★★　1853年にペリーが浦賀（神奈川県）に来航した際に乗っていた軍艦に対する，日本でのよび名。蒸気機関で動く黒塗りの巨大な軍艦を初めて見た人々の衝撃と恐怖感から，このようによんだといわれる。

▼ペリーの上陸（部分）

ペリー★★★　1794〜1858　アメリカ東インド艦隊司令長官で，アメリカ使節。1853年，4隻の軍艦を率いて浦賀（神奈川県）に来航し，日本に開国を要求した。翌年，再び来日し，日米和親条約の締結に成功した。

歴史地図　▶p.331

歴史人物（世界）　▶p.339

日米和親条約★★★　1854年，江戸幕府がアメリカ合衆国の使節ペリーとの間に結んだ条約。下田（静岡県）と函館（北海道）の2港を開き，アメリカ船に食料や水，船の燃料となる石炭などを供給することを認めた。これにより，200年以上続いた江戸幕府の鎖国政策は終わりを告げた。

歴史年表　▶p.326

▼日米和親条約

第2条　下田，函館の両港は，アメリカ船の薪水（まきと水），食料，石炭，欠乏の品を，日本にて調達することに限って，入港を許可する。

（部分要約）

日米修好通商条約★★★　1858年，江戸幕府の大老・井伊直弼がアメリカの総領事ハリスとの間に結んだ条約。井伊は朝廷の許しを得ないまま調印し，函館，神奈川（のち横浜），長崎，新潟，兵庫（現在の神戸）の5港を開くことを認め，貿易が開始された。また，アメリカに領事裁判権〔治外法権〕を認め，日本に関税自主

▼日米修好通商条約

第4条　すべて日本に対して輸出入する商品は別に定めるとおり，日本政府へ関税をおさめること。
第6条　日本人に対して法を犯したアメリカ人は，アメリカ領事裁判所において取り調べのうえ，アメリカの法律によって罰すること。

（部分要約）

権がなく，日本にとって不平等な条約であった。幕府はのちにオランダ，ロシア，イギリス，フランスとも，ほぼ同様の通商条約を結んだ（安政の五か国条約）。　歴史年表 ▶p.326

▼幕末の条約による開港地

日米修好通商条約で開港

函館
新潟
兵庫
神奈川
下田
長崎

日米和親条約で開港

（下田は日米修好通商条約で閉鎖）

井伊直弼★★　1815〜60　彦根藩（滋賀県）藩主で，幕末の大老。朝廷の許可を得ないまま，日米修好通商条約【▶p.170】を結び，反対派の大名や公家などを安政の大獄で処罰した。このため，桜田門外の変で，水戸藩などの浪士たちに暗殺された。

歴史人物（日本）▶p.336

ハリス★　1804〜78　幕末のアメリカの外交官。1858年に幕府に貿易開始をせまり，日米修好通商条約【▶p.170】を結んだ。

領事裁判権〔治外法権〕★★★　外国人が罪を犯しても，そのときにいる国の法律では裁かれず，本国の法律で裁判を受ける権利のこと。この内容の撤廃が明治時代における条約改正の重要課題とされ，1894年にイ

ギリスとの通商条約で撤廃された。

関税自主権★★★　国家が輸入品に対して自由に関税をかけることができる権利のこと。この権利の回復が明治時代の条約改正の重要課題とされ，1911年に回復した。

尊王攘夷運動★　天皇を敬い（尊王），外国勢力を追い払おう（攘夷）とする反幕府運動。江戸時代後期に，水戸藩を中心に，尊王論と攘夷論が結びついた思想で，長州藩を中心として動きが活発になった。

安政の大獄★　1858〜59年，大老の井伊直弼が，自分の政治に反対する人々を弾圧した事件。弾圧されたのはおもに将軍の跡継ぎ問題や日米修好通商条約の調印に反対した人々であった。反対派の大名や公家が処罰され，吉田松陰や橋本左内らが処刑された。

吉田松陰★　1830〜59　長州藩（山口県）の藩士。萩（山口県）の松下村塾で，弟子の教育にあたり，高杉晋作や久坂玄瑞など幕末維新期に活躍した多くの人材を育てた。幕府の対外政策を批判したため，安政の大獄で処刑された。

桜田門外の変★　1860年，幕府の大老であった井伊直弼が暗殺された事件。安政の大獄によるきびしい弾圧に反発した水戸藩などの浪士たちが，江戸城の桜田門外で井伊を襲撃した。

水戸藩 常陸国（茨城県）の水戸におかれた，徳川家の親藩で御三家【▶p.144】の1つ。藩主・光圀が多くの学者を集めて『大日本史』の編纂を手がけ，これを通じて尊王を基本とする水戸学がおこった。幕末の藩主・斉昭のとき，最盛期をむかえ，尊王攘夷運動に大きな影響を与えた。

四国艦隊下関砲撃事件 1864年，長州藩（山口県）がイギリス・フランス・オランダ・アメリカの4か国の連合艦隊から攻撃を受け，下関砲台が占領された事件。この戦いに敗れ，攘夷が不可能なことを知った長州藩は，開国・倒幕論へと傾き，軍備の強化を進めた。

▼占領された長州藩の砲台

生麦事件 1862年，薩摩藩（鹿児島県）の藩士が横浜付近の生麦村でイギリス人を殺傷した事件。この事件が原因で，翌年，薩英戦争がおこった。

薩英戦争★ 1863年，前年の生麦事件の報復として，イギリス艦隊が薩摩藩（鹿児島県）と交戦した事件。薩摩藩はイギリスの武力の強大さと攘夷が不可能なことを知り，以後イギリスに接近して軍備を増強した。

新撰組 幕末，京都守護職松平容保の下で，京都の取り締まりや尊王攘夷派の鎮圧にあたった浪士隊。組長は近藤勇。

公武合体 幕府が，朝廷（公家）との関係を強めることで，政治を安定させようとしたこと。大老の井伊直弼暗殺後，弱体化した幕府は朝廷と協力する政策をとり，孝明天皇の妹の和宮を14代将軍徳川家茂の夫人にむかえた。しかし，倒幕派の勢いが次第に強まり，幕府の力を安定させることはできなかった。

孝明天皇 1831～66 幕末期の天皇。明治天皇の父にあたる。日米修好通商条約の締結に強く反対した。妹の和宮を14代将軍徳川家茂に嫁がせるなど，公武合体に尽くした。

高杉晋作 1839～67 長州藩（山口県）の藩士。松下村塾で吉田松陰に学び，尊王攘夷運動を推進した。1863年に階級差別のない奇兵隊を組織し，挙兵して長州藩の主導権を握り，倒幕運動をすすめた。

木戸孝允〔桂小五郎〕★★ 1833～77 長州藩（山口県）の藩士で，明治時代初期の政治家。若いころは桂小五郎と名のっていた。吉田松陰に学び，倒幕運動に

活躍した。明治維新後は新政府の要

職につき，版籍奉還や廃藩置県に力を尽くし，岩倉使節団にも参加した。

歴史人物（日本） ▶p.336

西郷隆盛★★★　1827〜77　薩摩藩（鹿児島県）の藩士で，明治時代初期の政治家。薩摩藩を公武合体から倒幕へと転じさ

せ，薩長同盟を成立させた中心人物。戊辰戦争では参謀となり，勝海舟との会談で江戸城の無血開城に成功。明治維新後は新政府の要職についたが，征韓論【▶p.180】が受け入れられず政府を退いた。士族におされて西南戦争【▶p.182】の中心となったが敗れた。

歴史人物（日本） ▶p.336

大久保利通★★★　1830〜78　薩摩藩（鹿児島県）の藩士で，明治時代初期の政治家。西郷隆盛とともに

薩長同盟を成立させ，王政復古の大号令の実現などに活躍した。明治維新後は，新政府の要職につき，版籍奉還や廃藩置県などに力を尽くした。岩倉使節団に参加した後は，征韓論【▶p.180】に反対した。殖産興業を進めるなど，藩閥

政治の中心となって権力をふるった。

歴史人物（日本） ▶p.336

坂本龍馬★★★　1835〜67　土佐藩（高知県）の出身で，のちに脱藩した。同じ土佐藩出身の中岡慎太郎とともに，薩摩藩と長州藩を結びつけて薩長同盟【▶p.174】を成立させ，倒幕

へ向けての大きな勢力をつくった。統一国家構想である『船中八策』を起草して，大政奉還を推進したが，その後に暗殺された。

歴史人物（日本） ▶p.336

土佐藩★★　土佐国（高知県）を領有した外様大名・山内氏の藩。幕末の藩主豊信（容堂）が吉田東洋らを登用して藩政の改革を行った。公武合体【▶p.172】を推進し，大政奉還【▶p.174】を実現させた。

薩摩藩★★　薩摩国・大隅国（鹿児島県）2国を支配した外様大名・島津氏の藩。幕末には，はじめ公武合体を主張したが，のちに薩長同盟を結んだ長州藩とともに雄藩として倒幕運動の指導的役割を果たした。明治維新後は，新政府の中心となり，大久保利通や西郷隆盛らが活躍した。

長州藩★★　周防・長門（山口県）2国を支配した外様大名・毛利氏の藩。幕末には，はじめ尊王攘夷運動の中核となったが，のちに薩長同盟を結

んだ薩摩藩とともに，雄藩として倒幕運動の指導的役割を果たした。明治維新後は，新政府の中心となり，木戸孝允や伊藤博文らが活躍した。

薩長同盟 ★★★
1866年，坂本龍馬【▶p.173】らの仲介で，薩摩藩と長州藩との間で結ばれた同盟。薩摩の西郷隆盛らと長州の木戸孝允が幕府を倒すことを目的として密かに結んだ。これにより，両藩が手を結び，倒幕の動きが大きく進展した。

世直し
幕末から明治時代初めにかけてさかんになった，貧しい農民たちを中心に，世の中が変化することを望む民衆の風潮。世直し一揆や打ちこわしの形をとり，貧しい農民たちが，地主や特権商人を攻撃し，借金の帳消しや物価の値下げ，米の提供などを要求した。

ええじゃないか ★
1867年の秋から冬にかけて，東海道・近畿・四国地方に広がった集団乱舞。伊勢神宮のお札が天から降ってきたといううわさが広まり，「ええじゃないか」とさけびながら，集団でおどり歩くさわぎが各地で流行した。

徳川慶喜 ★★★
1837～1913 大政奉還を行った江戸幕府15代，最後の将軍。水戸藩（茨城県）の藩主・徳川斉昭の子。1866年に15代将軍となり，幕政の改革を試みたが失敗し，倒幕運動が高まる中，1867年に大政奉還を行った。

歴史人物（日本） ▶p.336

大政奉還 ★★★
1867年，15代将軍・徳川慶喜が政権を朝廷に返上したこと。薩長同盟の成立により倒幕の動きが強まったため，慶喜は土佐藩（高知県）の前藩主・山内豊信の意見を受け入れ，政権の返上を朝廷に申し出て許された。慶喜は朝廷を中心とした政府に対して影響力を残すつもりであったが，新政府は王政復古の大号令によって天皇中心の政治を行うことを宣言し，慶喜に領地などを返上させた。これにより，江戸幕府は終わりをつげた。

歴史年表 ▶p.326

岩倉具視 ★★★
1825～83 幕末・明治時代初期の公家・政治家。薩・長による王政復古の実現に貢献した。明治維新後は，新政府で要職につき，岩倉使節団【▶p.179】の全権大使として

アメリカ・ヨーロッパ諸国を視察するなどした。帰国後は国内の政治の充実をはかることに努めた。

王政復古の大号令 ★
1867年，朝廷が発表した，天皇中心の政治を行うという宣言。これにより，約260年にわたり続いた江戸幕府がほろんだ。

歴史年表 ▶p.326

勝海舟 ★
1823～99 幕末から明治時代の政治家。出身地の江戸で，蘭学や剣術などを学んだ。1860年，

咸臨丸の艦長として太平洋横断航行しアメリカに渡った。帰国後は軍艦奉行として幕府海軍を統括した。戊辰戦争時には，西郷隆盛【▶ p.173】との会談で江戸城の無血開城を実現した。明治時代には，海軍卿や枢密顧問官などを歴任した。

戊辰戦争★　1868年に鳥羽・伏見の戦いから始まった，新政府軍と旧幕府軍との戦い。徳川慶喜に対する新政府の処置などに不満をもった旧幕府軍は，京都の鳥羽・伏見で薩長を中心とする新政府軍と交戦したが敗れた。新政府軍は慶喜を討つため江戸に進軍したが，江戸攻撃においては，勝海舟と西郷隆盛の交渉により，旧幕府軍は戦うことなく江戸城を明け渡した。1869年，函館の五稜郭で旧幕府軍が降伏して戦争は終結し，新政府が全国をほぼ統一した。

奥羽越列藩同盟　1868年，戊辰戦争中に結成された東北や北陸の諸藩による反新政府の同盟。

五稜郭　北海道函館市にあるヨーロッパ風の星型城塞。戊辰戦争の際，榎本武揚ら旧幕府軍の一部がたてこもったが，1869年の新政府軍の総攻撃により敗れ，鳥羽・伏見の戦いから始まった新政府軍と旧幕府軍との一連の戦争が終わった。

新政府の成立と改革

明治維新★★★　明治時代初期に進められた，日本を近代国家にするための一連の政治改革。明治政府が全国を直接治める中央集権国家をつくり上げることで天皇中心の国家をめざした。版籍奉還や廃藩置県，古い身分制度の廃止，徴兵制，地租改正などが行われた。

明治天皇★★★　1852～1912　明治時代の天皇。1867年に天皇に即位。五箇条の御誓文で新しい政治方針を示して，京都から東京に都を移した。大日本帝国憲法【▶ p.184】や教育勅語【▶ p.185】を発布して，天皇制の基盤を確立した。

▼新政府のしくみ（廃藩置県のころに決められたもの）

175

五箇条の御誓文★★★　1868年に明治政府が示した，政治の基本方針。明治天皇が神に誓うという形がとられた。広く世論を聞いて政治を進めることや，身分の上下にかかわりなく国民が協力すること，外国との交際を深め国を発展させることなど，5か条からなる。国民に対しては，道徳を守ることや一揆・キリスト教の禁止といった，守るべき心得が，5枚の立て札で示された（五榜の掲示）。

歴史年表 ▶p.327

▼五箇条の御誓文

一，広ク会議ヲ興シ万機公論ニ決スヘシ

一，上下心ヲ一ニシテ盛ニ経綸ヲ行フヘシ

一，官武一途庶民ニ至ル迄，各其志ヲ遂ケ，人心ヲシテ倦マサラシメンコトヲ要ス

一，旧来ノ陋習ヲ破リ，天地ノ公道ニ基クヘシ

一，智識ヲ世界ニ求メ，大ニ皇基ヲ振起スヘシ

太政官制　1868年から，内閣制度【▶p.184】が成立する1885年までの中央政府のしくみ。太政官を立法・司法・行政を統轄する政府の最高官庁とし，左大臣・右大臣や参議（大臣を補佐する役割の職）をおいた。参議には，西郷隆盛や木戸孝允，大久保利通などが就任した。

藩閥政治★★　明治維新で活躍した旧薩摩藩（鹿児島県）・長州藩（山口県）・土佐藩（高知県）・肥前藩（佐賀県）の4藩の出身者が，明治政府の実権をにぎって行った政治。この政治に反対して自由民権運動がおこったが，帝国議会が開設された後も薩長出身者が首相や大臣となることが多く，政治の実権をにぎった。

版籍奉還★★★　1869年，明治政府が，藩主の所有する土地と人民を朝廷に返させた政策。藩の権限をおさえ，中央政府が全国を直接支配する中央集権化をめざしたが，実態はあまり変わらなかった。

歴史年表 ▶p.327

廃藩置県★★★　1871年，明治政府が全国の藩を廃止し，かわりに府・県をおいた政策。まず全国を1使（開拓使）3府302県としたが，1888年には1道3府43県となった。知藩事にかえて中央政府から府知事や県令（のちの県知事）を派遣し，地方の政治を行わせた。これにより，中央政府が全国を直接支配する中央集権体制が実現した。

歴史年表 ▶p.327

四民平等★★　明治政府が江戸時代の身分制度を廃止し，皇族以外はすべて平等であるとしたこと。士農工商【▶p.146】を廃止して新たな身分制度をつくり，天皇の一族を皇族，公家・大名を華族，武士を士族，百姓・町人を平民とした。そして，武

士の特権を廃止し，平民でも名字を名のることが許され，移転や職業，他の身分の者との結婚も自由とされた。

解放令 ★
1871年，明治政府がえた・ひにんなどの身分を廃止するとした法令。えた・ひにんなどのよび名をやめ，身分・職業ともすべて平民と同じとした。しかし，実際には，職業，結婚，住居など多くの面で差別は根強く続いた。

富国強兵 ★★★
欧米の強国に対抗できる近代国家をつくるため，明治政府がかかげたスローガン（国家目標）。欧米の資本主義経済をとり入れて産業をさかんにし，国に力をつけ，近代的な軍備・軍制をとり入れて軍事力を強化することをさす。これを実現するためにさまざまな政策が行われたが，なかでも学制，兵制（徴兵令），税制（地租改正）の3つの改革は近代化の基礎となった。

学制 ★★★
1872年に公布された，学校教育制度の基本を定めた法令。フランスの制度にならい，学校を大学・中学校・小学校の3段階とし，6歳以上のすべての男女は小学校教育を受けることとした。

歴史年表 ▶p.327

徴兵令 ★★★
1873年に公布された，満20歳以上の男子に兵役を義務づけた法令。

山県有朋 ★
1838〜1922　日本の軍人・政治家。長州藩（現山口県）に生まれ，松下村塾に学んだ。明治維新

後，陸軍創設・徴兵令など軍制の整備に努めた。内務卿・枢密院議長・総理大臣などを歴任した。

地租改正 ★★★
1873年から行われた，土地に対する税の改正。土地の所有者と価格（地価）を決めて地券を発行し，地価の3%の税（地租）を現金で納めることとした。これにより，政府の財政は安定したが，農民の税負担はほとんど変わらなかったことから，各地で反対の一揆がたて続けに発生した。このため，1877年に地租は地価の2.5%に引き下げられた。

歴史年表 ▶p.327

▼地券

殖産興業 ★★★
富国強兵をめざす明治政府がかかげた，近代産業を育成するためのスローガン。富岡製糸場などの官営模範工場をつくったり，郵便制度や貨幣制度，交通機関などを整備したりしたほか，北海道で開拓事業を行った。

富岡製糸場 ★★
1872年に群馬県につくられた官営模範工場（政府が管理する工場）。重要な輸出品である生糸を製造するため，明治政府がフ

ランスから機械を輸入し，技術者を招いて直接経営した。

▼富岡製糸場

開拓使　1869年，北海道を切り開いて開発するためにおかれた役所。札幌農学校（今の北海道大学）をつくり，アメリカ式の大農場制を導入するなどして進められた。開拓の中心となったのは，農作業などのほかロシアに対する警備も担当する屯田兵であった。1882年に開拓使は廃止され，のち北海道庁に統合された。

屯田兵★　明治時代，北海道の開拓と警備にあたった兵。ふだんは農作業に従事し，非常時には兵士として防衛にあたった。

クラーク 発展 　1826〜86　アメリカの教育家。北海道の開拓使の招きで，1876年に札幌農学校（今の北海道大学）の初代教頭として来日した。大農場制度など新しい農法を伝えるとともに，キリスト教の精神にもとづいた教育を行った。帰国する際に残した，"Boys, be ambitious!"（少年よ，大志をいだけ！）とい

う言葉が有名である。

渋沢栄一　1840〜1931　明治・大正時代の実業家。幕臣であったが，明治政府では大蔵省に入り，国立銀行条例をつくるなど，制度の改革にあたっ

た。第一国立銀行，大阪紡績会社など多くの会社の設立に関わり，日本経済の発展に大きな役割を果たした。

文明開化★★　明治維新の後，衣食住など人々の**生活様式が西洋風に大きく変化したこと**。明治政府が近代化をめざし欧米文化を積極的に取り入れたことから，都市を中心におこった。町には，れんがづくりの洋館，ガス灯やランプがつくられ，馬車や人力車が走るようになった。洋服を着て帽子をかぶり，靴をはく人も増え，ちょんまげ頭はザンギリ頭

▼明治初期の銀座（東京）の様子

にかわった。牛肉や牛乳，パン，アイスクリームなども食べられるようになり，食生活の西洋化が進んだ。また，西欧と同じ太陽暦が採用された。

太陽暦★★　日本で，太陰暦【▶p.98】にかわり1873年から採用されている暦。太陽を基準としてつくられた暦である。1年を12か月とした。1日を24時間とし，日曜日を休日とする1週7日制も採用された。

貨幣制度　殖産興業【▶p.177】の一環として1871年に整備された，貨幣とその単位を統一する制度。貨幣の単位を円・銭・厘とし，十進法を用いて，1円＝100銭，1銭＝10厘とされた。

郵便制度★　殖産興業の一環として1871年に整備された，郵便に関する新制度。それまでの飛脚に代わる官営の制度で，イギリスにならって，前島密によって整えられた。郵便ポストの設置，切手の導入，全国均一料金制などが行われた。

福沢諭吉★★★　1834〜1901　明治時代の思想家・教育者。幕末に蘭学を学び，幕府に仕えて欧米に3回渡った。帰国後，『西洋事情』をあらわし，

欧米の近代文化や思想を紹介した。1868年には慶應義塾(今の慶應義塾

大学)を創設し，教育と思想の普及に努めた。1872〜1876年に出版した『学問のすゝめ』は，人間の平等と尊さ，学問の大切さなどを説いたもので，多くの人に読まれた。

歴史人物(日本)　▶p.336

中江兆民★★　1847〜1901　明治時代の思想家。岩倉使節団とともにフランスに留学し，帰国後，『東洋自由新聞』において自由民権論を説いた。ルソーの『社会契約論』を翻訳して『民約訳解』をあらわし，自由民権運動【▶p.182】に影響をあたえたことから，「東洋のルソー」とよばれた。

国際関係と自由民権運動

岩倉使節団★★★　1871〜73年，岩倉具視を全権大使としてアメリカやヨーロッパに派遣された使節団。大久保利通，木戸孝允，伊藤博文など明治政府の有力者のほか留学生など，合わせて100人あまりが参加した。目的は，幕末に結んだ条約を改正するための予備交渉と，欧米の進んだ政治や産業などを学ぶことにあった。交渉はできなかったが，使節団は国力を充実させる必要性を痛感して帰国した。その後，日本の近代化が強力におし進められた。

津田梅子★★　1864〜1929　明治・大正時代の女子教育家。岩倉使節団にしたがい，7歳で日本初の女子留学生の一員としてアメリカに留学し

た。11年後に帰国して女子教育の発展に尽くし，1900年には**女子英学塾**(今の津田塾大学)を創設し，塾長として多くの人材を育てた。

新島襄 1843～90　明治時代の宗教家・教育者。密出国してアメリカに渡る。岩倉使節団に同行して，ヨーロッパの教育制度を視察し，帰国後は，京都に同志社英学校(現在の同志社大学)を設立。**キリスト教精神にもとづく教育**を行った。

樺太・千島交換条約★　1875年，日本とロシアの国境を決めた条約。樺太(サハリン)をロシア領，千島列島のすべてを日本領と定めることで合意した。

日清修好条規★　1871年，日本と清との間で結ばれた条約。たがいに対等な立場で結ばれた条約で，日清戦争まで適用した。

征韓論★★★　明治時代初めごろ主張された，鎖国を続けていた**朝鮮**に対して，武力にうったえてでも開国させようとする考え。明治政府は朝鮮に開国を求めたが拒否されたため，西郷隆盛や板垣退助がこの征韓論を主張した。欧米から帰国した大久保利通らが国内政治を優先すべきだとして反対したため，西郷らは1873(明治6)年に政府を去った(**明治六年の政変**)。

江華島事件★★　1875年，朝鮮の江華島近くで無断で測量していた日本の軍艦が，朝鮮から砲撃された事件。砲撃に対して日本も応戦し，戦闘に発展した。日本は翌年，軍事力を背景に，朝鮮にとって不利な**日朝修好条規**を結び，鎖国を行っていた朝鮮を開国させることに成功した。

日朝修好条規★　1876年，日本と朝鮮との間で結ばれた，朝鮮にとって不利な条約。日本は朝鮮を独立国と認めたが，日本の**領事裁判権**〔**治外法権**〕【▶p.171】や，無関税貿易を認めさせるなど**不平等な内容**であり，この条約により**朝鮮は開国**した。

琉球処分★　1879年，明治政府が強制的に**琉球藩**と**琉球王国**を廃止し，

▼岩倉使節団

沖縄県とした政策。江戸時代以降，琉球王国【▶p.129】は薩摩藩の支配下にあったが，明や清とも深い関係を保っていた。明治時代になると，清と明治政府が琉球の帰属をめぐって対立した。明治政府は1871年に琉球王国を鹿児島県に編入し，翌年，琉球藩をおいて国王の尚氏を藩王とした。さらに，1879年には軍隊や警察を送って琉球藩と琉球王国を廃止し，沖縄県として日本に統合した。

▼明治初期の日本の外交と国境の画定

ロシア
カムチャツカ
樺太・千島交換条約1875年
樺太
千島列島
清
日朝修好条規1876年
日清修好条規1871年
朝鮮
日本海
太平洋
黄海
日本
沖縄
日本の領有宣言1876年
沖縄県を置く1879年
台湾
小笠原諸島

-- 日本の国境

北海道旧土人保護法〔アイヌ人保護法〕

1899年，アイヌの人々を保護することを名目として制定された法律。明治政府がおいた開拓使により，北海道に古くから住むアイヌの人々（旧土人とよばれた）は伝統的な生活を失っていった。政府は，アイヌの生活や文化を救済することを名目に法律を制定したが，あまり効果はなかった。1997年，新たにアイヌ文化振興法が制定された。

板垣退助 ★★★ 1837〜1919 土佐

藩（高知県）の出身で，明治時代・大正時代の政治家。征韓論が受け入れられず，西郷隆盛らとともに政府を去ったが，1874年に民撰議院設立の建白書を提出して，自由民権運動の中心人物となった。自由党を結成して党首となった。

歴史人物（日本）▶p.336

立志社 ★★

民撰議院設立の建白書を提出した後，板垣退助らが1874年に土佐に設立した士族中心の政治結社。自由民権運動をすすめるためにつくられ，その中心として活動した。のちに，愛国社，国会期成同盟【▶p.182】へと発展し，自由党【▶p.183】が結成されると解散した。

民撰議院設立の建白書 ★★★ 板垣

退助らが国会の開設などを求めて1874年に出した意見書。自由民権運動が始まるきっかけとなった。

歴史年表 ▶p.327

士族の反乱

明治時代初めごろ，政府に不満をもった士族が各地でおこした反乱。士族は四民平等【▶p.176】，廃刀令などによって多くの特権を奪われ不満を高めて，各地で反乱をおこした。最も規模の大きかった西南戦争【▶p.182】のほか，1874年に江

藤新平らが中心になっておこした佐
賀の乱や1876年に山口県でおこっ
た萩の乱が有名である。いずれも政
府軍によって鎮圧された。

▼不平士族の反乱

山口
萩の乱
(1876年)

福岡
秋月の乱
(1876年)

佐賀
佐賀の乱
(江藤新平)
(1874年)

鹿児島
西南戦争
(西郷隆盛)
(1877年)

熊本
神風連の乱
(1876年)

西南戦争★★★ 1877年，鹿児島の
士族がおこした大規模な反乱。明治
政府が行う改革に不満をもった私学
校生を中心とした士族が，西郷隆盛
をもりたてて挙兵し，熊本城を攻め
たが，徴兵令によりつくられた政府
軍に鎮圧された。この西南戦争が，
政府に対する，最大で最後の士族の
反乱となった。　歴史年表 ▶p.327

▼西南戦争

自由民権運動★★★ 1870〜80年代
におこった，国民が政治に参加する
権利の確立をめざす運動。藩閥政治
を批判した板垣退助らが，民撰議院
設立の建白書【▶p.181】を政府に提
出して国会の開設を求めたことから
始まった。

国会期成同盟★ 1880年，明治政府
に国会の開設を求めて結成された組
織。板垣退助が立志社を中心に結成
した愛国社が発展したもので，全国
の代表者が集まった。

憲法草案 明治時代の初めに，政党
などの団体や個人がつくった憲法の
草案。1881年に政府が憲法制定の
方針を決定したことを受けて，民間
でも自分たちで憲法をつくろうとす
る動きが活発になった。多くの憲法
私案(私擬憲法)がつくられたが，現
在の東京都あきる野市で地元の青年
たちがつくった「五日市憲法草案」
や，国民主権や革命権などをもりこ
んだ植木枝盛の「東洋大日本国国憲
按」などが有名である。

**開拓使官有物払下げ事件〔北
海道開拓使払下げ事
件〕** 1881年，北海道の開拓
使【▶p.178】の国有施設を政
府と関係の深い会社に不当に
安く払下げようとした事件。
自由民権派を中心にはげしい
政府批判がおこったため，政
府は払下げを取りやめた。

国会開設の勅諭★　1881年に天皇の名で出された，明治政府が1890年に国会を開くことを示した公約。自由民権運動が高まる中，伊藤博文らが天皇の名で約束した。

オッペケペー節 発展　明治時代に大流行した，自由や民権などを世間にうったえた歌。演歌の始まりといわれている。役者の川上音二郎が自由民権運動を広めるために，政治や時事を風刺した芝居を行い，その中で歌って広めた。

▼オッペケペー節（一例）

権利幸福嫌ひな人に，自由湯をば飲ましたい，
オッペケペーオッペケペッポーペッポーポー，
固い上下角取れて，マンテルズボンに人力車，
意気な束髪ボンネット，貴女に紳士のいでたちで，
うはべ（わ）の飾りは好いけれど，政治の思想が欠乏し，
天地の真理が分らない，心に自由の種を蒔け，
オッペケペーオッペケペッポーペッポーポー

立憲国家の成立

自由党　1881年，板垣退助を党首としてつくられた政党。フランスの人権思想をとり入れ，おもに地方農村で支持された。 歴史年表 ▶p.327

伊藤博文★★★　1841～1909　長州

藩（山口県）出身の明治時代の政治家。松下村塾で学び，幕末は尊王攘夷運動で活躍した。明治維新後は，岩倉使節団に参加するなどし，政府の中心となる。ヨーロッパでドイツ〔プロイセン〕憲法を研究し，憲法草案づくりにも大きな役割を果たした。帰国後，内閣制度【▶p.184】を創設して初代内閣総理大臣に就任。日露戦争後は，初代韓国統監を務めたが，ハルビンで韓国独立運動家の安重根に暗殺された。 歴史人物（日本） ▶p.337

立憲改進党★★　1882年，大隈重信を党首としてつくられた政党。イギリス流の憲法にもとづいて行う政治が良いと主張した。

歴史年表 ▶p.327

大隈重信★★★　1838～1922　肥前

藩（佐賀県）の出身で，明治・大正時代の政治家。1882年，立憲改進党を結成し，自由民権運動をおし進めた。帝国議会開設後は議会政治で活躍し，板垣退助とともに政党内閣を組織した。東京専門学校（今の早稲田大学）

の設立者としても知られる。

歴史人物（日本） ▶p.337

▼自由党員の分布と各地でおきた事件

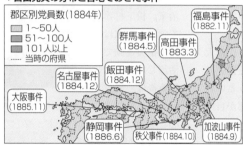

郡区別党員数（1884年）
▨ 1〜50人
▨ 51〜100人
▨ 101人以上
⋯⋯ 当時の府県

福島事件
（1882.11）
群馬事件
（1884.5）
高田事件
（1883.3）
飯田事件
（1884.12）
名古屋事件
（1884.12）
大阪事件
（1885.11）
静岡事件
（1886.6）
秩父事件（1884.10）
加波山事件
（1884.9）

激化事件 1882年から1886年にかけて，深刻な不況を背景に，自由党急進派や貧しい農民が各地で蜂起した事件。福島事件や，秩父事件などがある。

秩父事件 1884年，埼玉県秩父郡で農民や自由党員がおこした騒動。このころおきた激しいデフレーションに対して，秩父では農民が困民党を組織し，自由党員の指導のもと，借金の返済延期や税金の減額などを求めて蜂起した。警察や軍隊と戦ったが鎮圧され，多くの人々が罰せられた。

ドイツ憲法〔プロイセン憲法〕★ 大日本帝国憲法の手本となった憲法。君主である皇帝に強大な権力をもたせた憲法であることから，天皇中心の政治をめざす明治政府が伊藤博文をヨーロッパに留学させてこれを学ばせた。

大日本帝国憲法★★★ 1889年に発布された日本初の憲法。君主権の強いドイツ憲法〔プロイセン憲法〕にならってつくられ，天皇が国民にあたえるという形で発布された欽定憲法である。国の**最高の権力者は天皇**であり，外国と条約を結ぶことや戦争を始めること，**統帥権**（軍隊の最高指揮権）などは，天皇の権限であると定められた。また，国民の自由や権利は法律の範囲内で認められて，議会や内閣，裁判所は天皇を助けるものとされた。

歴史年表 ▶p.327

内閣制度★★ 1885年に創設された，内閣を国家の最高行政機関とする制度。天皇の指名する内閣総理大臣が，各省長官を担当する国務大臣を率いて内閣を組織するしくみになっている。初代内閣総理大臣には伊藤博文が就任した。

枢密院 大日本帝国憲法のもとで，国の政治に関する重要事項について天皇の求めに応じて審議した機関。

帝国議会★★★ 大日本帝国憲法のもとで，法律の制定や予算の承認を行う**最高立法機関**。天皇の権限が強く，立場は弱いものであったが，政党が政治に参加したり，政党内閣【▶p.199】をつくる基礎になったりした。皇族・華族などで構成される貴族院と，国民の選挙で選ばれた議員で構成される衆議院の二院から構成されていた。1890年に行われた

最初の衆議院議員選挙で選挙権があたえられたのは，直接国税15円以上を納める満25歳以上の男子に限られ，日本の総人口の約1.1%にすぎなかった。

▼大日本帝国憲法

第1条	大日本帝国ハ万世一系ノ天皇之ヲ統治ス
第3条	天皇ハ神聖ニシテ侵スヘカラス
第4条	天皇ハ国ノ元首ニシテ統治権ヲ総攬シ此ノ憲法ノ条規ニ依リ之ヲ行フ
第5条	天皇ハ帝国議会ノ協賛ヲ以テ立法権ヲ行フ
第11条	天皇ハ陸海軍ヲ統帥ス
第13条	天皇ハ戦ヲ宣シ和ヲ講シ及諸般ノ条約ヲ締結ス
第29条	日本臣民ハ法律ノ範囲内ニ於テ言論著作印行集会及結社ノ自由ヲ有ス

(抜粋)

▼明治政府のしくみ

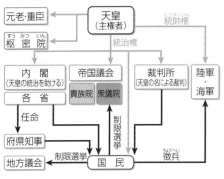

学校令★ 1886年に制定された，帝国大学令・師範学校令・中学校令・小学校令および諸学校通則など，一連の教育に関する法令の総称。義務教育を4年間と定めた。

教育勅語★ 1890年に天皇の名によって出された，国民教育の基本方針を示したもの。天皇に忠誠を誓い国を愛するという忠君愛国の精神が強調された。日本国憲法施行後の1948年に廃止された。

欧米列強の侵略と条約改正

帝国主義★★ 19世紀後半から始まった，資本主義諸国が軍事力と経済力を背景に植民地獲得をめざした動き。資本主義が発達し経済力を強めたヨーロッパを中心とする諸国は列強とよばれ，工業に必要な原料や市場を確保するため，アジア・アフリカに進出し，軍事力を用いて植民地を広げていった。

欧化政策★ 明治時代，日本が欧米同様の文化をもつ近代的な国であることを示そうと進められた政策。外務大臣であった井上馨を中心に，鹿鳴館を建設し舞踏会を開くなど欧米の制度・風習が積極的にとり入れられた。

鹿鳴館★ 1883年，外国の高官たちを接待するために建てられた官営の建物。東京日比谷にあり，外務卿(後の外務

185

大臣）井上馨によって西洋の風習をとり入れた，華やかな舞踏会などが連日のように行われた。欧化政策の象徴であるといわれた。

ノルマントン号事件★
1886年，沈没したイギリス船に乗っていた日本人乗客が全員水死した事件。紀伊半島沖でイギリス船ノルマントン号が沈没するとき，船長をふくめイギリス人船員は脱出したが，日本人乗客は水死した。事件の裁判は領事裁判権〔治外法権〕【▶ p.171】によってイギリス領事が行い，船長に軽い罰をあたえただけだった。このため，国民の間に領事裁判権の撤廃を求める声が高まり，条約改正の動きが加速した。

▼ノルマントン号事件の風刺画（ビゴー）

脱亜論
1885年に福沢諭吉【▶ p.179】が新聞に発表した主張。日本は中国や朝鮮などアジア諸国（亜細亜）と連携するのではなく，西欧の文明を積極的に取り入れ，西洋列強と動きをともにしていこうという内容。欧米を志向し，アジアを軽視する脱亜論は，のちに日本が清との軍事的対決に至る気運を高めていった。

ビゴー
1860～1927　フランスの新聞記者・画家。近代化をめざす日本の政治や風俗を，西洋人の視点から，皮肉やユーモアをまじえて鋭く描いた。

日英通商航海条約 発展
1894年，日本とイギリスとの間に結ばれた，領事裁判権〔治外法権〕【▶ p.171】を撤廃する条約。外務大臣陸奥宗光の外交交渉により結ばれたもので，領事裁判権〔治外法権〕の撤廃のほか関税自主権【▶ p.171】の一部回復などを内容とする。

甲午農民戦争〔東学党の乱〕
★★★　1894年に朝鮮南部でおこった，東学を信仰する団体を中心とした農民の反乱。東学は，キリスト教に対抗しようとする宗教で，外国勢力の進出と政府に対する不満から，排日や減税などを求めて蜂起した。この乱の鎮圧に努めた日清両軍が鎮圧後も軍隊をひきあげずに対立したことから，日清戦争がおこった。

日清戦争 ★★★
朝鮮の支配をめぐって，日本と清との間で1894年にはじまった戦争。甲午農民戦争をきっかけに，日清両軍が朝鮮へ出兵したことから始まった。近代的な軍隊をもつ日本軍が朝鮮から清の軍隊を撤退させた。清は日清戦争前は，「眠れる獅子」とよばれていたが，この戦争に敗れて以降，列強はそれぞれ中国に自国の勢力圏を築いた。

歴史年表 ▶p.327

▶日清戦争のようす

遼東半島
旅順 大連
清
威海衛
平壌
朝鮮
漢城
（ソウル）
日本海
日本軍の進路
東シナ海
釜山
日本
下関

下関条約★★★　1895年に下関で結ばれた**日清戦争【▶ p.186】の講和条約**。清は，朝鮮を独立国と認め，遼東半島・台湾などを日本にゆずり，賠償金2億両を日本に支払う，などを内容とする。のちに，日本の勢力拡大をおそれたロシアなどが**三国干渉**を行った。　歴史年表 ▶p.327

租借（権）★　国家が他国の領土の一部を借り受けること。19世紀の末よりヨーロッパ列強と日本は，清に要求し租借権を使って土地を得た。日露戦争後，日本はロシアの租借地であった遼東半島南部の租借権を取得。また1919年のベルサイユ条約によってドイツ租借地の膠州湾を引き継いだ。

台湾総督府　下関条約にもとづき清からゆずり受けた台湾に日本がおいた官庁。台北に設置し，日本が植民地支配を行う拠点とされた。

大韓帝国　朝鮮が1897年に改めた国号。国号を改め，日本をはじめ諸外国に独立国であることを示そうとした。1910年に日本が韓国併合を行うまでこの国号が使われた。

三国干渉★★★　1895年，ロシア，ドイツ，フランスの三国が，日本に対して，下関条約で獲得した**遼東半島**を清に返還するように要求したこと。3国の軍事力をおそれた日本は，賠償金の増額を条件に要求を受け入れた。日本国内では，ロシアへの反感が高まった。　歴史年表 ▶p.327

義和団事件★★　1899～1900年に清でおこった**民衆の反乱**。日清戦争後の清では，列強の侵略が強まっていたことから，外国人を追い出そうと，義和団という宗教団体を中心に民衆が蜂起した。清は義和団を支持して各国に宣戦布告したことから，日本を含む列国の連合軍が出兵し義和団を鎮圧した。　歴史年表 ▶p.327

日英同盟★★★　1902年，ロシアの南下政策に対抗するため，**日本とイギリスとの間で結ばれた軍事同盟**。日本は満州や朝鮮を，イギリスは東アジアをめぐってそれぞれロシアと対立していたため，両者の利害が一致したことから結ばれた。この同盟は，第一次世界大戦で日本が連合国側として参戦する理由ともなった。

歴史年表 ▶p.327

幸徳秋水★　1871～1911　明治時代の思想家・**社会主義者**。社会主義【▶ p.167】の立場から，日露戦争に対して非戦論を唱えて反対した。大

187

逆事件【▶ p.201】で捕らえられ，処刑された。

内村鑑三 1861～1930 明治・大正時代のキリスト教思想家。札幌農学校でクラーク【▶ p.178】の影響を受けてキリスト教徒となり，渡米して神学を学んだ。日露戦争に対して非戦論を唱えて反対した。

日露戦争★★★ 満州・韓国の支配権をめぐって，日本とロシアとの間で1904年にはじまった戦争。日本は旅順を占領し，奉天会戦で勝利をおさめ，日本海海戦でロシアのバルチック艦隊をやぶった。しかし，日本は兵力や物資などが不足し，ロシアは国内で皇帝の政治に対する不満から革命運動がおこり，両国とも戦争続行は困難になったことから，1905年，アメリカの仲立ちでポーツマス条約が結ばれ講和した。

歴史年表 ▶p.327

▼日露戦争をめぐる列強の関係

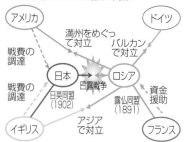

日本海海戦 日露戦争中の1905年5月に，日本とロシアとの間でおこった海戦。東郷平八郎を司令官とする日本の連合艦隊が，ヨーロッパから回航してきたロシア最大のバルチック艦隊を対馬海峡で迎え撃ち，圧倒的な勝利をおさめた。

▼日露戦争のようす

東郷平八郎★ 1847～1934 明治～昭和初期の海軍軍人。連合艦隊司令長官となる。日露戦争では日本の連合艦隊を率い，日本海海戦でロシアのバルチック艦隊を壊滅させて勝利をおさめた。

ポーツマス条約★★★ 1905年，アメリカの仲介によりアメリカのポーツマスで結ばれた日露戦争の講和条約。①ロシアは，韓国における日本の優越権を認める，②樺太の南半分を日本領とする，③長春以南の鉄道とその付属の利権や旅順・大連の租借権を日本にゆずる，などを内容とする。賠償金は得られなかったことなどから，日本国民ははげしく政府を非難し，日比谷焼き打ち事件【▶ p.189】がおこった。

歴史年表 ▶p.327

日比谷焼き打ち事件 ★　1905年，ポーツマス条約の内容に不満をもつ民衆がおこした暴動。東京日比谷公園で条約破棄をさけんで暴動がおこった。

大津事件　1891年，来日したロシア皇太子が，滋賀県の大津で警備の巡査に襲われ負傷した事件。内閣はロシアとの関係悪化をおそれて，犯人を死刑にするよう求めたが，大審院長の児島惟謙は，当時の刑法にしたがって無期懲役にするよう指示した。外部の圧力を排除し，司法権の独立を守った判決として有名である。

条約改正 ★★★　1858年に結ばれた日米修好通商条約をはじめとする安政の五か国条約が日本にとって不利な不平等条約であったことから，これらを改正しようとする明治政府最大の外交交渉のこと。領事裁判権〔治外法権〕【▶p.171】の撤廃は1894年に陸奥宗光が，関税自主権【▶p.171】の回復は1911年に小村寿太郎が成功した。

陸奥宗光 ★★★　1844～97　明治時代の政治家。外務大臣として，日清戦争直前の1894年に日英通商航海条約【▶p.186】を結び，領事裁判権〔治外法権〕【▶p.171】の撤廃に成功した。

歴史人物（日本）　▶p.337

小村寿太郎 ★★★　1855～1911　明治時代の政治家・外交官。1911年，日米通商航海条約を結んで関税自主権【▶p.171】の完全回復に成功し，条約改正を実現した。

歴史人物（日本）　▶p.337

韓国統監府　1905年，日本が韓国の外交を統括するために，漢城（今のソウル）においた日本政府の代表機関。初代統監は伊藤博文。

韓国併合 ★★　1910年，日本が韓国を植民地としたこと。これにより，韓国は日本領朝鮮となり，日本は朝鮮総督府を設置して，植民地支配の拠点とした。学校では日本史や日本語を教え，日本人に同化させる教育を行い，1945年の日本の第二次世界大戦敗戦まで植民地支配が続けられた。

朝鮮総督府　1910年の韓国併合後，韓国統監府にかわっておかれた，日本が朝鮮を統治するための機関。京城（漢城から改称。今のソウル）に設置され，軍事・行政の一切を統轄した。

南満州鉄道株式会社〔満鉄〕 ★　1906年に設立された，半官半民の鉄道会社。ポーツマス条約により，ロシアからゆずられた南満州の鉄道などを経営するため，株式会社として設立

された。鉄道業を中心として，炭鉱・製鉄業，沿線での都市開発事業など，さまざまな事業を行い，**日本の満州支配の中心的役割を果たした。**

辛亥革命★★　1911年10月10日に**中国でおこった民主主義革命。**孫文が中心となり，清をたおして民族の独立と近代国家を建設することをめざした。革命の結果，1912年に南京を首都とする**中華民国が成立し，**孫文が臨時大総統となった。

歴史年表 ▶p.327

三民主義★★　孫文が唱えた，革命の指導理論。民族の独立（**民族**），政治的民主化（**民権**），民衆生活の安定（**民生**）の3つからなる。民族の独立とは，ちがう民族による支配を打倒すること，政治的民主化とは，人民主権による共和政国家をつくること，民衆生活の安定とは，地主や資本家による利益独占をなくし，国民のそれぞれが土地所有権をもつことを意味する。

孫文★★★　1866〜1925　中国革命の指導者。**三民主義を唱えて革命運動を指導し，**1912年，**辛亥革命**により成立した中華民国の臨時大総統になった。大総統の地位を袁世凱にゆずったあと，袁と対立して日本に亡命し，革命運動を続けた。

歴史人物（世界）▶p.339

袁世凱★★　1859〜1916　清朝末期から中華民国初期の軍人・政治家。清がたおれ中華民国が成立した後，臨

時大総統となった孫文から大総統の地位をゆずり受け，首都を北京に移した。その後，**独裁的な政治を進め**て皇帝に即位したが，激しい反対にあい，さらに革命をおこされたために退位した。

中華民国★　辛亥革命によって，1912年中国に成立した**アジア最初の共和国。**南京を首都とし，孫文が臨時大総統に就任した。その後，大総統に就任した袁世凱が専制政治を確立した。その後，蔣介石が中国共産党との内戦を続け，1949年の中華人民共和国の成立にともない台湾に政府を移した。　歴史年表 ▶p.328

産業革命と近代文化

産業革命（日本）★　明治以降の日本でおきた**産業の発展。**日清戦争前後の19世紀末ごろから軽工業が発展し，日露戦争前後の20世紀初頭には重工業の発展による産業革命が達成された。

軽工業★★　日常生活に用いる消費財など，**比較的軽い製品**を生産する工業。日本では，1880年代ごろから官営工場の払い下げなどにより，製糸・紡績といったせんい工業を中心に工場制機械工業が発達した。

重工業★★　大資本と高度な技術を用いて，容積のわりに重量の重い製品を生産する工業。日本では，1901年に操業を始めた官営八幡製鉄所【▶p.191】が鉄鋼の国内生産の約

80%を占め，重工業発展の基礎となった。

▼各種産業の発展の様子

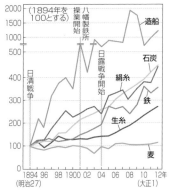

（グラフ：1894年を100とする）
- 造船
- 石炭
- 絹糸
- 鉄
- 生糸
- 麦

縦軸：100, 200, 300, 400, 500, 1000, 1500, 2000
横軸：1894 96 98 1900 02 04 06 08 10 12年（明治27）〜（大正1）

八幡製鉄所操業開始
日清戦争
日露戦争開始

八幡製鉄所★★★　1901年，北九州で操業を開始した官営の製鉄所。軍備の増強に必要な鉄鋼を自給できるようにするため，日清戦争で得た賠償金の一部をもとに建設された。日本の鉄鋼業の発展に大きな役割をはたし，重工業発展のきっかけとなった。この場所をきっかけとして北九州工業地域【▶p.70】が発達した。

▼八幡製鉄所

財閥★★★　金融を中心に，さまざまな事業を経営し，日本経済全体に大きな支配力をもつようになった大資本家とその一族。4大財閥として，三井，三菱，住友，安田があげられる。第二次世界大戦前には政府や政党と結びつき，政治にも大きな影響力をもっていたことから，戦後，経済の民主化のために解体された。

工場法　1911年に公布された工場労働者保護のための法律。12歳未満の者の就労禁止，12時間労働制などが規定された。1947年に労働基準法の制定により廃止。

足尾銅山鉱毒事件★　明治時代後半に渡良瀬川流域でおこった公害問題。足尾銅山から出た鉱毒が渡良瀬川に流れこみ，流域で農業・漁業を営んでいた人々が大きな被害を受けた。衆議院議員の田中正造は帝国議会でこの事件に対する政府の責任を追及したが，じゅうぶんな解決には至らなかった。

▼田中正造

歴史地図 ▶p.331

治安警察法★　政治結社・集会やデモの届出，女子・教員・軍人などの政治結社加入禁止を定めた法律。1945年に廃止された。

ナショナリズム　国家や民族などが，統一，他からの独立，繁栄をめ

ざす思想や運動のこと。明治新政府の急速な欧化政策に対して，日本の伝統を強調する**国粋主義的**な意識が高まった。

フェノロサ 1853〜1908 明治時代に来日したアメリカの哲学者・日本美術研究家。日本画をはじめとする**伝統美術の保護と復興**を唱え，**岡倉天心**とともに東京美術学校の設立に尽力した。

岡倉天心 1862〜1913 明治時代の美術研究家。フェノロサとともに日本の伝統美術の保護と復興に努め，東京美術学校の設立に力を尽くし校長となる。のち，橋本雅邦，横山大観らと日本美術院を創設し，西洋画の手法を加えた新しい日本画の創作運動に取り組んだ。

横山大観★ 1868〜1958 明治〜昭和時代の日本画家。東京美術学校で岡倉天心に学び，のちに日本美術院の設立に加わり，新しい日本画の創造をめざした。『無我』『生々流転』が代表作。

狩野芳崖 発展 1828〜88 明治時代の日本画家。フェノロサや岡倉天心に認められ，日本画の復興に尽くした。『悲母観音像』が代表作。

高村光雲 1852〜1934 明治〜昭和時代の彫刻家・東京美術学校教授。詩人・彫刻家の高村光太郎の父。仏師の伝統的な技法を受け継ぎながら，木彫を近代化することに貢献した。『老猿』が代表作。

黒田清輝★ 1866〜1924 明治・大正時代の洋画家・東京美術学校教授。フランスに留学して印象派の画風を学び，帰国後，**西洋画の発展と普及**に尽くした。『湖畔』『読書』『舞妓』が代表作。

▼明治の文化

美術	『無我』（横山大観）	
	『悲母観音像』（狩野芳崖）	
	『湖畔』『舞妓』（黒田清輝）	
	日本画の復興（フェノロサ・岡倉天心）	
	『老猿』（高村光雲）	
音楽	『荒城の月』『花』（滝廉太郎）	
文学	『みだれ髪』（与謝野晶子）	
	『たけくらべ』（樋口一葉）	
	『坊っちゃん』（夏目漱石）	
	『舞姫』（森鷗外）	
	『破戒』（島崎藤村）	
自然科学	破傷風血清療法の発見（北里柴三郎）	
	赤痢菌の発見（志賀潔）	
	タカジアスターゼ創製（高峰譲吉）	

▼湖畔

荻原守衛 1879〜1910 明治時代の彫刻家。日本にロダンの作風を伝えるとともに，洋風の近代的な彫刻を制作した。『女』が代表作。

滝廉太郎★ 1879〜1903 明治時代の作曲家。東京音楽学校（今の東京芸術大学）を卒業後，ドイツに留学したが，病気のため帰国。24歳で亡くなるまで数多くの歌曲や童謡を作曲し，日本に洋楽の道を開いた。『荒城の月』『花』『お正月』『鳩ぽっぽ』『箱根八里』などの作品がある。

ロマン主義 形式にとらわれず，個人の自由な感情を重視する文芸の傾向。ヨーロッパで18世紀末にさかんになった。日本では，1880年代以降，文学，芸術，思想に取り入れられるようになった。与謝野晶子，樋口一葉，森鷗外【▶ p.194】らに代表される。

二葉亭四迷 1864〜1909 明治時代の小説家。文語体ではなく，話し言葉のような文章で書く言文一致を主張し，小説『浮雲』を発表した。

与謝野晶子★★★ 1878〜1942 明治〜昭和時代の歌人。歌集『みだれ髪』など，情熱的な感情を華麗にうたった詩や短歌を数多く残し，明星派の代表的女流歌人となった。日露戦

争に出兵した弟を案じ，反戦の意をあらわした『君死にたまふことなかれ』の詩は有名である。

歴史人物（日本）　▶p.337

樋口一葉★★ 1872〜96 明治時代の小説家。東京下町に生きる貧しい女性の悲哀を，同性の視点から細やかに描いた。『たけくらべ』『にごりえ』が代表作。

島崎藤村 1872〜1943 日本の詩人・小説家。岐阜県に生まれ，北村透谷らと『文学界』を創刊。代表作は『破戒』『夜明け前』など。

自然主義 日露戦争前後に主流となった，社会の現実を直視する文学の思想。ヨーロッパの自然主義の影響を受けて，人間や社会をみにくい側面もふくめてありのままに表現しようとした。島崎藤村や田山花袋らに代表される。

夏目漱石★★ 1867〜1916 明治・大正時代の小説家。自然主義に反発し，個人主義の立場から個人と社会の問題を深く追求し，近代日本の知識人の生き方を描いた。『吾輩は猫である』『坊っちゃん』『草枕』『それから』『明暗』などの作品がある。

森鷗外★★　1862〜1922　明治・大正時代の軍医・小説家。ドイツに留学して衛生学を学んだ。ロマン主義的な立場から小説『舞姫』を，のちに『阿部一族』『高瀬舟』などの歴史小説をあらわした。

石川啄木★★　1886〜1912　明治時代の歌人・詩人。貧しい生活の中で，生活苦や病苦を自由に詩や短歌にあらわした。歌集『一握の砂』『悲しき玩具』が代表作。

正岡子規　1867〜1902　明治時代の歌人・俳人。松山（愛媛県）に生まれる。対象を見たままに描写する写生を提唱し，短歌や俳句に革新をもたらした。歌論『歌よみに与ふる書』，随筆『病牀六尺』が代表作。

北里柴三郎　1852〜1931　明治〜昭和時代の細菌学者。ドイツのベルリン大学に留学し，コッホについて細菌学を研究し，破傷風の血清療法を発見する。その後，ペスト菌の発見やコレラの血清療法の発見などの成果を上げた。

野口英世★★　1876〜1928　明治・大正時代の細菌学者。1歳半のとき，いろりに落ちて，左手に大やけどを負い，そのことが医学を志すきっかけとなった。伝染病研究所で北里柴三郎の指導を受けた後，渡米し免疫

などの研究をして注目された。アフリカで黄熱病の研究中，自ら感染して病死した。

義務教育　すべての国民が，その子どもに義務として受けさせる教育。1872年の学制【▶ p.177】で方針が示され，小学校が各地に建設された。1947年の教育基本法【▶ p.214】により，現在のような小学校6年，中学校3年の計9年間となった。

▼小学校の就学率の変化

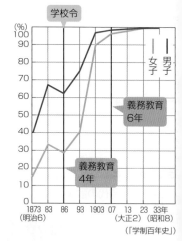

（「学制百年史」）

| 第5章 | **二度の世界大戦と日本** |

第一次世界大戦とロシア革命

大正天皇★　1879～1926　第123代の天皇。在位は1912～1926。名は嘉仁。1921（大正10）年に病気のため、皇太子裕仁（のちの昭和天皇）を摂政に任じた。

ヨーロッパの火薬庫★★　第一次世界大戦直前のバルカン半島の状態を示すことば。国同士の対立が高まり、いつ戦争が始まってもおかしくない状況にあったことからこのようによばれた。このころヨーロッパでは、列強が植民地の拡大をねらって対立を深め、特にバルカン半島は北からロシア帝国が勢力拡大をねらって南下し、オーストリアがそれをおさえようとして対立が激しくなっていた。

三国同盟★★　ドイツ・オーストリア・イタリアの間で、1882年に結ばれた軍事同盟。フランスに対抗するために結成された。第一次世界大戦中の1915年にイタリアが領土をめぐってオーストリアと対立したことから三国同盟を離れたために、同盟は崩壊した。

三国協商★　イギリス・フランス・ロシアの間でつくられた軍事や外交におけるつながり。ドイツの勢力拡大を恐れて、ドイツを包囲するようにつくられたため、三国同盟と対立した。

サラエボ事件★　1914年6月28日にボスニアの州都サラエボで、セルビア人の青年がおこした、**オーストリア皇太子夫妻暗殺事件**。オーストリア政府はセルビアに対して宣戦した。この事件をきっかけにして、第

▼三国同盟と三国協商

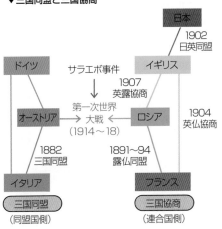

一次世界大戦がはじまった。

第一次世界大戦 ★★★　1914年〜
1918年におきた，サラエボ事件
【▶ p.195】をきっかけにして始まっ
た戦争。ドイツを中心とする同盟国
側とイギリス・フランス・ロシアの
三国協商を中心とする連合国側にわ
かれ，各国が参戦して世界的規模の
戦争となった。特に，参戦したヨー
ロッパの国ぐにには，人やもの，お金な
ど自国のすべてを戦争に注ぎ込む総
力戦となった。1918年にドイツが降
伏したことで戦争は終結し，1919年
に講和条約であるベルサイユ条約が
結ばれた。　　　　歴史年表 ▶ p.328

同盟国 ★★　第一次世界大戦のとき
に，ドイツ・オーストリア側につい
た陣営のこと。トルコ，ブルガリア
を加えた4か国で構成された。

連合国（第一次世界大戦）★★　第一
次世界大戦のときに，イギリス・フ
ランス・ロシア側についた陣営のこ
と。日本は日英同盟にもとづいて，
連合国側で参戦した。

ロシア革命 ★　1917年3月と11月に
ロシアでおきた，労働者や農民，兵
士らによる革命のこと。第一次世界
大戦が長引いて，国民の生活は苦し
くなったにもかかわらず，ロシア皇
帝が十分な対策をとらなかったため
に，労働者のストライキや兵士の反
乱が相次いで，皇帝は退陣させられ
た（三月革命）。その後，臨時政府が
できたが不安定な政治だったため
に，レーニンによってこれも倒され，
社会主義を唱える世界最初の政府が
できた（十一月革命）。

ソビエト社会主義共和国連邦〔ソ
連〕★★★　ロシア革命後の1922年
に成立した世界最初の社会主義国。
第二次世界大戦，冷戦を経て，1991
年に解体した。

シベリア出兵 ★★★　ロシアでおき
た社会主義革命の影響が広がること
をおそれて，1918年に，日本・ア
メリカ・イギリス・フランスがシベ
リアに出兵したこと。この影響で日
本では米価が値上がりし，米騒動

▼三国同盟国と三国協商国

【▶ p.199】がおこった。

歴史年表 ▶p.328

ベルサイユ条約★★★ ドイツと連合国との間で結ばれた，**第一次世界大戦**の講和条約。1919年にパリのベルサイユで開かれた**パリ講和会議**で結ばれた。ドイツは植民地のすべてを失い，多額の賠償金をフランスやイギリスなどに支払うことなどが定められた。

民族自決★★ それぞれの民族が，自分たちの政治のありかたをどうするかについて**自分たちで決定できること**。第一次世界大戦末期，アメリカ大統領ウィルソンが提唱した。東ヨーロッパでは尊重されたが，同じころのアジアやアフリカの独立運動では適用されなかった。

国際連盟★★★ 1920年，アメリカ大統領ウィルソンの提案にもとづいて成立した，**史上初の世界平和と国際協調のための国際組織**。本部はスイスのジュネーブ。日本，イギリス，フランス，イタリアが常任理事国となったが，アメリカは議会の反対で加盟できず，ドイツ・ソ連は発足時加盟が認められなかった。

新渡戸稲造★ 1862～1933 国際連盟の事務局次長として活躍した教育者。内村鑑三らとともに札幌農学校で

キリスト教徒となり，英語で日本文化を紹介する書物をあらわした。

ワシントン会議★ 1921～22年にひらかれた，アメリカ・日本・イギリス・フランス・イタリアなど9か国が参加した**国際会議**。中国の主権の尊重，中国における各国の経済上の門戸解放・機会均等，海軍の保有する主力艦の総トン数の制限などが規定された。

ワシントン軍縮条約★★ 1922年にイギリス・アメリカ・日本・フランス・イタリアの5か国により調印された条約。**海軍の主力艦の保有が制限された。**

アジアの民族運動

二十一か条の要求★★★ 1915年，日本が中国に対して示した要求。ドイツが山東省にもっている権益を日本が引き継ぐことや，**ポーツマス条約**【▶ p.188】で認められた旅順・大連の租借期間を延長することなどが内容であった。日本は要求の大部分を認めさせたが，中国では激しい反日運動がおこった。

▼二十一か条の要求

一 中国政府は，ドイツが山東省にもっているいっさいの権利を日本にゆずる。
一 日本の旅順・大連の租借の期限，南満州鉄道の期限を99か年延長する。
（部分要約）

197

五・四運動 ★★★
1919年5月4日に中国の北京で学生によるデモからはじまった激しい反日運動。中国がパリ講和会議で二十一か条の要求【▶ p.197】の撤回を求めたが認められなかったことからおきた。

中国共産党 ★
1921年に上海で結成された，現在の中華人民共和国を指導している党。毛沢東【▶ p.215】が，最高指導者となり，1949年に中華人民共和国を成立させた。

中国国民党 ★
1914年に孫文が結成した中華革命党が，名称を1919年に改めた政党。孫文の死後，蔣介石の指導のもと，中国共産党と戦い1927年には南京に国民政府を成立させた。しかし，日本が満州国建国などを進めたことから中国共産党との対立をやめ，協力しあって抗日を進めた。第二次世界大戦後，再び中国共産党と対立したが，敗れて台湾に逃れ，中華民国政府(国民政府)をつくった。

三・一独立運動 ★★★
1919年3月1日に朝鮮でおきた，日本からの独立を求める運動。ソウルで3月1日に独立を宣言する文章が発表されたあと，朝鮮各地で「独立万歳」とさけぶデモが行われた。

ガンディー ★★
1869〜1948 第一次世界大戦後のインドで，イギリスからの独立運動をすすめた人物。完全なる自治を求める運動を，暴力をふるわず，しかし植民地支配には協力しない(非暴力・不服従)という形で行った。インドは第二次世界大戦後に独立したが，ガンディーはその直後に暗殺された。「インド独立の父」とよばれている。

歴史人物(世界) ▶ p.339

大正デモクラシー

桂太郎
1847〜1913 明治・大正時代の政治家。藩閥出身で，内閣総理大臣を3度つとめた。1912年，3回目の組閣の際に，議会を無視する態度をとったために，憲政擁護運動(第一次護憲運動)がおこり，わずか53日で内閣は崩壊した。

第一次護憲運動 ★
憲法にもとづいた，民主的な政治を求める運動。尾崎行雄や犬養毅らが「閥族打破・憲政擁護」を主張した。このような運動を憲政擁護運動という。

尾崎行雄 ★
1858〜1954 明治〜昭和時代の政治家。立憲改進党や立憲政友会などの政党に所属した。憲政擁護運動(第一次護憲運動)では，犬養毅らとともに桂太郎内閣の打倒に力を尽くし，総辞職に追い込んだ。「憲政の神様」とよばれる。

民本主義 ★
吉野作造が唱えた，民衆の政治参加のために，普通選挙と政党内閣制の実現を求める考え方。民主主義・自由主義を求める大正デモクラシー【▶ p.199】の理論的な支えとなった。

天皇機関説
美濃部達吉が唱えた，

198

主権は国家にあり，天皇は国家の最高機関として憲法に従って統治するという考え方。

大正デモクラシー ★★
大正時代に発達した，民主主義・自由主義を求める風潮。吉野作造が唱えた民本主義【▶ p.198】を通じて政党内閣制や普通選挙の実現も訴えられた。

米騒動 ★★★
1918年におきた，米の安売りを求める騒動。シベリア出兵【▶ p.196】をみこして米の買い占めが行われ，米価が急騰したことに対しておきた。富山県の漁村の主婦たちからはじまった騒動は新聞の報道を通じて東京や大阪をはじめ全国に広がった。

歴史年表 ▶p.328　歴史地図 ▶p.331

大戦景気
第一次世界大戦中におきた日本の好景気。ヨーロッパが戦争で輸出ができなくなったため，アジアやアフリカに綿布などの日本製品が輸出された。また，ヨーロッパから工業製品の輸入がとだえたために重化学工業が発展し，日本は輸出国となり，景気が好転した。

成金 ★
短い期間で財産を築いた人。第一次世界大戦中に日本でおきた好景気で，財産を蓄えた人を特にこうよぶこともある。

政党内閣 ★★★
議会において多数を占める政党によってつくられた内閣。1918年に成立した原敬内閣が日本初の本格的な政党内閣である。それまでの内閣は藩閥出身者などによってつくられていた。

原敬 ★★★
1856〜1921　米騒動のあと総理大臣となり，初の本格的な政党内閣を組織した。立憲政友会という政党の総裁であった。平民出身の総理大臣として人気が高く，「平民宰相」とよばれた。しかし，普通選挙法に反対したりしたため，反感が高まり，東京駅で暗殺された。

歴史人物（日本）▶p.337

高橋是清 ★
1854〜1936　日本の政治家。江戸に生まれ，日本銀行総裁を経て，大蔵大臣を歴任。1921年には内閣総理大臣に就任。二・二六事件【▶ p.207】で暗殺された。

立憲政友会 ★★
1900年，伊藤博文が，憲政党を中心に結成した政党。1918年には総裁の原敬が初の本格的な政党内閣を組織し，以降，高橋是清や犬養毅など

▼米騒動（部分）

が総裁・首相となるなど，政党勢力の中心的存在となった。

第二次護憲運動★
1924年に政党の人々がおこした普通選挙の断行などを求める運動。この結果，憲政会の総裁である加藤高明を内閣総理大臣とする連立内閣が成立した。

憲政会★
1916年に加藤高明を総裁としてできた政党。それまであった3つの政党が集まって成立した。第二次護憲運動の中心となった。その後，立憲民政党となった。

加藤高明★★
1860〜1926　明治・大正時代の政治家。1924年におきた第二次護憲運動の中心人物で，その後成立した連立政党内閣の総理大臣となった。1925年に，25歳以上の男子が衆議院議員選挙の選挙権をもつ普通選挙法を成立させた。いっぽう，このとき同時に治安維持法が制定され，共産主義者に対する取りしまりが行われた。

憲政の常道★★
1924年の加藤高明内閣から1932年の犬養毅内閣まで衆議院で多数の議席を占める政党が内閣を担当するようになったこと。当時の二大政党であった，立憲政友会と憲政会（立憲民政党）が交替で内閣を担当し，五・一五事件で犬養毅内閣が倒れるまで続いた。

普通選挙法★★★
1925年に制定された，25歳以上のすべての男子に選挙権が認められた法律。それまでの選挙権は，直接国税を一定額以上納める25歳以上の男子のみにあたえられていた。普通選挙法と同時に治安維持法が制定され，普通選挙法によって社会主義などが政治の場に広がるのを防ごうとした。

▼有権者の増加

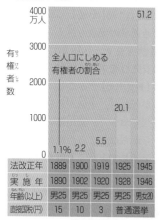

法改正年	1889	1900	1919	1925	1945
実施年	1890	1902	1920	1928	1946
年齢(以上)	男25	男25	男25	男25	男女20
直接国税(円)	15	10	3	普通選挙	

（『衆議院議員選挙の実績』）

治安維持法★★★
1925年に普通選挙法と同時に制定された法律。財産の私有を否定して，共有財産制を実現しようとする社会主義運動や共産主義者に対する取りしまりがこの法律により強化されるようになった。

労働運動（20世紀初頭）
労働者の地位を上げるための運動全般。ここでは特に，第一次世界大戦中に工業が発展したことなどから労働者の数が増え，労働組合の結成や，労働者の賃金引き上げなどを求めておきた運動を指す。

日本労働総同盟
20世紀前半に，労働運動を指導した組織。友愛会が

1912年に結成されたのち，1921年に日本労働総同盟と名前を変えた。

小作争議 ★
農村で小作人が小作料の引き下げを求めておこした運動。小作料は地主から土地を借りている小作人が地主に対して納める作物やお金のこと。小作料が高かったため，1921年ごろから地主に対して小作の権利を主張する運動が活発になった。1922年には全国的に小作人をまとめた日本農民組合が結成された。

共産主義 ★
財産の私有を否定し，すべての財産を共有することによって，貧富の差のない平等な社会を実現しようとする思想・運動。マルクス【▶ p.167】やエンゲルスによって体系づけられた。

日本共産党
1922年に結成された，共産主義社会の実現をめざした政党。天皇制反対・土地の国有化などを主張し，結成当時は法律的に認められず，きびしい弾圧を受けた。第二次世界大戦後の1945年，合法政党と認められた。

社会民主党(近代)
1901年に結成された，日本初の社会主義政党。資本の公有化や軍備の廃止，貴族院の廃止などを訴えた。

メーデー 発展
毎年5月1日に行われている労働者の祭典。アメリカで1886年5月1日に，労働組合が労働時間の交渉でいっせいにストライキを行ったことをきっかけにして，国際メーデーが始まった。日本では1920年に第1回が開かれ，1日8時間労働制の実施などを要求した。

大逆事件 ★★
1910年におきた，明治天皇を暗殺しようと計画したという理由で社会主義者たちが多数逮捕され，そのうち12名が死刑になった事件。12名のほとんどは暗殺計画には直接関係しておらず，幸徳秋水【▶ p.187】もそのひとりであった。この事件以降，しばらく社会主義運動は低迷することになった。

全国水平社 ★★
1922年に京都で結成された，部落解放運動をすすめる団体。創立のときに「水平社宣言」が出された。これにより偏見や差別をなくしていくための運動が全国的に広がった。

▼水平社宣言

全国に散在する部落の人々よ，団結せよ。ここにわれわれが人間を尊敬することによって，みずからを解放しようとする運動をおこしたのは当然である。われわれは，心から人生の熱と光を求めるものである。水平社はこうして生まれた。

人の世に熱あれ，人間に光あれ。

(部分要約)

平塚らいてう ★★★
1886〜1971
女性解放を求めた運動家。1911年に青鞜社をつくり，のちに女性の政治参加などを求めて新婦人協会を立

ち上げた。青鞜社からは、女性のみで作られた雑誌『青鞜』が出版され、創刊号では平塚らいてうが「元始、女性は実に太陽であった」と宣言した。

▼青鞜社の宣言

> 元始、女性は実に太陽であった。真正の人であった。今、女性は月である。他によって生き、他の光によってかがやく病人のように青白い顔の月である。わたしたちはかくされてしまったわが太陽を今や取りもどさなくてはならない。
>
> （部分要約）

女性運動 女性の生活改善、地位の向上、解放をめざす社会運動全般のこと。第二次世界大戦前において、日本では「婦人運動」という言い方が一般的であったが、「婦人」には既婚者など一部の女性のみに限定する意味合いがあったため、1980年代以降は「女性運動」とよばれることが多くなった。

女性参政権★ 女性が政治に参加する権利。日本では第二次世界大戦後の普通選挙法改正（1945年）まで女性に選挙権はなかった。1920年に新婦人協会が設立され、平塚らいてうらによって運動が展開されたが、選挙権の獲得にはいたらなかった。

文化住宅 発展 おもに20世紀前半のころにできた、日本式のつくりにガラス窓や洋風の応接間のある西洋風の文化を取り入れた**和洋折衷の住宅**。郊外の中流家庭を中心に流行した。

トーキー〔有声映画〕 1930年代ごろから制作・上映が始まった画像と音声が一緒になった有声映画。それまでは活動写真とよばれる無声映画であった。

ラジオ放送★ 1925年に東京・大阪・名古屋の各放送局で始まった、**電波による音声放送**。1926年に3社を統合して日本放送協会（NHK）が設立され、1951年からは民間による放送も始まった。

西田幾多郎 発展 1870〜1945 哲学者。西洋の哲学に東洋の禅の思想などを取り入れた、独自の哲学を完成した。著者『善の研究』は、日本初の独創的哲学書であるといわれている。

山田耕筰 1886〜1965 明治〜昭和時代の作曲家・指揮者。日本最初の交響楽団である日本交響楽協会をつくった。『この道』『からたちの花』などを作曲した。

白樺派★ 個性の尊重などをかかげた雑誌『白樺』を中心に作品を発表した作家のグループ。大正時代のころに、理想を求めて向上していこうとする理想主義・人道主義を主張した。この主張は、大正デモクラシーとあいまって人々に広まっていった。武者小路実篤【▶ p.203】を理論的な指導者とし、ほかに志賀直哉

【▶ p.203】や有島武郎らがいた。

武者小路実篤★　1885〜1976　明治〜昭和時代の小説家。白樺派【▶ p.202】の理論的指導者。1910年に志賀直哉らと雑誌『白樺』を発刊した。代表作は『お目出たき人』など。

志賀直哉★　1883〜1971　明治〜昭和時代の小説家。1910年に武者小路実篤らと雑誌『白樺』を発刊し、短編小説を多数発表した。代表作は『城の崎にて』『暗夜行路』など。

谷崎潤一郎　1886〜1965　明治〜昭和時代の小説家。女性の美しさなどを追求した作品を発表し、谷崎文学を完成させた。代表作は『痴人の愛』『細雪』など。

芥川龍之介★　1892〜1927　大正時代を中心に活躍した小説家。知的な作風で、人びとに新しい印象を与え、新思潮派とよばれた。代表作は『羅生門』『鼻』など。

川端康成★　1899〜1972　大正・昭和時代を中心に活躍した小説家。日本的な美しい作風で、新感覚派とよばれた。代表作は『伊豆の踊子』『雪国』など。1968年にノーベル文学賞を受賞した。

プロレタリア文学　大正時代の終わりから昭和時代のはじめにかけてさかんになった、労働者(プロレタリア)や農民のようすを描いた文学。大戦景気が広まるいっぽう、貧富の差が大きくなっており、その社会不安や不満が作品に描かれた。

小林多喜二★　1903〜33　昭和初期の小説家。労働運動に参加し、プロレタリア作家として活躍した。当時法律で禁止されていた日本共産党で活動中に逮捕され、獄死した。代表作は『蟹工船』。

▼大正文化

美術	洋画 (梅原龍三郎・安井曾太郎)
音楽	『この道』(山田耕筰)
文学	『羅生門』『鼻』(芥川龍之介)
	白樺派 『お目出たき人』(武者小路実篤)
	白樺派『暗夜行路』 (志賀直哉)
	『痴人の愛』『細雪』 (谷崎潤一郎)
	『伊豆の踊子』『雪国』 (川端康成)
	プロレタリア文学 『蟹工船』(小林多喜二)
生活	ラジオ放送の開始
	大衆娯楽(学生野球などのスポーツ)

関東大震災★★　1923年9月1日に関東地方でおきた、マグニチュード7.9の大地震。これにより、東京や

横浜の大部分が壊滅状態になった。死者・行方不明者は10万人以上に達したといわれている。

世界恐慌と欧米の情勢

世界恐慌★★★　1929年10月にアメリカではじまり，世界に広がった大不況。ウォール街(ニューヨーク)の株式市場で株価が大暴落し，世界中の資本主義国に影響が及んだ。影響を受けた国では，銀行や工場がつぶれ，失業者が増大した。各国ではこの不況に対してそれぞれの対策をたてた。ソ連は五か年計画であまり影響を受けず，アメリカはニューディール政策で，イギリスやフランスなどはブロック経済でそれぞれ危機を乗り切ろうとした。

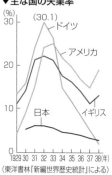

▼主な国の失業率

(東洋書林『新編世界歴史統計』による)

スターリン★　1879～1953　ソ連で独裁政治を行った指導者。1928年から五か年計画で農業の集団化や機械化，重工業の発展を進めた。ソ連は工業国へと発展していったが，反対派の人々を処刑する恐怖政治を行った。

五か年計画★★　1928年以降にソ連で実施された，本格的な社会主義経済をすすめていく経済政策。国の管理のもと，計画的に経済が運営される計画経済の体制がとられた。おもな内容は農業の集団化や機械化と，重工業中心の産業の発展であった。この計画経済により，ソ連は世界恐慌の影響をほとんど受けることなく，工業国へと発展していった。

ブロック経済★★★　世界恐慌に対してイギリスやフランスがとった政策。自国と自国の植民地などの関係性の強い地域だけで貿易を行い，ほかの国には高い関税をかけて，外国の商品をしめ出した。

ニューディール〔新規まき直し〕政策★★★　世界恐慌がおきたあと，アメリカでフランクリン・ルーズベルト大統領が行った経済政策。政府が積極的に経済に関わってダム建設などの公共事業をおこし，失業者に仕事をあたえた。また労働者の権利の保護なども行ったため，国民の生活は落ち着いた。

ムッソリーニ★★　1883～1945　イタリアの政治家。1921年にファシスト党を創設して，1922年に政権をにぎり，独裁政治を行った。世界恐慌によってイタリア経済が行きまったことから，1935年にエチオピアに侵攻し，翌年併合した。1943年

に失脚し，ファシスト党は解散した。

ヒトラー★★★　1889〜1945　ドイツの政治家。ベルサイユ条約で課せられた賠償金と，世界恐慌の影響で社会が弱っているドイツで**ナチス**を率いて1933年に政権をにぎった。民主政治を無視してほかの政党や労働組合を解散させ，**独裁政治を行った**。侵略政策によって第二次世界大戦をひきおこしたが，敗戦の直前に自害した。

| 歴史人物（世界） | ▶p.339 |

ナチス★★　第一次世界大戦後の1920年にドイツ労働者党から改称した国民（国家）社会主義ドイツ労働者党の略称。1932年に選挙で第一党になると翌年**ヒトラー**を首相とし，ほかの政党や労働組合を解散させて**一党独裁**を行った。ドイツ民族の優秀さを誇って**ユダヤ人【▶p.210】**を迫害した。1939年，ポーランドに侵攻し，第二次世界大戦をひきおこした。戦況が不利になり，1945年ヒトラーが自害し，ドイツが連合国に降伏し，解散状態となった。

ファシズム★★★　**民主主義や自由主義を否定する全体主義体制**のこと。全体主義ともいう。1920年代のイタリアで始まり，その後，世界恐慌で経済的に苦しんだドイツや日本でも広がった。

レジスタンス　抵抗を意味するフランス語が語源となり，侵略者などに対する抵抗運動をいう。特に，第二次世界大戦中ナチス・ドイツ占領下のフランスをはじめとし，ヨーロッパ各地で組織された地下抵抗運動をさす。

昭和天皇　1901〜1989　第124代天皇（在位は1926〜1989）。名は裕仁。大日本帝国憲法下で唯一の主権者として統治権を有したが，第二次世界大戦後，神格化を否定する「**人間宣言【▶p.213】**」を発表。日本国憲法成立によって日本国および日本国民統合の象徴となった。

金融恐慌　1927年，銀行があいついで休業・倒産し，**日本の経済が大きく混乱**したこと。議会での大蔵大臣の失言から，一部の銀行の経営状態が悪化していることが発覚し，預金者が預金を引き出そうと，銀行に殺到する取り付け騒ぎがおき，内閣は総辞職した。

昭和恐慌★　1930年ごろから日本でおきた**深刻な不況**。世界恐慌の影響などを受け企業が倒産し，失業者が増大した。また，農村では農作物の価格の下落により生活は苦しくなった。この影響で，労働争議や小作争議はより激しくなっていった。

労働争議★　経営者と労働者の間で，労働時間や賃金などの労働条件についての主張が一致しないためにおきる争い。**ストライキ**などの行動。1930年代の昭和恐慌のころが，国民生活が苦しく，特に激しい時期であった。

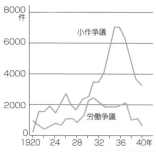

▼小作争議・労働争議の件数

（「完結昭和国勢総覧」）

ロンドン海軍軍縮会議　1930年に
補助艦の保有量を増やさないこと
と，1936年まで主力艦の建造中止
を決めた**ロンドン海軍軍縮条約**を結
んだ会議。イギリス・アメリカなど
が参加した。日本も軍縮と国民の負
担減を考えて参加したが，一部の軍
人などから激しい反発を招いた。

浜口雄幸　1870～1931　ロンドン海
軍軍縮会議が行われたときの内閣総
理大臣。ロンドン海軍軍縮条約に対
して，一部の軍人などから激しい反
発を買い，1930年11月に東京駅で
右翼の青年に狙撃されて重傷を負っ
た。内閣は退陣し，浜口はまもなく
死亡した。

日本の中国侵略

蔣介石★★★　1887～1975
孫文のあとを受けつぎ中国国
民党【▶p.198】を率いた人
物。1927年に南京に国民政
府を樹立した。中国共産党と

は対立していたが，日中戦争中は協
力して日本に対抗するために提携し
た。第二次世界大戦後に再び争いが
おき，中国共産党に敗れ，1949年
台湾に中華民国政府を移した。

歴史人物（世界） ▶p.339

柳条湖事件★★　1931年9月18日，
中国の奉天郊外にある柳条湖で日本
の関東軍が南満州鉄道の線路を爆破
した事件。日本は中国軍がしたこと
だと主張し，満州事変に発展した。

満州事変★★★　1931年9月18日夜
に，満州にいた日本の関東軍が
奉天郊外の柳条湖で南満州鉄道の
線路を爆破し，これをきっかけに軍
事行動を開始したできごと。関東軍
は爆破を中国軍のしわざとし，戦線
を拡大させていき，満州の主要部を
占領した。1932年3月には満州国の
建国を宣言し，元首を清朝最後の皇
帝である溥儀とした。

歴史年表 ▶p.328

満州国★★★　1932年3月に建国を
宣言した，中国東北部につくられた
国。清朝最後の皇帝溥儀を元首とし

▼満州国

て建国したが，実質的には日本が支配していた。日本から満蒙開拓団として多くの移民が満州国に渡っていった。1945年8月に日本が太平洋戦争で敗北したために消滅した。

リットン調査団★　1932年，国際連盟が満州事変を調査するために派遣した，リットンを団長とする調査団。満州事変や満州国建国は日本の侵略であるとの中国の訴えによって派遣された。調査団は，満州事変は日本の正当な防衛行動ではなかったという報告書を提出した。

国際連盟脱退★★★　1933年2月，国際連盟総会が，リットン調査団の報告にもとづいて，満州国を承認せず，日本軍の引き上げを勧告したため，同年3月に日本が国際連盟を脱退したできごと。この後，日本は国際的な孤立を深めていった。このときの日本の代表は松岡洋右であった。

▼国際連盟脱退を伝える新聞記事

五・一五事件★★★　1932年5月15日におきた，海軍将校らによる犬養毅内閣総理大臣暗殺事件。軍事政権をつくって政治改革を行うことを目

的とした。首相官邸におし入った将校らに犬養は暗殺され，これにより政党内閣が終わりを告げた。

▼犬養毅

歴史年表 ▶p.328

歴史人物（日本）▶p.337

二・二六事件★★★　1936年2月26日におきた，陸軍青年将校らが首相官邸や警視庁などをおそった事件。軍事政権をつくって政治改革を行おうとしたが，失敗に終わった。しかし，事件後，軍の力が大きくなり，政治に関わるようになっていった。

歴史年表 ▶p.328

日独防共協定　1936年，日本とドイツの間で結ばれた協定。ソ連を中心とする共産主義（財産を個人でもたずに共有する考え方）の拡大を防ぐために協力することをきめた。1937年にはイタリアも加わり，日独伊三国防共協定を結び枢軸とよばれる三国の結びつきが完成した。

盧溝橋事件★★★　1937年7月7日に北京郊外の盧溝橋付近でおきた日本軍と中国軍の軍事衝突事件。これにより，日中戦争がはじまった。

日中戦争★★★　1937年7月7日に北京郊外の盧溝橋付近でおきた事件をきっかけに始まった，日本と中国の戦争。満州国における日本の権益を守り，さらに華北に侵略しようと

する日本と，これに抵抗する中国との間で戦いがおきた。日本軍は首都南京を占領する過程で南京事件などをおこした。いっぽう，蔣介石は政府を漢口，重慶に移して抵抗を続けた。戦争は日本が太平洋戦争に敗北する1945年まで続いた。

歴史年表 ▶p.328

▼日中戦争の広がり

	「満州国」の範囲
	開戦1年後までの戦線
	以後の戦線
	太平洋戦争中の作戦地域
	（1941.12～45.8）

南京事件 1937年12月，日中戦争で，首都南京を占領したころに日本軍がおこした虐殺事件。この事件は国際的には知られていたが，日本国民には知らされていなかった。

抗日民族統一戦線 1937年に抗日のために結成された協力体制。中国国内で対立していた，中国国民党と中国共産党が日中戦争中に協力して日本にたちむかうために提携した。第二次世界大戦後に対立が再開されるまでこの協力体制は続いた。

国家総動員法★★★ 1938年4月に出された，国民の労働力や物資などすべてを議会の承認なしに勅令で戦争にまわすことができるようにした法律。食料や服，医薬品などの生活必需品から兵器や弾薬など戦争に必要となるすべてのものが，政府の統制下におかれるようになった。近衛文麿内閣のときに制定。

大政翼賛会★ 1940年に，すべての国民が一致して戦争に協力する体制をつくるためにつくられた組織。すべての政党が解散して合流し，大日本産業報国会や，大日本青少年団などが戦争協力体制をとった。

隣組 1940年，大政翼賛会のもとにつくられた，5～10戸の家庭を単位とする組織。住民の相互援助の組織であると同時に，戦争に協力させるため，住民同士を監視させるという役割もあった。

配給制 日中戦争から太平洋戦争にかけて行われた，各家庭に生活必需品をわりあてるためにとられた制度。当時，生活必需品は不足しがちであったので，各家庭に必要度と重要度に応じて分け与えることが目的であった。おもに米が対象となり，衣料やマッチ，砂糖などは点数をきめた切符と交換する切符制がとられていた。

皇民化政策 日本の植民地となった朝鮮や台湾でおこなわれた，日本への同化政策。日本語教育が行われたり，名前を日本式に改めさせる創氏改名などが行われた。

第二次世界大戦

第二次世界大戦 ★★★　日本・ドイツ・イタリアの枢軸国側と，アメリカ・イギリス・ソ連などの連合国側でおこった戦争。1939年9月にドイツがポーランドを攻撃したことに対し，ポーランドを助ける約束をしていたイギリスとフランスがドイツに宣戦したことからはじまり，1945年8月まで続いた。1941年12月，太平洋戦争がおこり世界戦争へと拡大していった。1943年9月にイタリア，1945年5月にドイツ，1945年8月に日本が降伏して大戦は終了した。

歴史年表 ▶p.328

日独伊三国同盟 ★★★　1940年にドイツ・イタリア・日本が結んだ軍事同盟。ほかの国からの攻撃をうけたときに互いに助け合うことを協定した。

独ソ不可侵条約 ★　1939年にドイツとソ連が結んだ条約。ソ連はドイツとの戦争が始まるのを少しでも先送りするため，ドイツはポーランドに攻め入るときに，イギリス・フランスの干渉を弱めるため，とそれぞれ目的はばらばらであったが，まったく立場のちがう2国間で結ばれた条約であったために世界をおどろかせた。

日ソ中立条約 ★　1941年に日本とソ連の間で結ばれた中立条約。東南アジアへ進出するため，中国北部が手薄になる日本と，ドイツの動きを警戒したいソ連とが5年を期限として

▼第二次世界大戦中のヨーロッパ

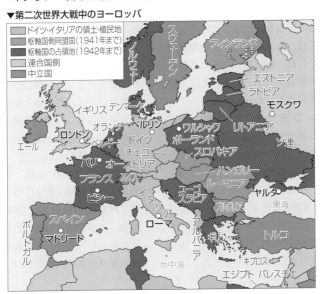

- ドイツ・イタリアの領土・植民地
- 枢軸国側同盟（1941年まで）
- 枢軸国の占領地（1942年まで）
- 連合国側
- 中立国

スウェーデン
フィンランド
ノルウェー
エストニア
ラトビア
モスクワ
イギリス
デンマーク
リトアニア
オランダ
ベルリン
ワルシャワ
ロンドン
ベルギー
ドイツ
ポーランド
ソ連
エール
チェコ
スロバキア
パリ
オーストリア
ハンガリー
フランス
スイス
ルーマニア
ヤルタ
ユーゴ
スラビア
ビシー
イタリア
ブルガリア
黒海
スペイン
ローマ
アルバニア
ギリシャ
トルコ
ポルトガル
マドリード
キプロス
地中海
エジプト　パレスチナ

結んだ。おたがいに領土を尊重し，侵攻しないという内容であったが，実際にはソ連はこの条約を無視して，1945年8月8日に宣戦布告をして，満州や朝鮮に攻め込んできた。

ABCD包囲陣
1941年，フランス領インドシナ南部へ進出する日本をおさえるために，アメリカ（America）・イギリス（Britain）・中国（China）・オランダ（Dutch）の4か国が日本に対して行った経済封鎖。軍部はこの包囲網を「ABCD包囲陣」とよび，日本国民の戦意をあおった。ABCDは4か国の頭文字を表している。

ユダヤ人 ★
ユダヤ教を信じる人びと。古くからキリスト教徒やイスラム教徒らに迫害された。特に，第二次世界大戦中，ドイツではナチス【▶p.205】によってきびしい迫害にあった。アウシュビッツ強制収容所に送られたユダヤ人は，強制的に労働させられ，働けなくなった人びととはガス室に送られ，150万人以上が殺害されたといわれている。

アンネ・フランク
1929～45　ドイツで迫害を受けたユダヤ人の少女。ナチスの迫害から逃れるためにオランダのアムステルダムで潜行生活を送り，そのようすや戦争について，『アンネの日記』に記した。1944年にかくれていた場所がナチスに見つかって強制収容所に送られ，1945年に衰弱のために亡くなった。

チャーチル ★
1874～1965　第二次世界大戦中にイギリスの首相となった人物。イギリス国民に対し，ドイツに対する抗戦をよびかけ，ドイツ軍の上陸を阻止した。1945年のヤルタ会談に出席して，戦後世界についての話し合いに参加した。冷戦下のヨーロッパの状態を「鉄のカーテン」が下ろされていると例えたことで有名である。

大東亜共栄圏 ★
太平洋戦争中に，日本が中国や東南アジアに進出するときに用いたスローガン。アジアからアメリカやヨーロッパを追い出して，アジアの民族だけで栄える経済・政治の体制をつくろうというよびかけにつかわれた。

大西洋憲章 ★★
1941年8月に，アメリカとイギリスの首脳会談でまとめられたもの。第二次世界大戦後の国際社会の原則を示した。民族自決【▶p.197】や領土不拡大，平和組織の再建など8つの内容について発表された。ドイツや日本といったファシズムの国はこの発表を聞き入れなかったが，ソ連など多くの国がこの考え方を支持した。

東条英機 ★
1884～1948　太平洋戦争直前の1941年10月から44年7月まで内閣総理大臣を務めた人物。太平洋戦争開始の直接の指揮者であった。戦後，極東国際軍事裁判で有罪とされ，死刑になった。

真珠湾攻撃★　1941年12月8日に行われた，日本海軍によるハワイ真珠湾への奇襲攻撃。この真珠湾攻撃とマレー半島への上陸が太平洋戦争のきっかけとなった。アメリカに対する宣戦布告が攻撃後にずれこんだため，だましうちとみなされ，アメリカでは「リメンバー・パール・ハーバー（パール・ハーバーを忘れるな）」ということばが生まれた。

太平洋戦争★★★　1941〜45年におこった，アジアにおける日本と，アメリカ・イギリス・中国などの連合国との戦争。当時の日本政府は，「大東亜戦争」とよんでいた。1941年12月8日に日本海軍によるハワイの真珠湾攻撃と，陸軍のマレー半島などへの上陸によってはじまった。当初は日本が有利に戦争をすすめていたが，1942年6月のミッドウェー海戦で敗戦したころから不利になり，1945年8月14日にポツダム宣言【▶p.212】を受諾したことにより終結した。　歴史年表 ▶p.328

枢軸国★　第二次世界大戦のときの日本・ドイツ・イタリア側の陣営のこと。アメリカ・イギリスなどと対抗する中心勢力のことで，のちに連合国と対立するようになった。

連合国（第二次世界大戦）★　第二次世界大戦のときのアメリカ・イギリス・フランス側の陣営のこと。反ファシズムで結びついた国々で，日本・ドイツ・イタリアなどの枢軸国と対抗した。

学徒出陣★　1943年10月からはじまった，文系の高校生・大学生・専門学校生も徴兵されて戦場に送られたこと。戦場に送られるのは兵役により該当している男性であったが，戦死者数が増えて兵の数が足りなくなり，当初兵役にあたる期間を遅らせていた学生も戦争に参加させて，兵力不足を補おうとした。

勤労動員★　太平洋戦争が長期化するにともない，中学生や女学生らが軍需工場で働かされたこと。多くの成人男子が徴兵され，労働力不足に

▼太平洋戦争における勢力図

ソビエト連邦　アッツ島　□日本軍の最大進出地域
満州国　日本
中華民国
ビルマ　フィリピン　サイパン島　ハワイ
シンガポール　マーシャル諸島
オランダ領東インド　ソロモン諸島　ガダルカナル島

なったために動員された。

東京大空襲 1945年3月10日に東京をおそった航空機による激しい攻撃（空襲）。太平洋戦争中、1944年から日本本土への空襲が激しくなったが、東京大空襲ではB29という爆撃機が300機以上も飛来して爆弾を落とし、8万人以上が犠牲となった。

疎開 空襲や災害に備えて、都市部に密集する住民や建物を分散させること。

学童疎開〔集団疎開〕★ 1944年からはじまった、大都市の小学生を学校ごとに集団で地方に分散させたこと。空襲が激しくなったため、子どもを安全な場所に移そうとした。このため、大都市の小学生は親もとから離れて暮らすこととなった。

ミッドウェー海戦 1942年6月に太平洋のミッドウェー島沖でおきた日本とアメリカの海軍どうしの戦い。日本は主力の空母などを失い、敗北した。この戦いから日本は太平洋戦争において劣勢となっていった。

ヤルタ会談 1945年2月にソ連のヤルタで行われたアメリカ、イギリス、ソ連の首脳会談。アメリカのルーズベルト、イギリスのチャーチル、ソ連のスターリンが参加し、国際連合の設立やソ連の対日参戦などについて協議された。

沖縄戦★★ 1945年3月にアメリカ軍が沖縄に上陸して行われた激しい戦闘。地元住民を巻き込み3か月に

およぶ戦いの末に、沖縄はアメリカに占領された。軍部は本土決戦を続けるつもりであったが、原子爆弾の投下などを経て8月にポツダム宣言を受諾したため、実際に地上戦が行われたのはこの沖縄戦だけであった。

ポツダム宣言★★★ 1945年7月に日本に示された、イギリス・アメリカ・中国（討議はソ連）による無条件の降伏勧告。日本が軍国主義を廃止することや、民主化をすすめることなどの内容を、アメリカ・イギリス・中国の名で発表した。日本は8月14日にこれを受け入れ、無条件降伏した。

歴史年表 ▶p.328

原子爆弾★★★ 核分裂を利用した大きな破壊力をもった爆弾。アメリカが1945年8月6日に広島に、8月9日に長崎に投下した。投下から数年の間に広島市では約20万人以上が、長崎市では約14万人以上が生命をうばわれたと考えられている。現在、倒壊せずに残った旧広島県産業奨励館が原爆ドームとして世界遺産に登録され、戦争の悲惨さを後世に伝えている。

▼原爆ドーム（広島市）

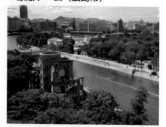

第6章	現代の日本と世界

日本の民主化と国際社会

連合国軍最高司令官総司令部〔GHQ〕★★★

第二次世界大戦後, ポツダム宣言にもとづいて, 日本占領のためにつくられた組織。最高司令官はマッカーサー。それまでの軍国主義から民主主義の社会に変えるため, 軍隊の解散や財閥解体や農地改革といった改革を行うよう, 日本政府に指令・勧告した。

マッカーサー★★★ 1880〜1964

連合国軍最高司令官総司令部〔GHQ〕の最高司令官として来日した人物。アメリカ陸軍の元帥で, 日本の占領を行った。1950年からの朝鮮戦争の際に作戦をめぐってアメリカ大統領のトルーマンと対立して, 1951年に解任された。

極東国際軍事裁判〔東京裁判〕★

戦争をおこした責任があるとされた軍人や政治家がかけられた, 連合国の軍事裁判。東条英機【▶ p.210】ら7名が死刑になった。

公職追放

1946年1月, GHQの指令によって, 戦争犯罪人や陸海軍軍人などを「好ましからざる人物」として公職から追放したこと。1948年5月まで続き, 約21万人が追放された。

戦後改革〔五大改革〕★

1945年10月にGHQが日本の内閣に対して要求した日本の民主化をすすめるための改革。女性の政治参加, 労働の民主化, 教育の民主化, 秘密警察などの廃止, 経済の民主化の5点であったことから, 五大改革ともよばれる。

財閥解体★★★

日本経済を民主化するために, GHQが行った改革。GHQは三井, 三菱, 住友, 安田などの財閥が軍国主義を経済的に支えたとして, 資産を凍結, 解体して株式を一般に売り出し, 株式の民主化を行った。

農地改革★★★

日本の農業の民主化のための改革。小作人は地主から土地をかりて農業を営んでいたが, この改革で国が地主から土地を買い上げて, 安く小作人に売り渡した。これにより自分の土地を使って自分で農業を営む自作農の割合が多くなった。

▼自作・小作農の割合

●自作地と小作地の割合

1940年	自作地 54.5%	小作地 45.5%	
1950年	89.9%		9.9%

その他0.2%

●自作・小作別農家の割合

1940年	自作 31.1%	自小作 42.1%	小作 26.8%
1950年	61.9%	32.4%	5.1%

その他0.6%

(『完結昭和国勢総覧』ほか)

人間宣言★

1946年に出された, 天皇はこの世に人の姿をして現れた神である, という考えを否定した宣言。

日本国憲法★★★

1946年11月3日に公布, 1947年5月3日に施行された憲法。マッカーサーが示

した草案に政府が手を加えて政府案を作成し，議会で修正可決して作成された。大日本帝国憲法を改正する形で定められ，三大原則を，国民主権，基本的人権の尊重，平和主義とした。子どもたちにも憲法を伝えるために，文部省（当時）から中学生向けに『あたらしい憲法のはなし』という憲法の準教科書が出された。

▼『あたらしい憲法のはなし』

> …いまやっと戦争はおわりました。二度とこんなおそろしい，かなしい思いをしたくないと思いませんか。…戦争は人間をほろぼすことです。…そこでこんどの憲法では，日本の国が，けっして二度と戦争をしないように，二つのことをきめました。その一つは，兵隊も軍艦も飛行機もおよそ戦争をするためのものは，いっさいもたないということです。これからさき日本には，陸軍も海軍も空軍もないのです。これを戦力の放棄といいます。「放棄」とは「すててしまう」ということです。
>
> （1947年文部省発行の準教科書）

教育基本法★★　1947年に制定された，小学校・中学校を義務教育とした法律。教育の機会均等や男女共学なども規定されていた。同時に学校教育法が成立し，六・三・三・四の学校制度ができた。

闇市　第二次世界大戦後，主要都市の駅前の焼けあとなどに発生した市場。公定価格によらない闇取引が行われた。

国際連合★★★　1945年10月に発足した，国際平和のための組織。発足時の加盟国は第二次世界大戦のときの連合国を中心とした51か国。国際連盟【▶ p.197】が侵略国家への制裁手段が不十分だったことを反省し，国際紛争解決のために経済的・軍事的に制裁できる権限をもっている。日本は1956年に日ソ共同宣言を結んだことでソ連の支持を得て，加盟した。2017年5月現在，193か国が加盟している。

北大西洋条約機構〔NATO〕★　1949年にアメリカやイギリスを中心とする資本主義国で結成された，集団で安全を守ろうとする組織。冷たい戦争〔冷戦〕が激しくなる中でソ連や東ヨーロッパが武力侵略してきたときには協力して防衛することとした。冷戦終結後は地域紛争を含めた安全保障機構となっている。

ワルシャワ条約機構　1955年に結成された，ソ連を中心に，東ヨーロッパの社会主義国で構成された軍事組織。北大西洋条約機構に対抗して結成されたが，1991年に解散した。

冷たい戦争〔冷戦〕★★★　第二次世界大戦後の，アメリカを中心とする資本主義国と，ソ連を中心とする社会主義国との直接戦火を交えない対立。特にヨーロッパはソ連が東ヨーロッパ諸国を支配し，アメリカが西

ヨーロッパ諸国を支援したため，社会主義陣営を東側陣営，資本主義陣営を西側陣営とよんだ。

鉄のカーテン　1946年にイギリスの当時の首相チャーチル【▶p.210】が，演説でつかった，ヨーロッパの東西対立の例え。ソ連がバルト海からアドリア海まで「鉄のカーテン」をおろしている，と表現し，ここより東側でソ連陣営が勢力を築いていると非難した。

毛沢東 ★★　1893〜1976　中国共産党【▶p.198】の指導者。1921年に中国共産党の設立に参加し，農民の指導を行った。また，中国国民党と共同して，日中戦争を勝利に導いた。その後，蔣介石が率いる国民党政府との内戦に勝ち，1949年，中華人民共和国を建国し，国家主席となった。

歴史人物（世界）　▶p.339

中華人民共和国 ★★★　1949年10月1日に首都を北京として建国された社会主義国家。中国共産党の一党によって政治が行われている。建国時の主席は毛沢東，首相は周恩来。

朝鮮戦争 ★★★　1950年からはじまった，朝鮮半島での，**朝鮮民主主義人民共和国〔北朝鮮〕と大韓民国〔韓国〕**の間でおきた戦争。韓国をアメリカ中心の国連軍が支援，北朝鮮を中国の人民義勇軍が支援して，戦いは全土に広がった。1953年に休戦協定に調印した。休戦時，北緯38度線付近で朝鮮が南北に分断されることが固定化され，現在まで対立が続いている。

中国残留日本人孤児 ★　敗戦後，おもに満州から日本に引き上げる混乱のなか，肉親と生き別れ中国人に養育された子どもたち。一方，ソ連の捕虜となった軍人のなかには，シベリアに送られ（**シベリア抑留**），厳しい寒さのなか，強制労働をさせられ，多くの犠牲者が出た。

▼冷戦下のヨーロッパ

社会主義の国
資本主義の国
中立国

▼朝鮮戦争

特需景気　戦争など一時的なできごとでおとずれる好景気のこと。朝鮮戦争の際，日本経済におとずれた好景気を特に指すこともある。朝鮮戦争では，アメリカ軍が戦争に使用する物資をおもに日本で調達したために好景気がおこった。物資は武器や弾薬など軍需物資の製造が中心であった。

キューバ危機　1962年にソ連がキューバにミサイル基地を建設しようとしたことから，アメリカが反対して，**アメリカとソ連の軍事衝突の危機が高まった**できごと。全面核戦争の危機にあった。ソ連がキューバからミサイル基地を撤去したことから危機は去り，翌年にはアメリカとソ連の首脳間で緊急事態が発生したときにすぐに話し合えるように，直通電話回線（ホットライン）がひかれた。

ベトナム戦争★　1954年から南北にわかれていたベトナムに，アメリカが介入してはじまった戦争。南北の統一を求めて南ベトナムに南ベトナム解放民族戦線が結成され，政府との間で内乱がおきた。アメリカは北ベトナムが勢力を広げることを共産主義勢力の侵略であるとして，南ベトナムを支援して1965年からは北ベトナムに空爆を行った。戦争は決着がつかないまま激しくなり，アメリカは1973年に撤退した。南北ベトナムは1976年に統一され，ベトナム社会主義共和国が成立した。

自衛隊★★★　現在の日本の防衛省に所属している部隊。自国を防衛することをおもな目的としている。1950年にGHQの指令で設置された**警察予備隊**が1952年に保安隊となり，1954年に保安隊に代わる組織として自衛隊が創設された。陸上・海上・航空の3つの部隊からなる。

サンフランシスコ平和条約★★★
1951年にサンフランシスコで結ばれた，**日本と連合国48か国との講和条約**。冷たい戦争〔冷戦〕での対立が激しくなってきたことから，アメリカは日本を早く独立させて西側陣営に編入しようと考えた。条約調印に署名したのは当時の内閣総理大臣**吉田茂【▶p.217】**。日本の領土の範囲などが規定され，翌年日本は独立国としての主権を回復した。同時に日本とアメリカは**日米安全保障条約【▶p.217】**を結んだ。

歴史年表　▶p.329

▼サンフランシスコ平和条約

吉田茂★★ 1878〜1967 サンフランシスコ平和条約【▶ p.216】を結んだときの内閣総理大臣。一貫して，アメリカと協調する政策をとり続けた。

歴史人物(日本) ▶p.337

日米安全保障条約★★★ 1951年，日本の安全と東アジアの平和のためにアメリカ軍が日本に駐留することなどを認めた条約。サンフランシスコ平和条約【▶ p.216】と同時に日本とアメリカとの間で結ばれた。この条約締結により，日本は独立後もアメリカ軍に基地を提供し，その費用を分担することとなった。

日ソ共同宣言★★★ 1956年に出された，日本とソ連の間での戦争終結宣言。これにより日本とソ連の国交は回復した。将来北方領土【▶ p.45】の歯舞群島・色丹島を平和条約締結後日本に返還することや，日本の国際連合加盟をソ連が支持することなどがその内容であり，日本は同じ年に国際連合に加盟した。

アジア・アフリカ会議★ 1955年にインドネシアのバンドンで開かれた，アジア・アフリカの代表者会議。29か国が参加した。バンドン会議ともいう。平和共存や，反植民地主義，主権の尊重などをふくむ，平和十原則が採択された。民族独立運動に大きな力をあたえた。

アフリカの年★ アフリカで17の国が一斉に独立した1960年のこと。ナイジェリア，カメルーン，コンゴなど17か国が，イギリス，フランス，ベルギーなどの西欧諸国から独立した。

原水爆禁止世界大会 1955年から開かれている，原水爆禁止運動の大会。1954年，太平洋のビキニ環礁でアメリカが行った水爆実験のときに被爆した第五福竜丸事件をきっかけとして原水爆禁止運動が激しくなり，この大会が開かれるようになった。第1回は広島で行われた。

55年体制 1955年から40年近く続いた，自由民主党〔自民党〕【▶ p.251】が政権をもち，日本社会党〔社会党〕が野党として国会で対立した，形式上の2大政党による政治体制のこと。その後，汚職事件や経済不振によって，1993年の衆議院議員総選挙で自由民主党は大幅に過半数を割り込み，野党となった。これにより55年体制は終わった。

日米新安全保障条約★ 1960年に改定して調印された，新しい日米安全保障条約。アメリカ軍の日本の防衛義務が明文化され，日本の安全がおびやかされる状況に際しては，日米が共同で行動することなどが定められた。その内容と国会での承認をめぐって激しい反対運動がおきたが，条約は強行採決された。

安保闘争 1959年〜60年におきた，日本とアメリカが日米新安全保障条約を結ぶ際のその内容と国会での条約批准の採決強行をめぐっての激し

い反対運動。社会党や共産党，学生や一般市民からなるデモ隊が国会をとりまいた。安保とは安全保障の略。

プラハの春　1968年の春にチェコスロバキアでおきた民主化の動き。ドプチェク党第一書記のもと，検閲の廃止や政党の復活などの改革が行われた。同年8月に社会主義体制の危機を感じたソ連が改革派指導者をソ連に連行するなど，改革に介入し，民主化の動きを封じた。

現代の日本

沖縄復帰　1972年に沖縄が日本に返還されたこと。太平洋戦争末期にアメリカ軍が沖縄に上陸して以来，戦後もアメリカの占領下におかれ，サンフランシスコ平和条約でも沖縄や小笠原諸島はアメリカの統治とされた。小笠原諸島は1968年に返還され，沖縄も続いて返還された。しかし，日米安全保障条約でアメリカ軍の日本駐留を認めたため，現在もなお沖縄には広大なアメリカ軍基地が残されている。

▼沖縄島における軍用地

（2016年1月）

佐藤栄作　1901〜75　1964年から1972年まで内閣総理大臣を務めた人物。日韓基本条約【▶p.219】の締結，沖縄復帰を実現した。1967年に，核兵器を「持たず，つくらず，持ち込ませず」という非核三原則の方針を掲げたことなどにより，1974年にノーベル平和賞を受賞した。

三種の神器★　1950年代から家庭に普及しはじめた，白黒テレビ・電気洗濯機・電気冷蔵庫の3つの家庭電化製品のこと。天皇の象徴として伝えられる鏡と剣と玉をいう「三種の神器」にちなむ。

高度経済成長★★★　1950年代の中ごろから1973年まで続いた高い経済成長。生産が増え，社会が裕福になっていった。この間で日本の国民総生産〔GNP〕【▶p.292】は約5倍に増えた。

テレビ放送★　日本でテレビ放送が始まったのは1953年。当時のテレビは高価で庶民の手の届く商品ではなかった。1950年代後半から日本経済が高度経済成長期に入ると，白黒テレビが冷蔵庫，洗濯機と並ぶ「三種の神器」とよばれた。

手塚治虫　1928〜1989　日本の漫画家。大阪府に生まれ，1963年に初の国産テレビ・アニメ『鉄腕アトム』を制作し，日本におけるストーリー漫画・アニメーションの開拓者となる。代表作は『ジャングル大帝』『火の鳥』など。

3C★ 1960年代後半から家庭に普及していった，カラーテレビ，乗用車〔カー〕，クーラー〔エアコン〕のこと。それぞれの英単語の頭文字をとって3Cとよぶ。1970年代以降，急速に普及していった。

所得倍増 1960年に池田勇人内閣が打ち出した経済成長政策のスローガン。10年間で1人あたりの国民所得を2倍にするという政策で，この政策は，政府の計画よりも早く効果を生み，1967年に所得倍増を達成した。

東京オリンピック・パラリンピック（1964年）★★ 1964年10月に東京で開かれたオリンピック・パラリンピック大会。アジア初のオリンピックであった。開催に向けて東海道新幹線がつくられたり，高速道路の整備が進められ，好景気が訪れた。

▼東京オリンピック・パラリンピック（1964年）

日本万国博覧会 発展 1970年に大阪で開催されたアジア最初の万国博覧会。大阪万博とも呼ばれる。「人類の進歩と調和」をテーマとした。参加国は77か国，入場者はのべ6000万人をこえた。

日韓基本条約★ 1965年に大韓民国〔韓国〕と結んだ，国交を正常化する条約。朝鮮半島にある合法的な政府は韓国だけであると承認し，韓国併合条約などの古い条約は無効とした。

石油危機★★★ 1973年，第四次中東戦争によって，アラブの産油国が石油価格の大幅な引き上げなどを実施し，世界経済が大きく混乱したこと。オイルショックともいう。石油価格の上昇で，日本では狂乱物価とよばれる異常なインフレが発生した。1974年の経済成長率は戦後ではじめてマイナスとなり，高度経済成長【▶ p.218】は終わった。

歴史年表 ▶p.329

日中共同声明★★ 1972年に，田中角栄首相が中国を訪問し，日本と中国との国交を正常化するとした発表。中国はサンフランシスコ平和条約を結んだ会議に出席していなかったため，戦後日本とは平和条約を結んでいない状態が続いていた。日本は，中国を代表するただ1つの政府を中華人民共和国政府とし，中華民国（台湾）とは断交し，中国は戦争賠償請求を放棄した。この声明により日中の国交が正常化され，1978年の日中平和友好条約で平和条約が結ばれた。

日中平和友好条約★★★ 1978年に日本と中国が結んだ条約。日本と中国がたがいに友好関係，経済・文化

における関係を深めることが定められた。

歴史年表 ▶p.329

マザー・テレサ 1910～1997　カトリックの修道女。インドのカルカッタ（現コルカタ）の修道院を拠点に，病人・孤児・貧者への奉仕を続けた。1979年ノーベル平和賞受賞。

現代の日本と世界

日米貿易摩擦〔経済摩擦〕 1980年代，日本とアメリカとの貿易において日本の黒字が続き，赤字に苦しむアメリカとの間でおきた貿易・経済の不均衡のこと。アメリカは日本に対し，市場の開放や工業製品の輸出規制，農産物の輸入開放を求めた。これに対して日本は，市場開放，内需拡大などの政策をとった。

パレスチナ問題 発展　パレスチナをめぐる，アラブ人・ユダヤ人の対立問題。第二次世界大戦後，国際連合によってパレスチナをユダヤ人とアラブ人で分割統治することが提示され，1948年，ユダヤ人がイスラエルを建国したが，アラブ人がこれを認めず戦争となった。イスラエルは国際連合の調停によって独立を確保したが，パレスチナに住んでいたアラブ人は追放されて難民となった。現在でも対立が続いている。

イラン革命 発展　1979年，イランでイスラム共和制を樹立した革命。パフレヴィー朝の独裁政権を倒し，イスラム教のホメイニ師を最高指導者

とするイラン・イスラム共和国が成立した。厳格なイスラムの日常生活が復活し，イスラム革命とも呼ばれる。

イラン・イラク戦争 発展　1980年にイラクがイランに侵入してはじまり，8年間続いた戦争。国境線をめぐってイランとイラクが対立しておきた。どちらも相手国の石油の施設を攻撃しペルシャ湾の船を無差別に攻撃したために，石油の輸出に大きな影響を与えた。1988年，国連の停戦決議を両国が受け入れ終結した。

湾岸戦争★　1990年にイラクが，クウェートに侵攻し，翌年アメリカを中心とする多国籍軍がイラクを空爆してはじまった戦争。イラクがクウェートの併合を一方的に宣言したため，アメリカを中心とした多国籍軍がイラクを撤退させるために空爆を行った。開戦後2か月で，イラクは撤退した。原油が海洋に流出したり，油田が炎上したりという環境破壊が問題となった。

天安門事件 1989年6月，北京の天安門広場に集まった民主化を求める学生や労働者を，政府が軍隊を使って弾圧し，多くの犠牲者が出た事件。中国政府は国際的に大きな非難をあび，経済制裁も行われた。

マルタ会談 1989年，地中海のマルタ島で米ソ首脳が，冷戦の終結を宣言した会談。アメリカのブッシュ大統領とソ連のゴルバチョフ書記長の間で行われた。

▼マルタ会談

ブッシュ 1946〜 ジョージ・ウォーカー・ブッシュ。アメリカの政治家。共和党に所属。第43代アメリカ合衆国大統領。在任2001〜2009年。父は第41代大統領。任期中の2001年9月同時多発テロ【▶ p.297】を受けてアフガニスタンに侵攻。2003年にイラク戦争【▶ p.297】を起こした。

ゴルバチョフ 1931〜 旧ソ連の政治家。1985年にソ連の共産党書記長に就任したあと，ペレストロイカとよばれる政治・経済改革を実施し，市場経済を取り入れた。1990年からは大統領制を実施したが，急速な改革に対して国内からクーデターや民族独立運動がおこった。1991年

▼ベルリンの壁

独立国家共同体〔CIS〕【▶ p.30】が創設。続く大統領の辞任により，ソ連は解体した。

ベルリンの壁★★★ 1961年に東ドイツが西ベルリンの周囲に築いた壁。市民が自由に行き来できないようにつくられ，冷戦【▶ p.214】の象徴となっていた。1989年に崩壊し，東ドイツと西ドイツの間で自由な行き来が認められるようになった。1990年に東西ドイツの統一が行われた。

デタント〔緊張緩和〕 1970年代に米ソが接近し，政治対話が行われるようになり，冷戦【▶ p.214】の緊張が緩和された状況。アメリカとソ連はこのあと友好関係へとむかった。

バブル経済 1980年代後半に，地価や株価が実際の価値以上に上昇した経済。泡のようにふくらんだ状態という意味。低い金利などを背景に，多くの資金を保有するようになった企業や銀行などが土地や株を大量に購入したことからおこった。しかし，1989年から金融の引きしめが行われ，地価や株価が暴落したことから1991年に崩壊した。

日朝首脳会談★ 2002年と2004年に開かれた，日本と朝鮮民主主義人民共和国〔北朝鮮〕の首脳会談。内閣総理大臣小泉純一郎が北朝鮮の平壌を訪れ，金正日国

歴史編

第6章 現代の日本と世界

221

防委員長と会談した。

歴史年表 ▶p.329

日朝平壌宣言 2002年の日朝首脳会談で調印された宣言文。拉致問題の解決，日朝国交正常化交渉の開始，植民地支配時代の過去の清算が盛り込まれた。

小泉純一郎 発展 1942〜 日本の政治家。自由民主党所属の衆議院議員で，第87・88・89代内閣総理大臣。在任中に主に行った政策は，郵政民営化，ペイオフの解禁などがある。

戦後補償問題 発展 第二次世界大戦で，日本の戦争行為によって被害を受けた外国人への補償を求められている問題。日本は国としては平和条約で補償問題は解決済みという立場をとっているが，個人への賠償を求める動きが1990年代以降急速に高まっている。

世界金融危機 2007年のアメリカのサブプライムローン問題や2008年のアメリカの大手証券会社リーマン・ブラザーズの経営破綻（リーマン・ショック）を契機に，世界経済全体に広がった景気の悪化。

アラブの春 2011年初頭から中東・北アフリカ地域の各国で本格化した一連の民主化運動。チュニジアで発生した反政府デモから始まり，中東・北アフリカに広がっていった。チュニジアやエジプト，リビアなどでは政権が崩壊した。

オバマ 発展 1961〜 バラク・フセイン・オバマ2世。アメリカの政治家。民主党所属。アフリカ系として初のアメリカ合衆国第44代大統領（2009〜2017）となる。2009年にノーベル平和賞を受賞。

安倍晋三 発展 1954〜 日本の政治家。自由民主党【▶p.251】所属の衆議院議員で，第90・96・97・98代内閣総理大臣。第2次安倍内閣時に掲げた一連の経済政策がアベノミクス【▶p.282】の通称をもつ。

菅義偉 1948〜 日本の政治家。自由民主党所属の衆議院議員で，第99代内閣総理大臣。

トランプ 1946〜 ドナルド・ジョン・トランプ。アメリカの政治家。共和党所属。2017年1月アメリカ合衆国第45代大統領に就任。

ジョー・バイデン 1942〜 ジョセフ・ロビネット・バイデン・ジュニア。アメリカの政治家。民主党所属。2021年1月アメリカ合衆国第46代大統領に就任。

ノーベル賞 スウェーデンの化学者，実業家アルフレッド・ノーベルの遺言と遺産により設立。1901年から毎年人類の福祉に最も具体的に貢献した人々に授与されている賞。物理学，化学，生理学・医学，文学，経済学，平和の6部門がある。日本人（および日本出身）では，1949年に湯川秀樹が初めてノーベル物理学賞を受賞。2020年12月までに28人が受賞。

公民編

第1章

現代社会とわたしたちの生活

つながり広がる社会

情報社会〔IT社会〕★★　マスメディアやインターネットなどが身近にあり，それらがもたらす情報が生活に大きな役割を果たしている社会。情報化社会ともいう。大量の情報が生産・伝達・利用されており，だれでも情報を発信したり受信したりできる利点があるが，誤った情報の流布，パソコンなどにおけるコンピューターウイルスの侵入といった問題もある。近年，「もの」が中心であった社会から，「情報」が中心の社会に変わりつつある。ITはInformation Technology（情報技術）の略。

インターネット★★　世界中のコンピューターを結ぶ通信網。インターネットを利用して情報の受発信や商品の売買などを行うことができる。2000年ごろから，急速に普及した。

▼日本のインターネット利用者数の推移

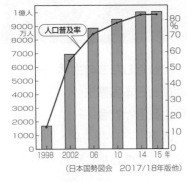

（日本国勢図会　2017/18年版他）

インターネットバンキング　インターネットを通じて，口座の残高照会や振込・振替の銀行のサービスが利用できるシステム。インターネットを利用できる環境があれば，いつでもどこでも利用できる利点がある。

ソーシャル・ネットワーキング・サービス〔SNS〕　利用者同士が交流できる，インターネット上の会員制サービスのこと。共通の趣味や経歴などをもつ人々が集まり，コミュニケーションを深め，人間関係を広げていくことを支援する目的で提供される。近年は企業や組織の広報や，災害時の情報交換の手段として活用されることも多い。

バーチャルリアリティ〔VR〕 発展　コンピューターがつくった三次元空間のなかで，視覚などの感覚を通じてその場にいるような体験ができる技術やその技術を使った製品。2016年はVR元年といわれ，ゲーム業界でVRが大きく取り入れられた。VRはVirtual Realityの略。

デジタルディバイド〔情報格差〕★★★　情報通信技術の利用が進むにつれて生じる格差のこと。年齢，性別，教育，所得などの違いにより，コンピューターを使う能力に差が生じ，つくことのできる仕事や得られる収入にも大きな違いが生まれる。そのことによって，経済的な不平等が拡大すると考えられている。

ユビキタス社会 発展 普段の生活で使用するあらゆるものにコンピューターが組み込まれ，だれもがそれらを通して情報のやり取りをすることができる社会。ユビキタスは「どこにでもある」という意味のラテン語が語源。

情報リテラシー 必要な情報を選び，活用する能力のこと。情報を得るときや発信する場合には，特に個人情報の取り扱いなどについてよく考え，行動する能力が必要となる。

情報モラル★ 情報を正しく利用するための態度や考え方のこと。他人の権利を尊重することや，不確かな情報にまどわされないことなどが大切である。インターネット上に他人の個人情報を勝手にのせたり，他人の悪口を書いたりすることは情報モラルに反する。

人工知能〔AI〕 記憶・学習といった人間が知能を使う活動を行い，言語を理解したり，論理的に考えたりすることが期待されたコンピュータープログラム。人が行うと時間も手間もかかるようなデータ分析などを効率的に行うことができ，人とは違う視点で分析することができるとも考えられている。

グローバル化〔国際化〕★ 国際社会において，経済や文化などが国境をこえて一体化していくこと。人が仕事や留学などで国境をこえて移動したり，ものやサービスが国境をこえて売買されたり，工場を海外につくったりすること。特に近年では，インターネットや衛星放送などによって世界各地の情報が瞬時に手に入ることもあり，たがいの国の結びつきが強くなっている。

グローバル・スタンダード★ 特定の国や地域，企業などに限らず，世界中どこでも通用する共通したルールや基準。例えば，交通信号機の色（緑・黄・赤の3色），長さ（m）や重さ（g）などの計量単位，国際標準化機構（ISO）による製品規格などは，世界共通のものとなっている。

自給率★★ 国やある地域での需要や消費に対して，どの程度自分たちで生産，供給できているかの割合。自給率を計算したいものについて，総生産量÷総消費量×100で示すことができる。食料の自給率をあらわす食料自給率が代表的である。日本の食料自給率はほかの先進国と比べて低くなっているため，自給率を上げることが課題となっている。

▼おもな国の穀物自給率

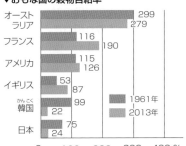

（世界国勢図会　2017/18 年版他）

外国人登録者 外国人登録制度にもとづいて，日本に連続して90日以上滞在することが認められた外国人。外国人が日本に連続して90日以上滞在する場合，住んでいる市（区）町村に登録を申請する必要があり，登録されると市（区）町村長から外国人登録証明書が交付される。2012年7月からは外国人登録制度が在留管理制度に変わり，在留外国人とよばれるようになった。

▼外国人登録者数の推移

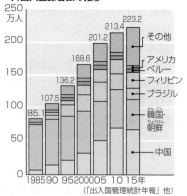

（「出入国管理統計年報」他）

国際協力★ 地球環境問題【▶ p.289】や南北問題【▶ p.291】，災害，疫病など地球規模の問題に対し，各国が力を合わせて取り組むこと。グローバル化【▶ p.225】や，国際分業の進展により，ある国で発生した問題が他国に広まるといった事態が起きており，一国では解決できない地球規模の問題が増えている。

国際分業★ 各国が他国より有利に生産できる商品を生産して輸出し，そうでない商品は他国から輸入すること。先進国同士が製品を交換し合う国際分業を水平的分業，先進国が発展途上国から輸入した原材料をもとに製品を生産する国際分業を垂直的分業という。

国際競争★ 国際市場における，企業や国家間の競争【▶ p.273】。グローバル化【▶ p.225】が進んだことで，国内商品と輸入品のどちらがより良い品を安く提供できるかなど，競争は激しくなっている。

多文化社会〔多文化共生社会〕★★ さまざまな国や民族の文化が共存する社会。グローバル化【▶ p.225】にともない，重要視されるようになった。さまざまな文化をもつ人びとが，おたがいの価値観や文化的な違いを認め合いながら，ともに生きていくことが大切である。

平均寿命★ ある年に生まれた人たちが，平均して，生まれたときから何年生きられるかを表した年数。日本人の平均寿命は，世界で1・2位を争う高さである。

出生率★★★ 1年間に生まれた子どもの数の，人口に対する割合。一般に，人口1000人当たりの数値で表される。

合計特殊出生率★　1人の女性が一生に産む子どもの数の平均。その年の15歳から49歳までの女性が産んだ子どもの数をもとに算出。日本の合計特殊出生率は1.45（2015年）。

▼日本の合計特殊出生率

（日本国勢図会　2017/18年版他）

家族★★　おもに結婚や血縁をもとにして夫婦，親子，きょうだいなどで構成されている社会集団。かつての日本ではいくつかの世代が集まった大家族が一般的であったが，近年は，小家族である核家族世帯や，1人ぐらしの単独世帯が増加してきている。

核家族世帯★★★　夫婦のみ，もしくは夫婦と未婚の子ども，または父母のうち一方と未婚の子どもからなる家族形態のこと。日本では高度経済成長期以降，その世帯数は増え続け，家族形態の内訳では現在最も割合が多くなっている。核家族世帯の中には，高齢者のみの世帯も増えており，その世話や介護のため，国による福祉サービスやボランティア活動

のさらなる充実が求められている。

民法★　婚姻【▶p.228】や相続【▶p.228】といった家族にまつわることや，社会生活のなかで必要な関係を定めている法律。人は1人の人間として尊重されるとする個人の尊厳と，男女は本質的に平等であり，差別してはならないとする両性の本質的平等を，基本的な考え方としている。6親等内の血のつながりのある血族と，3親等内の姻族（婚姻相手の血族）を親族と定めている。

▼民法

第725条　次に掲げる者は，親族とする。
　1　6親等内の血族
　2　配偶者
　3　3親等内の姻族
第730条　直系血族及び同居の親族は，互いに扶け合わなければならない。
第731条　男は，18歳に，女は，16歳にならなければ，婚姻をすることができない。

（抜粋）

▼日本の家族構成の変化

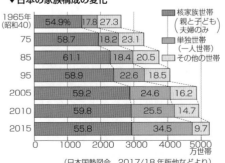

	核家族世帯（親と子ども）（夫婦のみ）	単独世帯（一人世帯）	その他の世帯
1965年（昭和40）	54.9%	17.8	27.3
75	58.7	18.2	23.1
85	61.1	18.4	20.5
95	58.9	22.6	18.5
2005	59.2	24.6	16.2
2010	59.2	25.5	14.7
2015	55.8	34.5	9.7

（日本国勢図会　2017/18年版他などより）

婚姻 一組の男女が夫婦となること。日本においては，男性は満18歳以上，女性は満16歳以上であれば，両者の自由な意思にもとづく合意と婚姻の届け出によって成立する。(未成年者の婚姻には，父母の同意が必要。)

晩婚化 初婚年齢の平均が高くなっていくこと。少子化の原因の1つと考えられている。晩婚化の背景には，相手にめぐり合えないことや，仕事と家事の両立が難しく結婚を諦めてしまうことなどが挙げられる。

相続 発展 人が死亡したとき，その財産や借金などを他の者(相続人)が受けつぐこと。夫あるいは妻や子どもは相続人となり，子どもは性別や年齢にかかわりなく等しく相続することができる(**均分相続制**)。

▼法定相続分

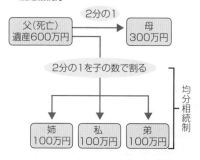

家制度 第二次世界大戦前の日本でとられていた，**個人よりも家を重視**する家族制度。家族をまとめる「**戸主**」を中心とし，家族は戸主に従わなければならなかった。第二次世界大戦後，個人の尊厳と両性の本質的

平等にもとづいて改正された民法の考え方と合わないことから，公的には廃止された。

夫婦別姓★ 結婚後も夫婦がおたがいに結婚前のそれぞれの名字をなのること。現在，民法第750条の規定により，正式には夫婦どちらかの名字をなのることになっている。しかし，現在は結婚すると妻の名字が変わる場合が多い。このため，妻が仕事をする上で不都合が生じたり，夫婦の実質的な平等をそこなうと考えられたりするようになってきた。今後夫婦の判断で別姓にできるかどうかが議論されている。

待機児童 保護者が希望しているにもかかわらず，希望する保育施設の定員がうまっていたり，保育施設が不足していたりして，保育施設に入れないでいる児童のこと。共働き世帯の増加により，保育施設の需要が増えている反面，受け入れ環境の整備が遅れていることなどが原因である。

少子高齢社会★★★ 総人口に占める子どもの割合が小さくなり，高齢者(65歳以上の人びと)の占める割合が大きくなる社会のこと。出生率の低下と平均寿命ののびがおもな原因である。医療費や年金など社会保障に関する費用が増加するいっぽうで，保険料や税金などを支払う働く世代が少なくなり，負担が増えることから，大きな社会問題となっている。

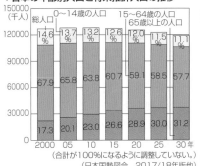

▼日本の年齢別人口と将来推計人口の推移

0〜14歳の人口　15〜64歳の人口　65歳以上の人口

	2000	05	10	15	20	25	30年
65歳以上の人口	14.6%	13.7%	13.2%	12.6%	12.0%	11.5%	11.1%
15〜64歳の人口	67.9	65.8	63.8	60.7	59.1	58.5	57.7
0〜14歳の人口	17.3	20.1	23.0	26.6	28.9	30.0	31.2

(合計が100%になるように調整していない。)

(日本国勢図会　2017/18年版他)

少子化社会対策基本法　2003年に制定された，少子化対策を進めるための法律。国や地方公共団体を中心に企業も参加し，育児休暇制度や保育サービスなど，子育てを支援するための施策の充実をはかることが目的である。

老老介護　高齢者による，高齢者の介護。高齢化【▶ p.56】が進み，核家族世帯【▶ p.227】が増えたことで老老介護が増加しており，社会問題となっている。

1億総活躍社会 [発展]　2015年10月に発足した第3次安倍晋三改造内閣が掲げた政策。日本の少子高齢化を止め，家庭や職場，地域の人々誰もが活躍できる社会をめざし，50年後も人口1億人を維持しようとする政策。

現代社会と文化

芸術　音楽や絵画，演劇，文学など，美の追求や感情の表現をし，他者に伝えようとする創作活動。

科学　さまざまな技術を生み出すための研究や，知識，学問のこと。医療技術や宇宙開発技術，農作物の品種改良，情報技術など幅広い分野の技術を発展させ，人々の生活を向上させる。いっぽうで核兵器の開発のように，使い方を誤ると大きな被害をもたらすこともある。

伝統文化　歴史の中ではぐくまれ，人々の間で価値あるものとして古くから継承されてきた文化。能【▶ p.132】，歌舞伎【▶ p.154】，茶道，華道など専門性が高い文化と，衣食住や年中行事など生活の中で誰もが経験する生活文化がある。

年中行事★　七夕や七五三など，毎年同じ時期に行われる昔から続く行事。豊作を祈る祭りなどから始まったものや，クリスマスのように外国からきた行事が日本に定着したものがある。

文化財　文化財保護法に定められているものにあてはまるもののこと。建造物や絵画，工芸品などの有形文化財，演劇や音楽，工芸技術などの無形文化財，衣食住や年中行事，民俗芸能などの民俗文化財，歴史上または学術上価値の高い古墳や城跡などのほか，文化的景観や伝統的建造物群も文化財の対象となる。

クールジャパン　海外で「クール（かっこいい）」と評価されている，日本のアニメや漫画などの文化。伝

統文化, ファッション, ロボット技術など幅広い文化もふくまれる。日本政府は日本の魅力を海外に発信し, 日本の経済成長につなげる「**クールジャパン戦略**」を進めている。

現代社会の見方・考え方

社会集団★　人が集まっている集団のこと。生まれたときから所属している**家族**や**地域社会**のほか, 目的をもってつくられた**学校**や**企業**のようなものがある。集団としてのまとまりをもたせるため, 社会集団にはそれぞれに応じたルールがあり, それを守っていくことが必要である。

社会的存在　社会の一員として社会集団と関わって生きていく人間のありかたのこと。人間は社会集団と関わらずに生きていくことはできないので, だれもが社会的存在である。

契約★　おたがいに**納得**し, 合意した上で結ぶ約束。法律にもとづいて約束を守る義務があり, 約束が守られなかった場合は責任をとる必要がある。商品の売り買いや, 労働契約などがあてはまる。

対立　社会の中で, おたがいの意見や主張がぶつかること。合意によって解消する。

効率★★　ルール〔きまり〕をつくるとき, それぞれの人が最大の利益を得られ, かつ時間やものを**むだなく**使うやり方を選ぼうとする考え方。

公正★★　ルール〔きまり〕をつくるとき, **個人を尊重**すること。効率とともに, 合意するための判断材料の一つ。対等な立場で話し合う手続きの公正さと, 特定の人が不当な制限や差別を受けないような機会や結果の公正さが求められる。

合意★★　対立がおきたとき, おたがいに納得する解決手段をつくり, その手段を実行すること。合意にいたるための手段として, **全会一致**や, **多数決**によって決める方法がある。

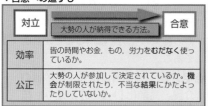

▼合意への道すじ

対立	大勢の人が納得できる方法。	合意
効率	皆の時間やお金, もの, 労力を**むだなく**使っているか。	
公正	大勢の人が参加して決定されているか。**機会**が制限されたり, 不当な結果にかたよったりしていないか。	

ルール〔きまり〕　さまざまな人が暮らす社会の中で, おたがいの利害を調整し, **共存**していくために定められる約束事。しきたりやならわしといった**慣習**, 規範となる**道徳**, 強制力を持って定められる**法**が代表的なルール〔きまり〕である。

権利　法律によって認められている権限や自由。日本国憲法では, 第3章で「**国民の権利及び義務**」を定めている。

義務　したがうべきとされること, 当然しなければならないこと。ルー

ル〔きまり〕をつくる際には、権利とともに、どのような責任と義務を負うかも明らかにすることが大切である。

第2章	人間の尊重と日本国憲法

人権思想の発達

基本的人権 ★★★　人が生まれながらにもっている、人間らしく生きるためにある、だれにも侵すことができない権利。人権ともいう。基本的人権には自由権【▶p.237】や平等権【▶p.235】、社会権【▶p.239】、参政権【▶p.240】などがある。

マグナカルタ（大憲章）★　1215年にイギリスで国王の権力を制限した法。国王のジョンが議会を無視して政治を行うことにがまんができなかった貴族たちが、議会の同意なしに税金をかけないこと、正しい手続きなしに逮捕しないことなどを国王に認めさせた。いったんは国王の権力の制限が行われたが、17世紀になるとまた国王の勝手な政治（専制政治）がひどくなっていった。

権利の章典 ★　1689年にイギリスで発布された法律。17世紀のイギリスでは国王が勝手な政治をしていたために、反発した人々によって名誉革命【▶p.165】がおこり、権利の章典が発表された。これにより、議会の要求を国王ウィリアム3世が承認

して議会の同意なしで税金をかけないことや、国王も法を守ること、議会での発言の自由などが定められた。

アメリカ合衆国憲法 ★　1787年にアメリカで制定された憲法。民主主義や三権分立について規定している。

ワイマール憲法 ★★　1919年にドイツで制定された憲法。「ドイツ共和国憲法」が正式名称。世界ではじめて社会権【▶p.239】が保障された。

主権者 ★★★　国のあり方を最終的に判断する権利を持つ人。日本国憲法においては国民、大日本帝国憲法〔明治憲法〕においては天皇であった。

大日本帝国憲法〔明治憲法〕★★★　1889年2月11日に発布され、1890年11月29日に施行された、日本最初の近代的な憲法。主権者は天皇で、国民の人権は「臣民ノ権利」として天皇からあたえられたものと規定されていた。

ロック ★　1632〜1704　イギリスの思想家。『統治二論（市民政府二論）』をあらわし、すべての人間は生まれながらに生命や自由、財産に対する権利をもち、命が危険にさらされたり、財産が他人に支配されたりしてはならないこと、権力が不当に行使されているときには抵抗する権利（抵抗権）があることなどを主張した。名誉革命を正当化し、アメリカ独立宣言にも大

きな影響をあたえた。

モンテスキュー★ 1689〜1755 フランスの思想家。『法の精神』をあらわし、人民の自由を守るためには、国家の権力を立法権・行政権・司法権の3つに分けて、権力が集中することのないようにおたがいに抑制し合う三権分立が必要であると説いた。

ルソー★ 1712〜78 フランスの思想家。『社会契約論』をあらわし、政治は一部の個人の意見にかたよるのではなく、人民全体の一致した意見にもとづいて行われるべきであるとする、人民主権を唱えた。フランス革命に大きな影響をあたえた。

日本国憲法の基本原理

法★★★ 社会で人々が生活していくために必要なきまり。日本では、日本国憲法が最高の効力をもつ法（最高法規）であり、そのほか、国会が制定する法律、内閣が制定する政令、地方公共団体が制定する条例などが法として挙げられ

▼法の内わけ

上位

憲法……最高のきまり

法律……国会が定める

命令、規則……内閣や省庁などが定める

下位

る。

憲法★★ 国における法のなかで、最も基本となるもの。すべての国民は憲法を守らなければならず、憲法に反する法は無効になる。日本の場合、日本国憲法がこれにあたる。

立憲主義★ 人権を保障するために、憲法によって政治権力を制限する考え方やしくみ。権力を制限する憲法にもとづく政治のあり方を立憲政治という。

日本国憲法★★★ 1946年11月3日に公布、1947年5月3日に施行された日本の最高法規。前文と11章103条からなりたっており、国民主権、基本的人権の尊重、平和主義を三大原則としている。

▼日本国憲法の三大原則

日 本 国 憲 法

国民主権

基本的人権の尊重

平和主義

民主政治★★ 国民1人ひとりの意思を尊重した民主主義【▶p.246】にもとづいて行われる政治。ギリシャのアテネで、紀元前6〜5世紀ごろに行われていた、市民が広場で話し合いながらものごとを決定するという政治形態を起源としている。

中央集権（国家）★★

国家や社会集団において，統治権力が中央に集中・統一されている形態。中央集権に対立する形態は地方分権【▶ p.264】。

国民主権★★★

国の政治をどのようにすすめるかを決める権利，すなわち主権が国民にあるということ。日本国憲法の三大原則の1つで，前文と第1条に定められている。大日本帝国憲法〔明治憲法〕においては，主権は天皇にあるとする天皇主権であった。

▼国民主権

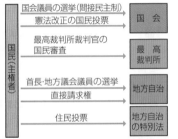

基本的人権の尊重★★★

それぞれの個人が生まれながらにもっている基本的人権【▶ p.231】をおたがいに尊重しあうこと。日本国憲法の三大原則の1つであり，公共の福祉に反しない限り，最大限尊重されなければならないと定められている。基本的人権には，自由権や平等権，社会権などがある。（図：p.234「基本的人権の種類」）

平和主義★★★

前文と第9条に定められている日本国憲法の三大原則の1つ。第二次世界大戦の反省をふまえ，日本は戦争を放棄して戦力をもたず，交戦権を認めないことを定めている。

象徴天皇制★★

天皇が日本国と日本国民統合の象徴であるとするしくみ。日本国憲法第1条で規定される。象徴としての天皇は政治的な行為を行わず，国事行為や，外国訪問や式典への参加といった法的・政治的な権利を行使しない公的行為のみを行う。

国事行為★★

日本国憲法第7条に定められた，天皇の形式的・儀礼的な行為。大日本帝国憲法〔明治憲法〕では天皇は主権者であったが，日本国憲法第1条では「日本国と日本国民統合の象徴」とされた。そのため，天皇は政治的権限はもっておらず，国事行為を行うには内閣の助言と承認を必要としており，その責任は内閣が負うことになっている。

皇室典範 [発展]

皇室の制度や構成などについて定めた法律。大日本帝国憲法〔明治憲法〕のもとでは，憲法と同じ権威をもった法律であったが，日本国憲法のもとでは，国会がその内容を改廃できる。

憲法第9条★★

平和主義を構成する条文。国際紛争を解決する手段として，戦争をしたり，武力を使ったりすることはしない戦争放棄，陸海空軍その他の戦力はもたない戦力の不保持，国家が戦争を行う権利を認めない交戦権の否認を定めている。

よくでる日本国憲法条文 ▶p.356

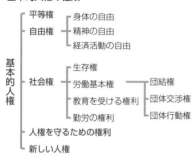

▼基本的人権の種類

```
基本的人権 ┬ 平等権
          ├ 自由権 ┬ 身体の自由
          │        ├ 精神の自由
          │        └ 経済活動の自由
          ├ 社会権 ┬ 生存権
          │        ├ 労働基本権 ┬ 団結権
          │        │            ├ 団体交渉権
          │        │            └ 団体行動権
          │        ├ 教育を受ける権利
          │        └ 勤労の権利
          ├ 人権を守るための権利
          └ 新しい人権
```

自衛隊★★★　1954年に保安隊に代わってつくられた組織。最高責任者は内閣総理大臣で，自衛隊は軍人ではない人の統制下にあるという**文民統制〔シビリアンコントロール〕**の下におかれている。陸上・海上・航空の3部隊からなる。**日本を守ることが主な任務**であるが，災害時に出動したり，**平和維持活動〔PKO〕**【▶p.295】として海外に派遣されたりもしている。

集団的自衛権 発展　自国と密接な関係にある他国に対して武力攻撃が行われたとき，**自国が直接攻撃されていなくても阻止することができる権利**。日本では第9条をこえる範囲の権利と考えられており，憲法上許されないとされているが，様々な意見がある。

有事関連3法 発展　2003年に成立した，**日本が武力攻撃されたときの対応を定めた**，武力攻撃事態対処法，改正自衛隊法，改正安全保障会議設置法の3つの法律。自衛隊の行動と，

日本に駐留するアメリカ軍の行動と，日本国民の生命・財産に関することがそれぞれに定められている。2004年にはさらに，攻撃されたときの具体的な対応を盛り込んだ7つの法律を定めた。

普天間基地 発展　沖縄県の宜野湾市にあるアメリカ軍の基地。住宅地にあり，市の4分の1をしめることなどから，沖縄県民から基地縮小の声が高まった。その動きを受けて，政府は名護市辺野古への移設を決定したが，沖縄県がこれに反対し，現在も移設は実現されていない。

核兵器★★　核分裂や核融合によって発生するエネルギーを利用した爆弾を備えた兵器。核兵器は大量の人びとを死傷させるだけでなく，被爆した人の子孫にまで影響をおよぼす可能性がある。

非核三原則★★　佐藤栄作首相が発表した日本の核兵器に関する方針。**核兵器を「持たず，つくらず，持ちこませず」**という内容で，1971年には国会で決議された。日本は世界で唯一の被爆国としてこの原則を維持したいとしているが，近年「持ちこませず」に関しては，アメリカの軍艦などが核兵器をもったまま日本に配備されたといわれるできごとがあり，非核三原則が守られていないと問題になっている。

平等な社会をめざして

平等権★★★　すべての人間が等しく扱われることを保障する権利。日本国憲法では、法の下の平等、両性の本質的平等などを規定している。

法の下の平等★★★　日本国憲法第14条で定められている、すべての国民が法の下に平等であり、人種や信条（ものごとの考え方）、性別や生まれなどによって、生きていく上で差別されないということ。国はすべての国民を平等に扱わなければならないとしている。

> よくでる日本国憲法条文 ▶p.356

個人の尊重★★　それぞれの個人を、1人の人間として最大限大切にすること。人権保障の基礎となる考え方であり、日本国憲法では第13条で「すべて国民は、個人として尊重される」と定めている。

部落差別★★　被差別部落の出身者に対する差別。江戸時代のえた・ひにんの身分の人々に対し、明治時代に法律で身分が廃止されたにもかかわらず、就職や結婚などにおいていまだ差別がある。1965年に同和対策審議会は答申で、部落差別をなくすことが国民にとっての課題であり、国の責務であると宣言した。

人権教育及び人権啓発の推進に関する法律〔人権教育・啓発推進法〕　[発展]　2000年に成立した法律。日本国憲法では平等権を定めているが、実際にはまだ差別が残っていることから、すべての人の人権が尊重されるように、国や地方公共団体は学校などを通じて人権教育を行わなければならないと規定した。

女子差別撤廃条約★　1979年に国連で採択され、日本は1985年に批准した「女子に対するあらゆる形態の差別の撤廃に関する条約」。女子に対する差別とはどのようなものかを規定して、政治的、経済的、社会的その他の分野の活動における差別をなくすように求めている。

同和対策審議会★　1960年の法制定を受けて総理府（現在の内閣府）に設置された、部落差別を受けている人々の問題をなくすための機関。

アイヌ文化振興法★　1997年に制定された、「アイヌ文化の振興並びにアイヌの伝統等に関する知識の普及及び啓発に関する法律」。北海道を中心に住んでいるアイヌの人びとの民族としての誇りが尊重される社会の実現をめざしている。

在日韓国・朝鮮人　日本に定住している韓国人や朝鮮人。1910年の韓国併合のあと、朝鮮半島から日本へ移住させられた人や、その子孫をふくんでいる。日本で生まれ育った人も多く、日本の国籍を取得して帰化する人もいる。

ヘイトスピーチ　[発展]　ある特定の団体や個人、民族や人種に対して行われる差別的な発言や行動。2016年

235

には**ヘイトスピーチ解消法**が制定されたが，日本国憲法で保障されている表現の自由【▶ p.238】との関わりから，罰則は定められていない。

外国人参政権
永住外国人に，地方選挙での選挙権を認める考え方にもとづく権利。裁判所は憲法ではこの権利を禁止していないとしているが，まだ法律として制定されておらず，具体的には認められていない。

日系人
日本から海外へ移住し，永住する目的でそこで生活している日本人とその子孫。日系人が最も多く居住しているのはブラジル，次いでアメリカ合衆国となっている。

HIV
ヒト免疫不全ウイルスの略。白血球などに感染し，免疫力を低下させる。感染後指標となる23の疾患を発症した時点でエイズ【▶ p.246】発症と診断される。感染者の血液や精液が体内に入ることで感染するほか，母子感染もみられる。

HIV薬害訴訟
国が承認した血液製剤によりエイズ【▶ p.246】に感染した患者らが，国と血液製剤メーカーに対し損害賠償を求めて起こした訴訟。和解ののち，国と被害者は定期的に協議を開いているほか，相談事業や健康管理手当・費用の支給が行われている。

共生社会 ★★
人がたがいに個人として自分と相手を大切にし，ともに助け合って生きていく社会。それぞれの考え方や文化が違っていても，その違いを認め合って尊重していかなければならない（異文化理解）という考え方にもとづいている。

バリアフリー ★★★
障がい者や高齢者などが安全・快適に暮らせるように，生活する上で障害となるものがない社会をつくろうという考え。2006年にバリアフリー新法〔高齢者，障害者等の移動等の円滑化の促進に関する法律〕が制定された。

▼バリアフリーの例

障害者基本法 ★
1993年に成立した，障がいのある人の自立や社会参画の支援などを目的とした法律。2011年に改正され，社会的な壁を取り除くことが，国や地方公共団体の責任であると定められた。

障害者差別解消法 ★
2013年に成立した，障がいを理由とした差別の解消を目的とした法律。

ユニバーサルデザイン ★★★
年齢や障がいの有無にかかわらず，すべての人が使いやすいようにつくられたデザイン。使い方が簡単にわかり，楽に使えるなどの原則にあてはまるものがよいとされている。リンス（トリートメント）と区別しやすいよう

につけられたシャンプー容器のギザ
ギザ，信号が変わったことを音声で
知らせる音声誘導付信号機などが，
その例としてあげられる。

▼ユニバーサルデザインの例（きき手ごと
　に，すくいやすく食べやすいようにつく
　られている）

ノーマライゼーション　障がいをも
つ人も，もたない人も，高齢者も子
どもも，それぞれを分けるのではな
く，ともに地域の中で暮らしていこ
うという考え方。現代の社会福祉に
おいて，最も基本的な理念とされて
いる。

**セクシュアル・ハラスメント
〔セクハラ〕★**　職場などでおきる，
相手の意思に反した性的ないやがら
せ。労働者の個人としての尊厳を不
当に傷つける行為であり，また，企
業にとっても職場の秩序を乱す行為
であることから，男女雇用機会均等
法では企業に対してその防止を義務
づけている。

男女共同参画社会★★★　男性と女
性がたがいに人権を尊重しあい，責
任を分けあって対等な立場で能力を
いかすことができる社会のこと。
1999年には男女共同参画社会基本
法が施行され，国や地方公共団体に
対して，男女共同参画社会の実現に

向けてさまざまな取り組みを行うこ
とが義務づけられた。

育児・介護休業法★　子育てや家族
の介護を行う労働者に対して，仕事
と家庭の両立を支援するための法
律。育児休業は子どもが1歳6か月
になるまで（最大2歳まで延長可），
介護休業は対象家族1人につき93
日間までの休暇が認められている。

LGBT [発展]　性的少数者の総称とし
て用いられることもある。レズビア
ン（女性同性愛者），ゲイ（男性同性
愛者），バイセクシュアル（両性愛
者），トランスジェンダー（出生時に
診断された性と，自認する性の不一
致）の頭文字をとった総称である。

さまざまな人権

自由権★★★　すべての人が生きて
いく上で，自由にものを考え，意見
を述べ，行動することを保障する権
利。日本国憲法では，身体の自由，
精神の自由【▶p.238】，経済活動の
自由【▶p.239】に大きく分けられる。

身体の自由★★★　自由権の1つで，
正当な理由なしに，人間の身体が他
者から拘束されない権利。基本的人
権の中でも，もっとも基本的な権利
とされている。奴隷的拘束および苦
役（苦しい肉体労働）からの自由，法
定手続きの保障【▶p.238】，逮捕・
抑留・拘禁などに対する保障，残虐
な刑罰を絶対的に禁止し，黙秘権
【▶p.238】を認める刑事手続きの保

障などがある。

逮捕★　警察などの捜査機関が被疑者の身体の自由を拘束すること。日本国憲法第33条では，現行犯以外で逮捕する場合には，裁判官が発行する令状にもとづかなければならないことを定めている。

勾留　犯罪捜査中や裁判の間，被疑者や被告人を一定期間，拘束すること。住所不定や証拠隠滅，逃亡のおそれがあるときに行われ，裁判官が発行する令状が必要である。

黙秘権★　被疑者や被告人に認められている権利で，取り調べ中や裁判において，自分に不利益となることを話さなくてもよい権利。日本国憲法第38条に定められている。

法定手続きの保障★　自由権のうち身体の自由の1つで，法律に定める手続きによらなければ，生命や自由を奪われたり，刑罰を科せられたりしないことを保障している。

精神の自由★★★　自由権の1つで，個人が自由にものを考え，思想や信仰をもち，自分の意見を述べる自由。国民の精神活動に国家が干渉しないことを保障するもの。思想および良心の自由，信教の自由，集会・結社・表現の自由，学問の自由などがある。

思想および良心の自由★★★　自由権のうち精神の自由の1つで，個人がどのような考えをもつのも，自分の良心にしたがってどのような判断をするのも自由であるとするもの。

信教の自由や表現の自由，学問の自由などの具体的な権利の基礎となる自由である。

信教の自由★★★　自由権のうち精神の自由の1つで，個人がどのような宗教を信じるのも信じないのも自由とするもの。国による宗教的行為は禁止されており，これを政教分離の原則という。

集会・結社・表現の自由★★★　自由権のうち精神の自由の1つで，人びとが目的をもって集まったり団体をつくったりする自由と，言論や出版によって自分の考えや知ったことを外部に発表する自由。マスメディアによる報道の自由もこれにふくまれる。国などが外部に発表される表現の内容をあらかじめ審査し，不適当な場合には発表を禁止する検閲は

▼自由権

身体の自由
・奴隷的拘束・苦役からの自由
・法定手続きの保障
・逮捕・拘禁などに対する保障
・拷問や残虐な刑罰の禁止
・刑事手続きの保障
精神の自由
・思想および良心の自由
・信教の自由
・集会・結社・表現の自由
・学問の自由
経済活動の自由
・居住・移転・職業選択の自由
・財産権の保障

禁止されている。

学問の自由★★★
自由権のうち精神の自由の1つで，学問を研究したり，研究の成果を発表したり，教えたりする自由。

経済活動の自由★★★
自由権の1つで，個人が住む場所を決めたり，職業を選んだり，自分の財産を利用したりする自由。居住・移転および職業選択の自由，財産権の保障がある。不当な経済活動が行われると，他者の人権が侵害されることもあることから，公共の福祉【▶p.242】により制限される場合もある。

居住・移転および職業選択の自由★★★
自由権のうち経済活動の自由の1つで，個人が住みたいところに住み，希望するところに移転し，好きな職業を選ぶことができる自由。公共の福祉【▶p.242】に反しない限りにおいて，その自由が保障されている。

財産権の保障★★★
自由権のうち経済活動の自由の1つで，自分の財産をもち，それを自由に利用したり，処分したりする権利が国や他者から侵害されないことを保障するもの。ただし，無制限に保障されるわけではなく，公共の福祉【▶p.242】の観点から制約される場合がある。

社会権★★★
すべての人が人間らしい生活を送るために必要な，生活の基礎を保障する権利。1919年にドイツのワイマール憲法ではじめて規定された。日本国憲法では，社会権として生存権，教育を受ける権利【▶p.240】，勤労の権利【▶p.240】，労働基本権〔労働三権〕【▶p.240】を保障している。

▼社会権

> **生存権**
> ・健康で文化的な最低限度の生活を営む権利
>
> **教育を受ける権利**
> ・学校で学習することを保障
>
> **勤労の権利**
> ・働く人たちに認められている
>
> **労働基本権〔労働三権〕**
> ・団結権
> ・団体交渉権
> ・団体行動権〔争議権〕

生存権★★★
社会権のうち，もっとも基本となる人間らしい生活を営む権利。日本国憲法では第25条に「健康で文化的な最低限度の生活」を営む権利と定められている。この権利にもとづき，病気や失業などで生活が成り立たないときには，国に対して生活の保障を求めることができるとされている。

> よくでる日本国憲法条文 ▶p.357

生活保護法★★
病気や失業などにより生活に困っている国民に対し，国が必要に応じて最低限度の生活を保障しながら，自立をすすめていこうとする法律。日本国憲法第25条にもとづいて定められている。扶助

の種類としては，生活，生業（生活していくための職業），医療，教育，住宅，出産，葬祭（葬儀など），介護の8種類がある。

年金★★★
国や年金を運営している組織に保険料を支払い，受け取る資格を満たした場合に支給されるお金のこと。原則，国民全員が加入し（国民皆年金），国民全員に基礎年金が共通で支給される。社会保障【▶p.284】制度の1つで，一定の年齢以上でもらえる老齢年金や，けがや病気によって一定以上の障害がある人がもらえる障害年金などがある。

医療保険★
保険料をかけている本人やその扶養を受けている家族が病気やけがをしたときに，医療サービスを受けたり，かかった金額の一部を保険が負担したりする制度。社会保障【▶p.284】制度の1つで，健康保険ともいう。原則，国民全員が加入（国民皆保険）することになっている。

健康保険法
健康保険（医療保険）の被保険者やその家族が，業務以外の病気や負傷，または死亡したときや出産したときに，保険金の給付を受けるための法律。

教育を受ける権利★★★
日本国憲法第26条で保障されている社会権の1つ。この権利を保障するために，教育基本法で教育目的を示し，義務教育の期間の費用は無償であると定めている。

生涯学習
人がさまざまな場や機会において行う学習。学校教育，社会教育，文化活動，趣味などさまざまな目的で行われる。教育基本法【▶p.214】では，あらゆる機会・場所において学習でき，その成果を生かすことができる生涯学習社会の実現が図られるべきと規定されている。

勤労の権利★★
社会権の1つで，働く意思があり，その能力のある人が，国に対して労働の機会を求めることができる権利。勤労は権利であると同時に，国民の義務でもあり，日本国憲法第27条で定められている。この権利を守るために，労働基本権（労働三権）が保障されている。

労働基本権〔労働三権〕★★★
社会権の1つで，勤労の権利を守るために定められている権利。団結権（労働者が団結して行動できるように労働組合をつくる権利），団体交渉権（労働組合が労働条件の改善のために交渉する権利），団体行動権〔争議権〕（団体交渉がうまくいかないときなどに，ストライキなどの団体行動を行う権利）をまとめてこのようによぶ。日本国憲法第28条で定められている。

参政権★★★
国民が政治に参加する権利。選挙権のほかに，被選挙権や憲法改正の国民投票権，最高裁判所裁判官の国民審査権などが日本国憲法で定められている。

選挙権★★★　参政権の1つで，国会議員のような代表者などを選出する権利。日本では満18歳以上の男女にあたえられており，国については国会議員，地方公共団体については都道府県知事や市（区）町村長，地方議会議員をそれぞれ選出することができる。

被選挙権★★★　参政権の1つで，選挙に立候補することができる権利。日本では参議院議員と都道府県知事に立候補できるのは満30歳以上，衆議院議員と市（区）町村長，地方議会議員に立候補できるのは満25歳以上と定められている。

▼選挙権と被選挙権

	選挙権	被選挙権
衆議院議員	満18歳以上	満25歳以上
参議院議員		満30歳以上
都道府県知事		満30歳以上
市（区）町村長		満25歳以上
都道府県・市（区）町村議会の議員		満25歳以上

国民投票権★★　参政権の1つで，国会が憲法改正の発議をしたときに，国民が改正に賛成・反対の投票をする権利。具体的な手続きについて定めた国民投票法（日本国憲法の改正手続に関する法律）が2007年に公布され，2010年に施行された。その中では，投票権をもつのは満18歳以上の日本国民であることや，国民投票が行われたとき，改正に賛成する票が有効投票の過半数であった場合に改正が認められる，といった内容が定められている。

国民審査権★★　参政権の1つで，最高裁判所裁判官に対して国民が投票で審査を行う権利。任命後，最初の衆議院議員総選挙の際（その後は前回の審査から10年経過後の総選挙ごと）に行われる。この国民審査において罷免（やめさせること）を可とする者が過半数を占めた場合，その裁判官は罷免されることになる。

請願権★★　国民の基本的人権を確保するために保障された権利の1つで，国や地方公共団体に対してさまざまな要望をする権利。日本国憲法第16条に規定されている。人権侵害があった場合に苦情やその救済を訴えたり，国や地方公共団体が定めた命令や規則によって不利益を受けた場合に苦情を訴えたりすることができる。

請求権★★　国民の基本的人権を確保するために保障された権利の1つで，国や地方公共団体に対して，基本的人権が侵害されたときに救済などを求める権利。公務員の不法行為（不注意や故意で損害をあたえる行為）などによって受けた損害の賠償を求めることができる国家賠償請求権，刑事裁判で無罪が確定した場合に，国にお金による補償を求めるこ

とができる**刑事補償請求権**，裁判を受ける権利などがある。

C型肝炎訴訟
国が承認した血液製剤により，C型肝炎ウイルスに感染した患者および遺族が，国と製薬会社に対し損害賠償を求めて起こした訴訟。裁判では国と製薬会社の責任を認める判決が下された。

ドメスティック・バイオレンス〔DV〕
配偶者や恋人といった，親密な関係の人からふるわれる暴力。被害者の保護などをはかる配偶者暴力防止法が制定されているほか，配偶者暴力相談支援センターが相談や一時的な保護といった支援を行っている。

公共の福祉 ★★★
それぞれの人権の調和をはかって，すべての国民の幸福を実現するための原理。日本国憲法は基本的人権を侵すことのできない永久の権利として保障しているが，人間が社会の中で生活している以上，他人の基本的人権も尊重すべきであって侵害することは許されない。そのため，公共の福祉によって人権が制限される場合があると経済活動の自由などで規定されている。

国民の義務 ★★★
日本国憲法で定めている国民の3つの義務。保護者に対して子どもに義務教育を受けさせることを義務づけた普通教育を受けさせる義務，能力に応じて働く勤労の義務，所得などに応じて税金を納めることを義務づけた納税の義務

の3つをいう。

新しい人権 ★★★
日本国憲法にはっきりとした規定はないが，社会状況の変化にともない新たに主張されるようになった基本的人権。環境権，プライバシーの権利【▶ p.243】，知る権利【▶ p.243】，自己決定権【▶ p.243】などがある。

幸福追求権 ★
日本国憲法第13条で規定される「生命，自由及び幸福追求に対する国民の権利」で，公共の福祉に反しない限り，国政のうえで最大限に尊重されるべきとされる。新しい人権が主張される根拠ともなっている権利である。

環境権 ★
生活するうえで良好な環境を求める権利。太陽の光を一定時間住宅に確保する権利（日照権）や，はげしい騒音にさらされずに静かに生活する権利などがあげられる。高度経済成長のころに公害による生活被害がおこったため，生存権や幸福追求権（日本国憲法第13条）などにもとづいて主張されるようになった。

環境アセスメント〔環境影響評価〕 ★
発電所やダム，高速道路などの大規模な開発をするとき，開発によって周囲の環境にどのような影響をおよぼすかを事前に調査，評価すること。環境破壊を事前に防ぐためのものである。1999年に施行された環境アセスメント法〔環境影響評価法〕では，調査し評価した結果を公表することが義務づけられている。

健康増進法 発展 2002年に制定された。国民の健康づくりや病気の予防を積極的にすすめるための法律。第25条で学校や劇場，飲食店など多くの人が集まるところでは，他人のたばこの煙を吸わされること（受動喫煙）への防止策をとる努力が必要だと定められた。そのため，たばこを吸うことを禁止したり，吸える場所を制限したりするところが増えてきている。

知る権利 ★ 主権者である国民が，正確な情報を得たうえで政治に参加できるように，国・地方公共団体などがもっている情報の公開を求める権利。この権利を確立するために，国は1999年に制定した情報公開法で省庁などがもっている行政文書を請求に応じて公開することを原則義務づけた。多くの地方公共団体では条例を制定するなどして，情報公開制度の整備を進めている。

プライバシーの権利 ★★★ 個人の私的な生活をほかの人に勝手に公開されない権利。マスメディアの発達により，本人の知らない間に自分の情報が利用される可能性が高くなったことから主張されるようになった。また，自分に関する情報がどのように利用されているのかを自分で管理する権利としても主張されており，個人情報保護法で，国や地方公共団体などがもつ個人情報の取り扱い方が定められた。

肖像権 自分の姿を無断で撮影されたり，商品に利用されたりしない権利。プライバシーに関わる側面と，財産権に関わる側面がある。財産権に関わる側面では，特に，商業的な価値のある有名人の肖像について問題となる。

個人情報保護法 ★★★ 個人のプライバシーを守るため，個人情報が外部にもらされたり悪用されたりすることを防ぐ法律。情報社会〔IT社会〕【▶ p.224】が急速に進展し，情報の流通がさかんになったいっぽうで，個人の権利が侵害される可能性が高まり，プライバシーの保護が必要となったことから制定された。

パワーハラスメント〔パワハラ〕 職場において，地位の高い人による地位の低い人へのいやがらせ。暴力や暴言のほか，無視，仕事の妨害，仕事をあたえない，プライベートに過度に立ち入ることなどが挙げられる。

著作権 思想や感情を創作的に表現した作品（文芸，学術，美術，音楽）の作者に対して与えられている権利。日本では，原則として著作者の死後70年まで著作権が保護される。商標（商品名など）や特許，意匠（デザイン）などと一緒に，知的財産権に含まれる。

自己決定権 ★★★ 個人が自分の人生や生活について，自由に自分で決定する権利。医療現場でどのような治療を受けるのかについて，医師か

ら十分な説明を受けた上で自分で決定できるようにするべきであるという考え方から主張されるようになった。脳死状態になった場合などに臓器提供をするかどうかをあらかじめ意思表示しておくことも自己決定権の1つである。

インフォームド・コンセント★　医療現場で患者が治療方法などを自己決定するために，医師から治療のしかたなどについて，十分な説明を受けた上で同意をすること。自己決定権の1つであり，アメリカ合衆国で1950年代後半から1960年代にかけて生まれた。

臓器移植　事故や重い病気にかかって機能しなくなった心臓などの臓器を，健康な臓器と交換すること。これによって薬や手術では治せない病気を治すことができる。脳死後や心臓が停止した死後に自分の臓器を提供するかどうかは，健康保険証，運転免許証，マイナンバーカードの意思表示欄や臓器提供意思表示カードなどに示しておくか，インターネットで意思を登録しておくことができる。また，本人の意思が不明な場合でも，家族の承諾があれば臓器提供が可能である。

尊厳死　けがや病気が治らない状態で，死期が近いときに，ただ延命するだけの医療行為などを拒否し，人間としての尊厳を保ちながら死をむかえること。延命措置に入る前に自分の意思を書類で示しておくことがよいとされている。いっぽう，末期がん患者などの求めに応じて，耐えがたい苦痛から解放させるために，医師などが死の手助けをすることを安楽死という。日本では法的に認められていない。

iPS細胞 発展　日本語では人工多能性幹細胞といい，人間の体のあらゆる部分になることができる細胞。世界で初めて山中伸弥京都大学教授がつくり出すことに成功し，2012年，ノーベル生理学・医学賞を受賞した。

▼臓器提供意思表示カード

国際社会と人権

世界人権宣言★★★　世界に向けて基本的人権と自由の保障を示した宣言。国際平和のためには，世界各国で人権が尊重されることが重要であ

るという考えから，1948年に国際連合総会で採択された。1966年にはこの宣言の内容を条約化し，法的拘束力をもった国際人権規約が採択された。日本は一部をのぞいて1979年に批准した。

▼世界人権宣言

第1条　すべての人は生まれながらに自由であって，その尊厳と権利とについては平等である。人間は道理をわきまえる才（理性）と良心とをもっており，たがいに同胞の精神をもって行動しなければならない。
第2条　①すべての人は，人種，皮膚の色，性別，言語，宗教，政治上その他の意見，国民的あるいは社会的な出身，財産，出生その他の地位がどのようなものであっても，この宣言にかかげられているすべての権利と自由をもつ。
第3条　すべての人は，生命，自由および身体の安全についての権利をもつ。
（抜粋）

アムネスティ・インターナショナル★　すべての人の人権が守られる社会をめざす国際的な人権団体。人権侵害に対する調査などを行い，宗教や思想を理由に捕まっている人々の釈放や，死刑の廃止などを訴えている。NGO〔非政府組織〕【▶p.299】の1つで，1977年にはノーベル平和賞を受賞した。

遺伝子診断 発展　生き物の親から子に受けつがれていく遺伝子がどのようになっているかを調べることによって，遺伝によっておこる病気な

どを解明すること。親子やきょうだいのうちだれかに遺伝子変異があったときに，同じ変異があるかどうかを調べることで，かかりやすい病気がわかったり，それにあった治療法や予防法をとることができる。しかし，診断結果の取り扱いについて個人情報をどのように保護するのか，診断結果によって病気になりやすい遺伝子をもっているからと差別される可能性があるなど，さまざまな問題点が指摘されている。

遺伝子組み換え食品 発展　遺伝子組み換え技術によってつくられた作物を原料とする食品。遺伝子組み換え技術とは，ある生物の細胞に別の生物の遺伝子を組みこむことで新しい性質をもった作物をつくり出す技術で，これにより除草剤をかけても枯れない，害虫に強いなどといった特性をもつ作物をつくることができる。日本では，安全性が認められた，じゃがいもや大豆，とうもろこしなどを加工した食品が輸入・販売されており，遺伝子組み換え食品であると表示することが義務化された。

クローン 発展　遺伝的に同じ構造をもつ個体や細胞のこと。同じ親の細胞などからつくられた個体はすべて同じ遺伝子をもつクローンとなる。1996年にイギリスではじめてクローンとして羊のドリーが誕生した。しかし，クローン技術で生まれた個体がほかの個体と比べてどのよ

うな違いがあるのかわかっていないこと，クローンを人に適用した場合に，人間の尊厳をどうするかといった問題がある。日本では2001年に**クローン技術規制法**が施行されて，人間へのクローン技術の適用を禁止した。しかし，2013年に生命倫理調査会が一部の研究を容認した。

体外受精 発展 卵子と精子を体内ではなく体外で受精させること。人の場合，不妊治療やそのほかの医療手段としてこの方法が用いられることがある。

エイズ 発展 後天性免疫不全症候群のことで，HIV【▶p.236】というウイルスによってさまざまな病気にかかる状態のこと。HIVは人の体に入り込むと白血球の一種であるリンパ球を破壊して，人の体の免疫力を下げ，その結果，病気にかかりやすくなる。単にHIVに感染しただけではすぐに症状があらわれるわけではないため，現在は，発症するのを遅らせるような治療が行われている。

ボランティア★★ 自分の意思で自分の技術や時間を提供して**社会的な人助けをする人やその行為**。基本的に無報酬で行われる。阪神・淡路大震災や東日本大震災をきっかけとして，改めてその重要性が再認識されるようになり，近年，福祉や教育，まちづくりなどといった分野で広く定着してきた。

民主政治と政治参加

政治★★★ 社会集団のなかでさまざまな意見が出て対立や争いが発生したときに，それを調整するために話し合いをしたり，ルール〔きまり〕【▶p.230】を決めたりして解決していくこと。例として国や地方公共団体が行う政治があげられる。

民主主義★★★ 国民の意思にしたがって政治を行うという考え方。紀元前6〜5世紀ごろに古代ギリシャのアテネで行われ，近現代では市民革命を経て民主主義社会が成立した。全員で話し合って決める場合を**直接民主制**といい，選ばれた代表者が話し合って決める場合を**間接民主制（代議制）**という。

多数決の原理★ 民主主義の基本原理の1つで，話し合っても意見が一致しない場合に，数が多いほうの意見にしたがうこと。ただし，決定の過程で，少数意見の発表や批判も自由にできる状態であることが必要であるとされている。

少数意見の尊重 ものごとを決める過程で，少数意見の発表や批判が自由に行われている状況。少数意見の尊重がなされていないと，多数派による独断的な支配が行われることになる。

普通選挙 ★★　選挙の基本原則の1つ。性別や財産，納税額に関係なく，一定の年齢（日本では満18歳）に達したすべての国民に選挙権があたえられる選挙。日本では第二次世界大戦後の1945年に，満20歳以上のすべての男女に選挙権があたえられた。これに対し，性別や財産などで制限をする選挙を制限選挙という。

平等選挙 ★★　選挙の基本原則の1つ。1人1票の投票をする選挙。1票の価値はみな同じである。財産や身分などによって1人の投票数を増減することは認められない。

直接選挙 ★★　選挙の基本原則の1つ。有権者が候補者に対して直接投票する選挙。衆議院議員総選挙や参議院議員選挙，地方公共団体の首長（都道府県知事，市〈区〉町村長）の選挙，地方議会議員選挙は直接選挙で行われている。これに対して，有権者が選んだ選挙人が候補者に対して投票する選挙を間接選挙という。アメリカで行われている大統領選挙が間接選挙の代表例である。

秘密選挙 ★★　選挙の基本原則の1つ。だれがだれに投票したのかがわからないようになっている選挙。投票用紙には自分の名前を書かなくてよいことになっている。投票する人の自由な意思を守るために行われる。

選挙管理委員会 ★★　選挙が公正に行われるように管理する機関。国民の意思が政治に正しく反映されることを目的としている。中央選挙管理会と都道府県選挙管理委員会，市（区）町村選挙管理委員会から構成されている。

公職選挙法 ★★　1950年に制定された，衆議院議員選挙，参議院議員選挙，地方公共団体の首長（都道府県知事，市〈区〉町村長）の選挙，地方議会議員の選挙についての法律。選挙が正しく行われ，民主政治が行われることが目的である。選挙権や被選挙権，投票のしかたや選挙運動などについて具体的に定めてある。

投票率 ★★　有権者に対する投票者の割合。近年，日本の国政選挙の投票率は7割以下であることが多く，特に若い世代で投票率が低い傾向にある。棄権【▶ p.249】する人が多い背景には，政治への無力感や不信感があると指摘される。投票率の向上のため，期日前投票【▶ p.248】などの取り組みが行われている。

▼国政選挙の投票率

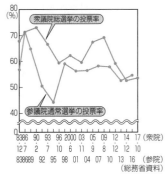

（総務省資料）

期日前投票 選挙の期日（投票日）に仕事や用事などがある場合，投票日より前に投票を行うことができる制度。

大選挙区制 １つの選挙区から２人以上の代表を選出する選挙方法。たくさんの候補者から選択することができ，小さい政党も当選する可能性が高いため，国民の意思が反映されやすい。いっぽう，小さい政党の候補者が多くなり政治が不安定になるおそれがあることや，選挙費用がかかることが問題点としてあげられる。

小選挙区制★★★ １つの選挙区から１人の代表を選出する選挙方法。投票されたうち最多の票を獲得した候補者しか選出されないため，大きな政党に有利になり，政治が安定しやすい。また，選挙区がせまいため，選挙費用は大選挙区制に比べてあまりかからないことが多い。いっぽう，死票（落選者に投票された票）が多くなり，国民の意思が正確に反映されないことなどが問題点としてあげられる。

▼死票について

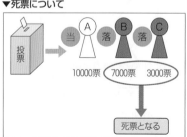

比例代表制★★★ 投票の際，政党名などを記入し，各政党の得票数に応じて議席を配分する選挙方法。死票（落選者に投票された票）が少なく，国民の意思が反映されやすいが，小さい政党が多くなり政治が不安定になるおそれがある。日本では衆議院議員選挙と参議院議員選挙にとり入れられており，議席の配分は**ドント式**によって行われる。

ドント式 比例代表制の議席の配分方法。各政党の得票数÷整数の商の数字の大きい方から当選する。

▼ドント式の計算例

	A党	B党	C党
得票数	1500	900	600
÷1	<u>1500</u>	<u>900</u>	<u>600</u>
÷2	<u>750</u>	<u>450</u>	300
÷3	<u>500</u>	300	200
÷4	375	225	150
議席数	3	2	1

（例）参議院比例代表区で，議員定数6の場合。下線は当選を表す。

▼比例代表制のしくみ

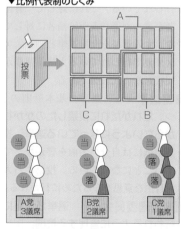

小選挙区比例代表並立制★★　現在の衆議院議員選挙でとられている選挙方法。1選挙区から1名を選ぶ小選挙区制で289名、得票数に応じて政党に議席を配分する比例代表制で176名が選出される（第48回選挙より）。比例代表制では、各政党ごとに順位をつけた候補者名簿を作成しておき、各政党の得票数にしたがって当選者が確定するという方式がとられている。候補者は、小選挙区、比例代表の両方に立候補でき、小選挙区で落選しても、比例代表で復活当選する場合がある。

政権公約〔マニフェスト〕★　おもに有権者に対して、政権を担ったときに行う政策などを政党が具体的に示したもの。政策の内容や実施期間、財源などがきちんと示されており、その政党が政権をにぎった場合には確実に実行するものだと考えられている。

棄権　権利があるのに行使しないこと。有権者が投票しないことという意味で使用されることが多い。日本では、期日前投票【▶ p.248】を導入するなどして、棄権を減らす取り組みをしている。

一票の格差★★　選挙において一票の価値に差が出てしまっている状態のこと。平等選挙により選挙権は一人一票で平等であるのが原則であるが、実際には選挙区ごとに有権者の数と議員定数の比率に差が出ている

ため、当選するのに必要となる票の数が違い、このような問題がおきている。

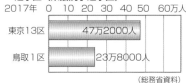

▼最多有権者数の選挙区と最少有権者数の選挙区（衆議院小選挙区）

2017年　0　10　20　30　40　50　60万人
東京13区　47万2000人
鳥取1区　23万8000人

（総務省資料）

政党交付金〔発展〕　一定の条件を満たしている政党に、政党助成法にもとづいて、活動にかかる費用の一部として交付されるお金。民主政治が正しく行われるために、政党の活動が公正に行われることを目的としている。

連座制〔発展〕　選挙運動の中心人物が選挙違反をした場合に、候補者の当選が無効になる制度。選挙運動の責任者や秘書、親族など候補者と関係のある者が選挙違反をして一定以上の刑罰が確定したとき、候補者が当選していたとしても、当選は無効となり、その後も立候補することが制限される。公職選挙法で定められている。

世論★★★　国民の間にある共通した多くの意見のこと。民主政治においては国民の意思にしたがった政治を行う必要があるため、世論は重要な役割を担っている。

メディアリテラシー★★　マスメディア【▶ p.250】の報道をそのまま

受け取るのではなく，いろんな角度から読み取る力。

マスメディア★★★　新聞や雑誌，テレビ，ラジオなど，たくさんの人々に対して情報を伝える手段のこと。マスメディアを通じて情報を伝えることを**マスコミ**〔マスコミュニケーション〕という。

政党と政治

政党★★★　政治に対する考え方・方針(政策)が同じ人々が集まってつくった，方針(政策)を実現させるための政治団体のこと。国民の意見を聞きながらそれらをまとめて政治に反映させる役割と，逆に政治で行われていることを国民に伝える役割を担っている。議員を通じて政党が行っていく政治を**政党政治**という。

複数政党制〔多党制〕 発展 　複数の政党が存在している状態で政治が行われていること。選挙の結果で政権を担う政党が交替することがある。現在，日本はこの複数政党制にあてはまる。逆に，旧ソ連や中国〔中華人民共和国〕など，政党が1つしか存在しない国は**1党独裁制**，アメリカなど政党が2つのみの国は**二党制**〔二大政党制〕になっている。

衆議院議員選挙〔総選挙〕★★★　衆議院議員を選ぶ選挙。衆議院が解散したときと，4年間の任期が満了したときに行われる。このとき，衆議院議員選挙は1回の選挙で全員を選

出する総選挙になる。選挙方法は，小選挙区制と比例代表制を組み合わせた，**小選挙区比例代表並立制**【▶p.249】である。

与党★★★　政権を担当する政党。議院内閣制では議会で多数を占める議員が所属している政党が与党となることが多い。

野党★★★　政権を担当せず，与党の監視や批判を行う政党。与党とは違う政策を国民に示すことから，国民にとっては与党の政治を判断する際に役立つ。

連立政権〔連立内閣〕★★　複数の政党によって内閣が組織，運営されていること。違う政党同士がいっしょになって政治を行うため，政策については話し合いが必要で，合意できなかった場合には連立できなくなり，内閣が倒れる可能性がある。

無党派層　支持している特定の政党がない人々。政治に無関心だったり，政党に対して不信感を抱いていたりすることが原因である場合が多い。無党派層に分類される人々が増えてきたため，この人たちが選挙のときにどの党に投票するかで政権が決まることもある。

浮動票 発展 　特に支持している政党や候補者がなく，選挙のときにだれに投票するかわからない人々の票のこと。浮動票をもつ人々が選挙に行くかどうかで投票率が大きく変わる。投票する政党などを決めて毎回

のように選挙に行く人々の票のこと
を，固定票という。

自由民主党〔自民党〕★　1955年に日
本民主党と自由党が合同してできた
政党。党ができて以来単独で政権を
担当していたが，1993年以降野党
になったり他党との連立政権〔連立
内閣〕になったりしている。

圧力団体〔利益団体〕発展　自分たち
の利益の実現のために，政府や議
会・政党などにさまざまな圧力をか
ける団体。自分たちだけの特殊な利
益を求める要求をすることがあるた
め，民主政治をゆがめることもある
といわれている。

国の政治と国会

議会制民主主義★★　国民が選んだ
代表者からなる議会を通じて行われ
る民主主義の政治のしくみ。代表制民
主主義ともいう。日本の国会や地方議
会はこのしくみをとり入れている。

国会★★★　国民の中から選挙を通
じて選ばれた国会議員によってなり
たっている，国民の代表機関。日本
国憲法では，国権の最高機関であり，
国の唯一の立法機関と定められてい
る。衆議院と参議院の二院制〔両院
制〕をとっている。おもな仕事は，
法律の制定（立法），予算の審議・議
決，内閣総理大臣の指名，条約の承
認，憲法改正の発議などで，国の政
治がきちんと行われているかどうか
を調べる国政調査権ももっている。

常会〔通常国会〕★★　毎年1月に召
集される国会。おもに次年度の予算
の審議が行われる。会期は150日で
ある。　国会のしくみ ▶p.350

特別会〔特別国会〕★★　衆議院解散
後の総選挙の日から30日以内に召
集される国会。内閣総理大臣の指名
が中心となる。　国会のしくみ ▶p.350

臨時会〔臨時国会〕★★　内閣が必要
と認めたとき，または，いずれかの
議院の総議員の4分の1以上の要求
があったとき召集される国会。おも
に政治上で緊急を要する問題などを
審議する。　国会のしくみ ▶p.350

▼国会の構成

参議院の緊急集会★　衆議院の解散
中に緊急の必要があるとき，内閣に
よって召集される参議院の集会。こ
こで決められたことは，次の国会開
会後10日以内に衆議院での同意が
必要となる。衆議院での同意がなさ
れなかったときは，無効となる。

立法★★　法律を制定すること。日
本国憲法では，国民の代表機関であ

る国会を唯一の**立法機関**と定めている。これは、**国民主権**を具体化したものである。

議員立法 国会議員が提出した法律案のこと。内閣が提出したものは閣法という。

二院制〔両院制〕★ 2つの議院から構成されている議会。国民のさまざまな意見を広く政治に反映させることができると考えられている。日本の国会は、衆議院と参議院からなる二院制をとっており、違いを出すために議員の任期や選出方法が異なる。

衆議院★★★ 日本の国会を構成する議院の1つ。議員の任期は4年で、任期中でも**解散**があるため、参議院よりも**世論**が反映されやすいと考えられている。そのため、法律の制定や内閣総理大臣の指名などにおいて、**衆議院の優越**が認められている。被選挙権は満25歳以上である。

参議院★★★ 日本の国会を構成する議院の1つ。議員の任期は6年で、3年ごとに半数ずつ改選される。被選挙権が、満30歳以上であり、衆議院議員の被選挙権よりも高く設定されており、解散がないこと、任期が長いことから慎重に審議ができ、衆議院の議決の行き過ぎをおさえることができると考えられている。

国会のしくみ ▶p.350

衆議院の優越★★★ 衆議院の議決が参議院の議決よりも優先されること。国会の議決は原則として衆議院と参議院両方の議決の一致によるが、重要なことがらに関しては、議決が異なったときに**両院協議会**【▶p.253】を開いても一致しなければ、衆議院の議決が優先される場合がある。これは、衆議院の方が任期が短く、解散があるため、国民の意思をより反映していると考えられているからである。予算の議決、条約の承認、内

▼おもな衆議院の優越

法律案の議決 (第59条②④)	両議院が異なる議決をしたとき、または衆議院が可決して60日以内に参議院が議決しないとき	衆議院で出席議員の3分の2以上の多数で再び可決したとき法律として成立
予算の議決(第60条②) 条約の承認(第61条)	両院協議会でも意見が不一致のとき、または衆議院が可決して30日以内に参議院が議決しないとき	衆議院の議決が国会の議決となる
内閣総理大臣の指名 (第67条②)	衆議院と参議院が異なった議決をし、両院協議会でも意見が不一致のとき、または衆議院が指名の議決をしたあと10日以内に参議院が指名の議決をしないとき	衆議院の議決が国会の議決となる

252

閣総理大臣の指名が異なったときなどは衆議院の議決が国会の議決となる。法律案の議決が一致しないときは，衆議院が出席議員の3分の2以上で再び可決したときに成立する。

委員会 ★★★
国会法で定められている，衆議院・参議院にある少数の国会議員からなる組織。国会での審議を慎重かつスムーズに行うために，本会議の前に特定の議題について検討している。衆議院と参議院それぞれに予算委員会，法務委員会など17の委員会が常任委員会として設置されており，必要に応じて特別委員会が設置される。それぞれの議員で構成され，公聴会を開いて関係者や知識がある人からの意見を聞くこともある。

予算委員会 ★
国会法で定められている，衆議院・参議院にそれぞれ設置されている常任委員会の1つ。予算についての審査や調査を行う。

本会議 ★
衆議院・参議院それぞれの議員全体による会議で，国会の意思が決定される場所。本会議を開くには総議員の3分の1以上の出席が必要で，公開が原則である。特別な場合をのぞいて，出席議員の過半数で議事が決められる。

公聴会 ★★
衆議院と参議院の委員会で，議題の関係者や，知識がある人を招いて意見を聞く会。各委員会の判断で開くことができるが，予算や税金などに関する重要な法案につ

いては必ず開かなければならない。

両院協議会 ★★★
衆議院と参議院の議決が異なるときに開かれる会。それぞれの議院から10名ずつ選出され，合計20名で構成されている。予算の議決，内閣総理大臣の指名，条約の承認で両院の議決が異なったときは必ず開かれ，法律案の議決が異なったときには任意で開かれる。

予算の議決 ★★★
予算を国会で議決すること。予算は必ず先に予算先議権をもつ衆議院に提出されることになっている。衆議院と参議院の議決が異なったときは両院協議会を開き，それでも一致しないときと，衆議院で可決後30日以内に参議院が議決しないときは，衆議院の議決が国会の議決となる衆議院の優越が認められている。

条約の承認 ★★
内閣が締結した条約を，国会で承認すること。承認は締結の前でも後でもよい。衆議院と参議院で議決が異なったときは，予算の議決と同じように衆議院の優越が認められている。

内閣総理大臣の指名 ★★★
国会の議決によって国会議員の中から内閣総理大臣を指名すること。衆議院と参議院で指名の議決が異なったとき，両院協議会を開き，それでも一致しないときと，衆議院の指名の議決後10日以内に参議院が指名の議決をしないときは，衆議院の優越が認められている。

国政調査権★★ 政治が正しく行われているかどうか調査するために，衆議院・参議院それぞれにあたえられている権利。証人をよんで質問（証人喚問）したり，記録の提出を求めたりすることができる。国政調査権には衆議院の優越はない。

憲法改正の発議★★★ 国会で衆議院・参議院それぞれの総議員の3分の2以上の賛成で憲法の改正を国民に発案すること。憲法を改正するには，その後，国民投票権【▶ p.241】による国民投票で有効投票の過半数の賛成が必要である。日本国憲法の改正には通常の法律改正よりもきびしい手続きがとられることになっている。

憲法の改正★★★ 日本国憲法改正の手続きは，憲法第96条で定められている。まず，衆議院と参議院のそれぞれで総議員の3分の2以上の議員が賛成することによって，国会が発議する。次に，国民投票で有効投票の過半数の賛成を得ることで日本国憲法は改正される。その具体的

な手続きを定めた**国民投票法**が2007年に制定され，2010年から施行されている。

クエスチョンタイム 日本では党首討論ともいい，**与党【▶ p.250】**と野党【▶ p.250】の代表が政策について直接討論を行う制度。2000年に始まった。イギリスの制度を参考にしたものである。

行政と内閣

行政★★★ 国会が制定した法律や予算にもとづいて政治を行うこと。日本国憲法第65条で行政権は内閣に属すると定められており，国の行政は内閣の指揮監督のもと，省庁などの行政機関が行っている。

内閣★★★ 国の行政機関。内閣総理大臣〔首相〕とその他の国務大臣で構成され，法律の執行や条約の締結，予算の作成などを行う。

内閣総理大臣〔首相〕★★★ 政治の中心にいる内閣の首長。国会議員の中から国会の議決によって指名され，天皇によって任命される。国務

▼憲法改正の流れ

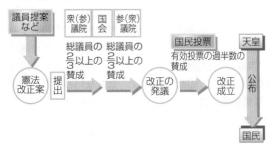

254

大臣を任命・罷免し，内閣を代表して議案の国会への提出，一般国務や外交関係についての国会への報告，行政各部の指揮監督などを行っている。

▼内閣総理大臣の権限

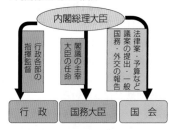

国務大臣★★★　内閣総理大臣とともに内閣を構成する大臣。内閣総理大臣によって任免され，**過半数が国会議員でなければならない**。省庁【▶ p.256】の長などを務める。

閣議★★★　内閣総理大臣によって開かれ，すべての国務大臣が出席する会議。**内閣の意思がここで決定される**。閣議でものごとを決めるには，全員の意見を1つにする全会一致でなければならない。

閣法　内閣が提出した法律案のこと。内閣提出法律案。2017年の通常国会では，議員立法と閣法の成立件数を比べると，閣法のほうが多い。

政令★★★　法律で決めたことを実施するために内閣が制定する命令。憲法や法律の細かい取り決めを政令で行うことも多い。

議院内閣制★★★　内閣は国会の信任の上になりたち，国会に対し，連帯して責任を負うというしくみ。イギリスや日本でとり入れられている。日本では，内閣総理大臣は国会によって指名され，内閣の政治が信頼できないと思えば，衆議院は内閣不信任の決議【▶ p.256】を行うことができる。内閣不信任の決議が行われた場合，内閣は10日以内に総辞職するか，衆議院を解散しなければならない。議院内閣制に対して，国の首長である大統領が議会と関係なく国民に選ばれている政治のしくみのことを**大統領制**といい，アメリカなどでとり入れられている。

▼議院内閣制

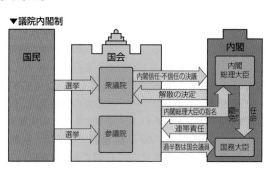

内閣不信任の決議 ★★★

議院内閣制【▶ p.255】の制度にもとづいて，内閣の政治が信頼できないと思ったときに，衆議院が行うことができる権限。内閣不信任の決議が行われた場合，内閣は 10 日以内に総辞職するか，衆議院を解散しなければならない。衆議院の解散を行った場合は，内閣は衆議院議員総選挙のあとに国会が召集されたときに総辞職しなければならない。

衆議院の解散 ★★★

内閣が 4 年の任期の途中で衆議院議員全員の資格を終わらせること。内閣が行うことができる。衆議院が行う内閣不信任の決議に対して，内閣から衆議院に対して働きかける方法の 1 つで，議院内閣制【▶ p.255】のしくみにもとづいている。

総辞職 ★★★

内閣総理大臣と国務大臣の全員が辞職すること。衆議院で内閣不信任の決議が行われた場合，内閣は 10 日以内に総辞職するか衆議院の解散をしなければならず，そのほかに衆議院議員総選挙のあとに国会が最初に開かれたときや，内閣総理大臣が欠けたときにも総辞職しなければならないと定められている。

省庁 ★★

内閣の指揮監督のもとにおかれている行政機関。省の下に庁がおかれ，専門分野ごとに分けられている。

内閣 ▶ p.352

農林水産省 ★

農業，林業，漁業に関する国の行政機関。食料の安定供給の確保や農林水産業の振興を行っている。

防衛省 ★

日本の安全を守り，災害などから人々の命や財産を守る国の行政機関。自衛隊【▶ p.234】の管理・運営を行っている。

法務省 ★

国がかかわる裁判の処理や検察，司法制度などを担当する国の行政機関。出入国管理や人権擁護の活動も行っている。

総務省 ★

選挙や公務員制度，消防など国の仕事や郵政事業を担当する国の行政機関。

経済産業省 ★

経済を活性化させるために，産業や貿易などにかかわる政策を担当する国の行政機関。資源やエネルギーなど，経済にかかわる幅広い仕事をしている。

国土交通省 ★

道路や空港などの交通網や，国土開発，河川の管理などを行う国の行政機関。海上の安全も担当している。

文部科学省 ★

教育や科学技術，文化・スポーツの振興を担当する国の行政機関。教育に関する政策の立案・実施，科学技術や文化・スポーツの振興に関する政策の立案・実施などを行う。

外務省 ★

外交に関する仕事を担当する国の行政機関。国の外交政策の立案や条約に関する事務を行う。

財務省 ★

予算，税制，通貨，国債に関する仕事を担当する国の行政機

関。国家財政の管理や外国為替の安定の確保などがおもな仕事である。

厚生労働省★ 社会福祉や社会保障の推進、雇用の確保、労働条件の整備などを担当する国の行政機関。高齢者介護・福祉施策や医療保険制度の推進、労働条件の確保・改善、労働者の安全と健康の確保などを担当している。

公務員★★ 国家公務員法や地方公務員法で定められた、国や地方公共団体といった公的機関に勤務する者。国の仕事をする**国家公務員**と地方の仕事をする**地方公務員**がある。日本国憲法第15条で、公務員は**全体の奉仕者**と定めている。これは、政治的に中立で、一部の人間だけではなく、主権者の国民全体に奉仕しなければならないということである。

官僚★ おもに国や地方公共団体の政策決定にかかわる公務員のこと。省庁や地方公共団体のトップクラスの公務員を指すことが多い。

たてわり行政 発展 行政が実際に仕事をする上で、自分の部門の利益を重視して、それ以外の仕事は行わず、他の省庁や部門と連携をとらない状態。複数省庁、あるいは部門間にまたがる仕事のときに、それぞれの仕事しか行わず、効率が悪くなっているという問題が発生している状態である。

行政権の肥大化〔行政権の拡大〕 行政が取り扱う仕事が多くなり、行政にかかわる権限や人員が増えて専門化、複雑化が進んでいくこと。

官僚政治 発展 本来、主権者である国民の代表者の集まりである国会が立法を通して政治をコントロールするべきであるが、政治の重要な決定を政策決定を通じて官僚が行うなど行政の権限の方が大きくなってしまっているという政治の状態。この問題を解決するため、行政改革がすすめられている。

行政指導 行政機関が、行政目的を実現するために企業や団体などに行う指導、勧告、助言など。強制力はなく、相手方の任意の協力を求めるものである。

行政改革★★ 行政権の肥大化〔行政権の拡大〕を解消するために、国や地方公共団体の行政組織などを見直す改革。政府の役割を最小限におさえる**小さな政府**をめざす。今まで許可や免許が必要だったものを**規制緩和**したり、公務員の数を減らしたり、国が運営していた学校や美術館などを独立行政法人【▶p.258】として行政から切り離したりしている。

中央省庁の再編 2001年に行われた省庁【▶p.256】の再編成のことで、1府22省庁から1府12省庁へと再編成された。内閣機能の強化がねらいであった。

マイナンバー制度 発展 個人情報を管理するために、住民1人1人に12桁の**個人番号**を割り与える制

度。2016年1月から運用されている。**個人番号**には氏名や生年月日，年金や税金などの個人情報が登録されている。この制度によって，行政手続きの効率化や，税金の負担の公正化が期待されている。

独立行政法人★ 省庁が運営していた事業や組織のうち，独立して権利や義務をもつ組織となった団体。行政改革の一環として行われ，国が直接行う必要のないものを行政から切り離した。国立学校や美術館・博物館などがある。切り離すことで，行政が効率化されると考えられている。

法を守る裁判所

司法★★★ 法にもとづいてもめごとなどを解決すること。日本国憲法第76条では司法権は最高裁判所と下級裁判所に属すると定めている。

> **よくでる日本国憲法条文** ▶p.357

裁判所★★★ 法律にもとづいてもめごとなどを解決する裁判を行うための国の司法機関。もめごとは，裁判所での解決がはかられる。最高裁判所と下級裁判所で構成されている。最高裁判所は東京に1か所あり，下級裁判所は高等裁判所（全国に8か所）・地方裁判所（同50か所）・家庭裁判所（同50か所）・簡易裁判所（同438か所）に分けられる。

最高裁判所★★★ 長官と14名の裁判官で構成される，日本最高の司法機関である終審裁判所。長官は内閣の指名にもとづいて天皇が任命し，その他裁判官は内閣が任命する。違**憲立法審査権【▶p.259】**の最終判断をすることから，最高裁判所は**憲法の番人**とよばれる。

下級裁判所★★ 最高裁判所の下位に置かれる裁判所。通常，第二審を行う**高等裁判所**（全国に8か所），通常，第一審を行う**地方裁判所**（全国に50か所），おもに家庭内の争いや少年の事件をあつかう**家庭裁判所**（全国に50か所），軽い事件をあつかう**簡易裁判所**（全国に438か所）がある。

▼裁判所の種類

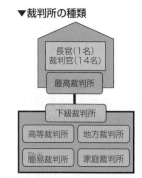

三審制★★★ 1つの事件について，3回まで裁判を受けることができるしくみ。裁判を慎重・公正に行うためにとられている。第一審に不服がある場合は第二審に**控訴**，第二審に不服がある場合には第三審に**上告**することができる。

えん罪★ 無実の人に罪があると考えられている状態。えん罪を防ぐた

めに三審制で慎重に裁判を行うこととしているが，判決が確定したあとでも再審でえん罪が認められて，無罪となった場合もある。

再審★★
判決が確定したあと，裁判のやり直しをする制度。新たな証拠が出てきて判決が間違っていたのではないか，有罪とされた人物の罪がえん罪であったのではないか，といったときなどに，不服の申し立てを受けて行われる。

公開裁判
国民が自由に傍聴できる裁判。日本国憲法では「裁判の対審および判決は，公開法廷でこれを行ふ。」と定められており，原則として裁判は公開で行われる。

司法権の独立★★
裁判官が，国会や内閣などからの影響を受けず，これらの機関から独立して公正中立に裁判を行う原則。日本国憲法第76条で，裁判官は自らの良心に従い，拘束されるのは憲法と法律だけであると定められている。その身分を守

るために，弾劾裁判【▶p.263】，最高裁判所の裁判官に対する国民審査，もしくは，心身の故障以外では裁判官は罷免されない。

違憲立法審査権（違憲審査権，法令審査権）★★★
法律や行政が憲法に違反していないかどうかを裁判所が審査する権限。具体的に違反があったと訴えがあったときに，その裁判を通して違憲かどうかを判断する。憲法に反する法律や行政は無効であるため，この権限により，憲法が最高法規であることを保障している。下級裁判所でも判断できるが，最終の判断を行うのは最高裁判所であるため，最高裁判所は「憲法の番人」とよばれる。

民事裁判★★★
裁判の種類の1つ。借金の返済，離婚などに関する個人間の争いや代金の支払いなどに関する企業間の争いなどを解決するための裁判。訴えをおこした者を原告，訴えられた者を被告という。当事者

▼三審制のしくみ

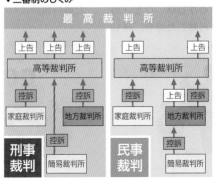

の話し合いで解決する和解や当事者のほか調停委員をまじえての話し合いで解決する調停といった方法をとることができる。

行政裁判 発展
国や地方公共団体といった行政機関を相手におこす裁判のことで，民事裁判の一種。行政機関によって権利を侵害された個人や行政機関が，行政処分の取り消しや賠償を求める。選挙の無効を求めたり，産業廃棄物の最終処分場設置許可の取り消しを求めるものなどがある。

刑事裁判 ★★★
裁判の種類の1つ。刑法で定めている犯罪を犯した疑いのある人(被疑者)に対して，検察官が起訴して行われる裁判。検察官が原告となり，訴えられた人を被告人という。裁判所は被告人が有罪か無罪か，有罪のときはどれくらいの刑罰かの判決を下す。

検察官 ★★★
刑事事件において，警察官といっしょに捜査をして，犯罪を犯した疑いのある人(被疑者)を裁判所に起訴するかしないかを決める国家公務員。起訴した場合，検察官は原告となる。検察官は検察庁に属している。

起訴 ★★★
刑事事件で犯罪を犯した疑いのある人(被疑者)を，検察官が原告となって裁判所に裁判を求めること。起訴により裁判が始まる。

被告人 ★★★
刑事裁判において，検察官に起訴された人のこと。起訴されるまでは被疑者とよばれる。有罪であるとの判決が確定するまでは，無罪であると考えることが刑事裁判のきまりとされている。

弁護人 ★
刑事裁判において，おもに被告人のえん罪を防ぐため，また，被告人が不当な扱いを受けないために，被告人の代わりに証拠を提出したり，意見を述べたりする役割をはたす人。おもに弁護士がその役目にあたる。被告人となった人は，だれでも弁護人を依頼できる。

弁護士 ★
刑事裁判における弁護人になる資格を持っている人。ほかにも民事裁判の原告・被告それぞれの代理人になったり，紛争を予防するための相談にのったりしている。

▼民事裁判のようす

▼刑事裁判のようす

260

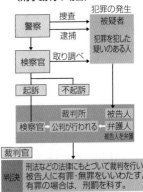

▼裁判官・検察官・弁護士の役割
（刑事裁判の場合）

犯罪の発生

警察　──捜査──　被疑者
　　　　──逮捕──　犯罪を犯した
　　　　　　　　　　疑いのある人

検察官　──取り調べ──

起訴　　不起訴

裁判所　　被告人
検察官→公判が行われる←弁護人
　　　　　　　　　　被告人を弁護

裁判官

判決　刑法などの法律にもとづいて裁判を行い、被告人に有罪・無罪をいいわたす。有罪の場合は、刑罰を科す。

裁判官★★★　裁判所で実際に裁判を担当する国家公務員。日本国憲法第76条で、裁判官は自らの良心に従い、拘束されるのは憲法と法律だけであると定められている。最高裁判所長官は内閣が指名し、天皇が任命する。最高裁判所のその他裁判官は内閣が任命する。下級裁判所の裁判官は、最高裁判所が指名した者の名簿にもとづいて、内閣が任命する。

令状主義　逮捕や住居侵入、押収、捜索などを行うには、裁判官または裁判所の出す令状が必要であるという原則。ただし、現行犯で逮捕する場合は、令状は必要ではない。人権侵害を防ぐための考え方である。

逮捕令状★　警察など捜査機関が被疑者を逮捕するときに必要となるもの。現行犯逮捕の場合には必要がない。基本的人権の1つである身体の自由【▶ p.237】を保障するために定

められている手続きで、ほかにも捜索をする場合には捜索令状を必要とする。令状は、警察などの要請によって裁判官が必要かどうかを判断したうえで裁判所が発行する。

執行猶予 発展　刑を言い渡したうえでその刑が行われる前に一定期間社会で生活をし、その期間中に再び犯罪などを犯さなければ、その刑を受けなくてもよくなる制度。犯罪を犯しても自分の非を認め、そのあと立ち直ろうとしているのであれば、刑罰を与えなくともよいのではないかという考えからこのしくみがつくられた。

司法制度改革★　国民にとって身近で信頼できる司法制度とするために行われている改革。裁判にかかる時間を短くしたり、裁判官・検察官・弁護士を増やすために法科大学院を設置して司法試験を新しくしたり、裁判員制度を導入したりしている。

国選弁護人　刑事裁判【▶ p.260】において経済的な理由などで弁護人【▶ p.260】を依頼できない被告人に対し、裁判所がつける弁護人。法テラスが制度の運営にあたり、国選弁護人の候補を確保している。

法テラス　法的トラブルの解決を支援する組織である日本司法支援センターの愛称。司法サービスを利用しやすくすることを目的に、2006年に設立された。法制度や関係機関の相談窓口の紹介などを行う。

裁判員制度★★★　2009年から実施されている，殺人など重大な刑事裁判の第一審に国民が裁判員として参加する制度。裁判員は満20歳以上の有権者から抽選で選ばれ，裁判官といっしょに話し合って被告人が有罪か無罪か，有罪の場合にはどのような刑罰を言い渡すかを決める。

▼裁判員裁判の法廷のようす

検察審査会〔発展〕　被疑者が検察官によって起訴されなかった場合に，それがよかったかどうかを国民から選ばれた検察審査員が審査する組織。犯罪の被害にあった人からの申請があったときや，新聞記事などをきっかけに審査を開始する。審査した結果，「起訴すべきである（起訴相当）」，「さらに捜査すべきである（不起訴不当）」といった議決が出た場合，検察官は再度事件を検討することになる。

死刑制度★　刑罰の種類の1つで，人の生命をうばうもの。日本には死刑制度が存在しており，死刑判決が言い渡された場合，法務大臣の命令によって死刑が行われる。

三権分立〔権力分立〕★★★　国の権力を立法【▶p.251】・行政【▶p.254】・司法【▶p.258】の3つに分散・独立させているしくみ。三権はたがいに抑制しあい，均衡を

▼三権分立

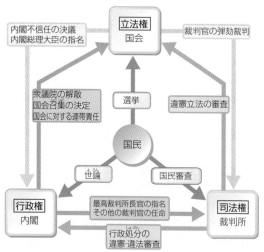

保っており，権力の集中を防ぐためにこのしくみがとられている。

弾劾裁判 ★★★　裁判官が職務上の義務違反などをしたときに，**裁判官を辞めさせるかどうかについてきめる裁判**。国会に設置される。裁判官には司法権の独立があるため，国民審査，心身の故障以外で辞めさせられる場合は，この弾劾裁判に限られている。

地方自治のしくみ

地方公共団体〔地方自治体〕 ★★★　都道府県や市（区）町村など，地方自治が行われる単位となる団体。警察，消防の仕事や，ごみの収集，学校や図書館など，地域住民の生活に結びついたさまざまな仕事を行っている。

地方自治 ▶p.354

地方自治 ★★★　それぞれの地域の住民が，自分たちの住んでいる地域の政治を自らの手で行うこと。そのあり方は地方自治法に定められている。このことを通して民主政治のあり方を学ぶことができることから，「地方自治は民主主義の学校」といわれている。

住民自治　住民の意思にもとづいて地方の政治を行うこと。地方自治を行うための要素の1つ。

首長 ★★★　地方公共団体をまとめ，代表となる者。都道府県の首長は**知事**，市（区）町村の首長は**市（区）町村長**とよばれる。知事は満30歳以上，市（区）町村長は満25歳以上の者から，住民の直接選挙で選ばれる。任期は4年。補助する機関として，都道府県では副知事，市（区）町村では副市（区）町村長がおかれている。首長には，地方議会の不信任決議に対する議会解散権があり，また，地方議会が議決した条例や予算に反対する場合には，拒否権を行使して，議会に再議決を要求することができる。

▼地方の選挙

	任期	選挙権	被選挙権
首長	4年	満18歳以上	市（区）町村長 満25歳以上
			都道府県知事 満30歳以上
地方議会議員	4年	満18歳以上	満25歳以上

地方議会 ★★★　地方公共団体における議決機関。都道府県議会や市（区）町村議会がある。一院制で，条例の制定や改正・廃止，予算の審議，決算の承認を行う。議員は満25歳以上の人から，住民の直接選挙で選ばれる。任期は4年。地方議会には，首長に対する不信任決議権が与えられている。不信任決議が行われた場合，首長は10日以内に議会を解散することができ，解散しない場合は辞職しなければならない。

条例★★★ 地方議会が制定し，その地方公共団体にのみ適用される法令。法律の範囲内でのみ制定することができ，罰則を設けることもできる。住民の直接請求権により，住民が制定や改正・廃止を要求することもできる。

住民基本台帳ネットワークシステム〔住基ネット〕[発展] 国民全員に住民票コードを割りあて，全国どこの市(区)町村からでも住民票の交付が受けられるようにしたコンピューターシステム。全国の市(区)町村・都道府県などが専用回線で結ばれ，氏名，性別，生年月日，住所などを記載した住民基本台帳がネットワーク化されている。これにより，転入・転出届が転入時の1回ですむようになった。

地方分権★★ 地方公共団体が自主的に地域の実情にあった政治を行うこと。従来の中央集権(国が画一的に地方の政治を行うこと)を改めるもので，具体的には，国が地方を下部機関として仕事を代行させていたことを廃止したり，国の事務権限や財源を地方に移したりすることをいう。

地方財政★★ 地方公共団体の財政【▶p.281】。歳入【▶p.281】と歳出【▶p.281】からなる。

自主財源★ 地方公共団体が自ら得ることができる収入。大部分は，住民税や固定資産税などの地方税【▶p.279】である。地方公共団体が自由に使え

る財源であるが，歳入全体に占める割合はそれほど多くなく，地方交付税交付金や国庫支出金など国からの依存財源に頼らざるを得ないことが問題となっている。

国庫支出金★★★ 国から地方公共団体に支給される，国に委任された特定の活動を行うための資金。義務教育費，生活保護費といったように使いみちは指定されている。

地方交付税交付金★★★ 地方公共団体の財源不足を補うとともに，各地方公共団体間の収入の格差を調整するため，国から配分される資金。使いみちは自由である。法人税や所得税といった国税【▶p.279】収入の

▼地方財政

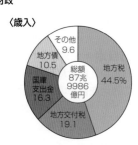

〈歳入〉

その他 9.6
地方債 10.5
国庫支出金 16.3
総額 87兆9986億円
地方税 44.5%
地方交付税 19.1

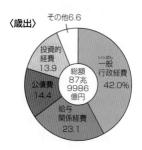

〈歳出〉

その他 6.6
投資的経費 13.9
総額 87兆9986億円
一般行政経費 42.0%
公債費 14.4
給与関係費 23.1

(2017年度)　(日本国勢図会　2017/18年版)

一定割合が交付される。

地方債★★　地方公共団体が，民間から資金を借り入れるために発行する債券。発行は，交通・水道などの公営事業，災害復旧事業，学校などの公共施設建設事業などの財源にあてる場合に限られる。いわば地方公共団体の借金であり，毎年利子を支払い，満期がきたら借りた分の全額を返済しなければならないため，大量に発行すると，その返済のための費用が大きくなるという問題点がある。

直接請求権★★★　地方自治で，住民が自分たちにとって重要な事項に対して直接意思を反映させられることで，地方の政治に直接参加できる権利である。条例の制定・改廃や議会の解散，首長や地方議会の議員に対する解職請求などについて，一定数以上の住民の署名をもとに首長やその他の機関に請求できる。条例の制定・改廃請求〔イニシアティブ〕や，首長と地方議会の議員などに対する解職請求〔リコール〕，議会の解散請求，監査請求がある。

地方自治　▶p.354

オンブズマン制度★★　住民の立場に立って，行政が適正に行われているかを監視したり，住民からの苦情を処理したりする制度。

構造改革特区 発展 　他の地域では規制がかかっていてできないことを，特別に規制がゆるめられて，実施することが認められた地域のこと。地

域の経済を活性化させ，成功した場合，他の地域でも規制をゆるめることで全国的な構造改革につながることが期待されている。

市町村合併★　ある市町村がその周辺の市町村といっしょになり，1つの市町村となること。2005年までに合併手続きを完了すれば，手厚い財政支援が受けられたことなどから，「平成の大合併」が行われた。行政や財政の効率化を目的としている。

協働　行政と民間組織などいくつかの組織や集団が，同じ目的に向かって協力しながら進んでいくこと。それぞれの得意分野をいかすことで，バランスのとれた発展が可能となる。

コンパクトシティ　中心部に都市機能や居住地をコンパクトにまとめたまち，またはそのまちづくり。中心市街地の活性化，暮らしやすさの向上，行政サービス費用の節約をはかることができると考えられている。

住民投票★　地方公共団体の住民による投票。地方議会の解散や首長・議員の解職請求，特別法の制定について，住民が賛成・反対の意思を示す。また，その他重要な問題などについて，住民投票条例にもとづいて行われる住民投票もある。

村おこし〔町おこし〕　市町村や特定の地域において行われる，地域の活性化を進めようとする運動。地域社会が主体となって，地域独自の特産

品や伝統・歴史・文化をいかした活動が全国各地でさかんに行われている。また，一次産業を担っている農林水産業者が二次産業(加工)，三次産業(販売・流通)に取り組む経営形態である，農林漁業の六次産業化に取り組む地域もある。

ふるさと納税　個人が自分で選んだ地方公共団体に寄付をすると，一定額分が自分の住むまちに納める住民税から引かれるしくみ。地方活性化をはかり創設された。寄付の返礼品として特産物を送る地方公共団体もある。

第4章　暮らしと経済

家計と消費者の権利

経済★　財やサービスを生産・消費するしくみのこと。また，生産や消費を行う活動を経済活動という。

家計★★★　家庭の経済活動のこと。政府，企業とともに経済主体の1つである。労働などによって得た家計の収入をもとに，商品やサービスを購入する消費を行ったり，銀行に預けたりする貯蓄【▶p.267】を行ったりしている。

財★　形のある商品のこと。日常生活で使うすべての財を消費財といい，食料品や衣類などがあてはまる。消費財のうち，自動車や電気製品といった長期間使用できるものを耐久

消費財という。

サービス　形のない，見たりさわったりできないが人間に必要な商品のこと。医療や教育，福祉などがあてはまる。

消費★★★　お金のやり取りによって，生活のために必要な商品やサービスを手に入れること。おもに家計によって行われる経済活動の1つである。

消費支出★　家計における支出のうち，日常生活を営むために必要な商品やサービスを購入するために使われる支出。その目的により，食料費，住居費，光熱費，被服費，教育費，教養娯楽費，保健医療費などに分けられる。これに対し，税金や社会保険料(医療保険，年金保険，介護保険)など，消費を目的としない支出を非消費支出という。

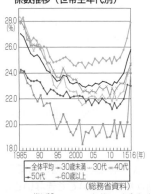

▼2人以上世帯のエンゲル係数推移（世帯主年代別）

（総務省資料）

エンゲル係数 発展　家計の消費支出における食料費の割合をパーセント

266

で示したもの。例えば，消費支出が20万円で，そのうち食料費が5万円の場合のエンゲル係数は，5万円÷20万円×100＝25％となる。一般に，収入の少ない家庭ほど，食費以外に使える金額が低くなることから，エンゲル係数が高くなる。家計の生活水準をはかる1つの目安とされている。しかし，近年は価値観の多様化により，必ずしもそうとは言えない場合がある。（資料：p.266「2人以上世帯のエンゲル係数推移（世帯主年代別）」）

貯蓄★ 家計において将来の支出のために，金融機関などに蓄えられるもの。銀行預金や生命保険のかけ金などがこれにあたる。

分業 すべてを生産するのではなく，それぞれが得意なものを専門的に生産すること。

交換 自分のものと他者のものを入れ替えること。

所得★★★ 個人が勤労・事業・財産などによって得た**家計の収入**のこと。雇われて働き，勤め先から得る**勤労所得**，農業や会社を経営して得る**事業所得**，家賃や利子など財産を利用することによって得る**財産所得**などがある。

可処分所得 所得額から税金や社会保険料を差し引いた額。家計が自由に使えるお金で，消費支出【▶ p.266】や貯蓄に回される。

希少性★★ 求められている量に対して，財【▶ p.266】やサービス【▶ p.266】の量が不足している状態。

▼お金の流れ

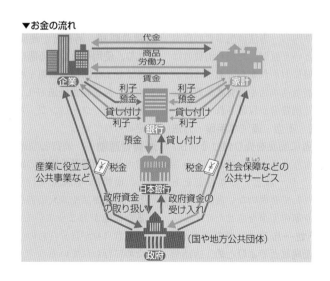

クレジットカード ★★
代金の後払いで買い物や飲食ができるカード。買い物などの際に提示すると、あらかじめ決められた日に銀行の口座から代金が引き落とされるしくみになっている。

▼クレジットカードを利用した
　買い物のしくみ

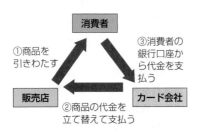

消費者

①商品を
引きわたす

③消費者の
銀行口座か
ら代金を支
払う

販売店

②商品の代金を
立て替えて支払う

カード会社

（金融庁資料より作成）

消費者主権 ★
経済活動において、企業よりも消費者に主権があるとする考え方。消費者が自らの意思と判断により商品を購入すること。

契約自由の原則
契約【▶ p.230】を結ぶ相手や内容、方法は当事者の自由であるという原則。ただし消費者は弱い立場におかれがちであることから、消費者基本法や消費者契約法などにより消費者が保護されている。

悪質商法
不当・違法な手段・方法で消費者に商品を売り付ける商法。絶対にもうかるといってお金を出させるものや、おどしたり不安をあおったりして必要のない商品を購入させたり家の工事をさせたりする。

キャッチセールス ★
悪質商法の1つで、街角などでよびとめ、店舗や事務所に連れて行って商品やサービスを契約させる販売方法。

アポイントメントセールス ★
悪質商法の1つで、電話などで「景品が当たった」などといって、飲食店や事務所によび出し、商品やサービスを契約させる販売方法。

マルチ商法
悪質商法の1つで、組織を拡大しながら行う販売取引のこと。商品を購入した会員を販売員として勧誘し、さらに次の会員を勧誘させるというかたちで商品を販売する。これにより次々に組織を拡大させていくしくみになっている。法律できびしく規制されている。

ネット・オークション 発展
インターネット上で、消費者が参加して競売を行い、品物を売買すること。落札者が代金を支払ったのに商品が送られてこないといったトラブルもおこっている。

消費者問題
消費者が商品を購入したり、使用したりする際に発生するさまざまな問題。問題を解決するために、製造物責任法〔PL法〕や消費者契約法、クーリング・オフなどが定められている。

消費者運動 ★
消費者問題の解決や防止と、消費者の権利の確立をめざし、消費者が団結して行う活動のこと。欠陥商品や誇大広告などさまざまな問題がおこっていることから、消費者自身が自分たちの生活を守るために行われている。

製造物責任法〔PL法〕★★★　商品
の欠陥によって生命や身体，財産などに被害が生じた場合，製造者に被害者への損害賠償を義務づけた法律。1995年に施行された。製造者に過失(不注意などの失敗)がなくても，製造者に損害賠償を請求することができる。

消費者契約法★　契約上のトラブルから消費者を守るための法律。2001年に施行された。不当な勧誘によって結ばれた契約や消費者にとって一方的に不利になる契約は，取り消したり無効にしたりすることができることを定めている。

消費者基本法　消費者の権利にもとづき，消費者がより自立できるよう支援することを目的とした法律。1968年制定の消費者保護基本法を改正して2004年に制定された。

国民生活センター　消費者基本法をふまえて，消費者問題に取り組む公的機関。消費生活に関する情報の収集や提供，事業者と消費者の間に生じた苦情や処理の相談，紛争の解決，苦情等に関する商品の試験・検査などを行う。

消費生活センター　消費生活に関する消費者からの相談を受け付ける機関。国民生活センターと連携しており，地方公共団体が運営している。また，パンフレットや講演会などで消費者教育や消費者啓発も行っている。

消費者の4つの権利　安全を求める権利，(商品について)知らされる権利(商品を選ぶのに必要な事実を知らされたり，誤解を生みやすい広告などから保護されたりする権利)，(商品を)選択できる権利，(商品に)意見を反映させる権利の4つのこと。1962年にアメリカ合衆国のケネディ大統領が示した。消費者保護運動の基本となり，日本でも消費者基本法に取り入れられている。

消費者庁★★　消費者の権利を尊重し，自立を支援するために，ほかの省庁や地方公共団体などと連携して施策を行う機関。

クーリング・オフ★★★　訪問販売などで購入契約をし，代金を支払ったあとでも，一定期間内であれば無条件で契約を解除することができる制度。契約解除の際は，書面で契約解除することを伝える必要がある。

▼国民生活センターが発行
しているメールマガジン

269

流通★★★　生産者の生産した商品が，さまざまな業者の手を通り，消費者に届くまでの流れのこと。商品の流通をおもに担っているのは，卸売業や小売業などの商業の活動である。また，小売業者や卸売業者は，流通の費用をおさえるため，生産者から直接仕入れるなどの**流通の合理化**を図っている。

▼流通の合理化

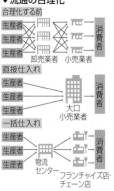

合理化する前
生産者　卸売業者　小売業者　消費者

直接仕入れ
生産者　大口小売業者　消費者

一括仕入れ
生産者　物流センター　フランチャイズ店・チェーン店　消費者

卸売業★　流通のなかで，品物を仕入れ，**小売業者に販売する**もの。一般に問屋ともいわれる。生産者が大量に出荷する商品の流通量を調節するとともに，生産者と小売業者を結びつける働きをしている。

小売業★　消費者に対して，卸売業者などから仕入れた商品を**直接販売**するもの。デパート（百貨店），スーパーマーケット，**コンビニエンスストア**などがある。

▼おもな小売業の売上推移

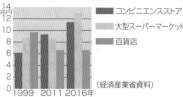

コンビニエンスストア
大型スーパーマーケット
百貨店

（経済産業省資料）

プライベート・ブランド　小売業者や卸売業者が自ら企画し，販売する独自のブランド。より自分たちの店の特性や顧客の要望に合う商品をつくることができ，流通の合理化をはかることができるといった利点がある。

コンビニエンスストア　食品や日用品をおもに扱い，せまい面積の店に多種の品をおいている**小売店**。POSシステムを使っているところが多い。

POSシステム 発展　小売店における販売の動きを，コンピューターを使って管理するシステム。小売店のレジスターで商品についているバーコードを読み取ることにより，商品名や売り上げ金額などが，本部に送られるしくみになっている。本部はこの情報にもとづいて，在庫（店にある商品）や発注（店からの新しい商品の注文）・納品の管理などを行う。

▼POSシステムのしくみ

売り上げ情報　店舗
売り上げ情報　店舗
発注　納品　納品　メーカー
納品　納品
問屋　発注

オンライン・ショッピング 発展 イ
ンターネット上のオンライン・ショッ
プのウェブサイトを利用した商品売
買。買い手にとっては，24時間いつ
でも買い物ができる，価格を比較す
ることができるなどの利点がある。

資本主義経済★★★ 企業などが資
本を元手に，利潤の追求を目的とし
て生産活動を行う経済。産業革命
【▶p.167】によって確立された経済
で，生産活動は，利潤を求めていく
企業の生産や販売によって運営され
る。

社会主義経済 発展 生産手段を国家
など統制組織が所有し，生産や流通
を統制組織が指導する計画経済が行
われている経済。北朝鮮などでとら
れている。

経済のソフト化・サービス化 経
済の重点が，第三次産業【▶p.63】に
移ること。経済のサービス化とは，
生産額のなかでサービス産業の生産
額の割合が増加したり，サービス産
業従事者数が増えることをいう。ま
た経済のソフト化とは，産業の中心
が重化学工業からサービス産業に移
ることをいう。ソフトとは，機械な
ど目に見えるハードに対して，サー
ビスやコンピュータープログラムな
ど目に見えないものをさす。

市場経済と企業

企業★★★ 家計，政府とともに経
済主体の1つ。おもに生産を担う。

公共の利益のために国や地方公共団
体が経営する公企業と，利潤を追求
するために民間企業によって経営さ
れる私企業に大きく分けられる。私
企業には，農家や個人商店などの個
人企業と，会社組織をもつ法人企業
などがあり，私企業の代表例が株式
会社【▶p.272】である。

投資 利益を見込んでお金を出すこ
と。株式【▶p.273】や公債【▶p.283】
の購入などがある。利益が得られる
可能性がある反面，企業の業績や国
の経済状態によっては利益を得られ
なくなることもある。一定期間にお
ける原材料や製品の在庫量が増える
ことを在庫投資，生産を拡大するた
めに工場や機械などに投資すること
を設備投資という。

設備投資 企業が，生産の拡大に必
要な建物や機械に資金を投入するこ
と。新しく工場を建てたり，新しい
機械を導入したりして，生産力を向
上させるために行う。

中小企業★★ 従業員数や資本金な
どが中規模以下の企業。日本の全企
業数のうち約99％を占める（2014
年）など，日本の経済の中ではたす
役割は大きい。一般に，規模が大き
い大企業よりも生産設備が整ってい
ないことなどから生産性が低いた
め，大企業との間で賃金や福利厚生
などの面で格差がある。

▼中小企業の定義

	資　本　金	従業員数
製　造　業	3億円以下	300人以下
卸　売　業	1億円以下	100人以下
サービス業	5,000万円以下	100人以下
小　売　業	5,000万円以下	50人以下

※中小企業基本法では、資本金または従業員数いずれかいっぽうの要件を満たしているものを中小企業と定めている。

▼企業の種類

※2013年4月に国有林野は、国営企業の形態ではなくなりました。現在、日本に国営企業はありません。

（2018年2月現在）

イノベーション〔技術革新〕　新しい技術や経営方式、機械などを取り入れること。生産にかかるコストを削減することで、企業は利潤を拡大することができる。

コンプライアンス　企業などが法令をきちんと守ること。企業が法令を守らない場合、違法残業や商品のデータ偽装、人々の生活の安心や安全がおびやかされることもある。企業のコンプライアンスにもとづいた経営を強化するため、企業を通報した労働者を保護する法律もある。

企業の社会的責任〔CSR〕 発展　企業が社会に対してさまざまな貢献をし、社会的責任を果たすこと。企業は、商品やサービスを提供し利潤を追求するだけでなく、環境保護に取り組んだり、芸術文化を支援したり、福祉活動を行ったりすることが求められている。企業がコンサートなどの芸術活動やスポーツ大会などの活動を支援する社会的貢献活動をメセナという。

無限責任制　会社が倒産したとき、借金などすべての負債を自分たちで返さなくてはならないしくみ。合名会社の社員や、合資会社の経営にあたる無限責任社員がこのしくみにあてはまる。

有限責任制　会社が倒産したとき、負債に対し、責任を負うべき額にあらかじめ定めた限度があるしくみ。株式会社の株主や、合資会社の有限責任社員、合同会社の社員がこのしくみにあてはまる。

株式会社★★★　私企業の代表的なもので、株式を発行することにより、多くの人から資本を集めて経営される会社。株式を購入した出資者は株主とよばれ、株主総会に出席したり、会社が利潤を生み出した場合、その一部を配当として受け取ったりする

ことができる。

▼株式会社のしくみ

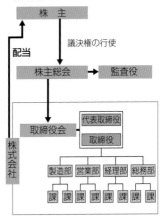

株主総会★★★ 株主によって組織
され、**株式会社の意思を決定する最
高機関**。経営上の基本方針の決定や
取締役の選出、決算の承認などを行
う。これに対し、実際に会社の経営
を行うのは、株主総会で選ばれた取
締役により構成される**取締役会**であ
る。

株式★★★ 株式会社への出資を表
す単位のこと。自由に売買すること
ができる。この売買が行われる市場
を**株式市場**といい、一般に東京証券
取引所など、**証券取引所**が開設して
いる市場のことをさす。

株価★★★ 株式の価格のこと。株
式市場で取り引きされている株式の
売買価格をさすことが多い。

証券取引所 株式や債券などの**有価
証券の売買を行うところ**。東京、名
古屋、札幌、福岡に取引所がある。

2013年1月、東京証券取引所グルー
プと大阪証券取引所が経営統合を行
い、日本取引所グループが設立され
た。ベンチャー企業向けの**株式市場**
として、ジャスダックやマザーズ、
セントレックスなどが各証券取引所
によって開設されている。

インサイダー取引[発展] 企業の内部
の人や、関係者が、公開されていな
い**企業情報を利用して、株式の取り
引きを不正に行うこと**。企業の重要
な内部情報を知っている者が、その
情報が公開される前に株式を購入
し、公開後、値上がりしたところで
売れば利益を得ることができる。こ
のような取り引きが行われると、取
り引きの公正さがそこなわれるた
め、法律で規制されている。

M&A[発展] ある会社が他の会社を
買ったり（**買収**）、2つ以上の会社が
1つの会社に合体したり（**合併**）する
こと。

市場★★★ 商品が売買される場の
こと。青果市場や魚市場のような実
際に取り引きをしている場所以外
に、労働や金融といったサービスを
取り引きしているようなものもさ
す。ここでは、買い手は自分の欲し
い商品をできるだけ安く買おうと
し、売り手はできるだけ多くの商品
を高く売ろうとする。

競争 生産者や消費者が、より自分
の利益を増やそうと競い合うこと。
企業の場合、より多くの商品を売る

ため，生産に必要な資源の獲得や商品の価格・品質を競う。

市場経済★★★　さまざまな市場が社会のすみずみにまではりめぐらされている経済。その市場を通じて需要量や供給量の調節や価格調節が行われる。**資本主義経済**【▶p.271】の特色の1つであり，利潤追求の原理にもとづき，自由な競争が行われる。

需要量★★★　消費者が買おうとする量。ある商品の価格が上昇すれば，その商品を買う人は減るので需要量は減少し，逆に価格が下落すれば，その商品を買う人は増えるので需要量は増大する。したがって需要曲線は右下がりとなる。

供給量★★★　生産者が売ろうとする量。ある商品の価格が上昇すれば，売り手の利潤が増えるので供給量は増大し，逆に価格が下落すれば供給量は減少する。したがって，**供給曲線**は右上がりとなる。

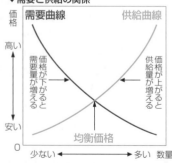

▼需要と供給の関係

需要曲線　供給曲線

価格

高い

価格が下がると需要量が増える

価格が上がると供給量が増える

安い

0　少ない ◀──▶ 多い　数量

均衡価格

価格★★★　商品やサービスの価値を，ある貨幣の一定量の単位で表し

たもの。商品などを購入する場合に支払う金額のめやすとなる。

市場価格★★★　市場において，商品の需要量と供給量によって変化する価格のこと。需要量が供給量を上回っている場合には価格が上昇し，逆に供給量が需要量を上回っている場合には価格は下落する。

均衡価格★　市場において，需要量と供給量が一致する点で決まる価格のこと。需要曲線と供給曲線の交点で示される。

物価★★★　個々の商品・サービスの価格をひとまとめにして平均値を表したもの。**物価指数**（ある基準に対してどうなっているかを数値で示したもの）として示され，世の中に流通するお金の量が増えたり減ったりすることによって変動する。企業の間でやりとりされる物価の動きを示す**企業物価指数**や，消費者の購入する物価の動きを示す**消費者物価指数**などがある。

寡占★　少数の企業がある商品の市場を支配している状態。このような市場のもとでは，自由競争が行われないことから，各企業は高い利潤を維持するために，価格を引き下げる**価格競争**を避けようとする。

独占★★★　1つの企業が市場を支配している状態。もしくは，寡占のことを広い意味で独占と表現することもある。市場を支配するようになった企業が，高い利潤を得ること

ができるように決定する価格を独占価格という。独占価格は，自由競争のもとで決定した価格よりも高くなりやすいため，消費者にとって不利となる。

カルテル〔企業連合〕
同種の企業どうしが，生産量や販売価格などについて協定を結ぶこと。例えば，販売価格について協定を結んだ場合，高い利潤を維持するために商品の価格が高く設定されるなど，消費者にとって不利になることから，原則として独占禁止法で禁止されている。

トラスト〔企業合同〕
同じ産業や業種で，いくつかの会社が合併すること。合併によって市場の競争が働かなくなり独占・寡占の状態になるため，日本では独占禁止法により禁止されている。

コンツェルン〔企業連携〕
ひとつの企業が，株式を保有していろいろな分野の企業を支配して形成する企業集団。株式を保有する企業は親会社とよばれ，支配を受ける企業を子会社や孫会社という。

フランチャイズ
本部と加盟店が契約を結ぶことによって展開される事業形態。加盟店は本部の商標を使用させてもらったり，本部から商品やサービスを提供してもらうかわりに，本部に対し対価を支払う。コンビニエンスストアやファストフード店などに多い。

独占禁止法 ★★★
消費者の利益を守るため，企業の自由な競争をうながすことを目的とする法律。1947年に制定された。企業の独占を制限したり，不公正な取引を制限・禁止したりしており，公正取引委員会が実際の運用にあたっている。

公共料金 ★★★
国や地方公共団体が決定したり，認可したりする価格。水道・鉄道運賃などで，これらは安定的に提供されないと国民生活に大きな影響をおよぼすことから，価格は自由な競争ではなく，政府が関与することになっている。

金融のはたらきと労働者の権利

金融 ★★★
資金を必要とする者と資金に余裕のある者との間で資金の貸し借りをし，融通しあうこと。株式などを発行して資金を集める直接金融と，金融機関からお金を借りる間接金融がある。資金の借り手は貸し手に対して利子を支払う必要がある。一般に，銀行などの金融機関を仲立ちとして行われる。

金融機関 ★★★
資金の借り手と貸し手との間に立って仲立ちをする機関。銀行や保険会社，証券会社などがある。家計や企業から資金を預かり，それをもとにして資金を必要とする家計や企業に融通している。

▼おもな金融機関

中央銀行		日本銀行
政府系金融機関		住宅金融支援機構　など
民間金融機関	普通銀行	都市銀行，地方銀行　など
	中小企業金融機関	信用金庫，信用組合　など
	農林水産金融機関	農業協同組合，漁業協同組合　など
	保険会社	生命保険会社，損害保険会社　など
	証券金融機関	証券会社　など

▼日本銀行のはたらき

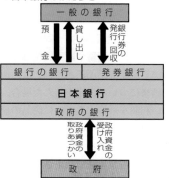

融資　必要とする人に資金を貸すこと。金融機関は家計や企業に融資を行い，利息を得て利潤を得ている。

利子★★★　資金の貸し借りが行われた場合，その対価として借り手が貸し手に支払うお金。借り入れ額（元金）に対する利子の割合を金利（利子率，利率）という。

中央銀行★★★　国の金融機関の中心となる銀行。銀行券を発行したり，一般の銀行を相手に資金を貸し出したりしている。日本では日本銀行がこの役目にあたる。

日本銀行★★★　日本における中央銀行。一般の銀行とは区別され，日本銀行券を発行する発券銀行，政府のお金の出し入れをする政府の銀行，一般の銀行に資金の貸し出しや預金の受け入れを行う銀行の銀行といった特別なはたらきをしている。

金融政策★★★　日本銀行が，通貨の量や流れを調節して，物価の安定や経済の安定のために行う政策。現在は，一般の金融機関との間で公債【▶p.283】の売買などを行う公開市場操作〔オープン・マーケット・オペレーション〕が中心的な手段となっている。

公定歩合★　日本銀行が一般の銀行に資金を貸し出すときの利子率として，2006年まで使用されていた名称。かつては，この公定歩合の操作が金融政策の中心的な手段であったが，金利の完全自由化により，その役割を終えた。

管理通貨制度★　政府や中央銀行が，金の保有量に関係なく通貨の発行量を決定できる制度。日本をはじめ，ほとんどの国がこの制度を採用している。これに対して，通貨の発行量

が，その国の金の保有量によって決定される制度を金本位制という。

マイナス金利 発展
日本銀行が一般の銀行に行った政策で，**銀行が日本銀行に預ける預金の金利をマイナスにすること**。マイナス金利の導入により，各金融機関が企業などに融資や投資をしやすくなることで，企業の生産や雇用が拡大し，景気回復につながるという予測のもと，実施された。

ペイオフ 発展
金融機関が破綻した場合，**預金者への払い戻しを一定額に制限される制度**。2005年から，利息（利子）のつく普通預金もふくめて，元本1000万円とその利息を上限とした。それ以上の預金の払い戻しは保証されない。

電子マネー
現金を電子情報化したもの。あらかじめICカードやパソコン，携帯電話に現金や預金を電子的な価値として変換しておいたり，支払い口座を登録しておくことで，紙幣や硬貨を使わずに支払いをすることができる。

▼電子マネー（ICカード）

リーマン・ショック 発展
2008年9月にアメリカ合衆国のリーマン・ブラザーズという大手証券会社・投資銀行の経営破綻によって起こった**世界的な金融危機**を発端にして諸国や日本も影響を受け，景気後退が世界中に広がった。

労働組合 ★★★
労働者が，**労働条件の改善や生活の安定を守ることを目的に結成した組織**。基本的人権の労働基本権の1つとして組織をつくること，または加入することが認められ，労働組合法で定められている。

労働三法 ★★★
労働者を守るための基本的な法律。**労働基準法，労働組合法，労働関係調整法の3つ**をいう。

労働災害
安全管理の不備や過労などによって，**労働者が仕事中にけがをしたり，病気になったり，死亡したりすること**。特に，働きすぎが原因で死亡する過労死が大きな社会問題となっている。

雇用 ★★
使用者が労働者を雇い，労働させること。使用者は労働の対価として労働者に賃金を支払う。かつて日本の多くの雇用形態は，能力や業績ではなく年齢や勤続年数に応じて賃金が上がっていく年功序列で，労働者を定年まで雇用する終身雇用制をとっていたが，近年，能力などに応じて賃金が支払われる成果主義を取り入れるところが増えている。

正社員 期間を定めずに雇用されている正規労働者のこと。

非正規労働者 時間を定めて働くパートタイム労働者や、登録した派遣会社からほかの会社に派遣される派遣労働者など、正社員以外の労働者の総称。

ニート 非労働力人口のうち、就学・就業をしていない15～34歳の未婚の男女で、家事も通学もしていない若年者。

失業者 ★★ 働く意思や能力があるのに、職がなく失業し、働く機会が得られない人。不況〔不景気〕になると増加し、好況〔好景気〕になると減少する。

男女雇用機会均等法 ★★★ 雇用における男女平等を目的とし、女性への不当な差別などを禁止した法律。1986年に施行され、その後何度か改正されている。

ワーク-ライフ-バランス 「仕事と生活の調和」と訳される。仕事と生活を両立させるための考え方。育児や介護を支援したり、在宅勤務を実施することでその実現がはかられている。2007年に政府は「仕事と生活の調和（ワーク・ライフ・バランス）憲章」及び「仕事と生活の調和推進のための行動指針」を発表した。

ハローワーク〔公共職業安定所〕 職業の無料紹介や雇用保険の失業給付などを行う行政機関。職業安定法は能力に適合する職業につく機会を国民にあたえ、経済・社会の発展を進める目的を実現するために制定されている。

ワーキングプア 働いていても収入が乏しく、生活を維持するのが困難な貧困層のこと。

ワークシェアリング 雇用を増やしたり維持したりするために、労働者一人あたりの労働時間を短縮し、仕事をより多くの人々で分け合うこと。失業率が下がるという効果が期待されている。

▼雇用形態別労働者数の推移

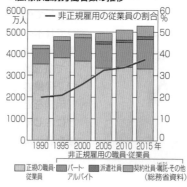

セーフティネット 予測できない災害や事故，あるいは失業などから国民を守るための制度。生活保護や雇用保険などの社会保障制度のほか，ペイオフ【▶p.277】などもこれにあたる。

リストラ★ 企業の経営の再構築を行うこと。従業員の解雇などの雇用調整のほか，会社を複数に分けたり（分社化），業務の一部を他の会社に任せたり（外部委託）するなどの方法をとる。リストラクチャリングの略。

働き方改革 発展 2016年9月に安倍晋三内閣が掲げた，労働者の働き方を見直す改革。1億総活躍社会【▶p.229】をめざすために行われた。現在多くの企業で働き方を改善する取り組みが行われ，残業時間を減らすことなどが実施されている。

政府の仕事と財政

政府★★★ 行政を担当する機関で，国や地方公共団体のこと。家計，企業とともに経済主体の1つである。利潤の追求を目的とする民間の企業では供給されにくい施設（社会資本）や公共サービスの提供，福祉の充実といった経済活動を行っている。このような経済活動に積極的に介入する政府を「大きな政府」，最小限にとどめる政府を「小さな政府」という。

社会資本★★★ おもに国や地方公共団体によって提供される，社会全体にとって基本的に必要となる施設。道路や港湾，学校，公園，図書館などがあてはまる。インフラストラクチャー〔インフラ〕ともよばれる。

公共サービス★ 国や地方公共団体によって提供される公共性の高いサービス。警察や防衛，教育や福祉，医療，公営交通などがあてはまる。

税金〔租税〕★ 国や地方公共団体が，家計や企業から徴収するお金。国税と地方税に分けることができ，それぞれに納税方法の違いにより直接税と間接税がある。

直接税★★★ 税金を納める義務のある納税者と，実際に負担する担税者が一致する税金〔租税〕。国税の所得税や法人税，地方税の住民税や自動車税，固定資産税などがある。

間接税★★★ 税金を納める義務のある納税者と，実際に負担する担税者が一致しない税金〔租税〕。所得にかかわらず，税率は一定であるため，所得の少ない人ほど所得に占める税負担の割合が高くなる傾向にある。

国税★★★ 国に納める税金〔租税〕。直接税の所得税【▶p.280】や法人税，相続税，間接税の消費税【▶p.280】，関税などがある。

地方税★★★ 地方公共団体に納める税金〔租税〕。（都）道府県税には住民税である（都）道府県民税や，事業税，自動車税など，市（区）町村税には住民税である市（区）町村民税や，固定資産税などがある。

消費税★★★　購入する商品・サービスにかけられる税金〔租税〕。国税・間接税である。1989年から導入された。所得にかかわりなく，同じ割合で税金を負担しなければならないため，所得の少ない人ほど所得に占める税負担の割合が高くなる。よって，逆進性の問題がある。

所得税★★★　個人の所得に対してかけられる税金〔租税〕。国税・直接税である。所得が多くなるほど税率が高くなる累進課税の方法がとり入れられており，それぞれの所得に応じて税を負担するようになっている。

累進課税★★★　所得が多くなればなるほど税率が高くなるように設定されている課税制度。所得税などで導入されている。所得の多い人には大きな負担，所得の少ない人には少ない負担を課すことで，国民の所得の再配分を行うはたらきをしている。

ジニ係数　所得の分配のかたよりを数値で表したもの。0から1までの値で表され，収入格差がない完全に平等な集団では0になる。1に近づくほど不平等が大きい。

▼税金〔租税〕の種類

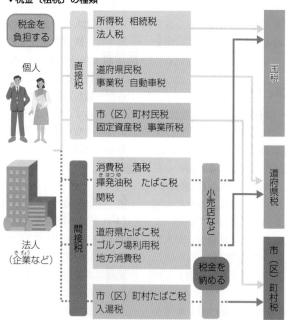

※東京都には一部例外があります。

確定申告 1月1日から12月31日までの1年間の売上, 経費, 所得など, または消費税額を計算し, 税務署に申告して納税額を確定する手続き。

財政★★★ 国や地方公共団体が税金〔租税〕などをもとに行う経済活動。**社会資本**【▶p.279】の充実, **公共サービス**【▶p.279】の提供, 景気の調節, 社会保障の充実などにより, 国民生活の向上をはかることを目的としている。

予算★★★ 財政における一会計年度(4月～翌年3月)の**歳入・歳出**の計画。その年にどれくらいの歳入があるかの見積もりを立て, その見積もり内で, どのような項目にどのくらいの割合で使用するのかということを決める。国家予算は内閣が作成し, 国会の議決によって成立する。

歳入★★★ 国や地方公共団体の, 一会計年度(4月～翌年3月)における財政上の収入のこと。**税金〔租税〕**【▶p.279】や, 印紙収入などがある。

歳出★★★ 国や地方公共団体の, 一会計年度(4月～翌年3月)における財政上の**支出**のこと。国のおもな歳出は社会保障関係費や公共事業関係費といった一般歳出がもっとも多く, そのほか**地方交付税交付金**【▶p.264】, **国債費**などがある。

景気★ **経済**【▶p.266】全体の動向のこと。**好景気〔好況〕**と**不景気〔不況〕**のくり返しを**景気変動**という。

▼国の歳入・歳出

歳入

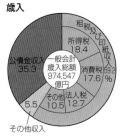

歳出

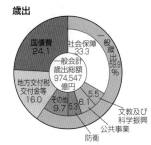

(2017年度予算) (財務省資料)

景気変動〔景気循環〕★★ 資本主義経済において, 好景気〔好況〕と不景気〔不況〕が交互にくり返されること。

▼景気変動のようす

好景気〔好況〕 好景気のときは商品の売れ行きがよくなるので, 企業は生産を増やし(拡大再生産), 売り上げも増加するため, 賃金も上昇する。

不景気〔不況〕

不景気のときは商品の売れ行きが悪く，企業は生産を減らし〔縮小再生産〕，失業者が増加する。

インフレーション〔インフレ〕★★★

物価が持続的に上昇し，貨幣価値が下がり続ける現象。好景気〔好況〕のときにおこりやすく，商品などがよく売れて品不足の状態となり，物価が上昇する。

デフレーション〔デフレ〕★★★

物価が持続的に下落し，貨幣価値が上がり続ける現象。不景気〔不況〕のときにおこりやすく，商品が売れない状態となる。企業の業績が悪化するため，賃金が下げられたり，リストラや倒産により失業者が発生したりする。所得が低下した家計では，商品などを買うのをひかえるようになる。すると，企業は売れ残りを避けるため，商品の価格を下げることから，物価がさらに下落することになり，失業者が増加し，消費が落ち込み，経済が悪化する。このように景気が悪化して悪循環することをデフレスパイラル【▶p.288】という。

スタグフレーション

景気が停滞している中で，物価が上昇し続ける現象のこと。景気の停滞をスタグネーション，持続的な物価の上昇をインフレーションということから生まれた言葉。

財政政策★★★

景気の安定を目的として，国や地方公共団体が行う経済政策。不景気〔不況〕のときには，公共投資を増やしたり，減税を行ったりして，生産や消費の活動を活発にし，景気を刺激する。逆に好景気〔好況〕のときには，公共投資を削減したり，増税を行ったりして，景気の行き過ぎをおさえようとする

アベノミクス 発展

2012年12月に発足した安倍晋三【▶p.222】内閣が掲げた経済政策。「大胆な金融政策」「機動的な財政政策」「民間投資を喚起する成長戦略」の3つで構成され，3本の矢と呼ばれる。

公共事業★★★

国や地方公共団体が公共の利益のために行う事業。道路や港湾，ダム，上下水道の整備，学校や病院の建設，災害の復旧などを行う。

公共投資★

国や地方公共団体が行う，公共事業のための支出。例えば不景気〔不況〕のときは，企業への仕事の発注を増やし，雇用の回復をめざして経済活動を活発にしようとする。

増税★★

家計や企業から徴収する税金〔租税〕を増やすこと。好景気〔好況〕のときにとられる財政政策の1つで，税金が増えると自由に使えるお金が減るため，家計では消費を，企業では投資をひかえるようになることから，景気の行き過ぎをおさえることができる。

減税★★　家計や企業から徴収する税金〔租税〕を減らすこと。不景気〔不況〕のときにとられる財政政策の1つで，税金が減ると自由に使えるお金が増えるため，家計では消費を，企業では投資を増やすようになることから，景気が刺激される。

公債★★★　国や地方公共団体が，税金〔租税〕収入の不足を補うために発行する債券。国が発行するものを国債，地方公共団体が発行するものを地方債という。大量に発行すると，その返済のための費用が大きくなるという問題点がある。

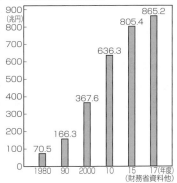

▼国債残高の移り変わり

（兆円）
900
800　　　　　　　　　　　865.2
700　　　　　　　805.4
636.3
600
500
400
367.6
300
200
166.3
100　70.5
0
　　1980　90　2000　10　15　17（年度）
（財務省資料他）

財政投融資★★　政府が，特別な債券を発行して市場から資金を調達し，その資金を政府関係機関や地方公共団体などに投資したり，融資（貸し付け）したりする活動。

貨幣　お金。商品の売り買いで流通し，その価値を示すもの。かつては金や銀などで造られ，貨幣自体に価値があったが，現在の貨幣は材料そのものに価値があるわけではない。

通貨　社会の中で実際に使われているお金のこと。日本では日本銀行が発行する紙幣の日本銀行券と，政府が発行する硬貨があり，現金通貨とよばれる。一方，銀行に預ける預金も口座振替や小切手により支払いに用いられ，また預金を引き出すことで現金となることから，預金通貨とよばれている。

▼小切手（模式図）

東京市　　小切手　　　□□-××

○○銀行

¥50,000※

△△株式会社

為替　現金を直接輸送しない資金の決済方法。銀行振込や口座からの引き落とし，手形や小切手などがある。

為替相場〔為替レート〕★★★　違う通貨を交換する場合の交換比率。基本的には市場での外国為替の需要と供給により決定される（変動相場制）。通貨を発行する中央銀行【▶p.276】が自国通貨を売ったり，外国通貨を買ったりする市場介入によって為替相場を操作する場合もある。

円高★★ 外国通貨に対し，円の価値が上がること。例えば，円相場が1ドル＝105円から1ドル＝100円になることをいう。円高になると，日本では輸入品の価格が安くなるため，輸入量が増加する一方，外国では，日本からの輸出品の価格が高くなるため，日本の輸出量は減少する。

円安★★ 外国通貨に対し，円の価値が下がること。例えば，円相場が1ドル＝105円から1ドル＝110円になることをいう。円安になると，日本では外国からの輸入品の価格が高くなるため，輸入量が減少するが，外国では，日本からの輸出品の価格が安くなるため，日本の輸出量は増加する。

社会保障と環境保全

社会保障★★★ すべての国民が健康で文化的な生活を送ることができるように，国が国民の最低限度の生活を保障しようとするしくみ。日本国憲法第25条の生存権【▶p.239】にもとづいて整備された。日本の社会保障制度は，公的扶助，社会保険，社会福祉【▶p.285】，公衆衛生【▶p.285】の4つの分野からなる。

公的扶助★★★ 社会保障制度の1つ。経済的に生活が困難な人に対して，生活費などを支給するしくみ（生活保護）。生活保護法にもとづいて，生活扶助や住宅扶助，教育扶助，医療扶助などが行われる。

社会保険★★★ 社会保障制度の1つ。あらかじめ保険料を払っておき，病気をしたり，高齢になったりして必要になったときに，現金の給付やサービスの提供を受けるしくみ。病気やけがをしたときのための医療保険【▶p.240】，高齢になったときのための年金保険，失業したときのための雇用保険，介護が必要になったときのための介護保険，職場でけがなどをしたときのための労災保険の5つがある。

▼社会保障

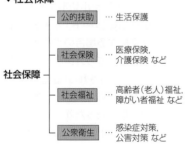

```
            ┌─ 公的扶助 …… 生活保護
            │
            ├─ 社会保険 …… 医療保険，
            │                介護保険 など
社会保障 ──┤
            ├─ 社会福祉 …… 高齢者(老人)福祉，
            │                障がい者福祉 など
            │
            └─ 公衆衛生 …… 感染症対策，
                             公害対策 など
```

▼国の財政支出における社会保障費の内訳

少子化対策 6.5%　その他 1.0%
生活扶助等社会福祉費 12.4%
総額 32兆4735億円 (2017年度)
年金・医療・介護保険給付費 80.1%

（日本国勢図会　2017/18年版）

社会福祉 ★★★
社会保障制度の1つ。高齢者や障がい者，母子家庭など社会的に弱い立場にある人たちの生活を保障するため，施設やサービスを提供するしくみ。高齢者福祉〔老人福祉〕，障がい者福祉，児童福祉，母子・父子・寡婦福祉などがある。

公衆衛生 ★★★
社会保障制度の1つ。国民の健康の保持・増進のため，病気の予防や生活環境の整備などを行うしくみ。具体的には，予防接種などの感染症対策，上下水道の整備，公害対策などを行っている。

介護保険制度 ★★★
社会保険の1つで，40歳以上の全国民が加入し，介護が必要となったときに介護サービスが受けられるしくみ。2000年から実施されている。介護サービスを受けるためには，介護が必要な程度の認定を受ける必要がある。

介助犬
身体が不自由な人の手助けをするために，人々に特別に訓練された犬のこと。盲導犬や聴導犬と同じように，公共施設や公共交通機関，デパートなどで同伴することができる。

四大公害病 ★
水俣病，イタイイタイ病，新潟水俣病，四日市ぜんそくの4つの公害病のこと。熊本県水俣市周辺で発生した水俣病と富山県神通川流域で発生したイタイイタイ病，新潟県阿賀野川流域で発生した新潟水俣病は水質汚濁が原因，三重県四日市市で発生した四日市ぜんそ

くは大気汚染が原因であった。

▼四大公害病の発生地

新潟水俣病
イタイイタイ病
四日市ぜんそく
水俣病

ダイオキシン ★
強い毒性をもつ有機塩素系化合物。おもにプラスチックなどの塩素をふくむごみを燃焼すると発生し，大気や土壌を汚染する。強い発がん性などがあるとされていることから，ダイオキシンによる環境の汚染の防止やその除去などを目的としたダイオキシン類対策特別措置法が制定された。

住民運動 ★
地域でおこっている問題について，そこに住んでいる人々が，国や地方公共団体，企業に対して解決を訴えたり，求めたりする運動。おもに公害問題や，ダムや原子力発電所の建設問題などがあげられる。

PPP〔汚染者負担の原則〕
環境を汚染した者が，汚染の防止や環境の復元，被害補償に必要な費用を負担するという原則。この原則から，環境汚染が未然に防げると考えられる。

公害対策基本法★★　公害を防ぎ，国民の健康と生活環境を守ることを目的とした法律。公害が深刻化した1967年に制定された。公害を，大気汚染【▶p.60】，水質汚濁，土壌汚染，騒音，振動，地盤沈下，悪臭の7種類と定め，企業や国，地方公共団体の公害防止の責任を明記していた。1993年の環境基本法の制定により廃止された。

環境基本法★★★　環境を保全するため，国の基本的な方針や原則を定めた法律。それまでの公害対策基本法にかわって1993年に制定された。公害対策基本法は公害防止を目的につくられたが，環境基本法は，公害だけでなく，地球温暖化やオゾン層の破壊といった地球環境問題に対する方針も示している。

環境省★　様々な環境問題に取り組む，国の行政機関。公害防止や自然環境の保護などのため，1971年に設置された環境庁が，2001年の中央省庁再編にともない，「庁」から「省」へ格上げされて環境省となった。

3R〔3つのR〕★　資源を有効に活用していくための考え方。3Rとは，ごみそのものを出さないようにするというリデュース（Reduce），製品をくり返し使用するというリユース（Reuse），製品を資源にもどして再び利用するというリサイクル（Recycle）という3つの行動の頭文字からとられた。

循環型社会★　一度使ったものを資源として考え，リサイクルを行うことによって，天然資源の消費をおさえ，環境への影響を最小限にする社会。今までの大量生産・大量消費・大量廃棄型の社会にかわるものとして示された。

▼3R活動推進のマーク

▼携帯電話リサイクルのマーク

▼PETボトルの識別マーク

▼プラスチック製容器包装の識別マーク

※家庭から出す容器包装を
分別回収するための識別マーク

循環型社会形成推進基本法★　資源を循環させて，環境への影響を最小限にする循環型社会をつくることを目的とする法律。2000年に制定された。容器包装リサイクル法，家電リサイクル法など，各種のリサイクル法の基本的な枠組みとなっている。

国立公園　日本の景勝地や貴重な自然環境が残されている場所で，国によって指定された公園。環境省が保護・管理を行う。尾瀬や伊勢志摩，瀬戸内海，屋久島など34か所（2018年2月現在）が指定されている。

▼国立公園（尾瀬）

エコマーク★　リサイクルされた再生紙や環境にやさしいつめかえ容器など，環境への影響が少なく環境保全に役立つと認められた商品につけられるマーク。消費者が環境によりよい商品を選ぶときの基準となるように導入された。

▼エコマーク

ゼロエミッション〔発展〕　ある産業で排出された廃棄物を，別の産業が原材料などとして有効活用することにより，社会全体の廃棄物をゼロにするという考え方。

環境税〔発展〕　環境に大きなマイナスの影響をあたえると考えられるものに課される税で，おもに電気・ガスやガソリンなどのエネルギーに課税することにより，二酸化炭素の排出量に応じて税金を負担させるしくみ。地球温暖化防止を目的とする。1990年にフィンランドで炭素税として初めて導入された後，ヨーロッパ諸国でとり入れられるようになった。

日本経済の課題

不良債権〔発展〕　金融機関【▶p.275】が企業などに融資（資金を貸すこと）した貸付金のうち，返してもらうことが困難となりそうな貸付金のこと。バブル経済【▶p.221】後に急増した。不良債権が増加した金融機関は資金不足となり，経営が悪化するため，問題視されている。

金融の自由化★　銀行，証券会社，保険会社の業務をはじめ，金利や金融商品などに対する規制を緩和すること。外国資本の金融機関への参入や，金利や各種手数料などの競争が行われることにより，消費者の選択の幅を広げることを目的とする。

デフレスパイラル★　物価下落と経済活動の縮小が相互に作用して，景気が悪化する悪循環のこと。物価の下落が企業の収益を悪化させ，それにより所得が減少して消費がふるわなくなり，その結果さらに物価が下落するという形がくり返され，らせん階段を下りるように景気が悪くなっていくことをいう。

ソフト★　サービスやコンピューターのプログラムなど，人間の目に見えない情報や知識，アイデアのこと。工場や機械など，人間の目に見える物（ハード）に対して使われる。

情報技術産業〔IT産業〕★　ネットワークと結びつけたパソコンや携帯電話などを利用して，情報通信にかかわる産業。情報を提供する産業，情報の送受信を提供する産業，関連ソフトを製造する産業などがある。

ベンチャー・ビジネス★　高度な技術力と専門知識をもとに，新しい市場を開拓したり，起業して会社を始めたりして急成長する企業のこと。独創的・革新的な商品・サービスを提供し，チャレンジ精神と行動力により独自の市場を開拓する。日本では，情報産業やエレクトロニクス（電子工学），コンサルティング（企業などの経営相談にのること）などの分野を中心として1970年代に誕生し，その後，色々な分野で発達してきている。

環境とエネルギー問題

有限エネルギー　とることができる年数が限られているエネルギー。石油，石炭，天然ガスといった化石燃料【▶p.58】がこれにあてはまる。これに対し，なくなる可能性のないエネルギーを無限エネルギーという。

再生可能エネルギー　なくなる可能性のない自然エネルギー。太陽光や風力，地熱，水力，波力，バイオマスなどがこれにあてはまる。

代替エネルギー　化石燃料【▶p.58】にかわる新しいエネルギー。化石燃料は，環境問題の原因となる二酸化炭素などを排出するうえに，とることができる年数が限られていることから，それにかわるエネルギーとして注目されている。原子力，無限エネルギーの太陽光，風力，地熱，水力，波力，バイオマスなどが代表的である。

▼太陽光発電

288

省資源エネルギー★　資源やエネルギーを効率的に利用し，むだな消費をしないこと。2度の石油危機【▶p.219】をきっかけに，日本でも省資源・省エネルギーが進み，資源有効利用促進法や省エネ法ができた。

ハイブリッドカー[発展]　ガソリンで動くエンジンと電気で動くモーターの2つの動力を組み合わせて走る自動車。走行状態によってエネルギーが最適に使われるようになっている。ガソリン車と比べて二酸化炭素をふくむ排気ガスの排出量が少ないことから注目されている。

電気自動車[発展]　ガソリンを燃料とせず，電気を使って走る自動車。地球温暖化【▶p.60】の原因である二酸化炭素が出ないことから，環境に優しい自動車として注目されている。

燃料電池車　タンクの水素と空気中の酸素を化学的に反応させることで，電気を発生させて走る車。発電の際に水しか排出されず，環境に影響を与えない車として注目されている。

地球温暖化防止京都会議★★　1997年に京都で開かれた地球温暖化防止条約（気候変動枠組条約）第3回締約国会議（COP3）のこと。京都議定書が採択された。

京都議定書★★　先進国に温室効果ガス【▶p.60】の排出削減目標を定めた国際的な約束。1997年に京都で開かれた地球温暖化防止京都会議で採択された。二酸化炭素などの温室効果ガスの排出量を，2008年から2012年の間に1990年の水準から先進国全体で5.2%，日本で6%減らすことなどを定めた。

地球環境問題　地球規模での環境汚染や環境破壊がもとで発生するさまざまな問題。地球温暖化【▶p.60】，酸性雨，砂漠化，オゾン層【▶p.60】の破壊，熱帯雨林の破壊〔熱帯林の破壊〕などがある。一国だけでは解決できないため，各国が連携して問

▼おもな環境会議

年代	場所・会議
1972	ストックホルム（スウェーデン） 国連人間環境会議 →「かけがえのない地球」
1992	リオデジャネイロ（ブラジル） 国連環境開発会議（地球サミット） →「持続可能な開発」
1997	京都（日本） 地球温暖化防止京都会議 →京都議定書の採択
2015	パリ（フランス） 第21回気候変動枠組条約締約国会議（COP21） →パリ協定の採択

▼環境問題のメカニズム

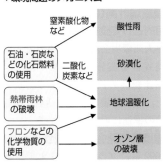

289

題に取り組む必要がある。

▼地球温暖化のしくみ

温室効果ガスが増加すると温室効果が高まって、地表の温度が上昇してしまう。

太陽

温室効果ガス（二酸化炭素など）

地球

▼オゾン層破壊のしくみ

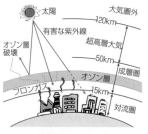

太陽

大気圏外

120km

有害な紫外線

超高層大気

オゾン層破壊

50km

成層圏

オゾン層

フロンガス

15km

対流圏

国連人間環境会議 1972年、スウェーデンのストックホルムで開催された環境会議。「かけがえのない地球」がスローガンとなり、環境問題に取り組む方向性を示した「人間環境宣言」が採択された。国連環境計画〔UNEP〕の設立が決められた。

国連環境計画〔UNEP〕 環境保護を目的として設立された国連機関。国連人間環境会議で採択された人間環境宣言を実施するため、1972年に国連総会の決議によって設立された。環境保護のための活動、国際協力の推進に取り組んでいる。

国連環境開発会議〔地球サミット〕★ 1992年にブラジルのリオデジャネ

イロで開かれた、環境に関する国際会議。1980年代に入って急速に地球規模化してきた環境問題に取り組むために開催された。「持続可能な開発」を基本理念とし、「環境と開発に関するリオ宣言」やそのための行動計画である「アジェンダ21」などが採択され、地球温暖化防止条約が調印された。

持続可能な開発 1992年に開催された国連環境開発会議〔地球サミット〕の基本理念。将来の世代に資源と良好な環境を残せるように、開発と環境保全を調和させ、発展を持続可能にしようとする考えをいう。2002年には、これをテーマとして持続可能な開発に関する世界首脳会議〔環境開発サミット〕が南アフリカ共和国のヨハネスブルグで開催された。

COP★ 締約国会議の略。気候変動枠組条約締約国会議を指すことが多い。また、生物多様性条約の締約国会議を指す場合もある。

気候変動枠組条約★ 地球温暖化【▶p.60】の防止のため、大気中の温室効果ガス【▶p.60】の濃度を安定化させることを目標とする条約。1992年の地球サミットで採択された。地球温暖化防止条約ともいう。

気候変動枠組条約締約国会議 気候変動枠組条約を批准した国々による会議。第3回となる1997年の地球温暖化防止京都会議【▶p.289】（COP3）では京都議定書【▶p.289】

が採択された。2015年のCOP21では，京都議定書の効力切れを受け，新たな枠組みとして**パリ協定**が採択された。京都議定書では先進国にのみ温室効果ガスの削減目標を課していたのに対し，パリ協定では，すべての国が自国で目標を作成・提出し，措置を実施することを義務付けた。

ナショナル・トラスト　価値ある自然環境や歴史的に貴重な文化遺産などを保存することを目的とする民間組織や市民運動。19世紀終わりごろにイギリスで始まり，日本でも知床（北海道）や狭山丘陵（埼玉県）など全国各地で広く行われている。

人口・食料問題

先進工業国〔先進国〕★★★　経済が発展し，工業がさかんな国。おもに地球の北側に位置する，アメリカ合衆国やEU諸国，日本などがあてはまる。**発展途上国**に対して使われることばである。

発展途上国★★★　経済発展の水準が先進工業国〔先進国〕に比べて低く，発展の途上にある国。おもに地球の南側に位置する，アフリカや東南アジア，中南米にある大半の国があてはまる。**貧困**や**飢餓**が深刻な問題になっている国が多い。

新興国★　発展途上国のなかで，近年経済が急速に成長している国や地域。NIES【▶ p.25】やBRICS【▶ p.25】の国々があてはまる。

識字率　15歳以上の人口に対する，日常的な文字の読み書きができる人口の割合。発展途上国では男性より女性のほうが低い傾向にある。

南北問題★★★　先進工業国〔先進国〕と発展途上国との間の経済格差の問題と，経済格差によりおこる政治・社会問題。おもに地球の北側には先進工業国が多く，その南側に発展途上国が多いことからこのようにいわれる。

南南問題★★　発展途上国どうしの間での，経済格差からおこる問題。発展途上国のうち，資源をもっていたり，工業化が比較的進んでいたりする国と，資源や産業がなく経済発展がおくれている国との間の問題のことをいい，国際的な問題となっている。特に，サハラ以南のアフリカ大陸に残る最貧国などを**後発発展途上国**という。

▼南北問題と南南問題

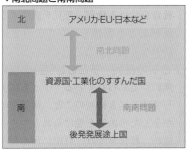

マイクロクレジット　貧困状態にある人々に対し，少額の融資【▶ p.276】を行う金融サービス。起業のための融資で，現金収入を得る機会をあたえ，生活改善に結びつけることが目的である。

ストリートチルドレン　発展途上国にみられる，住む家もなく路上で生活する子どもたちのこと。路上で物売りをしたり，通行人に物やお金をもらったりして生活している。

ハンガーマップ 発展 　世界各国の総人口に対する栄養不足人口の割合を5段階で示すことによって，世界の飢餓状況を表現した地図。国連の世界食糧計画〔WFP〕によって作成されている。

子どもの権利条約〔児童の権利条約〕★　子どもの基本的人権を国際的に保障することを目的とした条約。1989年に国際連合総会で採択された。18歳未満の子どもを保護するとともに，子どもの権利として，教育を受ける権利，意見を表明する権利などを保障している。日本は1994年に批准した。

子どもの権利　子ども〔児童〕の権利条約に定められている，子どもに関して守るべき権利のこと。病気やけがをしたら治療を受けられる生きる権利，教育を受け，自由に休んだり遊んだりして育つ権利，あらゆる種類の差別や虐待などから守られる権利，自由に意見を表したり，グルー

プを作って活動したりする参加する権利の4つに大きく分けられる。

国民総生産〔GNP〕★★　海外在住の国民もふくめて，1年間に1国の国民によって新たに生産された財・サービスの合計額から，中間生産物（別の物の原材料となるもの）の価格を引いたもの。現在では，国民よりも領土に着目して計算する国内総生産〔GDP〕のほうが重視されている。

国内総生産〔GDP〕★★　国内にある外国企業もふくめて，1年間に1国内で新たに生産された財・サービスの合計額から，中間生産物（別の物の原材料となるもの）の価格を引いたもの。1国の経済規模を示す指標として用いられる。

国民総所得〔GNI〕★　日本企業の海外支店等の所得など海外からの所得もふくめて，1年間に1国の国民が得た所得の合計。国民総生産〔GNP〕にかわって用いられている概念であり，生産よりも所得に着目するもの。現在は，国内の景気をより正確に反映するものとして，国内総生産〔GDP〕が重視されている。

世界平和をめざして

主権国家★★　一定の領土と国民をもっており，他国から支配されたり干渉されたりしない独立した国家のこと。内政不干渉の原則と主権平等の原則にもとづく。

国歌　国を象徴する歌。日本では1999年に制定された国旗国歌法により，「君が代」が国歌と定められた。

国旗　国を象徴する旗。日本では1999年に制定された国旗国歌法により，「日の丸」と呼ばれる日章旗が国旗と定められた。

内政不干渉の原則　他国の国内政治については，干渉してはならないとする考え。主権国家の国内の政治や経済，社会などのあり方は，その国の国民が自由意思で決めるべきものであるとする考え方にもとづいている。国際法上の原則の1つ。

主権平等の原則　主権国家はすべて平等にあつかわれ，他国とたがいに対等であるとする考え。国際法上の原則の1つ。

アジア・アフリカ会議〔バンドン会議〕★　1955年，インドネシアのバンドンで開かれたアジア・アフリカ地域29か国による会議。民族の自立と国際平和を求めて開かれた国際会議で，内政不干渉の原則や主権平等の原則，平和共存などをもり込んだ平和十原則を宣言した。

アフリカ開発会議　アフリカの開発をテーマとする国際会議。略称はTICAD。1993年より，日本が主導し，国際連合【▶ p.294】，国連開発計画，アフリカ連合〔AU〕【▶ p.35】委員会，世界銀行と共同で開催している。

国際社会★★★　たがいに独立した主権国家によって構成される社会のこと。第二次世界大戦後，アジアやアフリカの植民地が次々に独立をはたし主権国家となったことから，国際社会は拡大した。

国際法★★　国際社会において国家間の関係を取り決めた法のこと。国家間の文書による合意である条約と，多数の国家での長年にわたる慣習から法となった国際慣習法に大きく分けられる。

地域主義〔リージョナリズム〕★　利害関係が一致する国々がまとまりをつくり，政治的・経済的に協力を強めようとする動きのこと。ヨーロッパ連合〔欧州連合，EU〕【▶p.31】やASEAN〔東南アジア諸国連合〕【▶p.25】，NAFTA〔北米自由貿易協定〕【▶p.294】などが代表的である。

ASEAN＋3 発展　ASEAN〔東南アジア諸国連合〕【▶p.25】に日本，中国，韓国の3か国が加わった会合。ASEAN首脳会議に合わせて毎年1回開催されている。

アジア太平洋経済協力会議〔APEC〕

★★　太平洋をとりかこむ21の国・地域が参加する経済協力組織。貿易・投資の自由化などを目的としている。オーストラリア，日本やアメリカ合衆国，ロシア，中国，韓国，香港などが参加している。

FTA〔自由貿易協定〕

特定の国・地域間において，**関税や輸出入制限をなくすことなどを取り決めた協定**。貿易を活発にすることを目的としており，これを結ぶ動きが全世界的にさかんになっている。

NAFTA〔北米自由貿易協定〕★

アメリカ合衆国，カナダ，メキシコの3か国間で1994年に発効した自由貿易協定。関税の撤廃や投資の自由化などを目的とする。2018年に新協定のUSMCA〔米国・メキシコ・カナダ協定〕締結にともない，無効になった。

アジアNIES ★

アジアにおけるNIES〔新興工業経済地域〕【▶p.25】のことで，韓国，台湾，香港，シンガポールの4つの国と地域をさす。1970年代以降，急速に工業が発展した。

国際連合 ★★★

サンフランシスコ会議で採択された国際連合憲章にもとづき，1945年に発足した国際平

▼地域主義の動き　　　　　　　　　　　　　(2021年1月現在)

- 3か国:アメリカ,カナダ,メキシコ
- 15か国に2004年以降中・東ヨーロッパ諸国など13か国を加え28か国体制となる。イギリスが2020年に離脱27か国に。
- インド,パキスタン,バングラデシュ,スリランカ,ネパール,ブータン,モルディブ,アフガニスタン

NAFTA
EU-US
パートナーシップ
USMCAに発展解消
EU-メキシコ
FTA合意
EU加盟国
東方への拡大
現27か国
APEC
21か国・地域
空白地帯
SAARC

南米への拡大
コトヌー協定
アフリカ,カリブ海などの旧植民地諸国約80か国
MERCOSUR
AFTA
AFTA-CER
CER

FTAA
(交渉中断)

- 6か国:アルゼンチン,ブラジル,パラグアイ,ウルグアイ,ベネズエラ,ボリビア
- ASEAN10か国
インドネシア,マレーシア,フィリピン,シンガポール,タイ,ブルネイ,ベトナム,ラオス,ミャンマー,カンボジア
- ニュージーランド,オーストラリア

和機構。世界平和の維持や国際協力の促進などを目的とする。本部はアメリカ合衆国のニューヨークにある。

国連総会★★★　全加盟国で構成される国際連合の中心的機関。加盟国にはそれぞれ1票の議決権が与えられ，出席投票国の過半数，もしくは3分の2以上の賛成で議決する。年1回定期的に行われる通常総会のほか，軍縮などの特別な問題について話し合う特別総会，緊急特別総会がある。

安全保障理事会★★★　国際連合の主要機関の1つ。世界の平和と安全の維持を目的とし，常任理事国5か国（アメリカ，イギリス，フランス，中国，ロシア）と，国連総会で選出された任期2年の非常任理事国10か国の計15か国で構成される。常任理事国には拒否権があり，1か国でも反対すると議決できない。

拒否権★★★　安全保障理事会の常任理事国がもつ，1か国でも反対すると議決できないという権利。このため，安全保障理事会で重要な問題について議決するには，必ず5常任理事国の賛成が必要となる。

集団安全保障　安全や平和をおびやかす行動を取った国に対して，その他の国々が集団で制裁を加える制度や考え方。国際連合【▶p.294】は，世界の平和と安全を守るため，安全保障理事会の決定により，経済制裁や武力制裁を加えることができる。

経済社会理事会★★　国際連合の主要機関の1つ。貿易や工業化といった経済問題や，子どもや女性の権利，食料といった社会問題について研究や勧告を行う。総会で選ばれた54理事国で構成され，専門機関などと連携して活動している。

国際司法裁判所★　国際連合の主要機関の1つ。国家間における法律的な争いについて，国際法にもとづき裁判を行い，平和的な解決をはかる。

平和維持活動〔PKO〕★★★　平和をおびやかす地域紛争【▶p.55】などの事態の悪化や国際的な拡大を防止するために国際連合が行う活動。紛争地域に平和維持軍〔PKF〕や停戦監視団などを派遣して，停戦や選挙の監視，難民【▶p.55】を帰還させるための支援などを行っている。日本は1992年制定の国連平和維持活動協力法〔PKO協力法〕にもとづき，自衛隊などが参加できるようになり，カンボジアなどに派遣された。

専門機関★　経済・社会・文化などに関する国際問題を専門的に扱い，経済社会理事会を通じて国際連合と連携している国際機関。国連教育科学文化機関〔UNESCO〕や国際労働機関〔ILO〕などがある。

国際労働機関〔ILO〕★　国連の専門機関の1つ。世界の労働者の地位の向上や労働問題の解決をはかることを目的としている。

国連教育科学文化機関〔UNESCO〕

★　国連の専門機関の1つ。教育や科学，文化の面での協力を通じて，世界平和を促進することを目的とする。世界遺産の決定や保護，識字教育や職業教育といった活動などを行っている。

世界保健機関〔WHO〕

★　国連の専門機関の1つ。世界の人々の健康保持と増進を目的としている。各国に対して，保健に関する事業の指導や技術協力，感染症の発生状況の報告などを行っている。

国際通貨基金〔IMF〕

★　国連の専門機関の1つ。国際通貨の安定や世界貿易の拡大をはかることを目的としている。貿易による収支が赤字になった国や通貨危機におちいった国に対して短期的な貸し出しなどを行っている。

国連児童基金〔UNICEF〕

★　国連総会によって設立された補助機関の1つ。飢えや病気，貧困などから子どもたちを守り，健やかな発達をうながすことを目的としている。発展途上国の子どもに対する保健衛生，栄養補給などの援助活動や，自然災害や地域紛争がおこった場合の緊急援助などを行っている。

国連難民高等弁務官事務所〔UNHCR〕

★　国連総会によって設立された補助機関の1つ。難民の地位に関する条約〔難民条約〕にもとづいて，難民を国際的に保護し支援することを目的としている。1991年から10年間，緒方貞子が国連難民高等弁務官を務めた。

国連貿易開発会議〔UNCTAD〕

★　国連総会によって設立された補助機関の1つ。南北問題の解決のため，発展途上国の経済開発と貿易の促進をはかることを目的としている。発展途上国の貿易と開発に関する問題を討議したり，発展途上国の貿易・投資・金融などの分野における能力向上をめざして技術支援を行ったりしている。

経済協力開発機構〔OECD〕

ドイツやイタリアなどのヨーロッパ諸国やアメリカ合衆国，日本などが加盟する，先進国による経済協力組織。1961年に，加盟国の経済成長や貿易拡大のほか，発展途上国の経済発展を援助する目的で組織された。

国際原子力機関〔IAEA〕

★　原子力の平和的利用を促進するとともに，原子力が軍事的に利用されることを防止するために設立された国際機関。原子力施設や放射線の取りあつかいなどに関する安全基準をつくったり，直接現地に出向き核物質のあつかわれ方について調査（査察）を行ったりしている。

世界貿易機関〔WTO〕
それまでのGATT〔貿易と関税に関する一般協定〕にかわり設立された国際機関。関税など貿易の障害を取りのぞき，世界における自由貿易を促進することを目的としている。GATTと比べると，金融・運輸などに関する国際ルールが決められたほか，貿易をめぐる各国間で紛争がおこった場合の解決方法が強化された。

EPA〔経済連携協定〕
国どうしの間で，貿易の自由化だけでなく，人の移動や投資などさまざまな分野において協力し，経済協力をしようとする協定。

TPP〔環太平洋戦略的経済連携協定〕 発展
アジア・太平洋地域において，経済分野で自由な協力をしようという協定。協定を結んだ国どうしでは，関税をなくした自由な貿易などをめざしている。アメリカが離脱し，2018年にTPP11として発効。

テロリズム〔テロ〕 発展
政治上の目的を達成するために，暗殺や建造物の破壊など暴力的な手段でうったえること。世界各地で一般市民を巻きこんだ大量無差別テロや自爆テロなどがおこって問題となっている。

同時多発テロ ★★
2001年9月11日に，アメリカ合衆国のニューヨークやワシントンなどで同時におこった旅客機によるテロ事件。テロリストにハイジャックされた旅客機が

ニューヨークの世界貿易センタービルなどに突入し，多くの犠牲者が出た。事件の後，アメリカなどはアフガニスタンがテロリストを支援しているとして攻撃した。この結果，アフガニスタンの政権は崩壊し，新しい政府がつくられた。

▼同時多発テロ

イラク戦争 ★
2003年3月，イラクが大量破壊兵器を保有しているとして，アメリカやイギリスがイラクを攻撃して始まった戦争。フセイン政権が倒された。

IS〔イスラム国〕 発展
イスラム教【▶ p.17】の過激派組織。イラクとシリアにまたがる地域を中心に活動し，一方的に国家の樹立を宣言した組織。ISILとも呼ぶ。世界中でテロ行為，誘拐などの人権侵害行為を行い，世界各地の文化遺産の破壊なども繰り返している。

地雷 発展 　人を傷つける目的で設置された，近づいたり，さわったりすると爆発する兵器。地中に設置されていることが多い。紛争が終わったあとでも一般市民が被害にあうことが問題となっている。1999 年には，対人地雷の生産・使用などを全面的に禁止する**対人地雷禁止条約〔オタワ条約〕**が発効した。

▼地雷注意の標識

核軍縮交渉 　すでに世界にある**核兵器**【▶ p.234】を減らすための取り組み。第二次世界大戦後の**冷たい戦争〔冷戦〕**【▶ p.214】のころに，アメリカ合衆国とソビエト社会主義共和国連邦がお互いの核兵器の数を制限する**戦略兵器制限交渉〔SALT〕**を始めた。アメリカとソ連(ロシア)の間には 1991 年と 1993 年に**START** が結ばれ，2011 年には**新戦略兵器削減条約〔新START条約〕**も発効されている。

INF全廃条約〔中距離核戦力全廃条約〕 　1987 年にアメリカ合衆国とソ連との間で結ばれた，**核兵器の廃棄に関する条約**の 1 つ。中距離核戦力とは，ミサイルを使って核爆弾を運び，目標の地点を攻撃する兵器のこと。廃棄の対象は地上から発射するミサイルに限定され，空中や海中から発射するミサイルについては制限されていない。2019 年，アメリカがロシアに破棄を通告し，同年に失効した。

START〔戦略兵器削減条約〕 　アメリカ合衆国とソ連(ロシア)との間で結ばれた，**核の戦略兵器の削減に関する条約**。核の戦略兵器とは，大陸間をこえて直接攻撃できる核ミサイルのことをさす。削減は段階を踏んで行われている。これによりアメリカとロシアの戦略核弾頭数は，冷戦期の約 60％にまで減少した。

PTBT〔部分的核実験停止条約〕 　発展 　1963 年にアメリカ，ソ連，イギリスの間で結ばれた，**大気圏内と宇宙空間，水中における核実験をやめる条約**。地下での核実験を禁止していないため，部分的とされている。

NPT〔核拡散防止条約〕★★ 　**核兵器をもつ国を拡大させないための条約**。1968 年にアメリカ，イギリス，ソ連など 62 か国の間で調印された。アメリカ，ロシア，フランス，イギリス，中国の 5 か国を核保有国と定め，これらの国が核をもたない国(非核保有国)に核兵器を売りわたしたり，非核保有国が核兵器を開発したりすることを禁止している。

CTBT〔包括的核実験禁止条約〕

★★ 1996年に国連総会で採択された。地下核実験をふくむあらゆる核実験を禁止する条約。国際的な監視活動や、直接現地に出向き核物質のあつかわれ方について調査（査察）を行うことなどを定めている。核保有国のアメリカや中国などが批准しておらず、発効の見通しは立っていない。

6か国協議

北朝鮮の核開発問題について、日本、アメリカ合衆国、韓国、中国、ロシア連邦、北朝鮮の担当者が話し合う会議。開催地は議長国である中国。2003年8月に第1回が開催され、対話を通じて核問題を平和的に解決することなどに同意した。2007年に第6回が開催され、2008年には首席代表者会合が行われたが、それ以降は開催されていない。

サミット〔主要国首脳会議〕

1975年以降、ほぼ毎年開かれている、先進国首脳会議（1998年からは主要国首脳会議）。先進工業国（先進国）によるG7や、さらにBRICS【▶p.25】

などの新興工業国、EUを加えたG20などが開かれている。

政府開発援助〔ODA〕 ★

発展途上国に対して、先進工業国〔先進国〕の政府が行う資金援助や技術協力のこと。発展途上国の経済開発や福祉の向上を目的としている。

JICA〔国際協力機構〕 発展

政府開発援助〔ODA〕の実施業務を行っている独立行政法人。発展途上国に対する無償資金協力業務や有償資金協力業務のほか、青年海外協力隊の派遣、シニア海外ボランティアの派遣などを行っている。

青年海外協力隊 ★

政府開発援助〔ODA〕の一環としてJICA〔国際協力機構〕が行っている海外ボランティア事業。専門の技術をもった人々が発展途上国に派遣され、さまざまな分野で活動している。

ＮＧＯ〔非政府組織〕 ★★★

Non Governmental Organization の略。政府によってつくられたのではなく、民間によってつくられた国際的な協力組織。おもに、平和や人権問題、環境問題など地球規模のテーマ

▼ODA 額の国別割合

						イギリス	フランス7.6
2000年 537億 ドル	日本 25.1%		アメリカ 合衆国 18.5	ドイツ 9.4	8.4	その他 31.0	

			イギリス		フランス5.6	
2016年 （暫定値） 1703億 ドル	アメリカ 合衆国 19.7%	ドイツ 14.5	10.6	日本 6.1	その他 43.5	

（日本国勢図会 2017/18年版他）

に取り組んでおり，国境をこえて活動している。代表的なものに，戦争や災害がおこった地域で医療活動などを行う国際赤十字や国境なき医師団，人権を守ることを訴えるアムネスティ・インターナショナル【▶p.245】などがある。国際連合【▶p.294】と協力関係にあるNGOを国連NGOという。

ＮＰＯ〔非営利組織〕★★★
Non Profit Organization の略。社会に貢献するサービスに取り組む，利益の追求を目的としない民間組織。おもに，福祉や教育・文化，まちづくり，環境，国際協力などの分野で活動している。日本では1998年に特定非営利活動促進法〔NPO法〕が成立し，一定の資格を満たせば法人（法律上の権利・義務の主体となることができるもの）として認められるようになった。

人間の安全保障
1994年に国連開発計画（UNDP）が提唱した，人間一人ひとりの人権や生命，尊厳を大切にしていこうという考え方。近年では，紛争，難民，環境破壊，人権侵害などに対して，国が軍事力によって国民を守るという従来の「国家の安全保障」だけでは不十分であると考えられている。このことから，人間一人ひとりの安全保障に着目する取り組みが実施されている。

PDCAサイクル
事業を継続的に改善していくための考え方。そのために必要な①方針・計画（Plan），②実施（Do），③点検（Check），④是正・見直し（Act）の頭文字を取ってPDCAサイクルという。国際規格を定めるISOでは，持続可能な開発【▶p.290】を実現するための環境規格において，PDCAサイクルを取り入れている。

SDGs〔持続可能な開発目標〕★★
国連が2015年に定めた，2030年までに達成すべき17の目標。教育の普及や，貧困や飢餓をなくすことが含まれている。

資料編

世界の人々の暮らし

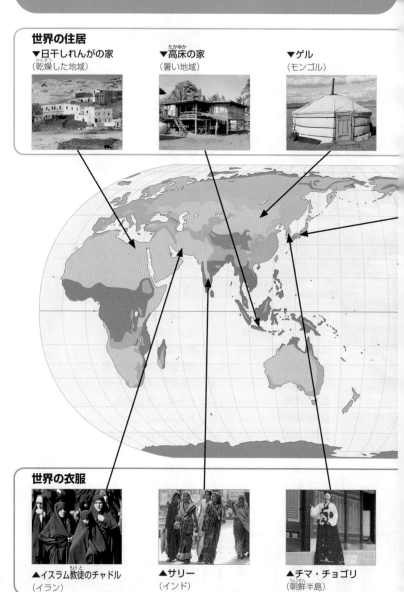

世界の住居

▼日干しれんがの家
（乾燥した地域）

▼高床の家
（暑い地域）

▼ゲル
（モンゴル）

世界の衣服

▲イスラム教徒のチャドル
（イラン）

▲サリー
（インド）

▲チマ・チョゴリ
（朝鮮半島）

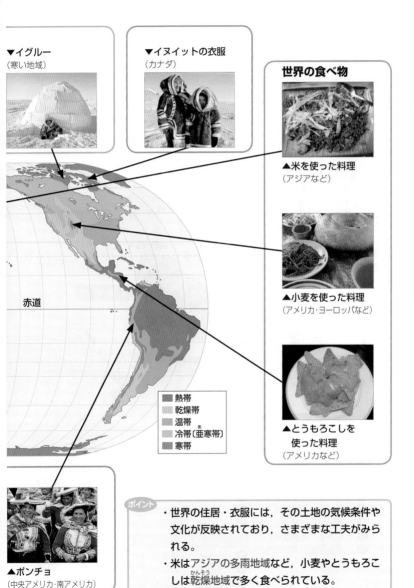

▼イグルー
（寒い地域）

▼イヌイットの衣服
（カナダ）

世界の食べ物

▲米を使った料理
（アジアなど）

▲小麦を使った料理
（アメリカ・ヨーロッパなど）

赤道

<table>
<tr><td>　</td><td>熱帯</td></tr>
<tr><td>　</td><td>乾燥帯</td></tr>
<tr><td>　</td><td>温帯</td></tr>
<tr><td>　</td><td>冷帯〔亜寒帯〕</td></tr>
<tr><td>　</td><td>寒帯</td></tr>
</table>

▲とうもろこしを
　使った料理
（アメリカなど）

▲ポンチョ
（中央アメリカ・南アメリカ）

ポイント

・世界の住居・衣服には，その土地の気候条件や
　文化が反映されており，さまざまな工夫がみら
　れる。
・米はアジアの多雨地域など，小麦やとうもろこ
　しは乾燥地域で多く食べられている。

地方区分と都道府県

番号	都道府県	都道府県庁所在地

北海道地方
❶	北海道	札幌市

東北地方
❷	青森県	青森市
❸	岩手県	盛岡市
❹	宮城県	仙台市
❺	秋田県	秋田市
❻	山形県	山形市
❼	福島県	福島市

関東地方
❽	茨城県	水戸市
❾	栃木県	宇都宮市
❿	群馬県	前橋市
⓫	埼玉県	さいたま市
⓬	千葉県	千葉市
⓭	東京都	東京
⓮	神奈川県	横浜市

中部地方
⓯	新潟県	新潟市
⓰	富山県	富山市
⓱	石川県	金沢市
⓲	福井県	福井市
⓳	山梨県	甲府市
⓴	長野県	長野市
㉑	岐阜県	岐阜市
㉒	静岡県	静岡市
㉓	愛知県	名古屋市

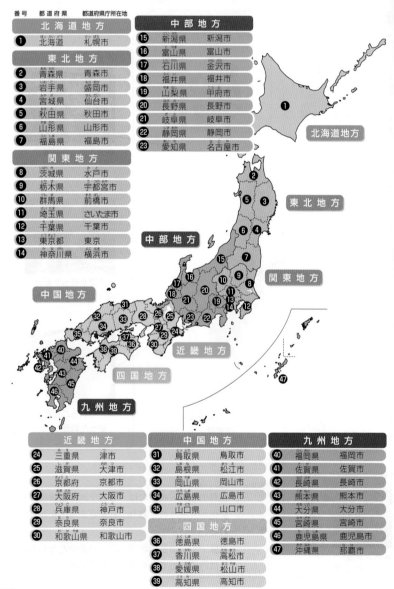

近畿地方
㉔	三重県	津市
㉕	滋賀県	大津市
㉖	京都府	京都市
㉗	大阪府	大阪市
㉘	兵庫県	神戸市
㉙	奈良県	奈良市
㉚	和歌山県	和歌山市

中国地方
㉛	鳥取県	鳥取市
㉜	島根県	松江市
㉝	岡山県	岡山市
㉞	広島県	広島市
㉟	山口県	山口市

四国地方
㊱	徳島県	徳島市
㊲	香川県	高松市
㊳	愛媛県	松山市
㊴	高知県	高知市

九州地方
㊵	福岡県	福岡市
㊶	佐賀県	佐賀市
㊷	長崎県	長崎市
㊸	熊本県	熊本市
㊹	大分県	大分市
㊺	宮崎県	宮崎市
㊻	鹿児島県	鹿児島市
㊼	沖縄県	那覇市

地球のすがた

地球儀

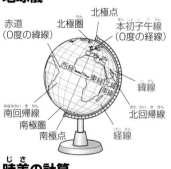

赤道
（0度の緯線）
北極圏
北極点
本初子午線
（0度の経線）
西経
東経
緯線
南回帰線
南極圏
南極点
経線
北回帰線

ポイント

・日本の標準時子午線は，兵庫県明石市を通る東経135度の経線。

・地球は，24時間で1回転するので，経度の差15度で1時間の時差が生じる。

注意

日付変更線を東から西へこえると，1日カレンダーを進め，西から東へこえると，1日おくらせることになる。

時差の計算

時差＝経度差÷15度

東経，西経どうしの時差の計算（東京・ロンドンの場合）…大きい経度から小さい経度を引く。

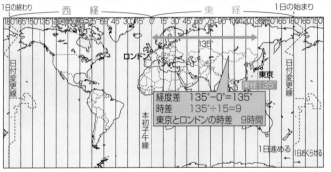

経度差　135°−0°＝135°
時差　　135°÷15＝9
東京とロンドンの時差　9時間

東経・西経にまたがるときの時差の計算（東京・ロサンゼルスの場合）…経度を足す。

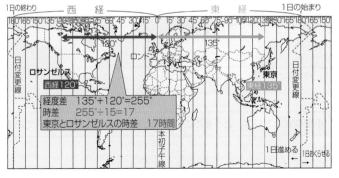

経度差　135°＋120°＝255°
時差　　255°÷15＝17
東京とロサンゼルスの時差　17時間

資料編　地方区分と都道府県・地球のすがた

世界の産業

世界の国別生産量割合

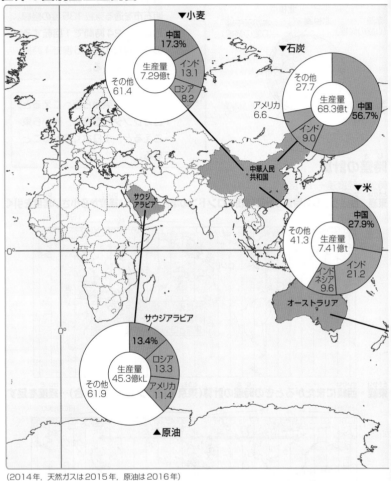

▼小麦

中国
17.3%

インド
13.1

生産量
7.29億t

ロシア
8.2

その他
61.4

▼石炭

その他
27.7

生産量
68.3億t

中国
56.7%

アメリカ
6.6

インド
9.0

中華人民
共和国

▼米

中国
27.9%

その他
41.3

生産量
7.41億t

インド
21.2

インド
ネシア
9.6

オーストラリア

サウジ
アラビア

サウジアラビア

13.4%

ロシア
13.3

生産量
45.3億kL

アメリカ
11.4

その他
61.9

▲原油

(2014年，天然ガスは2015年，原油は2016年)

 小麦や米はアジア，とうもろこしは南北アメリカで生産がさかんである。

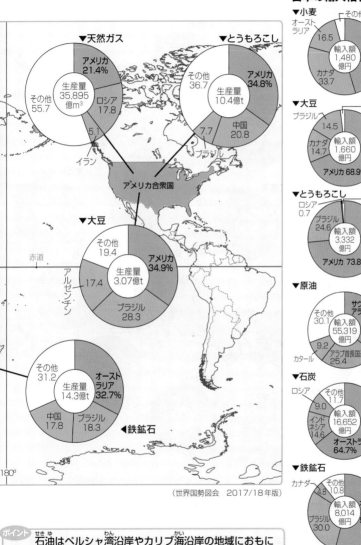

▼天然ガス
生産量
35,895
億m³
アメリカ
21.4%
ロシア
17.8
イラン 5.1
その他
55.7

▼とうもろこし
生産量
10.4億t
アメリカ
34.8%
中国
20.8
ブラジル 7.7
その他
36.7

アメリカ合衆国

▼大豆
生産量
3.07億t
アメリカ
34.9%
ブラジル
28.3
アルゼンチン 17.4
その他
19.4

赤道

◀鉄鉱石
生産量
14.3億t
オーストラリア
32.7%
ブラジル
18.3
中国
17.8
その他
31.2

180°

(世界国勢図会 2017/18年版)

ポイント 石油はペルシャ湾沿岸やカリブ海沿岸の地域におもに
集中している。

日本の輸入相手国

▼小麦
輸入額
1,480
億円
アメリカ
45.5%
カナダ
33.7
オースト
ラリア
16.5
その他 4.3

▼大豆
輸入額
1,660
億円
アメリカ 68.9%
カナダ
14.7
ブラジル
14.5
その他 1.9

▼とうもろこし
輸入額
3,332
億円
アメリカ 73.8%
ブラジル
24.6
ロシア
0.7
その他 0.9

▼原油
輸入額
55,319
億円
サウジ
アラビア
35.3%
アラブ首長国連邦
25.4
カタール
その他
30.1

▼石炭
輸入額
16,652
億円
オーストラリア
64.7%
インド
ネシア
14.6
ロシア
9.0
その他
11.7

▼鉄鉱石
輸入額
8,014
億円
オースト
ラリア
54.4%
ブラジル
30.0
カナダ
4.8
その他 10.8

(2016年)
(日本国勢図会 2017/18年版)

日本の産業

日本の農業（県別生産量割合）

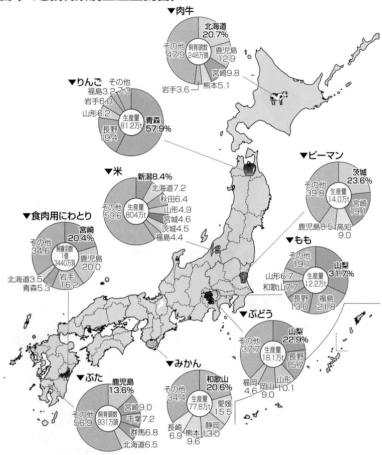

▼肉牛
北海道 20.7%
鹿児島 12.9
宮崎9.8
熊本5.1
岩手3.6
その他 47.9
飼育頭数 248万頭

▼りんご
その他 7.3
福島3.2
岩手6.0
山形6.2
長野 19.4
青森 57.9%
生産量 81.2万t

▼米
新潟8.4%
北海道7.2
秋田6.4
山形4.9
宮城4.6
茨城4.5
福島4.4
その他 59.6
生産量 804万t

▼食肉用にわとり
宮崎 20.4%
鹿児島 20.0
岩手 16.2
青森5.3
北海道3.5
その他 34.6
飼養羽数 1億3440万羽

▼ぶた
鹿児島 13.6%
宮崎9.0
千葉7.2
群馬6.8
北海道6.5
その他 56.9
飼育頭数 931万頭

▼みかん
和歌山 20.6%
愛媛 15.5
静岡 13.0
熊本 9.6
長崎6.9
その他 34.4
生産量 77.8万t

▼ピーマン
茨城 23.6%
宮崎 19.1
高知 9.0
鹿児島8.5
その他 39.8
生産量 14.0万t

▼もも
山梨 31.7%
福島 21.8
長野 13.0
和歌山7.7
山形6.7
その他 19.1
生産量 12.2万t

▼ぶどう
山梨 22.9%
長野 15.7
山形10.1
岡山 9.0
福岡4.6
その他 37.7
生産量 18.1万t

(2016年，果実・野菜は2015年)

(日本国勢図会　2017/18年版)

> **ポイント**
> ・米の生産はおもに北海道，東北地方，北陸地方など，日本海側に集中している。
> ・野菜の生産は，大都市周辺地域の近郊農業，暖かい地域の促成栽培，涼しい地域の抑制栽培などで行われる。

日本の工業（産業別出荷額割合）

(金属 機械 化学 食料品 その他)

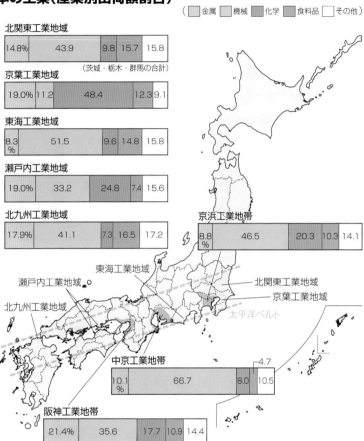

北関東工業地域

| 14.8% | 43.9 | 9.8 | 15.7 | 15.8 |

（茨城・栃木・群馬の合計）

京葉工業地域

| 19.0% | 11.2 | 48.4 | 12.3 | 9.1 |

東海工業地域

| 8.3% | 51.5 | 9.6 | 14.8 | 15.8 |

瀬戸内工業地域

| 19.0% | 33.2 | 24.8 | 7.4 | 15.6 |

北九州工業地域

| 17.9% | 41.1 | 7.3 | 16.5 | 17.2 |

京浜工業地帯

| 8.8% | 46.5 | 20.3 | 10.3 | 14.1 |

東海工業地域
瀬戸内工業地域
北九州工業地域

北関東工業地域
京葉工業地域

太平洋ベルト

中京工業地帯

| 10.1% | 66.7 | 8.0 | 4.7 | 10.5 |

阪神工業地帯

| 21.4% | 35.6 | 17.7 | 10.9 | 14.4 |

（2014年）

（日本国勢図会　2017/18年版）

 ・日本の工業は，京浜，中京，阪神，北九州の４つの地域を中心に発展してきた。
・日本のおもな工業地帯・地域の多くは，原料や製品の輸送に便利な臨海部に集中している。

世界の地形

世界の山脈・砂漠・高原 ·······································

アルプス山脈　ウラル山脈　タクラマカン砂漠　ロッキー山脈　アパラチア山脈

チベット高原　ゴビ砂漠　環太平洋造山帯　メキシコ高原

アトラス山脈　サハラ砂漠　ヒマラヤ山脈　デカン高原　環太平洋造山帯　赤道　アンデス山脈

ピレネー山脈

カラハリ砂漠　アルプス・ヒマラヤ造山帯　ブラジル高原

グレートディバイディング山脈

- ――――― けわしい山脈
- ------- なだらかな山脈

世界の川・湖・海洋 ·······································

カスピ海　オホーツク海

ドナウ川　黒海　インダス川　太平洋　メキシコ湾

ライン川　ガンジス川　黄河　長江　ミシシッピ川

地中海　紅海　メコン川　赤道

ギニア湾　インド洋　アマゾン川

大西洋　ペルシャ湾　ラプラタ川　大西洋

ナイル川

日本の地形

日本の山地・山脈・火山 ・・・・・・・・・・・・・・・・・・・・・・・・・・・・・・・・・

■■■	おもな山地・山脈
▲	おもな火山

北見山地
大雪山（たいせつざん）
日高山脈（ひだか）
有珠山（うすざん）
出羽山地（でわ）
浅間山（あさまやま）
フォッサマグナ
奥羽山脈（おうう）
飛驒山脈（ひだ）
木曽山脈（きそ）
赤石山脈（あかいし）
日本アルプス
越後山脈（えちご）
中国山地
関東山地（かんとう）
阿蘇山（あそさん）
三原山（みはらやま）
富士山（ふじさん）
四国山地
紀伊山地（きい）
九州山地
雲仙岳（うんぜんだけ）
桜島（御岳）（さくらじま）（おんたけ）

日本の平野（へいや）・川・湖 ・・・・・・・・・・・・・・・・・・・・・・・・・・・・・・・・・

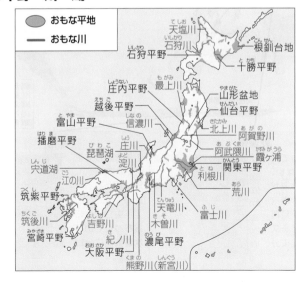

⬭	おもな平地
—	おもな川

天塩川（てしお）
石狩川（いしかり）
石狩平野（いしかり）
根釧台地（こんせん）
十勝平野（とかち）
庄内平野（しょうない）
最上川（もがみ）
山形盆地（やまがた）
越後平野（えちご）
仙台平野（せんだい）
富山平野（とやま）
信濃川（しなの）
北上川（きたかみ）
阿賀野川（あがの）
播磨平野（はりま）
庄川（しょう）
阿武隈川（あぶくま）
霞ヶ浦（かすみがうら）
琵琶湖（びわこ）
宍道湖（しんじ）
淀川（よど）
関東平野（かんとう）
利根川（とね）
江の川（ごうの）
荒川（あら）
筑紫平野（つくし）
天竜川（てんりゅう）
富士川（ふじ）
筑後川（ちくご）
吉野川（よしの）
木曽川（きそ）
宮崎平野（みやざき）
紀ノ川（きの）
濃尾平野（のうび）
大阪平野（おおさか）
熊野川（新宮川）（くまの）（しんぐう）

世界の気候

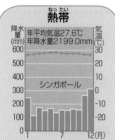

熱帯

降水量(mm) / 気温(℃)
年平均気温27.6℃
年降水量2199.0mm
シンガポール

1年を通じて気温が高い。密林が発達し、スコールとよばれる雨が降る熱帯雨林気候、雨季と乾季があるサバナ気候に分けられる。

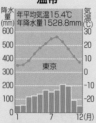

温帯

降水量(mm) / 気温(℃)
年平均気温15.4℃
年降水量1528.8mm
東京

四季がはっきりしていて、冬も寒さがきびしくない。温帯湿潤気候、地中海性気候、西岸海洋性気候に分けられる。

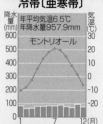

冷帯〔亜寒帯〕

降水量(mm) / 気温(℃)
年平均気温6.5℃
年降水量957.9mm
モントリオール

四季はあるが、夏は短く冬は長くて寒さがきびしい。タイガとよばれる針葉樹林帯がひろがっている。北緯40度よりも高緯度を中心に分布する。

カナダ（モントリオール）

日本（東京）

エジプト（カイロ）

シンガポール

赤道

南極（昭和基地）

- ■ 熱帯
- ■ 乾燥帯
- ■ 温帯
- ■ 冷帯〔亜寒帯〕
- ■ 寒帯

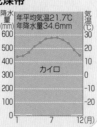

乾燥帯

1年を通じて降水量が少ない。砂と岩の砂漠がひろがる砂漠気候と、数か月間降水量があるステップ気候に分けられる。

降水量(mm) / 気温(℃)
年平均気温21.7℃
年降水量34.6mm
カイロ

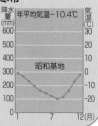

寒帯

1年を通じて気温が非常に低い。短い夏があるツンドラ気候と、1年中雪や氷におおわれている氷雪気候に分けられる。

降水量(mm) / 気温(℃)
年平均気温−10.4℃
昭和基地

（理科年表　平成30年度版）

日本の気候

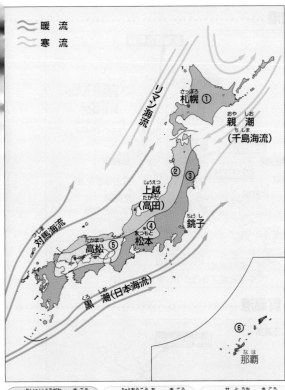

≈ 暖流
≈ 寒流

リマン海流

親潮
(千島海流)

札幌①

②

③

上越
(高田)

銚子

④

高松⑤

松本

対馬海流

黒潮(日本海流)

⑥

那覇

①北海道の気候

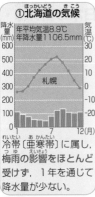

降水量(mm)　年平均気温8.9℃　気温(℃)
年降水量1106.5mm
600　　　　　　　　30
500　　　　　　　　20
400　　　　　　　　10
300　　札幌　　　　0
200　　　　　　　　-10
100　　　　　　　　-20
0　　　　　　12(月)

冷帯〔亜寒帯〕に属し，梅雨の影響をほとんど受けず，1年を通じて降水量が少ない。

②日本海側の気候

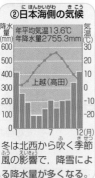

降水量(mm)　年平均気温13.6℃　気温(℃)
年降水量2755.3mm
600　　　　　　　　30
500　　　　　　　　20
400　　　　　　　　10
300　上越(高田)　0
200　　　　　　　　-10
100　　　　　　　　-20
0　1　　　7　　12(月)

冬は北西から吹く季節風の影響で，降雪による降水量が多くなる。

③太平洋側の気候

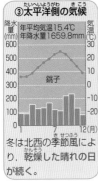

降水量(mm)　年平均気温15.4℃　気温(℃)
年降水量1659.8mm
600　　　　　　　　30
500　　　　　　　　20
400　　　　　　　　10
300　　銚子　　　　0
200　　　　　　　　-10
100　　　　　　　　-20
0　1　　　7　　12(月)

冬は北西の季節風により，乾燥した晴れの日が続く。

④中央高地の気候

降水量(mm)　年平均気温11.8℃　気温(℃)
年降水量1031.0mm
600　　　　　　　　30
500　　　　　　　　20
400　　　　　　　　10
300　　松本　　　　0
200　　　　　　　　-10
100　　　　　　　　-20
0　1　　　7　　12(月)

季節風の影響を受けにくく降水量が少ない。昼夜の気温差が大きい。

⑤瀬戸内の気候

降水量(mm)　年平均気温16.3℃　気温(℃)
年降水量1082.3mm
600　　　　　　　　30
500　　　　　　　　20
400　　　　　　　　10
300　　高松　　　　0
200　　　　　　　　-10
100　　　　　　　　-20
0　1　　　7　　12(月)

季節風の影響を受けにくく降水量が少ない。冬の気候が温暖である。

⑥南西諸島の気候

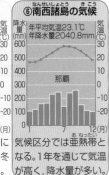

降水量(mm)　年平均気温23.1℃　気温(℃)
年降水量2040.8mm
600　　　　　　　　30
500　　　　　　　　20
400　　　　　　　　10
300　　那覇　　　　0
200　　　　　　　　-10
100　　　　　　　　-20
0　1　　　7　　12(月)

気候区分では亜熱帯となる。1年を通じて気温が高く，降水量が多い。

(理科年表　平成30年度版)

313

日本のおもな交通

日本の新幹線・空港 ・・

北海道新幹線
青函トンネル
秋田新幹線
秋田駅
山形新幹線
上越新幹線
新潟駅
長野駅
金沢駅
北陸新幹線
京都駅
広島駅
博多駅
九州新幹線
鹿児島中央駅
中部国際空港（セントレア）
関西国際空港
新大阪駅
名古屋駅
山陽新幹線
東海道新幹線
東京国際空港（羽田空港）
東京駅
成田国際空港
仙台駅
東北新幹線
新青森駅
新函館北斗駅

（2018年1月現在）

日本の高速道路・貿易港 ・・・

—　その他の高速道路

道央自動車道
東北自動車道
関越自動車道
北陸自動車道
名古屋港
中国自動車道
神戸港
大阪港
瀬戸大橋
水島港
博多港
千葉港
川崎港
横浜港
清水港
東名高速道路
中央自動車道
名神高速道路
明石海峡大橋
九州自動車道

（2018年1月現在）

314

地図の読み方

縮尺の計算

ポイント　実際の距離＝
「縮尺の分母」×「地図上の長さ」

（国土地理院発行
5万分の1地形図「奈良」）

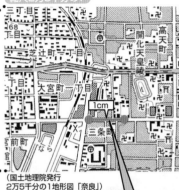

縮尺2万5千分の1

（国土地理院発行
2万5千分の1地形図「奈良」）

5万分の1のとき…
地図上の1cmの実際の距離は
50000×1（cm）＝50000cm＝500m

2万5千分の1のとき…
地図上の1cmの実際の距離は
25000×1（cm）＝25000cm＝250m

おもな地図記号

土地利用		建物・施設			
‖‖	田	◎	市役所・東京都の区役所	卂	神社
∨∨	畑	○	町・村役場	卍	寺院
⚬⚬⚬	果樹園	⚬	官公署	文	小・中学校
Ƴ Ƴ Ƴ	くわ畑	⊗	警察署	Ⓧ	高等学校
∴∴	茶畑	Y	消防署	⊞	病院
⚬ᴼ⚬	広葉樹林	⊖	郵便局	⌘	図書館
∧ᴬ∧	針葉樹林	☼	工場	血	博物館・美術館
⊥⊥⊥	荒地	⌁	発電所・変電所	⌂	老人ホーム
ʈ ʈ ʈ	竹林	⌐	城跡	△	三角点
↑ᵀ↑	ささ地	∴∴	史跡・名勝・天然記念物	⊡	水準点

都道府県一覧

<table>
<tr>
<td rowspan="4">北海道地方</td>
<td>

北海道(札幌市)

【面積】78,421km²
【人口】5,352(千人)
</td>
<td>

・冷涼な気候で梅雨がない。
・アイヌの人々の伝統的な文化。
</td>
<td>

秋田県(秋田市)

【面積】11,638km²
【人口】1,010(千人)
</td>
<td>

・白神山地が世界遺産に登録。
・秋田竿燈まつりやなまはげが有名。
</td>
</tr>
</table>

青森県(青森市)

【面積】9,646km²
【人口】1,293(千人)

・りんごの生産量が日本一。
・青森ねぶた祭が有名。

山形県(山形市)

【面積】9,323km²
【人口】1,113(千人)

・さくらんぼの生産量全国一位。
・庄内平野の稲作がさかん。

岩手県(盛岡市)

【面積】15,275km²
【人口】1,268(千人)

・三陸海岸南部にリアス(式)海岸。
・中尊寺金色堂がある。

福島県(福島市)

【面積】13,784km²
【人口】1,901(千人)

・もも・りんごの生産がさかん。
・伝統産業の会津塗が有名。

宮城県(仙台市)

【面積】7,282km²
【人口】2,330(千人)

・仙台七夕まつりが有名。
・仙台平野の稲作がさかん。

東北地方

茨城県(水戸市)

【面積】6,097km²
【人口】2,905(千人)

・水戸市に偕楽園がある。
・近郊農業がさかん。
・鹿島臨海工業地域がある。

関東地方

関東地方

栃木県(宇都宮市)

【面積】6,408km²
【人口】1,966(千人)

・世界遺産の日光東照宮がある。
・益子焼が有名。

東京都(東京)

【面積】2,191km²
【人口】13,624(千人)

・日本の首都。
・都道府県別人口が日本一。
・印刷・出版業がさかん。

群馬県(前橋市)

【面積】6,362km²
【人口】1,967(千人)

・高原野菜の生産がさかん。
・富岡製糸場があった。

神奈川県(横浜市)

【面積】2,416km²
【人口】9,145(千人)

・横浜・川崎は京浜工業地帯の中心。
・鎌倉幕府がおかれていた。

埼玉県(さいたま市)

【面積】3,798km²
【人口】7,289(千人)

・自動車部品工場が多い。
・近郊農業がさかん。

中部地方

新潟県(新潟市)

【面積】12,584km²
【人口】2,286(千人)

・越後平野での稲作がさかん。
・新潟水俣病が発生した。

千葉県(千葉市)

【面積】5,158km²
【人口】6,236(千人)

・日本最大の貿易額をほこる成田国際空港がある。
・酪農がさかん。

富山県(富山市)

【面積】4,248km²
【人口】1,061(千人)

・イタイイタイ病が発生した。
・稲作,チューリップの栽培がさかん。

石川県(金沢市)

【面積】4,186km²
【人口】1,151(千人)

・金沢市は城下町として有名。
・九谷焼, 輪島塗が有名。

岐阜県(岐阜市)

【面積】10,621km²
【人口】2,022(千人)

・濃尾平野で輪中がみられる。
・白川郷の合掌造り集落が世界遺産。

福井県(福井市)

【面積】4,190km²
【人口】782(千人)

・若狭湾沿岸にリアス(式)海岸。
・越前がにが有名。

静岡県(静岡市)

【面積】7,777km²
【人口】3,688(千人)

・日本有数の漁港である焼津港がある。
・楽器の生産がさかん。

山梨県(甲府市)

【面積】4,465km²
【人口】830(千人)

・甲府盆地周辺の扇状地で果実栽培がさかん。
・南に富士山がある。

愛知県(名古屋市)

【面積】5,173km²
【人口】7,507(千人)

・都道府県別の工業生産額が日本一。
・中部国際空港がある。

長野県(長野市)

【面積】13,562km²
【人口】2,088(千人)

・日本アルプスが連なる。
・高原野菜の栽培がさかん。

三重県(津市)

【面積】5,774km²
【人口】1,808(千人)

・伊勢神宮がある。
・四日市ぜんそくが発生した。

<table>
<tr>
<td rowspan="4" style="writing-mode: vertical-rl">近畿地方</td>
<td>

滋賀県(大津市)

【面積】4,017km²
【人口】1,413(千人)

</td>
<td>

・日本一広い琵琶湖がある。
・信楽焼が有名。

</td>
<td>

奈良県(奈良市)

【面積】3,691km²
【人口】1,356(千人)

</td>
<td>

・平城京がおかれていた。
・法隆寺が世界遺産に登録。

</td>
</tr>
<tr>
<td>

京都府(京都市)

【面積】4,612km²
【人口】2,605(千人)

</td>
<td>

・平安京がおかれていた。
・西陣織・清水焼などの伝統工業がさかん。

</td>
<td>

和歌山県(和歌山市)

【面積】4,725km²
【人口】954(千人)

</td>
<td>

・高野山に金剛峯寺がある。
・みかんやうめの栽培がさかん。

</td>
</tr>
<tr>
<td>

大阪府(大阪市)

【面積】1,905km²
【人口】8,833(千人)

</td>
<td>

・阪神工業地帯の中心。
・大阪市は江戸時代に「天下の台所」としてさかえた。

</td>
<td rowspan="2" style="writing-mode: vertical-rl">中国地方</td>
<td>

鳥取県(鳥取市)

【面積】3,507km²
【人口】570(千人)

</td>
<td>

・都道府県別人口が最少。
・鳥取砂丘がある。
・日本有数の漁港である境港がある。

</td>
</tr>
<tr>
<td>

兵庫県(神戸市)

【面積】8,401km²
【人口】5,520(千人)

</td>
<td>

・明石市を日本の標準時子午線が通る。
・姫路城が世界遺産に登録。

</td>
<td>

島根県(松江市)

【面積】6,708km²
【人口】690(千人)

</td>
<td>

・出雲大社がある。
・石見銀山が世界遺産に登録。

</td>
</tr>
</table>

中国地方	**岡山県(岡山市)** 【面積】7,114km² 【人口】1,915(千人)	・備前焼が有名。 ・倉敷(水島地区)に石油化学コンビナート。	**香川県(高松市)** 【面積】1,877km² 【人口】972(千人)	・都道府県別面積が最小。 ・讃岐うどんが有名。

中国地方

岡山県(岡山市)

【面積】7,114km²
【人口】1,915(千人)

・備前焼が有名。
・倉敷(水島地区)に石油化学コンビナート。

香川県(高松市)

【面積】1,877km²
【人口】972(千人)

・都道府県別面積が最小。
・讃岐うどんが有名。

広島県(広島市)

【面積】8,479km²
【人口】2,837(千人)

・厳島神社,原爆ドームが世界遺産に登録。
・瀬戸内海沿岸で工業が発達。

愛媛県(松山市)

【面積】5,676km²
【人口】1,375(千人)

・みかんの栽培がさかん。
・松山市に道後温泉がある。

山口県(山口市)

【面積】6,112km²
【人口】1,394(千人)

・秋吉台のカルスト地形が有名。
・萩焼が有名。

高知県(高知市)

【面積】7,104km²
【人口】721(千人)

・野菜の促成栽培がさかん。
・坂本龍馬の出身地。

四国地方

徳島県(徳島市)

【面積】4,147km²
【人口】750(千人)

・鳴門海峡のうず潮が有名。
・阿波踊りが有名。

九州地方

福岡県(福岡市)

【面積】4,986km²
【人口】5,104(千人)

・北九州工業地域がある。
・筑紫平野で稲作がさかん。

佐賀県(佐賀市)

日本海
筑紫平野
佐賀
有明海

【面積】2,441km²
【人口】828(千人)

・有明海の干潟の干拓。
・有田焼・伊万里焼が有名。

長崎県(長崎市)

対馬
壱岐
五島列島
長崎
東シナ海
雲仙岳

【面積】4,132km²
【人口】1,367(千人)

・かつて出島があった。
・雲仙岳がある。
・島の数が多い。

熊本県(熊本市)

有明海
阿蘇山
熊本
天草諸島
九州山地

【面積】7,409km²
【人口】1,774(千人)

・世界最大級のカルデラをもつ阿蘇山がある。
・水俣病が発生した。

大分県(大分市)

瀬戸内海
大分

【面積】6,341km²
【人口】1,160(千人)

・湯布院, 別府など温泉地が有名。
・地熱発電所がある。

宮崎県(宮崎市)

九州山地
宮崎
太平洋
日南海岸

【面積】7,735km²
【人口】1,096(千人)

・野菜の促成栽培がさかん。
・にわとり・豚・牛の飼育がさかん。

鹿児島県(鹿児島市)

東シナ海
シラス台地
鹿児島
薩摩半島
奄美大島
大隅半島
桜島
屋久島
種子島

【面積】9,187km²
【人口】1,637(千人)

・屋久島が世界遺産に登録。
・桜島などの火山があり, シラス台地が広がる。

沖縄県(那覇市)

八重山列島
石垣島
西表島
沖縄島
首里城
那覇
宮古列島
宮古島

【面積】2,281km²
【人口】1,439(千人)

・かつて琉球王国として発展。
・米軍基地が多い。

(2016年)　　(日本国勢図会　2017/18年版)

日本の世界遺産

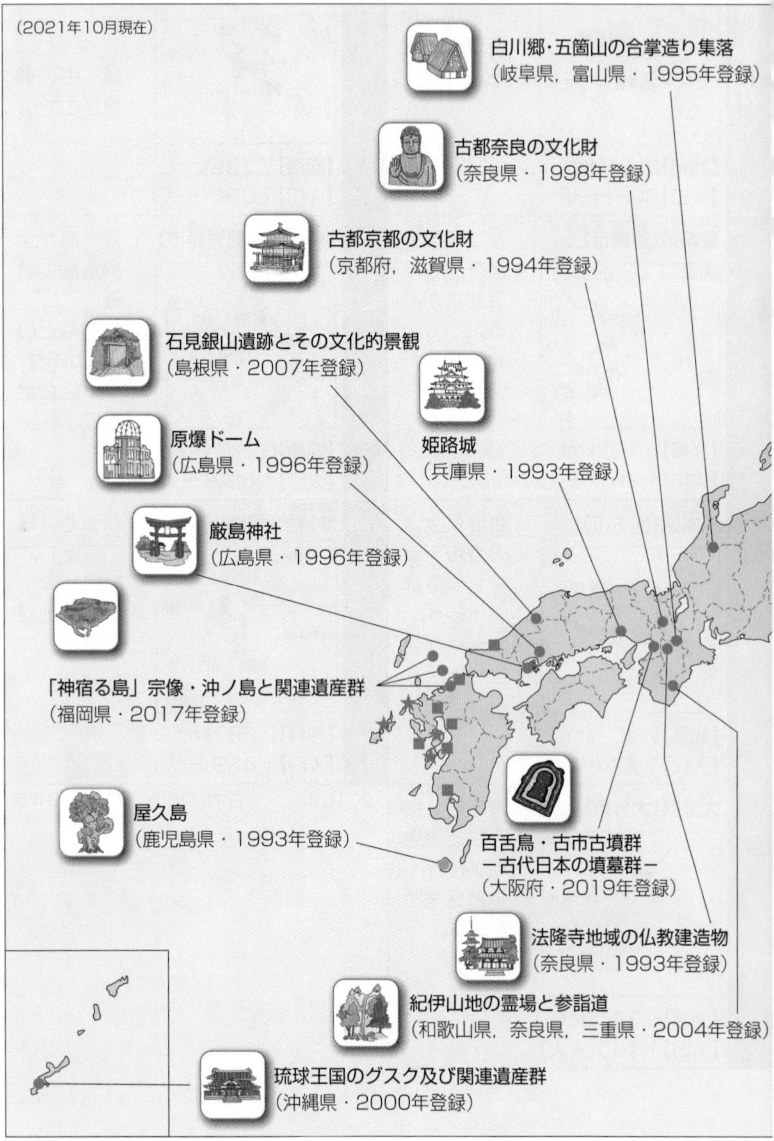

(2021年10月現在)

白川郷・五箇山の合掌造り集落
（岐阜県，富山県・1995年登録）

古都奈良の文化財
（奈良県・1998年登録）

古都京都の文化財
（京都府，滋賀県・1994年登録）

石見銀山遺跡とその文化的景観
（島根県・2007年登録）

原爆ドーム
（広島県・1996年登録）

姫路城
（兵庫県・1993年登録）

厳島神社
（広島県・1996年登録）

「神宿る島」宗像・沖ノ島と関連遺産群
（福岡県・2017年登録）

屋久島
（鹿児島県・1993年登録）

百舌鳥・古市古墳群
－古代日本の墳墓群－
（大阪府・2019年登録）

法隆寺地域の仏教建造物
（奈良県・1993年登録）

紀伊山地の霊場と参詣道
（和歌山県，奈良県，三重県・2004年登録）

琉球王国のグスク及び関連遺産群
（沖縄県・2000年登録）

● 世界文化遺産　　● 世界自然遺産
※ ■ は「明治日本の産業革命遺産」(世界文化遺産)

知床（北海道・2005年登録）

白神山地（青森県，秋田県・1993年登録）

平泉－仏国土(浄土)を表す建築・庭園及び考古学的遺跡群－
（岩手県・2011年登録）

日光の社寺（栃木県・1999年登録）

富岡製糸場と絹産業遺産群
（群馬県・2014年登録）

ル・コルビュジエの建築作品－近代建築運動への顕著な貢献－
（東京都・2016年登録）

富士山－信仰の対象と芸術の源泉
（静岡県，山梨県・2013年登録）

■

明治日本の産業革命遺産　製鉄・製鋼，造船，
石炭産業（山口県，鹿児島県，静岡県，岩手県，
佐賀県，長崎県，福岡県，熊本県・2015年登録）

★

長崎と天草地方の潜伏キリシタン関連遺産
（長崎県，熊本県・2018年登録）

小笠原諸島
（東京都・2011年登録）

資料編　日本の世界遺産

※ 2021 年 7 月に北海道・北東北の縄文遺跡群（北海道・青森県・岩手県・秋田県）が世界文化遺産に，奄美大島、徳之島、沖縄
島北部及び西表島（鹿児島県、沖縄県）が世界自然遺産に，それぞれ登録された。

歴史年表

時代	年代	日本のできごと	朝鮮	中国	世界のできごと
旧石器時代	1万年前	日本列島ができる	楽浪郡・三韓	殷 周 春秋 戦国 秦 前漢	700万年前 人類の出現 四大文明 前3000ごろ メソポタミア文明 前3000ごろ エジプト文明
縄文時代		縄文土器が使われる 稲作が始まる			前2500ごろ インダス文明 前1600ごろ 中国文明 前221 秦が中国を統一 前27 ローマ帝国が成立
弥生時代	紀元前 紀元後 57 239	 奴国の王が後漢に使者 邪馬台国の卑弥呼が魏に使者		新 後漢 魏・呉・蜀 晋 五胡十六国 南北朝	前4ごろ イエスが誕生
古墳時代	478	大和政権による統一が進む 倭王武が中国の南朝に使者	高句麗・百済・新羅		395 ローマ帝国が東西に分裂
(飛鳥時代)	593 645 701	聖徳太子が摂政となる 冠位十二階の制度・十七条の憲法 遣隋使を派遣(小野妹子) 大化の改新が始まる 律令国家の成立→公地・公民 　　　　　　　　　班田収授法 大宝律令の制定		隋 唐	589 隋が中国を統一 610 ムハンマドがイスラムごろ 教を開く
奈良時代	710 743	平城京に都を移す 墾田永年私財法	新羅		750 イスラム帝国が成立
平安時代	794 894 1016 1086 1167 1180	平安京に都を移す 遣唐使を停止する 藤原道長が摂政となる (藤原氏の摂関政治の全盛期) 院政が始まる(白河上皇) 保元の乱・平治の乱 平清盛が太政大臣となる 日宋貿易が行われる 源平の争乱(〜85)	高麗	五代 宋 金	870 フランク王国が分裂 1096 第一回十字軍の遠征

時代	年代	日本のできごと	朝鮮	中国	世界のできごと
鎌倉時代	1192	源頼朝が征夷大将軍となる（鎌倉幕府）	高麗	金 宋	
		北条氏による執権政治			1206 チンギス・ハンがモンゴルを統一
	1221	承久の乱がおこる（後鳥羽上皇）			
	1232	北条泰時が御成敗式目（貞永式目）を制定する			
	1274	文永の役 ┐元寇			1271 フビライ・ハンが元を建国
	1281	弘安の役 ┘			
南北朝時代	1333	鎌倉幕府がほろびる 建武の新政（後醍醐天皇）		元	14世紀 イタリアでルネサンスがおこる
	1338	足利尊氏が征夷大将軍となる（室町幕府）			
室町時代	1392	南北朝の統一 勘合貿易〔日明貿易〕が行われる（足利義満）			
	1467	応仁の乱がおこる			
戦国時代				明	1492 コロンブスがアメリカに到達
	1543	鉄砲が種子島に伝わる			1498 バスコ・ダ・ガマがインドに到達
	1549	キリスト教が伝来する（ザビエル）			
	1573	室町幕府がほろびる	朝鮮		1517 ルターが宗教改革を始める
	1575	長篠の戦いがおこる（織田信長）			1522 マゼランの部下一行が世界一周を達成
	1582	太閤検地が始まる			
安土桃山時代	1588	刀狩令が出される			1588 イギリスがスペインの無敵艦隊を破る
	1590	豊臣秀吉が全国を統一する			
	1592	朝鮮侵略が始まる			
	1600	関ヶ原の戦いがおこる			1600 イギリスが東インド会社設立

時代	年代	日本のできごと	朝鮮	中国	世界のできごと
江戸時代	1603	徳川家康が征夷大将軍となる（江戸幕府） 朱印船貿易が行われる 武家諸法度を制定する 参勤交代を定める		明	
	1637	島原・天草一揆がおこる			1628 イギリスで権利の請願
	1639	ポルトガル船の来航禁止 →鎖国体制			1642 イギリスの清教徒革命（〜60）
		農業技術の進歩 （千歯こき・備中ぐわ）			1688 イギリスの名誉革命
	1716	享保の改革が始まる（徳川吉宗）			→権利の章典(89)
		田沼意次が老中になる 天明の大ききん			1775 アメリカの独立戦争 →独立宣言(76)
	1787	寛政の改革が始まる（松平定信）	朝鮮		18世紀後半 産業革命（イギリス）
					1789 フランス革命 →人権宣言
	1825	外国船打払令〔異国船打払令〕が出される 天保のききん 百姓一揆と打ちこわしが多発		清	1804 ナポレオンが皇帝となる
	1837	大塩の乱がおこる			
	1841	天保の改革が始まる（水野忠邦）			1840 アヘン戦争（〜42）
	1853	ペリーが浦賀に来航する			1848『共産党宣言』マルクス
	1854	日米和親条約が結ばれる			1853 クリミア戦争
	1858	日米修好通商条約が結ばれる 安政の大獄（〜59） →桜田門外の変(60)			
	1866	薩長同盟の成立			1861 アメリカ南北戦争 （〜65） →奴隷解放宣言(63)
	1867	大政奉還 王政復古の大号令			

時代	年代	日本のできごと	朝鮮	中国	世界のできごと
明治時代	1868	五箇条の御誓文	朝鮮	清	
	1869	版籍奉還			
	1871	廃藩置県			1871 ドイツ帝国が成立
	1872	学制が発布される			
	1873	徴兵令が発布される			
		地租改正が始まる			
	1874	民撰議院設立の建白書提出			
	1875	ロシアと樺太・千島交換条約が結ばれる			1875 江華島事件
	1876	日朝修好条規			
	1877	西南戦争がおこる			
		自由民権運動がさかんになる			
	1881	自由党の結成(板垣退助)			
	1882	立憲改進党の結成(大隈重信)			1882 三国同盟成立
	1889	大日本帝国憲法が発布される			
	1890	教育勅語が発布される			
		第一回帝国議会が開かれる			
	1894	領事裁判権の撤廃に成功	大韓帝国		1894 甲午農民戦争
		日清戦争がおこる →下関条約(95) →三国干渉			1900 中国で義和団事件がおこる
	1902	日英同盟			
	1904	日露戦争がおこる →ポーツマス条約(05)			1911 中国で辛亥革命
	1910	韓国併合	日本の植民地		
	1911	関税自主権を回復(条約改正が完成)			

時代	年代	日本のできごと	朝鮮	中国	世界のできごと
大正時代	1912	第一次護憲運動が始まる			1912 中華民国が成立
	1914	第一次世界大戦に参戦する			1914 第一次世界大戦（〜18）
	1915	中国に二十一か条の要求を出す			1917 ロシア革命
	1918	米騒動がおこる シベリア出兵（〜22） 原敬の政党内閣の成立			
					1919 朝鮮で三・一独立運動 中国で五・四運動 ベルサイユ条約が結ばれる
					1920 国際連盟が発足
	1923	関東大震災			1921 ワシントン会議
	1925	普通選挙法が制定される（男子のみ） 治安維持法が制定される	日本の植民地	中華民国	1922 ソビエト社会主義共和国連邦成立
昭和時代	1931	満州事変がおこる			1929 世界恐慌 →アメリカでニューディール政策が始まる（33）
	1932	五・一五事件がおこる			
	1933	国際連盟を脱退する			1930 ロンドン海軍軍縮会議
	1936	二・二六事件がおこる			1937 中国で抗日民族統一戦線
	1937	日中戦争がおこる			
	1938	国家総動員法が制定される			1939 第二次世界大戦（〜45）
	1940	日独伊三国同盟			
	1941	太平洋戦争が始まる（〜45）			
					1943 イタリア降伏
	1945	広島・長崎に原子爆弾投下 ポツダム宣言を受諾し，降伏			1945 ドイツ降伏

時代	年代	日本のできごと	朝鮮	中国	世界のできごと
昭和時代	1945	GHQ（ジーエイチキュー）による戦後改革（せんごかいかく）が始まる ・財閥解体（ざいばつかいたい） ・農地改革（のうちかいかく） ・20歳以上の男女による普通選挙（ふつうせんきょ）		中華民国	1945 国際連合（こくさいれんごう）が発足
	1946	日本国憲法（にほんこくけんぽう）が公布される			
	1947	教育基本法（きょういくきほんほう）が制定される			冷たい戦争（つめたいせんそう）が始まる
		戦後の経済復興（けいざい）が進む			1949 中華人民共和国（ちゅうかじんみんきょうわこく）が成立
	1951	サンフランシスコ平和条約（へいわじょうやく）に調印（ちょう）する			1950 朝鮮戦争（ちょうせんせんそう）
		日米安全保障条約（にちべいあんぜんほしょうじょうやく）が結ばれる			
	1956	日ソ共同宣言（にっ　きょうどうせんげん）に調印			1955 アジア・アフリカ会議（かいぎ）
		→日ソ国交回復			
		↓			
		日本が国際連合（こくさいれんごう）に加盟			1960 アフリカで17か国（こく）が独立
		高度経済成長（こうどけいざいせいちょう）が始まる（〜73）	大韓民国／朝鮮民主主義人民共和国	中華人民共和国／（台湾）	
	1965	日韓基本条約（にっかんきほんじょうやく）が結ばれる			1965 ベトナム戦争（せんそう）が激化
	1972	沖縄（おきなわ）が返還（へんかん）される			1968 核拡散防止条約（かくかくさんぼうしじょうやく）
		日中共同声明（にっちゅうきょうどうせいめい）→日中国交正常化			
	1973	石油危機（せきゆきき）がおこる →高度経済成長（こうどけいざいせいちょう）が終わる			1973 第四次中東戦争（せんそう）
	1978	日中平和友好条約（にっちゅうへいわゆうこうじょうやく）が結ばれる			1980 イラン・イラク戦争（せんそう）
					1989 ベルリンの壁崩壊（かべほうかい） →東西（とうざい）ドイツの統一（とういつ）（90）
					1991 湾岸戦争（わんがん） ソ連（れん）が解体
平成					1993 EU（イーユー）の発足
	1995	阪神・淡路大震災（はんしん・あわじだいしんさい）			2001 アメリカ同時多発テロ
	1997	地球温暖化防止京都会議（ちきゅうおんだんかぼうししょうとかいぎ）			2003 イラク戦争（せんそう）
	2002	日朝首脳会談（にっちょうしゅのうかいだん）			2008 世界金融危機（せかいきんゆうき）
	2011	東日本大震災（ひがしにほんだいしんさい）			2011 チュニジアでジャスミン革命
	2015	安全保障関連法成立			

歴史地図

鎌倉

元寇
（文永の役／1274年）
（弘安の役／1281年）

2度にわたって元軍が攻めてきたが，執権北条時宗がこれを撃退した。

安土桃山

関ヶ原の戦い（1600年）
豊臣軍と徳川軍の決戦。徳川家康が勝利して政権を握った。

▼徳川家康

平安 都が平安京に移される。（794年）
鎌倉 承久の乱（1221年）
室町 応仁の乱（1467年）

明治
下関条約（1895年）
日清戦争の講和条約が下関で結ばれた。

弥生
吉野ヶ里遺跡
弥生時代の大規模な集落遺跡。

戦国
キリスト教の伝来（1549年）
フランシスコ・ザビエルがキリスト教を伝える。

▼ザビエル

奈良
都が平城京に移される。（710年）

戦国
鉄砲伝来（1543年）
種子島に流れ着いた中国の貿易船に乗船していたポルトガル人によって，日本に初めて鉄砲が伝えられた。

江戸
島原・天草一揆（1637年）
圧政にたえかねたキリスト教徒を中心とする農民らが，一揆をおこした。

島根　鳥取　京都
山口　広島　岡山　兵庫
福岡　香川　大阪　滋賀
佐賀　愛媛　高知　徳島　奈良
長崎　大分　三重
熊本　宮崎　和歌山
鹿児島

縄文
三内丸山遺跡
縄文時代の大規模な集落遺跡。

明治
足尾銅山鉱毒事件の発生地。

大正
米騒動（1918年）
シベリア出兵の影響で米価が急騰したことにより、富山県の漁村から全国に広まった。

鎌倉
鎌倉幕府の成立
源頼朝が鎌倉幕府を開いた。
▼源頼朝

江戸
ペリー来航（浦賀）（1853年）
黒船4隻を率いたアメリカ使節ペリーが、大統領の国書をもって開国を要求した。
▼ペリー

戦国
長篠の戦い（1575年）
織田信長と徳川家康の連合軍が鉄砲隊を使い、騎馬戦法の武田勝頼軍を破った。

北海道

青森
秋田　岩手
山形　宮城
新潟
富山　福島
石川　長野　群馬　栃木
福井　　　　埼玉　茨城
岐阜　山梨　東京
愛知　　　神奈川　千葉
静岡

鹿児島

沖縄

歴史重要人物（日本）一覧

時代	人物		説明
弥生	卑弥呼 【▶ p.103】 (???〜247?)		・邪馬台国の女王。 ・魏より「親魏倭王」の称号を受けた。 ・銅鏡・金印などを授かった。
飛鳥	聖徳太子 【▶ p.105】 (574〜622)		・推古天皇の摂政。 ・冠位十二階の制度，十七条の憲法を制定。 ・小野妹子ら遣隋使を派遣。 ・法隆寺建立。
	中大兄皇子 【▶ p.106】 (626〜671)		・中臣鎌足らと蘇我氏を倒した。 ・大化の改新を行った。 ・即位して天智天皇となる。 ・死後，壬申の乱がおきた。
	中臣鎌足 【▶ p.107】 (614〜669)		・中大兄皇子らと蘇我氏を倒した。 ・大化の改新を行った。 ・のちに藤原の姓を授かった。
奈良	聖武天皇 【▶ p.112】 (701〜756)		・国分寺・国分尼寺をつくらせた。 ・奈良に東大寺と大仏をつくらせた。 ・遺品が正倉院に納められた。
	行基 【▶ p.113】 (668〜749)		・奈良時代の僧。 ・東大寺造営に協力。 ・各地で仏教を広めた。 ・社会事業に貢献。
	鑑真 【▶ p.113】 (688〜763)		・唐の僧。 ・日本への航海に何度も失敗し，失明しながらも6度目で来日し，正しい仏教を広めた。 ・奈良に唐招提寺を建立。
平安	桓武天皇 【▶ p.114】 (737〜806)		・794年，都を平安京に移した。 ・坂上田村麻呂を征夷大将軍に任命し，蝦夷を従わせた。

空海 【▶ p.115】 (774~835)		・平安時代の初めに唐に渡った。 ・高野山に金剛峯寺を建立。 ・真言宗を広めた。
藤原道長 【▶ p.114】 (966~1027)		・娘を天皇のきさきとし，孫を天皇にした。 ・1016年に摂政となり，摂関政治を行った。 ・藤原氏の全盛期を築いた。
紫式部 【▶ p.117】 生没年不詳		・平安時代の女官，歌人。 ・『源氏物語』を著した。 ・藤原道長の娘・中宮彰子に仕えていた。
清少納言 【▶ p.117】 生没年不詳		・平安時代の女官，歌人。 ・随筆集『枕草子』を著した。 ・藤原道隆の娘・皇后定子に仕えていた。
平清盛 【▶ p.119】 (1118~1181)		・武士で初めて太政大臣になった。 ・平治の乱で源氏を破った。 ・兵庫の港(大輪田泊・現在の神戸港の一部)を整備し，日宋貿易を行った。
源 頼朝 【▶ p.120】 (1147~1199)		・1185年に平氏をほろぼした。 ・全国に守護・地頭を置いた。 ・鎌倉幕府を開いた。 ・征夷大将軍に任命された。
北条政子 【▶ p.122】 (1157~1225)		・源 頼朝の妻。 ・頼朝の死後，政治の実権をにぎった。 ・承久の乱で御家人の結束をうながした。 ・尼将軍とよばれた。
法然 【▶ p.123】 (1133~1212)		・浄土宗を開いた。 ・念仏を唱えれば，だれでも極楽浄土に行けると説いた。 ・浄土真宗を開いた親鸞は弟子。

南北朝	後醍醐天皇 【▶ p.127】 (1288〜1339)		・足利尊氏らの協力で，鎌倉幕府をほろぼした。 ・建武の新政を行った。 ・足利尊氏と対立して，吉野に南朝を開いた。
	足利尊氏 【▶ p.127】 (1305〜1358)		・後醍醐天皇のよびかけで倒幕に立ち上がる。 ・後醍醐天皇と対立し，北朝に天皇をたてた。 ・征夷大将軍に任命され，室町幕府を開いた。
室町	足利義満 【▶ p.128】 (1358〜1408)		・室町幕府第3代将軍。 ・南北朝を統一。 ・明と勘合貿易〔日明貿易〕を始めた。 ・京都の北山に金閣を建立。
	足利義政 【▶ p.131】 (1436〜1490)		・室町幕府第8代将軍。 ・京都の東山に銀閣を建立。 ・あとつぎ問題から，応仁の乱がおこった。
	雪舟 【▶ p.134】 (1420〜1506)		・水墨画を大成した禅僧。代表作『四季山水図』 ・明に渡り水墨画を学んだ。 ・帰国後は山口を拠点に作品を描いた。
安土桃山	織田信長 【▶ p.139】 (1534〜1582)		・室町幕府をほろぼした。 ・長篠の戦いで鉄砲を使用し，勝利。 ・楽市・楽座を実施。 ・本能寺の変で自害。
	豊臣秀吉 【▶ p.140】 (1537〜1598)	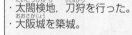	・太閤検地，刀狩を行った。 ・大阪城を築城。 ・1590年に全国を統一する。 ・朝鮮へ二度の出兵。
江戸	徳川家康 【▶ p.143】 (1542〜1616)		・関ヶ原の戦いで勝利。 ・征夷大将軍に任命され，江戸幕府を開いた。 ・大阪の陣で豊臣氏をほろぼした。

とくがわいえみつ **徳川家光** 【▶ p.145】 (1604〜1651)		・江戸幕府第3代将軍。 ・参勤交代の制度を整えた。 ・キリスト教を禁止し，鎖国を完成させた。
とくがわよしむね **徳川吉宗** 【▶ p.155】 (1684〜1751)		・江戸幕府第8代将軍。 ・享保の改革を行った。 ・目安箱を設置。 ・上げ米の制を実施。 ・公事方御定書を制定。
たぬまおきつぐ **田沼意次** 【▶ p.157】 (1719〜1788)		・江戸幕府の老中。 ・株仲間の結成を推奨。 ・蝦夷地を開拓。 ・印旛沼の干拓を計画するが，失敗。 ・わいろが横行したため，政治が乱れ失脚。
まつだいらさだのぶ **松平定信** 【▶ p.157】 (1758〜1829)		・江戸幕府の老中。 ・寛政の改革を行った。 ・昌平坂学問所をつくり朱子学以外の学問を教えることを禁じた。 ・取り締まりの厳しさから改革は失敗し，失脚。
もとおりのりなが **本居宣長** 【▶ p.158】 (1730〜1801)		・江戸時代の国学者，医者。 ・『古事記』を研究し，『古事記伝』を著した。
すぎたげんぱく **杉田玄白** 【▶ p.159】 (1733〜1817)		・江戸時代の蘭学者。 ・オランダ語の解剖書を和訳し，『解体新書』として出版。
おおしおへいはちろう **大塩平八郎** 【▶ p.163】 (1793〜1837)		・江戸時代の陽明学者。 ・大阪町奉行所の元役人。 ・天保のききんで苦しむ人々のために，大阪で乱をおこした。
みずのただくに **水野忠邦** 【▶ p.163】 (1794〜1851)		・江戸幕府の老中。 ・天保の改革を行った。 ・株仲間を解散。 ・大名や旗本の反対にあい，改革に失敗し，失脚した。

江戸			
	井伊直弼 い い なおすけ 【▶ p.171】 (1815〜1860)		・江戸幕府の大老。 ・1858年に日米修好通商条約締結。 ・安政の大獄を行った。 ・桜田門外の変で暗殺された。
	坂本龍馬 さかもとりょうま 【▶ p.173】 (1835〜1867)		・土佐藩出身。 ・薩長同盟を成立させた。 ・大政奉還を推進。 ・京都で暗殺された。
	徳川慶喜 とくがわよしのぶ 【▶ p.174】 (1837〜1913)		・江戸幕府第15代将軍。 ・水戸藩出身。 ・朝廷に政権を返上する大政奉還を行った。
明治	**西郷隆盛** さいごうたかもり 【▶ p.173】 (1827〜1877)		・薩摩藩出身。 ・明治維新の中心人物。 ・薩長同盟を結ぶ。 ・征韓論を唱えて政府と対立。 ・西南戦争に敗れ自害。
	大久保利通 おおくぼとしみち 【▶ p.173】 (1830〜1878)		・薩摩藩出身。 ・明治維新の中心人物。 ・殖産興業などを進める。 ・岩倉使節団に参加。
	木戸孝允 き ど たかよし 【▶ p.172】 (1833〜1877)		・長州藩出身。 ・幕末期は桂小五郎と名乗っていた。 ・薩長同盟を結び，倒幕運動で活躍。 ・明治政府では版籍奉還などを行う。 ・岩倉使節団に参加。
	福沢諭吉 ふくざわ ゆ きち 【▶ p.179】 (1834〜1901)		・明治時代の思想家。 ・『学問のすゝめ』などを著した。 ・現在の慶應義塾大学を創設。
	板垣退助 いたがきたいすけ 【▶ p.181】 (1837〜1919)		・征韓論を主張し，明治政府を去った。 ・自由民権運動の中心人物。 ・民撰議院設立の建白書を提出。 ・自由党を結成。

大隈重信（おおくましげのぶ） 【▶ p.183】 (1838～1922)		・肥前藩（ひぜんはん）出身。 ・立憲改進党（りっけんかいしんとう）を結成。 ・現在の早稲田（わせだ）大学を創設。
伊藤博文（いとうひろぶみ） 【▶ p.183】 (1841～1909)		・初代内閣総理大臣（ないかくそうりだいじん）。 ・憲法（けんぽう）制定のためヨーロッパに留学。 ・立憲政友会（りっけんせいゆうかい）を結成。 ・初代韓国統監（かんこくとうかん）となった。
陸奥宗光（むつむねみつ） 【▶ p.189】 (1844～1897)		・明治政府の外務大臣。 ・1894年に領事裁判権（りょうじさいばんけん）（治外法権（ちがいほうけん））の撤廃（てっぱい）に成功。 ・下関条約（しものせきじょうやく）の調印。 ・三国干渉（さんごくかんしょう）の受諾（じゅだく）。
小村寿太郎（こむらじゅたろう） 【▶ p.189】 (1855～1911)		・明治政府の外務大臣。 ・日英同盟（にちえいどうめい）を締結（ていけつ）。 ・日露（にちろ）戦争後のポーツマス条約（じょうやく）の調印。 ・1911年に関税自主権（かんぜいじしゅけん）の回復（かいふく）に成功。
与謝野晶子（よさのあきこ） 【▶ p.193】 (1878～1942)		・明治～昭和時代の歌人。 ・日露（にちろ）戦争の反戦詩（はんせんし）『君死（きみし）にたまふことなかれ』 　が有名。 ・歌集『みだれ髪（がみ）』を発表。
原敬（はらたかし） 【▶ p.199】 (1856～1921)		・日本初の本格的な政党内閣（せいとうないかく）の総理大臣（そうりだいじん）。 ・「平民宰相（へいみんさいしょう）」のあだ名で親しまれた。
犬養毅（いぬかいつよし） 【▶ p.207】 (1855～1932)		・立憲政友会（りっけんせいゆうかい）による政党内閣（せいとうないかく）を組閣。 ・五・一五事件（ごいちごじけん）で海軍将校らに暗殺された。
吉田茂（よしだしげる） 【▶ p.217】 (1878～1967)		・内閣総理大臣（ないかくそうりだいじん）。 ・サンフランシスコ平和条約（へいわじょうやく）・日米安全保障条約（にちべいあんぜんほしょうじょうやく） 　を結んだ。

歴史重要人物（世界）一覧

イ ン ド	**シャカ** 【▶ p.16】 （紀元前6〜5世紀ごろ）		・仏教の開祖。 ・インドのシャカ族の皇子として生まれる。 ・ブッダ（悟りを開いた人）とよばれる。
中 国	**始皇帝** 【▶ p.98】 （B.C259〜B.C210）		・中国を初めて統一した皇帝。 ・北方民族の侵入に備え，万里の長城を築いた。 ・貨幣や度量衡を統一した。
イスラエル	**イエス** 【▶ p.16】 （B.C4〜30ごろ）		・キリスト教の開祖。 ・ローマ帝国への反逆罪で処刑された。 ・救世主（メシア）であると信じられた。
アラビア半島	**ムハンマド** 【▶ p.17】 （570ごろ〜632）	※イスラム教 では，偶像 崇拝が禁じ られている。	・イスラム教の開祖。 ・アラビア半島のメッカに生まれた。 ・神から受けた言葉はコーランにまとめられた。
中 国	**フビライ・ハン** 【▶ p.125】 （1215〜1294）		・モンゴル帝国5代目皇帝。 ・都を大都（北京）に移し，国号を元とした。 ・2度にわたり日本に攻めてきたが失敗。
イタリア	**コロンブス** 【▶ p.136】 （1451〜1506）		・イタリア出身の航海者。 ・スペイン女王の援助で大西洋を横断。 ・アメリカ大陸発見のきっかけをつくった。
ド イ ツ	**ルター** 【▶ p.137】 （1483〜1546）		・ドイツで宗教改革を始めた神学者。 ・ローマ教皇の免罪符販売に抗議して，95か条の 意見書を発表した。
ス ペ イ ン	**フランシスコ・ザビエル** 【▶ p.138】 （1506〜1552）		・イエズス会のスペイン人宣教師。 ・1549年，鹿児島に来航。 ・日本にキリスト教を伝える。

ナポレオン 【▶ p.166】 (1769〜1821)		・フランス革命後に皇帝となった軍人。 ・ナポレオン法典をつくった。 ・ロシア遠征に失敗して失脚した。
ペリー 【▶ p.170】 (1794〜1858)		・アメリカ東インド艦隊司令長官。 ・アメリカの使節として日本に開国を要求。 ・日米和親条約を締結した。
リンカン 【▶ p.168】 (1809〜1865)		・アメリカ合衆国第16代大統領。 ・南北戦争で勝利し，奴隷解放宣言を行った。 ・「人民の，人民による，人民のための政治」
孫文 そんぶん 【▶ p.190】 (1866〜1925)		・辛亥革命の指導者。 ・三民主義を唱えて革命運動を指導。 ・中華民国の臨時大総統。
ガンディー 【▶ p.198】 (1869〜1948)		・インドのイギリスからの独立運動を進めた。 ・独立運動を「非暴力・不服従」で行った。 ・「インド独立の父」とよばれる。
ヒトラー 【▶ p.205】 (1889〜1945)		・ドイツの独裁者。 ・ナチスを率い独裁政治を行った。 ・ユダヤ人を迫害した。
蔣介石 しょうかいせき 【▶ p.206】 (1887〜1975)		・孫文の後を継ぎ，中国国民党を率いた。 ・南京に国民政府を樹立した。 ・戦後，台湾に中華民国政府を移した。
毛沢東 もうたくとう 【▶ p.215】 (1893〜1976)		・中国共産党の指導者。 ・中国国民党と共同し，日中戦争を戦った。 ・中華人民共和国を建国し，国家主席となる。

おもな人物相関図

大化の改新
たいか かいしん

蘇我氏

蝦夷—入鹿
えみし いるか

倒す

（協力）
中大兄皇子 ＝ 中臣鎌足
なかのおおえのおうじ なかとみのかまたり

大化の改新を始める

壬申の乱
じんしん らん

父 天智天皇（中大兄皇子） 兄
てんじてんのう

子 大友皇子 対立 大海人皇子 弟
おおとものおうじ おおあまのおうじ

敗北 壬申の乱 勝利

天武天皇として即位
てんむてんのう

保元の乱
ほうげん らん

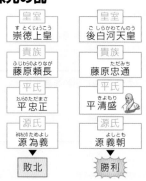

皇室
崇徳上皇
すとくじょうこう

貴族
藤原頼長
ふじわらのよりなが

平氏
平忠正
たいらのただまさ

源氏
源為義
みなもとのためよし

敗北

皇室
後白河天皇
ごしらかわてんのう

貴族
藤原忠通
ふじわらのただみち

平氏
平清盛
きよもり

源氏
源義朝
よしとも

勝利

平治の乱
へいじ らん

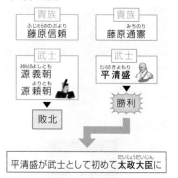

貴族
藤原信頼
ふじわらののぶより

武士
源義朝
みなもとのよしとも
源頼朝
よりとも

敗北

貴族
藤原通憲
みちのり

武士
平清盛
たいらのきよもり

勝利

平清盛が武士として初めて太政大臣に
だいじょうだいじん

承久の乱
じょうきゅう らん

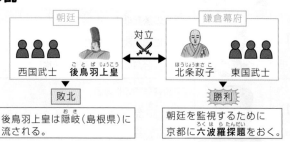

朝廷

西国武士 後鳥羽上皇
ごとばじょうこう

対立

鎌倉幕府

北条政子 東国武士
ほうじょうまさこ

敗北

後鳥羽上皇は隠岐（島根県）に
おき
流される。

勝利

朝廷を監視するために
京都に六波羅探題をおく。
ろくはらたんだい

南北朝の動乱

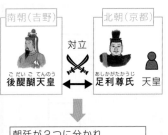

南朝(吉野)		北朝(京都)
ごだいごてんのう 後醍醐天皇	対立 ⇔	あしかがたかうじ 足利尊氏　天皇

朝廷が２つに分かれ
同時に２人の天皇が立つ
なんぼくちょうじだい
南北朝時代が約60年間続く。

応仁の乱（開始時の対立関係）

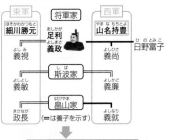

東軍	将軍家	西軍
ほそかわかつもと 細川勝元	あしかが 足利 よしまさ 義政	やまなもちとよ 山名持豊
よしみ 義視		ひのとみこ よしひさ　日野富子 義尚
	斯波家	
よしとし 義敏		よしかど 義廉
	畠山家	
まさなが 政長	（＝は養子を示す）	よしなり 義就

げこくじょう
下剋上の風潮が広がる。
せんごくだいみょう
戦国大名の登場。

関ヶ原の戦い

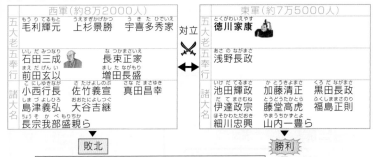

	西軍（約8万2000人）			対立 ⇔		東軍（約7万5000人）		
五大老五奉行	もうりてるもと 毛利輝元	うえすぎかげかつ 上杉景勝	うきたひでいえ 宇喜多秀家		五大老五奉行	とくがわいえやす 徳川家康		
	いしだみつなり 石田三成		なつかまさいえ 長束正家			あさのながまさ 浅野長政		
	まえだげんい 前田玄以		ましたながもり 増田長盛					
諸大名	こにしゆきなが 小西行長	さたけよしのぶ 佐竹義宣	さなだまさゆき 真田昌幸		諸大名	いけだてるまさ 池田輝政	かとうきよまさ 加藤清正	くろだながまさ 黒田長政
	しまづよしひろ 島津義弘	おおたによしつぐ 大谷吉継				だてまさむね 伊達政宗	とうどうたかとら 藤堂高虎	ふくしままさのり 福島正則
	ちょうそかべもりちか 長宗我部盛親ら					ほそかわただおき 細川忠興	やまうちかずとよ 山内一豊ら	

敗北		勝利

徳川家康が征夷大将軍に任命され，江戸幕府を開く

薩長同盟

長州藩	仲介	薩摩藩
	さかもとりょうま 坂本龍馬 （土佐藩）	
きどたかよし 木戸孝允	さっちょうどうめい 薩長同盟	さいごうたかもり 西郷隆盛

倒幕への動きが強まる

おもな系図

（＝＝ 婚姻関係）

蘇我氏と天皇家の結びつき
そ が し　てんのう

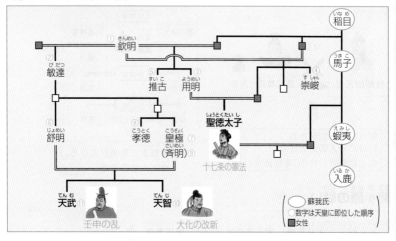

聖徳太子
しょうとくたいし
十七条の憲法

天武⑪
てんむ
壬申の乱

天智⑩
てんじ
大化の改新

（ ◯ 蘇我氏
　数字は天皇に即位した順序
　■ 女性 ）

藤原氏と天皇家の結びつき
ふじわら し　てんのう

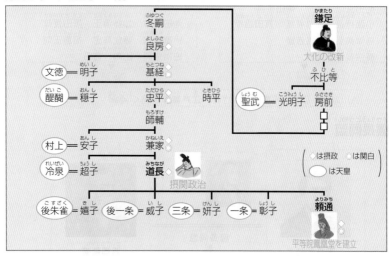

鎌足
かまたり
大化の改新

道長
みちなが
摂関政治

頼通
よりみち
平等院鳳凰堂を建立

（ ◆は摂政　◇は関白
　◯は天皇 ）

<ruby>源<rt>げん</rt></ruby><ruby>氏<rt>じ</rt></ruby>と<ruby>北条<rt>ほうじょう</rt></ruby><ruby>氏<rt>し</rt></ruby>の系図

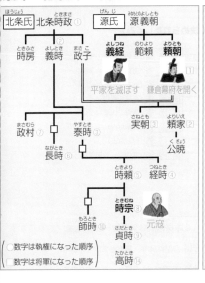

北条氏

<ruby>北条<rt>ほうじょう</rt></ruby>　<ruby>北条時政<rt>ときまさ</rt></ruby>①

源氏　<ruby>源義朝<rt>げん じ</rt></ruby>

<ruby>時房<rt>ときふさ</rt></ruby>　<ruby>義時<rt>よしとき</rt></ruby>②　<ruby>政子<rt>まさこ</rt></ruby>　**<ruby>義経<rt>よしつね</rt></ruby>**　<ruby>範頼<rt>のりより</rt></ruby>　**<ruby>頼朝<rt>よりとも</rt></ruby>**[1]

平家を滅ぼす　鎌倉幕府を開く

<ruby>政村<rt>まさむら</rt></ruby>⑦　<ruby>泰時<rt>やすとき</rt></ruby>③　<ruby>実朝<rt>さねとも</rt></ruby>③　<ruby>頼家<rt>よりいえ</rt></ruby>②

<ruby>長時<rt>ながとき</rt></ruby>⑥　<ruby>公暁<rt>くぎょう</rt></ruby>

<ruby>時頼<rt>ときより</rt></ruby>⑤　<ruby>経時<rt>つねとき</rt></ruby>④

<ruby>師時<rt>もろとき</rt></ruby>⑩　**<ruby>時宗<rt>ときむね</rt></ruby>**　元寇

<ruby>貞時<rt>さだとき</rt></ruby>⑨

<ruby>高時<rt>たかとき</rt></ruby>⑭

○数字は執権になった順序
□数字は将軍になった順序

<ruby>足利<rt>あしかが</rt></ruby><ruby>氏<rt>し</rt></ruby>の系図

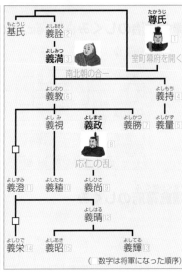

<ruby>基氏<rt>もとうじ</rt></ruby>　<ruby>義詮<rt>よしあきら</rt></ruby>②　**<ruby>尊氏<rt>たかうじ</rt></ruby>**[1]

室町幕府を開く

<ruby>義満<rt>よしみつ</rt></ruby>③　南北朝の合一

<ruby>義教<rt>よしのり</rt></ruby>⑥　<ruby>義持<rt>よしもち</rt></ruby>④

<ruby>義視<rt>よしみ</rt></ruby>　**<ruby>義政<rt>よしまさ</rt></ruby>**⑧　<ruby>義勝<rt>よしかつ</rt></ruby>⑦　<ruby>義量<rt>よしかず</rt></ruby>⑤

応仁の乱

<ruby>義澄<rt>よしずみ</rt></ruby>⑪　<ruby>義稙<rt>よしたね</rt></ruby>⑩　<ruby>義尚<rt>よしひさ</rt></ruby>⑨

<ruby>義晴<rt>よしはる</rt></ruby>⑫

<ruby>義栄<rt>よしひで</rt></ruby>⑭　<ruby>義昭<rt>よしあき</rt></ruby>⑮　<ruby>義輝<rt>よしてる</rt></ruby>⑬

（□数字は将軍になった順序）

<ruby>徳川<rt>とくがわ</rt></ruby><ruby>氏<rt>し</rt></ruby>の系図

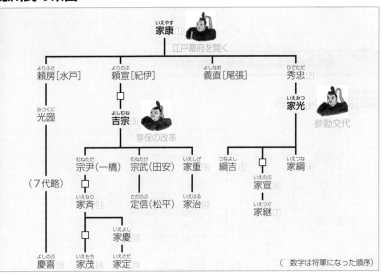

<ruby>家康<rt>いえやす</rt></ruby>[1]

江戸幕府を開く

<ruby>頼房<rt>よりふさ</rt></ruby>[水戸]　<ruby>頼宣<rt>よりのぶ</rt></ruby>[紀伊]　<ruby>義直<rt>よしなお</rt></ruby>[尾張]　<ruby>秀忠<rt>ひでただ</rt></ruby>②

<ruby>光圀<rt>みつくに</rt></ruby>　**<ruby>吉宗<rt>よしむね</rt></ruby>**⑧　**<ruby>家光<rt>いえみつ</rt></ruby>**③　参勤交代

享保の改革

<ruby>宗尹<rt>むねただ</rt></ruby>(一橋)　<ruby>宗武<rt>むねたけ</rt></ruby>(田安)　<ruby>家重<rt>いえしげ</rt></ruby>⑨　<ruby>綱吉<rt>つなよし</rt></ruby>⑤　<ruby>家綱<rt>いえつな</rt></ruby>④

（7代略）

<ruby>家斉<rt>いえなり</rt></ruby>⑪　<ruby>定信<rt>さだのぶ</rt></ruby>(松平)　<ruby>家治<rt>いえはる</rt></ruby>⑩　<ruby>家宣<rt>いえのぶ</rt></ruby>⑥

<ruby>家慶<rt>いえよし</rt></ruby>⑫　<ruby>家継<rt>いえつぐ</rt></ruby>⑦

<ruby>慶喜<rt>よしのぶ</rt></ruby>⑮　<ruby>家茂<rt>いえもち</rt></ruby>⑭　<ruby>家定<rt>いえさだ</rt></ruby>⑬

（□数字は将軍になった順序）

おもな政治のしくみ

律令政治のしくみ(大宝律令によって決められたしくみ)

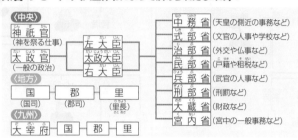

〈中央〉
神祇官(神を祭る仕事)
太政官(一般の政治)

左大臣
太政大臣
右大臣

中務省(天皇の側近の事務など)
式部省(文官の人事や学校など)
治部省(外交や仏事など)
民部省(戸籍や租税など)
兵部省(武官の人事など)
刑部省(刑罰など)
大蔵省(財政など)
宮内省(宮中の一般事務など)

〈地方〉
国(国司)—郡(郡司)—里(里長)

〈九州〉
大宰府—国—郡—里

鎌倉幕府のしくみ

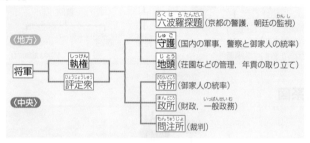

〈地方〉

将軍—執権
評定衆

六波羅探題(京都の警護,朝廷の監視)
守護(国内の軍事,警察と御家人の統率)
地頭(荘園などの管理,年貢の取り立て)
侍所(御家人の統率)
政所(財政,一般政務)
問注所(裁判)

〈中央〉

> 注意 六波羅探題は承久の乱の後に設置された。

室町幕府のしくみ

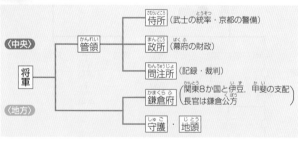

〈中央〉

将軍—管領

侍所(武士の統率・京都の警備)
政所(幕府の財政)
問注所(記録・裁判)

〈地方〉

鎌倉府(関東8か国と伊豆,甲斐の支配 / 長官は鎌倉公方)
守護・地頭

> ポイント 室町幕府では,将軍の補佐役は管領である。

江戸幕府のしくみ

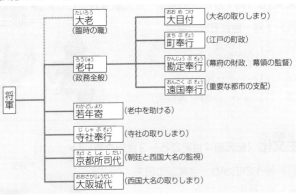

明治時代の国のしくみ

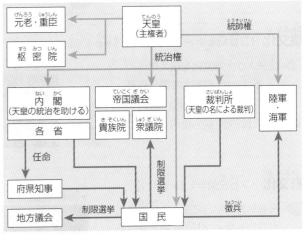

ポイント 大日本帝国憲法のもとでは，主権は天皇にあった。

歴史文化一覧

縄文時代

縄文文化 （約1万3000年前～紀元前4世紀ごろ）【▶p.100】

ポイント 土器・磨製石器の使用

【生　活】狩りや漁，採集の生活
　　　　　縄文土器，土偶，貝塚
【住　居】たて穴住居
【遺　跡】三内丸山遺跡（青森県）

▼土偶

▼縄文土器

弥生時代

弥生文化 （紀元前4世紀ごろ～3世紀ごろ）【▶p.101】

ポイント 稲作の広がり・金属器の伝来

【生　活】稲作が広がる
　　　　　青銅器，鉄器が伝わる
　　　　　弥生土器，石包丁
【遺　跡】吉野ヶ里遺跡（佐賀県）

▼石包丁

▼弥生土器

▼銅鐸（青銅器）

古墳時代

古墳文化 （3世紀後半～7世紀ごろ）【▶p.103】

ポイント 渡来人が大陸文化を伝えた
　　　　　古墳（大王や有力な豪族の墓）
　　　　　漢字，仏教，儒教の伝来
【遺　跡】大仙古墳（前方後円墳）

▼埴輪

▼大仙古墳

飛鳥時代

飛鳥文化 （7世紀前半）【▶p.111】

ポイント 飛鳥地方を中心に栄えた仏教文化
　　　　　ギリシャやインドの影響を受ける
【建　築】法隆寺，飛鳥寺
【彫　刻】釈迦三尊像，百済観音像（法隆寺）
【工芸品】玉虫厨子（法隆寺），天寿国繡帳（中宮寺）

▼法隆寺釈迦三尊像

天平文化（てんぴょうぶん か）（8世紀ごろ）【▶ p.112】

ポイント 仏教の影響を受けた華やかで国際色豊かな貴族文化

【建　築】東大寺, 国分寺
　　　　　正倉院, 唐招提寺
【彫　刻】大仏（東大寺）
【文　学】『古事記』『日本書紀』
　　　　　『万葉集』『風土記』

▼正倉院宝物

▼正倉院

国風文化（こくふうぶん か）（10世紀〜11世紀）【▶ p.116】

ポイント 日本の風土や日本人の感情にあった貴族の文化

【建　築】寝殿造,
　　　　　平等院鳳凰堂
【文　学】紫式部『源氏物語』
　　　　　清少納言『枕草子』
　　　　　紀貫之ら『古今和歌集』
【絵　画】大和絵

▼平等院鳳凰堂

鎌倉文化（かまくらぶん か）（12世紀末〜14世紀初め）【▶ p.124】

ポイント 素朴で力強い武家文化と優雅な公家文化

【建　築】東大寺南大門
【彫　刻】金剛力士像（東大寺南大門）
【文　学】『平家物語』（琵琶法師）
　　　　　兼好法師『徒然草』
　　　　　鴨長明『方丈記』
　　　　　藤原定家『新古今和歌集』
【仏　教】

▼金剛力士像

ⒸOO945AA

宗派	浄土宗	浄土真宗	時宗	臨済宗	曹洞宗	日蓮宗
開祖	法然	親鸞	一遍	栄西（えいさい）	道元	日蓮

室町時代

北山文化（15世紀初め）【▶ p.132】

▼金閣

ポイント 力強い武家文化と公家の優雅な文化の融合

【建　築】鹿苑寺金閣

【芸　能】能（観阿弥，世阿弥），狂言

東山文化（15世紀後半）【▶ p.133】

ポイント 禅宗の影響を受けた，簡素で落ち着いた文化

【建　築】慈照寺銀閣（書院造），
　　　　　枯山水の庭園

【文　学】御伽草子，連歌

【美　術】水墨画（雪舟）

【その他】生け花，茶の湯

▼書院造

安土桃山時代

桃山文化（16世紀末〜17世紀初め）【▶ p.141】

▼唐獅子図屏風

ポイント 大名や大商人の気風を反映した豪華で雄大な文化

【建　築】姫路城，安土城，大阪城

【美　術】障壁画（狩野永徳）

【芸　能】かぶき踊り（出雲の阿国）

【その他】茶の湯（千利休）

江戸時代

元禄文化（17世紀末〜18世紀初め）【▶ p.154】

▼見返り美人図

ポイント 上方中心の町人文化

【文　学】浮世草子（井原西鶴）
　　　　　俳諧（松尾芭蕉）
　　　　　人形浄瑠璃（近松門左衛門）

【芸　能】歌舞伎
　　　　　（坂田藤十郎，市川団十郎）

【美　術】浮世絵（菱川師宣）
　　　　　装飾画（尾形光琳，俵屋宗達）

▼風神雷神図屏風

江戸時代

化政文化 （19世紀前半）【▶ p.160】

▼富嶽三十六景

ポイント 江戸の町人中心の文化

【文　学】十返舎一九『東海道中膝栗毛』
　　　　滝沢馬琴『南総里見八犬伝』
　　　　俳諧（与謝蕪村，小林一茶）
　　　　狂歌，川柳

【美　術】浮世絵〔錦絵〕
　　　　（喜多川歌麿，東洲斎写楽，
　　　　葛飾北斎，歌川〔安藤〕広重）

【学　問】蘭学：杉田玄白ら『解体新書』
　　　　国学：本居宣長『古事記伝』

【教　育】藩校，寺子屋

▶三世大谷鬼次
の奴江戸兵衛

明治時代の文化【▶ p.192】

▼湖畔

ポイント 文明開化，欧米の文化の導入

【文　学】夏目漱石『坊っちゃん』
　　　　石川啄木『一握の砂』
　　　　与謝野晶子『みだれ髪』
　　　　樋口一葉『たけくらべ』

【美　術】日本美術の復興（フェノロサ，岡倉天心）
　　　　洋画：黒田清輝『湖畔』
　　　　彫刻：高村光雲

大正時代の文化【▶ p.203】

ポイント 民主主義の影響を受けた大衆文化

【文　学】武者小路実篤『友情』，志賀直哉『暗夜行路』（白樺派）
　　　　小林多喜二『蟹工船』（プロレタリア文学）
　　　　芥川龍之介『羅生門』

【美　術】安井曾太郎，岸田劉生

【生　活】洋食や洋服の普及，ラジオ放送の開始

資料編　歴史文化一覧

公民図表（国会のしくみ）

衆議院と参議院 ・・・

	衆議院	参議院
議員数	465人	245人 ※2022年の選挙から 248人に増える予定。
任期	4年 解散あり	6年（3年ごとに半数改選） 解散なし
選挙権	18歳以上	18歳以上
被選挙権	25歳以上	30歳以上
選挙区	小選挙区 289人 比例代表 176人	選挙区 147人 比例代表 98人

(2021年2月現在)

衆議院が解散されると，40日以内に総選挙が行われ，総選挙から30日以内に召集される特別会〔特別国会〕で新たな内閣総理大臣を指名する。

> **ポイント** 衆議院は任期が短く解散があるため，より民意を反映しやすいと考えられており，優越が認められている。→衆議院の優越【▶p.252】

> **注意** 衆議院と参議院の任期のちがい，被選挙権のちがいに注意。

国会の種類 ・・

種類	召集	会期
常会 〔通常国会〕	毎年1回，1月に召集される。おもな議題は予算。	150日間
臨時会 〔臨時国会〕	内閣が必要と認めたとき，またはどちらかの議院の総議員の4分の1以上の要求があったとき。	両議院の議決の一致
特別会 〔特別国会〕	衆議院解散後の総選挙の日から30日以内。おもな議題は新たな内閣総理大臣の指名。	両議院の議決の一致
（参議院の）緊急集会	衆議院の解散中で緊急に必要のあるとき。	不定

公民図表（選挙制度と国会の仕事）

比例代表制の議席配分方法（ドント式）・・・・・・・・・・・・・・・・・・・・・・・・

比例代表制では，各政党の総得票数をそれぞれ整数で順に割っていき，商の大きい政党順に議席を配分する。これを**ドント式**【▶p.248】という。

例）1つの比例代表区で議員定数が4の場合（各党の立候補者は2名ずつとする）

政党名	A党	B党	C党
総得票数	1500	720	600
1で割る	(1500) 1人目	(720) 3人目	(600) 4人目
2で割る	(750) 2人目	360	300
3で割る	500	240	200
当選者数	2名	1名	1名

法律ができるまで（衆議院が先議の場合）・・・・・・・・・・・・・・・・・・・・・・・・

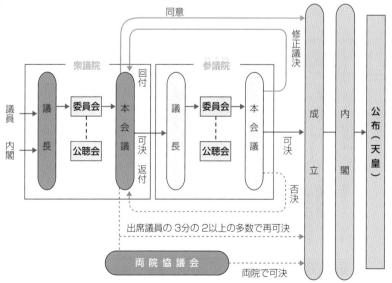

公民図表（内閣）

議院内閣制 ･･･

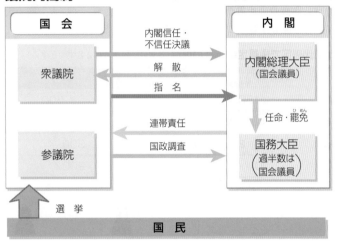

```
┌──────────────┐                              ┌──────────────┐
│    国  会    │                              │    内  閣    │
├──────────────┤   内閣信任・                  ├──────────────┤
│              │   不信任決議                  │              │
│   衆議院     │ ──────────────→              │  内閣総理大臣 │
│              │     解  散                    │  （国会議員）│
│              │ ←──────────────              │              │
│              │     指  名                    │              │
│              │ ──────────────→              │              │
├──────────────┤                              ├──────────────┤
│              │     連帯責任                  │   任命・罷免 │
│   参議院     │ ←──────────────              │   国務大臣   │
│              │     国政調査                  │  （過半数は  │
│              │ ──────────────→              │   国会議員） │
└──────────────┘                              └──────────────┘
         ↑
        選 挙
┌────────────────────────────────────────────┐
│                   国  民                     │
└────────────────────────────────────────────┘
```

ないかく
内閣のしくみ ･･

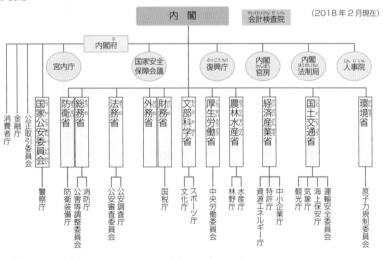

（2018 年 2 月現在）

内 閣 ／ かいけいけんさ いん 会計検査院

内閣府 ／ 宮内庁 ／ 国家安全保障会議 ／ ふっこうちょう 復興庁 ／ 内閣かんぼう 内閣官房 ／ 内閣ほうせいきょく 内閣法制局 ／ じんじいん 人事院

消費者庁 ／ 金融庁 ／ 公正取引委員会 ／ 国家公安委員会 ／ 防衛省 ／ 総務省 ／ 法務省 ／ 外務省 ／ 財務省 ／ 文部科学省 ／ 厚生労働省 ／ 農林水産省 ／ 経済産業省 ／ 国土交通省 ／ 環境省

警察庁 ／ 防衛装備庁 ／ 消防庁・公害等調整委員会 ／ 公安調査庁・公安審査委員会 ／ 国税庁 ／ スポーツ庁・文化庁 ／ 中央労働委員会 ／ 水産庁・林野庁 ／ 特許庁・資源エネルギー庁・中小企業庁 ／ 気象庁・観光庁・海上保安庁・運輸安全委員会 ／ 原子力規制委員会

> **注意** ひがし にほんだいしんさい
> 東日本大震災をうけて，2012 年 2 月に復興庁が制限つきで新設された。

公民図表（裁判所・三権分立）

三審制のしくみ ……………………………………

1つの訴えにつき，3回まで裁判を受けることができる。

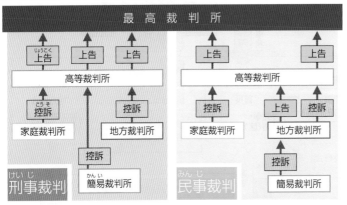

最高裁判所

上告　上告　上告　　　　上告　　　上告

高等裁判所　　　　　　　高等裁判所

控訴　　　控訴　　　　控訴　　上告　控訴

家庭裁判所　地方裁判所　　家庭裁判所　地方裁判所

控訴　　　　　　　　　　　控訴

刑事裁判　簡易裁判所　　民事裁判　簡易裁判所

> **注意** 控訴後の第二審は，刑事裁判ではつねに高等裁判所であるが，民事裁判では，第一審が簡易裁判所のときは，第二審は地方裁判所，第一審が地方裁判所・家庭裁判所のときは，第二審は高等裁判所となる。

三権分立 ……………………………………

日本では政治権力を3つに分けて，抑制と均衡がとれるようにしている。

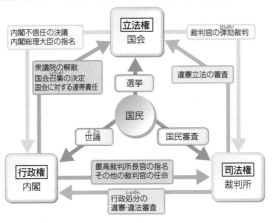

立法権
国会

内閣不信任の決議
内閣総理大臣の指名

裁判官の弾劾裁判

衆議院の解散
国会召集の決定
国会に対する連帯責任

違憲立法の審査

選挙

国民

世論　　　国民審査

行政権
内閣

最高裁判所長官の指名
その他の裁判官の任命

司法権
裁判所

行政処分の
違憲・違法審査

資料編

内閣・裁判所・三権分立

公民図表（地方自治）

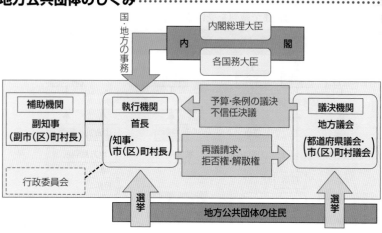

地方公共団体のしくみ

ポイント　地方自治は身近で，民主主義のあり方を学ぶことができるため，「民主主義の学校」といわれている。

直接請求権の内容

内容	必要署名数	請求先	請求後の手続き
議員・首長の解職 議会の解散	有権者の 3分の1以上 ※	選挙管理委員会	住民投票で過半数の賛成があれば解職・解散になる
主要な職員の解職		首長	議会で3分の2以上の議員が出席したうえで，4分の3以上の賛成があれば解職される
条例の制定・改廃	有権者の 50分の1以上		議会で表決して可否を決める
監査請求		監査委員	監査結果を代表者に通知し公表，首長や議会にも報告する

※ 地方公共団体によっては例外がある。

ポイント　解散・解職請求のほうが，責任が大きいので，多くの署名数が必要である。

354

公民図表（企業と労働・価格の動き）

株式会社のしくみ

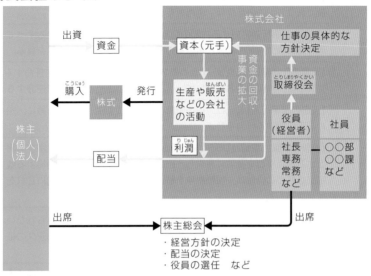

需要曲線と供給曲線

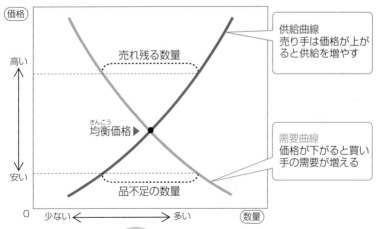

供給曲線
売り手は価格が上がると供給を増やす

均衡価格▶

需要曲線
価格が下がると買い手の需要が増える

ポイント　需要量と供給量が一致する金額を均衡価格という。

よくでる日本国憲法条文

第1条	【天皇の地位・国民主権】天皇は，日本国の象徴であり日本国民統合の象徴であつて，この地位は，主権の存する日本国民の総意に基く。
第3条	【天皇の国事行為に対する内閣の助言と承認】天皇の国事に関するすべての行為には，内閣の助言と承認を必要とし，内閣が，その責任を負ふ。
第6条	【天皇の任命権】①天皇は，国会の指名に基いて，内閣総理大臣を任命する。②天皇は，内閣の指名に基いて，最高裁判所の長たる裁判官を任命する。
第7条	【天皇の国事行為】天皇は，内閣の助言と承認により，国民のために，左の国事に関する行為を行ふ。
第9条	【戦争の放棄，軍備及び交戦権の否認】①日本国民は，正義と秩序を基調とする国際平和を誠実に希求し，国権の発動たる戦争と，武力による威嚇又は武力の行使は，国際紛争を解決する手段としては，永久にこれを放棄する。
第11条	【基本的人権の享有】国民は，すべての基本的人権の享有を妨げられない。この憲法が国民に保障する基本的人権は，侵すことのできない永久の権利として，現在及び将来の国民に与へられる。
第12条	【自由・権利の保持の責任とその濫用の禁止】この憲法が国民に保障する自由及び権利は，国民の不断の努力によつて，これを保持しなければならない。又，国民は，これを濫用してはならないのであつて，常に公共の福祉のためにこれを利用する責任を負ふ。
第13条	【個人の尊重・幸福追求権・公共の福祉】すべて国民は，個人として尊重される。生命，自由及び幸福追求に対する国民の権利については，公共の福祉に反しない限り，立法その他の国政の上で，最大の尊重を必要とする。
第14条	【法の下の平等】①すべて国民は，法の下に平等であつて，人種，信条，性別，社会的身分又は門地により，政治的，経済的又は社会的関係において，差別されない。
第19条	【思想及び良心の自由】思想及び良心の自由は，これを侵してはならない。
第20条	【信教の自由】①信教の自由は，何人に対してもこれを保障する。いかなる宗教団体も，国から特権を受け，又は政治上の権力を行使してはならない。②何人も，宗教上の行為，祝典，儀式又は行事に参加することを強制されない。

第21条	【集会・結社・表現の自由】①集会，結社及び言論，出版その他一切の表現の自由は，これを保障する。
第22条	【居住・移転及び職業選択の自由】①何人も，公共の福祉に反しない限り，居住，移転及び職業選択の自由を有する。
第23条	【学問の自由】学問の自由は，これを保障する。
第25条	【生存権，国の社会的使命】①すべて国民は，健康で文化的な最低限度の生活を営む権利を有する。 ②国は，すべての生活部面について，社会福祉，社会保障及び公衆衛生の向上及び増進に努めなければならない。
第26条	【教育を受ける権利，教育の義務】①すべて国民は，法律の定めるところにより，その能力に応じて，ひとしく教育を受ける権利を有する。 ②すべて国民は，法律の定めるところにより，その保護する子女に普通教育を受けさせる義務を負ふ。義務教育は，これを無償とする。
第27条	【勤労の権利及び義務】①すべて国民は，勤労の権利を有し，義務を負ふ。
第28条	【勤労者の団結権】勤労者の団結する権利及び団体交渉その他の団体行動をする権利は，これを保障する。
第29条	【財産権】①財産権は，これを侵してはならない。 ②財産権の内容は，公共の福祉に適合するやうに，法律でこれを定める。
第30条	【納税の義務】国民は，法律の定めるところにより，納税の義務を負ふ。
第32条	【裁判を受ける権利】何人も，裁判所において裁判を受ける権利を奪はれない。
第41条	【国会の地位・立法権】国会は，国権の最高機関であつて，国の唯一の立法機関である。
第76条	【司法権・裁判所，裁判官の独立】①すべて司法権は，最高裁判所及び法律の定めるところにより設置する下級裁判所に属する。 ③すべて裁判官は，その良心に従ひ独立してその職権を行ひ，この憲法及び法律にのみ拘束される。
第96条	【憲法改正の手続，その公布】①この憲法の改正は，各議院の総議員の3分の2以上の賛成で，国会が，これを発議し，国民に提案してその承認を経なければならない。この承認には，特別の国民投票又は国会の定める選挙の際行はれる投票において，その過半数の賛成を必要とする。 ②憲法改正について前項の承認を経たときは，天皇は，国民の名で，この憲法と一体を成すものとして，直ちにこれを公布する。

さくいん

❶このさくいんでは，本文の見出し語・重要語句を50音順に並べてあります。
❷見出し語は青字，重要語句は赤字で示しています。重要語句は，⇒のあとにその重要語句が掲載されている見出し語を示しています。
❸地理=地，歴史=歴，公民=公，資料=資のマークをつけ，該当の分野がわかるようにしました。
❹外国語の略記は，アルファベットと慣用読み（例：EURO ＝ユーロ）の両方からひけるようになっています。

し

374

さくいん　は〜ひ

389

さくいん ろ〜わ゛ A〜Z